AF543896

V
S
H

Praxisbuch Mobilitätsbildung

Unterrichtsideen zu Mobilität,
Verkehr und Bildung für nachhaltige Entwicklung
für die Klassen 1 - 6

von Philipp Spitta

Gefördert durch
Zukunftsnetz Mobilität NRW
VCD Kreisverband Bochum/Gelsenkirchen/Herne

Schneider Verlag Hohengehren

Impressum

Autor: Philipp Spitta
www.philipp-spitta.de

Gestaltung und Infografiken: Marianne Steiner
Titelbild: Marianne Steiner
www.maristeiner.de

Gedruckt auf umweltfreundlichem Papier (chlor- und säurefrei hergestellt)

Bibliografische Information der Deutschen Nationalbibliothek
Die Deutsche Nationalbibliothek verzeichnet diese Publikation in der Deutschen Nationalbibliografie; detaillierte bibliografische Daten sind im Internet über **http://dnb.dnb.de** abrufbar.

ISBN: 978 3 8340 2080 2

Schneider Verlag Hohengehren,
Wilhelmstr. 13, D-73666 Baltmannsweiler
Homepage: www.paedagogik.de

Printed in Germany, Format Druck GmbH, Stuttgart

Inhaltsverzeichnis

Haftungsausschluss

Das Werk verfolgt das Ziel, Kindern ein selbstständiges Zurechtfinden im Verkehr und in ihrer Lebensumgebung näher zu bringen. Die im Werk beschriebenen Unterrichtseinheiten, Unterrichtsgänge, Spiele, Übungen und Projekte wurden vom Autor nach sorgfältiger Abwägung aufgenommen, auf der Basis von Erfahrungen, die anlässlich der eigenen Erprobungen dieser Vorhaben gewonnen werden konnten. Für die Anwendung und Umsetzung der Unterrichtsvorhaben und Übungen in der Schule oder in anderen Bildungszusammenhängen trägt – da es dabei stets auf die konkrete Situation vor Ort ankommt – weder der Autor noch der VCD oder das Zukunftsnetz Mobilität eine irgendwie geartete Verantwortung. Die Verantwortung für die Umsetzung der hier vorgeschlagenen Übungen und Unterrichte trägt die vor Ort verantwortliche Lehrkraft (oder Erzieher*in) soweit nicht die Haftung dem Anstellungsträger (Schule o.ä.) obliegt.

Über **70 Kopiervorlagen** und **Arbeitsblätter** zu den einzelnen Kapiteln finden sich zum Ausdrucken im Internet unter der Adresse:

www.philipp-spitta.de

oder unter
https://nrw.vcd.org/der-vcd-in-nrw/bochum-gelsenkirchen-herne/

1. Vorwort

1.1 Verkehr rund um die Schule

Bild 1:
Busschule auf
dem Betriebshof

Morgens um 7.50 Uhr an einer beliebigen (meist städtischen) Schule: Eltern halten möglichst nahe am Eingangstor und lassen ihre Kinder, trotz Halteverbot, „mal eben nur kurz" aus dem Auto steigen. Nebenan wird, nach dem Absetzen des Kindes, schnell auf dem Gehweg gewendet. Da die „freien Parkplätze" im Halteverbot vor dem Eingangsbereich der Schule schon besetzt sind, hält das nächste Elterntaxi in der zweiten Reihe und so weiter. Viele von Ihnen, liebe Leser*innen, werden diese Situation kennen und zum Teil haben wir auch schon kapituliert und akzeptieren die Situation. Fragen wir die Eltern nach dem Grund für ihr Verhalten, hört man unter anderem: Das Wetter sei zu schlecht; der Weg von 1,5 km zu weit für das Kind; die Schule liege auf dem Weg zur eigenen Arbeit, und einige sagen auch, die Schulwege seien - wegen der vielen Autos - zu gefährlich. Angesichts der skizzierten Szenen kann man das nicht abstreiten: Die Eltern, die ihre Kinder mit dem Auto bringen, gefährden die Kinder, die noch zu Fuß kommen, also bringen immer mehr Eltern ihre Kinder mit dem Auto: ein Teufelskreis.

Zusätzlich ist aber auch die Verkehrspolitik der letzten Jahrzehnte selten kinderfreundlich gewesen und gute Fußwegeverbindungen (für alle Bürger*innen) waren bisher nicht eine Priorität von Stadt- und Verkehrsplaner*innen. Kinder müssen an zugeparkten Kreuzungen die Straßen auf ihrem Schulweg überqueren, Tempolimits sind nicht akzeptiert und werden dementsprechend oft nicht eingehalten, ungünstige Ampelschaltungen benachteiligen Fußgänger*innen, kurz, die Verkehrspolitik orientiert sich noch zu oft nur am Auto und lässt zu Recht viele besorgte Eltern daran (ver-)zweifeln, ob sie ihre Kinder zu Fuß zur

Verkehrsmittelwahl und Sicherheit auf dem Schulweg

Abb. 1: Abwärtstrend oder Verbesserung auf dem Schulweg (vgl. Zukunftsnetz Mobilität NRW o.J., S.1).

Eltern haben das Gefühl, dass die Straßen zu gefährlich sind

Eltern bringen Kind mit dem Auto zu Schule

Der Autoverkehr nimmt zu

Straßen werden gefährlicher

Noch weniger Kinder gehen zu Fuß

Mehr Autoverkehr

Eltern haben seltener das Gefühl, dass Straßen gefährlich sind

Weniger Autoverkehr = Stadtteil wird lebenswerter und sicherer

Mehr Kinder kommen zu Fuß in Gruppen und alleine zur Schule

Weniger Autos, Straßen weniger gefährlich

Mehr Fuß- und Radverkehr im Ort

Eltern begleiten Kinder zu Fuß (mit dem Rad) zur Schule

Verkehrswende = U-Turn

Bild 2: Titelseite Praxisbuch von 2005

Schule schicken sollen. Das muss sich ändern! Nicht nur, weil die Situation morgens vor den Schulen unhaltbar ist, sondern auch, weil Kinder sich viel zu wenig im Alltag bewegen, weil immer noch zu viele Kinder im Straßenverkehr gefährdet werden, weil die Abgase aus den Autos unsere Gesundheit und die Umwelt belasten und weil der Verkehrssektor zu rund 20 Prozent zu den klimaschädlichen Gasen und somit zur Erderwärmung beiträgt (Böll-Stiftung/VCD 2019, S. 26).

Um zukunftsfähig zu bleiben, um unseren Kindern später zumindest ansatzweise den gleichen Lebensstil zu ermöglichen, den wir uns derzeit leisten, müssen alle Lebensbereiche umsteuern. Für den Bereich des Straßenverkehrs sprechen wir hierbei von einer „Verkehrswende" (Greenpeace/Wuppertal-Institut 2017). Die Schule muss und soll hier einen Beitrag leisten. Zum einen muss die Schule in ihr Umfeld hineinwirken und zusammen mit den Kommunen und den Eltern der Schüler*innen für ein verkehrssicheres Umfeld sorgen, sodass Kinder zu Fuß oder mit dem Rad zur Schule kommen können, ohne dass Eltern sich Sorgen machen müssen. Zum anderen müssen die Kinder durch den Unterricht, durch Unterrichtsgänge und Projekte, die in diesem Buch vorgestellt werden, fit gemacht werden für eine klimafreundliche und sichere Verkehrsteilnahme. Das ist der Aufgabe der hier skizzierten **Mobilitätsbildung.** Dieser Anspruch ist nicht neu. Schon 2005 erschien zusammen mit dem umweltorientierten Verkehrsclub Deutschland (VCD) das „Praxisbuch Mobilitätserziehung" (Spitta 2005a).

Nun liegt mit dem vorliegenden Band eine komplette und umfassende Neubearbeitung vor. Seit dieser Zeit ist im Bereich der Mobilitätsbildung viel passiert: Eine neue Empfehlung der Kultusministerkonferenz wurde 2012 verabschiedet, in zahlreichen erneuerten Lehrplänen der Bundesländer wird seit einigen Jahren neben dem traditionellen Begriff der Verkehrserziehung auch von Mobilitätserziehung oder Mobilitätsbildung gesprochen, die Gesellschaft für die Didaktik des Sachunterrichts (GDSU) hat im kompetenzorientierten Perspektivrahmen Sachunterricht den Themenbereich Mobilität aufgegriffen (GDSU 2013, S. 73-75), es gibt eine neue nationale Strategie der Bildung für nachhaltige Entwicklung (Nationale Plattform BNE/BMBF 2017; vgl. auch MSB NRW 2019) und nicht zuletzt sind in verschiedenen fachlichen und fachdidaktischen Veröffentlichungen neue Ideen für einen lebendigen Mobilitätsunterricht dargestellt worden, die in diesem neuen Praxisbuch zusammengefasst und präsentiert werden sollen.

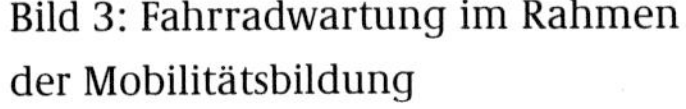

Bild 3: Fahrradwartung im Rahmen der Mobilitätsbildung

Bild 4: Verkehrszählung vor der Schule

Einige Grundschulen und etwas weniger weiterführende Schulen haben sich in den letzten Jahren auf den Weg gemacht und setzen zunehmend Aspekte einer weitergefassten Mobilitätsbildung um. An vielen Schulen wird aber noch an der alten Verkehrserziehung festgehalten (vgl. Blaseio 2014, S. 90). Der Verkehrsunterricht beschränkt sich dann – immerhin – auf ein Trainieren der Schulwege im Rahmen des Anfangsunterrichts und das Vorbereiten der Fahrradprüfung im Rahmen der Radfahrausbildung in der 4. Klasse (vgl. dazu auch Funk et al 2013, S. 150).

Astrid Kaiser schreibt dazu: „Die Verkehrserziehung ist schon seit vielen Jahren die Achillesferse des Sachunterrichts. Wie ein archaisches Ritual werden in den vierten Klassen landauf und landab die kostbaren Unterrichtsstunden für den Sachunterricht dazu verwendet, Verkehrsregeln verbal zu pauken – wenn auch mit allerhand grafischer, bildlicher oder modellhafter Unterstützung. Stofflernen und Wiedergabe sind der zentrale heimliche Lehrplan des Verkehrsunterrichts der vierten Klassen. Dabei ist in dieser Klassenstufe schon ein größeres Spektrum an Fähigkeiten und Kompetenzen der Umwelterkundung aufgebaut worden. Doch die Handlungsmuster der tradierten Bögen zum Abtesten des Verkehrswissens durchsetzen unerbittlich den schulischen Alltag. Auch die praktischen Anteile des Einübens in angemessenes Verkehrsverhalten können den engen Bildungshorizont der Einpassung der Kinder in vorgegebene Verhältnisse nicht überwinden" (Kaiser 2005, S. 1). Tatsächlich bleiben bei einer allein auf sicheres Verhalten abzielenden Verkehrserziehung in Klasse 1 und 4 die Bildungspotentiale des Themenfeldes Verkehr ungenutzt. Besonders die Verbindung mit weiteren Aspekten des Sachunterrichts und anderen Fächern, die Möglichkeit, Synergien zu nutzen, die kognitive Aktivierung der Schülerinnen und Schüler durch Erkundungen des Wohnumfeldes, durch einen umweltbewussten und reflektierten Umgang mit Mobilität sowie die Verknüpfung mit einer Bildung für eine nachhaltige Entwicklung (BNE) werden im Rahmen der traditionellen Verkehrstrainingseinheiten kaum genutzt (vgl. Funk et al 2013).

Viele Lehrerinnen und Lehrer können an ihren Schulen nur auf veraltete Materialien oder eher auf Sicherheitserziehung zielende Schulbücher zurückgreifen (Blaseio 2014, S. 88), die die vielfältigen neuen Facetten der Mobilitätsbildung unberücksichtigt lassen. Hinzu kommt, dass beispielsweise im Rahmen der ansonsten begrüßenswerten Kooperation mit der Polizei oft die inhaltliche Verantwortung von den pädagogisch ausgebildeten Lehrkräften abgegeben wird mit dem Resultat, dass der Verkehrsunterricht einseitig beim Lernen von Verhaltensweisen und Regeln stehen bleibt. Aufgrund von Defiziten der Lehrerinnen- und Lehrerausbildung – so kommt das Thema Verkehr/Mobilität sehr selten in der ersten Phase der universitären Ausbildung vor und auch in der zweiten Phase nicht immer systematisch – sind viele Kolleginnen und Kollegen nicht vorbereitet, die Traditionslinien der alten Verkehrserziehung aufzubrechen und zu erweitern.

Dieses Praxisbuch soll Anregungen für die Schulentwicklung und den Unterricht liefern, wie die bisherige Verkehrserziehung erweitert und kompetenzorientiert unterrichtet werden kann. Das Ziel ist eine sichere, selbstbewusste und reflektierte Verkehrsteilnahme. Der Schlüssel dazu heißt: Mobilitätsbildung.

1.2 Zielgruppen für das Praxisbuch

Das Praxisbuch Mobilitätserziehung richtet sich in erster Linie an **Lehrerinnen und Lehrer** in der Grundschule und Lehrkräfte, die in der **Sekundarstufe 1** die Klassenstufen 5 und 6 unterrichten. Ebenso bietet dieses Buch Einblicke für **Studierende** im Lehramt Primar- und Sekundarstufe sowie für **Lehramtsanwärterinnen und Lehramtsanwärter** in der 2. Phase der Ausbildung. Auch wenn dies nicht immer explizit dargestellt wird, können einzelne Aspekte mit einer entsprechenden Erweiterung der Aufgabenstellung gewinnbringend in den 5. und 6. Klassen eingesetzt werden. Wenn im Text hier vom Sachunterricht als zentralem Fach für die Grundschule gesprochen wird, ist dies problemlos auf die im Sachunterricht zusammengefassten Fächer der Sekundarstufe zu übertragen. Besonders der Bereich der Gesellschaftslehre (GL), der Erdkunde und des Politikunterrichts und in Teilen auch die naturwissenschaftlichen Fächer sowie Technik sind hier angesprochen. Einige Themen des Anfangsunterrichts lassen sich eventuell in abgewandelter Form auch schon im **Kindergarten** umsetzen. Eine neue Perspektive für den Lernbereich Mobilität und Verkehr bietet sich in den offenen und geschlossenen Konzepten von **Ganztagsschulen** oder Schulen mit einem Betreuungsangebot am Nachmittag. Die zusätzlichen Zeitressourcen am Nachmittag bieten ideale Möglichkeiten für Projekte der Mobilitätsbildung. Ebenso wie für die Nachmittagsangebote im Rahmen der **Ganztagsschule** eignen sich viele Praxistipps auch für den Einsatz bei **Spielgruppen**, im **Hort** oder bei Aktionen von **Jugendzentren**. Neben der Verwendung für den Unterricht soll das Praxisbuch auch **Eltern** eine Hilfestellung für Fragen rund um das Thema Verkehr und Kinder bieten. Durch die Verbindung des Themas Mobilitätsbildung mit Aspekten der Bildung für nachhaltige Entwicklung (BNE) ergeben sich zahlreiche Schnittpunkte mit dem Anliegen von **Bürgerinitiativen und Umweltverbänden**, die für ihre politische Arbeit im Bereich Verkehr hier Anregungen für die Durchführung von Aktionen mit Kindern erhalten können.

1.3 Übersicht über die Kapitel

Im Anschluss an dieses Vorwort wird im **2. Kapitel** nach einer Begriffsbestimmung von Mobilitätsbildung/Verkehrserziehung und einer Definition von Mobilität die historische Entwicklung von der Verkehrserziehung hin zur Mobilitätsbildung beleuchtet. Es wird begründet, warum der traditionelle Verkehrsunterricht – wie er an vielen Schulen trotz neuerer Lehrpläne, KMK-Empfehlungen und Richtlinien immer noch stattfindet – sich wandeln sollte und wie dies mit einem handlungs- und kompetenzorientierten (Sach-)Unterricht in Verbindung gesetzt werden kann. Dabei wird Bezug auf die Vorgaben der Kultusministerkonferenz, den Perspektivrahmen Sachunterricht (GDSU 2013), das Konzept der Bildung für nachhaltige Entwicklung sowie auf die aktuelle Diskussion über Unterrichtsgestaltung und Fachdidaktik genommen. Wer diesen theoretischen Hintergrund für seine Unterrichtsvorbereitung nicht direkt benötigt, kann sofort in das 3. Kapitel springen und sich dort Anregungen für die eigene Lerngruppe holen.

Im Hauptteil, dem **3. Kapitel**, finden sich zahlreiche Unterrichtsbeispiele und Anregungen für Mobilitätsprojekte mit didaktischen Überlegungen, Hinweisen zur Durchführung, Ideen für Unterrichtsreihen, Tipps für weitere Projekte, Material, Internetadressen und Literatur. Dem 3. Kapitel vorangestellt sind Erläuterungen zur Gliederung der einzelnen Beispiele und zu den Unterrichtsformen im Sachunterricht sowie Hinweise zur Arbeit mit dem Buch und den Kopiervorlagen. Die über 70 Kopiervorlagen stehen zum Ausdrucken auf der Internetseite **www.philipp-spitta.de** zur Verfügung. In den Kapiteln wird auf die jeweiligen

Arbeitsblätter verwiesen. Insgesamt werden keine fertigen Stunden oder Unterrichtsvorhaben vorgestellt, sondern Ideen skizziert, die der eigenen Lerngruppe und Altersstufe, den Verhältnissen vor Ort und den personellen Ressourcen entsprechend angepasst und abgeändert werden können. Im Kapitel 3.9 sind verschiedene Unterrichtsreihen für unterschiedliche Klassenstufen zusammengestellt, die die im Buch vorgestellten Unterrichtsideen und Arbeitsblätter in eine mögliche Reihenfolge bringen. Im Anhang (**Kapitel 4**) sowie am Ende der einzelnen Unterkapitel des 3. Kapitels wird Literatur zum Thema Verkehr und Mobilitätsbildung aufgeführt. Bei den Internetadressen ist zu beachten, dass diese sich im Laufe der Zeit ändern können oder genannte Seiten in der Form nicht mehr aufzufinden sind. Die Adressen sind auf dem Stand vom Sommer 2020. Es kann keine Verantwortung/Haftung für Inhalt oder Ausrichtung der angegebenen Links übernommen werden.

Danksagung

Dank gilt allen, die zur Entstehung des Buches beigetragen haben:

- meiner Schule GS Kunterbunt im Herzen des Ruhrgebiets, den Kolleg*innen und den Schüler*innen, die mit mir in an der GS Kunterbunt und der GS Langforthstraße viele der hier dargestellten Unterrichtsideen erprobt haben,
- den Lehramtsanwärter*innen und den Kolleg*innen am Zentrum für schulpraktische Lehrerausbildung in Bochum, die mir kritische Rückmeldungen zu den vorgestellten Unterrichtsideen gegeben haben,
- dem Zukunftsnetz Mobilität in NRW, das das Layout dieses Praxisbuch finanziell unterstützt hat und die Ideen einer nachhaltigen Mobilität konstruktiv fördert (siehe auch Kapitel 3.8),
- dem VCD-Kreisverband Bochum/Gelsenkirchen/Herne, der den Druckkostenzuschuss des Buches unterstützt hat,
- der Grafikerin Marianne Steiner, für die Begleitung bei Layout und Gestaltung,
- dem Schneider Verlag Hohengehren für die gute Kooperation und die Geduld mit der ausstehenden Überarbeitung,
- meiner Frau Helke Stadtland für die konstruktiven Rückmeldungen und Anregungen sowie meiner Familie, die mich jederzeit unterstützt hat. Ihr ist das Buch gewidmet.

Philipp Spitta, Bochum im Sommer 2020

2. Vorfahrt für Kinder

2.1 Begriffsbestimmung: Verkehrserziehung und/oder Mobilitätsbildung?

Was ist eigentlich Mobilitätsbildung und wo liegt der Unterschied zur Verkehrserziehung? Dieser auf Lehrerfortbildungen häufig gestellten Frage soll im Folgenden nachgegangen werden.

Vordergründig handelt es sich nur um verschiedene Begriffe, die in der Regel sogar synonym gebraucht werden. In den Empfehlungen der Kultusministerkonferenz zu diesem Bereich war in den älteren Vorlagen nur von der Verkehrserziehung die Rede (KMK 1972, KMK 1994). In der Überarbeitung von 2012 (KMK 2012) wurde erstmals das Konzept der „Mobilität" eingeführt und im Titel der Bereich nun mit „Verkehrs- und Mobilitätserziehung" postuliert. Auf der KMK Homepage heißt es dazu: „Inhalte der klassischen Verkehrserziehung und Inhalte der Mobilitätserziehung werden zusammen gesehen und bilden im Unterricht eine Einheit" (KMK 2012). In mehr als der Hälfte der Sachunterrichtslehrpläne der 16 Bundesländer taucht inzwischen der Begriff der Mobilität auf, in anderen ist nur von Verkehrserziehung die Rede (Blaseio 2014, S. 88). In Nordrhein-Westfalen wird seit einem Erlass von 2009 das Begriffspaar Verkehrserziehung/Mobilitätsbildung verwendet. Allerdings findet sich dazu keine konzeptionelle Begründung (vgl. MSW NRW 2009). In Niedersachsen wurde 2002 das anspruchsvolle und alle Schulstufen umfassende „Curriculum Mobilität" eingeführt, in das Inhalte der Verkehrserziehung integriert worden sind und das sich explizit auch auf Elemente der Bildung für nachhaltige Entwicklung beruft (Curdt/Lindenberg/Ulbrich 2009, S. 85). Bundesweit ist das „Curriculum Mobilität" in seiner konsequenten Form einmalig und eine wirkliche Erweiterung der bisherigen Verkehrserziehung zu einem modernen Mobilitätsansatz.[1] In Hamburg, Berlin und Brandenburg sind ebenfalls Aspekte der Mobilität in den Lehrplänen explizit genannt, während in Bayern und Sachsen beispielsweise durchgehend nur Verkehrserziehung thematisiert wird. Es gibt also in den verschiedenen offiziellen Strukturen der Bundesländer zumindest an einigen Stellen Tendenzen, die Begrifflichkeiten zu ergänzen oder neu zu besetzen.

---

1 Gleichzeitig weist der ehemalige Vorsitzende der Curriculum-Kommission darauf hin, dass dem ambitionierten Entwurf nach seinem offiziellen Start im Jahr 2002 keine weitere Unterstützung des Kultusministeriums mehr zuteil geworden sei, die Implementation an den Schulen auch 7 Jahre später kaum vorangekommen sei und nach wie vor an den Schulen die alte Praxis mit einer Dominanz der Sicherheitserziehung vorherrsche (vgl. Curdt 2009, S. 115).

Pauschalisierend könnte man sagen, dass mit dem Begriff der Verkehrserziehung die eher traditionellen, nur auf Sicherheitserziehung zielenden Konzepte der Verkehrspädagogik etikettiert werden. Mobilitätsbildung wird im Gegensatz dazu thematisch weiter gefasst. Der Verkehr ist im Grunde eine Folge von Mobilität von Menschen (siehe auch die Definition von Mobilität im nächsten Abschnitt). Diese Mobilität beziehungsweise die Mobilitätsentscheidungen von Menschen gilt es durch Schulprogramme, Unterricht oder Mobilitätsmanagement (auf Ebene von Kommunen oder Firmen und auch Schulen) zu beeinflussen und zu reflektieren. Es soll also nicht (nur) für eine Teilnahme am Verkehr erzogen, sondern ein Nachdenken über Verkehrsmittel, Vor- und Nachteile verschiedener Fortbewegungsmöglichkeiten sowie eine Beteiligung an Verbesserungen der bestehenden Verhältnisse ermöglicht werden (vgl. Spitta 2015a, S. 199).

Ohne an dieser Stelle eine für die Umsetzung in der Unterrichtspraxis wenig zielführende Diskussion über die Tradition und Definition des Bildungsbegriffs zu führen, scheint die Verwendung des Begriffs „Bildung“ im Zusammenhang mit „Mobilität“ bereits deswegen sinnvoll, da somit eine Anbindung an das inhaltlich nahestehende Konzept der „Bildung für eine nachhaltige Entwicklung“ besteht. Der Bildungsbegriff impliziert hier eher den Anspruch, die Handlungsebene mit einer reflexiven Ebene und einem Kompetenzerwerb zu verbinden und nicht nur das in den Erziehungskonzepten im Vordergrund stehende Erlernen von Verhaltensweisen und Fertigkeiten in den Mittelpunkt zu stellen.

Um die inhaltliche und thematische Neuausrichtung zu kennzeichnen, ist in diesem Buch in der Regel von Mobilitätsbildung die Rede. Diese kann und soll auch Aspekte von Verkehrs- und Sicherheitserziehung beinhalten. Ein neuer Begriff ist auch deswegen sinnvoll, weil die traditionelle Verkehrserziehung – wie noch im historischen Rückblick zu zeigen sein wird – in Bezug auf Inhalt und Konzept zum Teil noch in alten pädagogischen Lehr- und Lernkonzepten verhaftet und wenig kompatibel mit aktuellen Anforderungen an einen kompetenzorientierten Fach- und Sachunterricht ist.

2.2 Mobilität

Mobilität, abgeleitet vom lateinischen „mobilitas“, steht für „Beweglichkeit“. Sie bedeutet Bewegungsfreiheit und Selbstverwirklichung sowie die Wahrnehmung von Lebenschancen (vgl. Spitta/Wittkowske, 2009, S. 4). Mobil zu sein, in Bewegung zu sein, ist in verschiedener Hinsicht ein menschliches Grundbedürfnis. In Abgrenzung zur sozialen Mobilität, also beispielsweise dem Aufstieg in eine

Bild 5: Mobilität ist in Deutschland meist Automobilität

andere soziale Schicht, ist in diesem Kontext von Mobilität im Raum die Rede. Gemeint ist das Unterwegssein zur Schule und zur Arbeit, zum Einkaufen, die Mobilität in der Freizeit und auf Reisen. Neuerdings kann auch von einer digitalen Mobilität in Netzwerken und auf Datenautobahnen gesprochen werden. Räumliche Mobilität ist ein Grundpfeiler unseres Wirtschaftssystems, in dem Menschen und Waren unterwegs sind. Ohne Mobilität und entsprechende Einrichtungen und Anlagen dazu gäbe es keine Möglichkeit, seinen Standort zu verändern und zu wechseln, Erfahrungen in neuen und anderen Räumen zu sammeln (vgl. auch Kesselring 2009, S. 16). Besonders wenn die Mobilität eingeschränkt ist, wird ihre Bedeutung wahrnehmbar. Für Menschen mit Mobilitätsbehinderungen ist es oft schwer, gleichberechtigt am sozialen und wirtschaftlichen Leben teilzuhaben. Wird die Bewegungsfreiheit durch Naturkatastrophen, Unglücksfälle, eine Pandemie wie 2020, technische Defekte oder Streiks eingeschränkt, wird unsere Abhängigkeit von einer reibungslosen Mobilität deutlich: Waren werden nicht geliefert, die Wirtschaft gerät in's Stocken, Menschen können nicht oder nur verspätet ihre Ziele und Arbeitsplätze erreichen.

Große Teile der Wirtschaft sind direkt oder indirekt von Verkehrsmitteln und -anlagen abhängig oder stellen diese zur Verfügung. Mobilität bietet für unsere Gesellschaft zahlreiche Vorteile, die Kinder im Grundschulalter schon wahrnehmen können. Sie bedeutet, dass man sich frei und meist bequem von A nach B bewegen kann oder dass man, sofern die sozio-ökonomischen und politischen Voraussetzungen vorhanden sind, reisen kann. Die fast uneingeschränkte, globale Verfügbarkeit von Waren hat zur Folge, dass (zumindest in einigen Teilen der Welt) die Regale in den Geschäften gut gefüllt sind: Spielzeuge aus China, Computerkonsolen aus Taiwan, T-Shirts aus Bangladesch, Tomaten im Winter aus Spanien, Bananen aus Südamerika gehören wie selbstverständlich zum Warenangebot bei uns (Spitta 2016b, S. 62f.).

Mobilität als solche ist weder gut noch schlecht, sie ist ein Grundbedürfnis von Individuen und eine wichtige soziale und wirtschaftliche Grundlage der (globalen) Gesellschaft (vgl. GDSU 2013, S. 73; Spitta/Wittkowske 2009, S. 4). Es geht also bei einer Beschäftigung mit Mobilitätsfragen nicht darum, Mobilität von Menschen und Waren zu verhindern, sondern sie so zu gestalten, dass die Folgen von Mobilität verhältnismäßig bleiben und nicht durch Unfälle, Gesundheits-, Klima- und Umweltschäden zum Nachteil in lokalen und globalen Kontexten führen. Eine Veränderung unserer Mobilitätsstrukturen und Mobilitätsgewohnheiten ist ein längerer, aber notwendiger Prozess. Ein plötzliches Abbremsen fast aller Mobilität, wie es im Rahmen der Covid-19-Pandemie 2020 notwendig wurde, zeigte eindrücklich unsere wirtschaftliche Abhängigkeit von reibungslosen Transportketten. Da viele im Rahmen der Pandemie zu Hause bleiben mussten, waren die Staus verschwunden, in smoggeplagten Großstädten wie Peking konnte man plötzlich wieder nachts Sterne am Himmel sehen, Menschen in Einflugschneisen von Flughäfen erlebten eine unbekannte Stille und die sonst steigenden CO_2-Emmissionen stagnierten weltweit. Gleichzeitig waren und sind die globalen wirtschaftlichen Folgen dieses „Lockdowns" kaum zu beziffern.

Bei einem Umsteuern unseres Wirtschaftssystems und einer Verkehrswende geht es also nicht um Maßnahmen, die von einem auf den anderen Tag umzusetzen sind. Vielmehr müssen jetzt Maßnahmen ergriffen werden, die für eine nicht allzu ferne Zukunft gelten und das Klima nachhaltig schützen, die aber gleichzeitig nicht zum wirtschaftlichen Zusammenbruch führen. Mit Sicherheit sind hier auch keine eindimensionalen Lösungsansätze sinnvoll, „sondern eine Vielfalt an möglichen, rationalen und gleichwertigen Problemlösungsstrategien" gefragt (Kesselring 2009, S. 21).

Mobile Sozialisation

Während viele Säugetiere schon sehr kurz nach der Geburt mobil sind – mobil sein müssen, um zu überleben – dauert es beim Menschen eine gewisse Zeit, bis ein Kind selbstständig mobil wird. In der Regel fangen Kinder im ersten Lebensjahr an zu krabbeln und erkunden, noch mit eingeschränktem Radius, die elterliche Wohnung. Dieser Erkundungsraum wird nach einem Jahr schon erheblich ausgeweitet und die ersten Schritte als halbwegs aufrechte zu Fußgehende nehmen ihren Anfang. Laufend beginnen Kinder ihre Umwelt zu erforschen – ohne Mobilität blieben neue Welt-, Sach- und Sozialerfahrungen aus. Dieser Erfahrungsradius wird im Laufe des Aufwachsens erweitert, durch Alltagswege und Reisen mit den Eltern, durch die räumliche (und soziale) Ausdehnung des Erfahrungsraums in die Kita und ab ca. dem 6. Lebensjahr in die Schule. Später kommen weitere (selbstständig zurückgelegte) Wege mit dem Fahrrad oder mit

Bild 6: Übungen im Rahmen der Radfahrausbildung

2.3 Mobilitätsbildung als Erweiterung der traditionellen Verkehrserziehung

Bus oder Bahn hinzu. Schließlich werden die eigenen Wege erweitert, die Unabhängigkeit von alten (familiären) Bindungen größer, ggf. wird auch ein Führerschein für Mofa, Motorrad oder Automobil erworben und die Welt auf eigenen Wegen mobil erobert.

Dieser Weg der „Mobilwerdung" kann und sollte durch Angebote einer alle Altersstufen umfassenden Mobilitätsbildung, vom Elternhaus über die Kita, die Grundschule und die weiterführende Schule bis hin zur Fahrschule und Möglichkeiten im Erwachsenen- und Rentenalter, begleitet und unterstützt werden.

In der Praxis bedeutet die Abkehr vom Begriff der Verkehrserziehung auf keinen Fall, bewährte Strukturen über Bord zu werfen. Vielmehr sollen bisherige Praktiken aufgegriffen, kritisch analysiert und in einen erweiterten Kontext gestellt werden. Am Beispiel der Radfahrausbildung verdeutlicht heißt dies, dass diese trotz einiger Kritikpunkte in Bezug auf die theoretische Erarbeitung und den Prüfungsbogen[2] (siehe dazu auch den Exkurs im Kapitel 3.6.6) auf keinen Fall abgeschafft werden darf. Tendenzen in einigen Bundesländern, die wichtige und gute Zusammenarbeit mit außerschulischen Partnern, besonders der Polizei, in diesem Kontext zu kürzen, sind sehr problematisch.

---

2 Kritisch zu beachten im Rahmen der Radfahrausbildung ist weniger das gemeinsame Üben im Straßenverkehr und Schonraum als vielmehr der theoretische Teil mit einer fragwürdigen „Prüfung". Der in seiner Struktur und in der Art der Formulierung nicht sehr kindgerechte Fragebogen ist Teil des Problems der isolierten Radfahrausbildung. Die Durchführung der Prüfung und der vorliegende Fragebogen verleiten oft dazu, den Unterricht vor allem als Prüfungsvorbereitung zu konzipieren. Eigenständige Unterrichtsinhalte und weiterführende Ansätze kommen so schnell zu kurz.

Übungen mit dem Roller und Fahrrad im Schonraum sowie im Straßenverkehr im Rahmen der Schule bzw. Ganztagsbetreuung sind sinnvoll und nötig – und das schon lange vor der 4. Klasse und nicht nur im Rahmen der „Prüfungsfahrt". Genauso sollte das Fahrrad praktisch und theoretisch auch in der weiterführenden Schule einen viel stärkeren Stellenwert bekommen, als dies bislang der Fall ist, denn die Kinder sind mitnichten nach der 4. Klasse sichere Fahrradfahrer*innen.

Meist wird das Thema Fahrrad in der Grundschule nur kurz vor der „Fahrradprüfung" thematisiert und das oft völlig isoliert vom restlichen Unterricht. Stattdessen sollte das Fahrrad als gesundheitsförderndes, leises, umweltfreundliches Verkehrsmittel einen erweiterten Stellenwert im Unterricht und Schulleben erhalten. Eine Integration des Themas Fahrrad in den Sach- und Fachunterricht aller Schulstufen und -formen drängt sich geradezu auf: Das Fahrrad kann historisch betrachtet, auf seine technischen Möglichkeiten hin untersucht, unter künstlerischen Aspekten gestaltet, repariert, benutzt, gebraucht werden. Es können aber auch im Rahmen eines geographischen und politischen Lernens die vorhandenen oder nicht vorhandenen Fahrradwege im Stadtteil untersucht, Gefahrenstellen analysiert und Verbesserungsvorschläge gemacht werden (siehe dazu die Beispiele im Praxisteil).

Um nun genauer zu begründen, warum ein Wandel der Verkehrserziehung zu einer nachhaltigen Mobilitätsbildung nötig ist, soll zuerst ein Blick in die Vergangenheit geworfen und im Anschluss daran untersucht werden, unter welchen Bedingungen Kinder heute aufwachsen und wie sie den Straßenverkehr erleben, welchen Einschränkungen und Problemen sie durch den Verkehr ausgesetzt sind und welche Folgen daraus für den Unterricht und das Schulleben erwachsen.

2.4 Geschichte der Verkehrserziehung

Verkehrserziehung seit 1900

Schon mit dem Aufkommen der ersten wenigen Pkw um 1900 kam es zu Konflikten auf der Straße. Es mehrten sich Beschwerden über das „rüpelhafte" Verhalten und die hohen Geschwindigkeiten der Automobilisten. Nun war vor 120 Jahren das Autofahren ein Privileg der Oberschicht, und die Geschwindigkeiten waren, verglichen mit heute, eher zu vernachlässigen. Dennoch entschloss man sich 1909 angesichts von Konflikten und Unfällen, zu einer Einführung eines „Gesetzes über den Verkehr mit Kraftwagen" als Vorläufer der heutigen Straßenverkehrsordnung (StVO). Neben technischen Fragen kamen Regeln zur Sprache, die einen konfliktfreien Ablauf des Verkehrs gewährleisten sollten. Selbstverständlich kam es trotz dieser Regelinformationen für die ersten Kraftfahrer zu Unfällen. In Diskussionen über die Unfallursachen wurde vermutet, dass eine mangelnde „Disziplin" der Verkehrsteilnehmer das Problem sei. Die ersten Elemente der Verkehrserziehung – die sich vorerst meist an die Autofahrer (und sehr wenige Autofahrerinnen) richteten – bestanden also in der Vermittlung von Regeln und der Aufforderung zu diszipliniertem Verhalten im Verkehr.

Schon um die Jahrhundertwende gab es gleichzeitig Bestrebungen, nicht nur die „Automobilisten" zu erziehen, sondern auch diejenigen, die bisher die Straße als Aufenthalts- und Spielort genutzt hatten. So ließ der Rheinisch-Westfälische Automobilclub 1909 Informationen verteilen mit der Intention, Kinder „zu einem gesitteten und vernünftigen Verhalten gegen das Automobil zu erziehen" (zitiert nach Fack 2009, S. 67). Unterstützt wurde dieses Ansinnen vom Preußischen Kultusministerium, das bereits drei Jahre zuvor die Schulleitungen angewiesen hatte, die Schuljugend über die Gefahren unachtsamer, neugieriger oder wagemutiger Annäherung an fahrende Automobile zu belehren (ebd. S. 66).

Schon früh wurden also von Schuladministration und Automobilverbänden auch diejenigen in den Blick genommen, die mit dem Autoverkehr in Konflikt gerieten: Fußgänger*innen, Radfahrer*innen und Kinder. 1914 schrieb einer der frühen Autobesitzer in einem Reisebericht:

> *„Auf den Landstraßen, die plötzlich durch die rasch fahrenden Kraftwagen wieder belebt worden sind, treiben sich nach wie vor Fuhrwerke, Leute und Tiere ordnungswidrig herum, als ob sie allein auf der Welt wären"* (Riedler 1914, S. 21).

Nicht motorisierte Verkehrsteilnehmer*innen sollten durch Erziehung an die „Ordnung" des neuen Kraftverkehrs herangeführt werden. Besonders Unfälle, an denen Kinder als Fußgänger beteiligt waren, gaben Anlass, über schulische Erziehungsmaßnahmen zur Unfallverhütung nachzudenken. Auch hier forderten vor allem die Kraftfahrerverbände, zum Beispiel der „Deutsche Schutzverband für Kraft und Verkehr", seit den 1920er Jahren eine Verkehrserziehung in der Schule (DVR 1973, S. 7).

Verkehrserziehung in den 1920er bis 1940er Jahren

In der Weimarer Republik wurde somit das Thema Straßenverkehr zwar nicht als Fach aber als Querschnittsaufgabe an den Grund- bzw. Volksschulen etabliert, mit einem Schwerpunkt auf dem Lernen von Verkehrsregeln und dem Hinweis auf Gefahren. Die Tradition der Automobilclubs, sich für eine schulische Unterweisung einzusetzen und diese zu unterstützen, hat sich bis heute erhalten.

1924 gründete sich mit Unterstützung der Autofahrerverbände die noch heute in der Verkehrssicherheitsarbeit tätige „Deutsche Verkehrswacht", anfangs unter dem Namen „Auto-Wacht" (Deutsche Verkehrswacht 1994, S. 11). Diese setzte sich neben einer Schulung der Autofahrer maßgeblich für das Üben von „verkehrsgerechtem Verhalten" in der Schule ein und förderte in diesem Zusammenhang auch die Einbindung der Polizei in den Verkehrsunterricht (vgl. Fack 2009, S. 68).

Das Lernen von „Regeln und Disziplin" aus den Anfängen der Automobilisierung setzte sich als gestaltendes Element der schulischen Verkehrserziehung durch. Gefordert wurde Anfang der 1930er Jahre eine allgemeine Charakterbildung. Ordnungsbewusstes und diszipliniertes Verhalten im Straßenverkehr beruhte demnach auf „Mannes- und Selbstzucht" (ebd. S. 69), die durch den Unterricht zu etablieren sei.

Diese schon vor der NS-Zeit formulierten Tendenzen wurden ab 1933 zur Staatsräson und zum Inhalt des Unterrichts. Die 1933 aufgelöste Verkehrswacht wurde durch das schon seit 1930/31 aktive Nationalsozialistische Kraftfahrkorps (NSKK) ersetzt. Dieses war nun neben der Information und Begleitung von Kraftfahrern und der Organisation des Autorennsports auch für schulische Vermittlungsaufgaben zuständig und direkt dem „Reichskanzler" Hitler unterstellt (vgl. Hochstetter 2005). Die zunehmenden Unfallzahlen im Reich bei steigender Motorisierung führten zu einer Zuspitzung der disziplin- und ordnungsspezifischen Verkehrserziehung an der Schule, die später auch militarisierte Züge annahm (Fack 2009, S.69f). Schon ab 1936 richtete das NSKK „Verkehrsgärten" und „Jugendverkehrsschulen" zum Üben für Verkehrseilnehmer (nicht nur für Schulen) ein, die in der Nachkriegszeit und besonders ab den 1960er Jahren unter der Regie der Verkehrswacht ausgebaut und weitergeführt wurden.

In der Zeit der nationalsozialistischen Herrschaft setzte man zunehmend auf eine Motorisierung der Bevölkerung. Der „Volkswagen" sollte günstig breite Volksschichten mobil machen. Autobahnen und Straßen wurden gebaut und der Straßenverkehr gefördert (vgl. auch Monheim 1990, S. 55).

Wenn auch ein großer Teil der Pkw-Produktion faktisch den Rüstungs- und Kriegsinteressen des Regimes diente, wurde doch so der Grundstein für die spätere Motorisierung und den „Siegeszug" des Automobils in Deutschland in der Nachkriegszeit gelegt.

Trotz der vergleichsweise noch geringen Automobildichte kam es 1938 zu rund 8000 Verkehrstoten im Deutschen Reich (Jörns 1992, S. 46). Dies war eine Zahl, die wiederum den Ruf nach mehr Verkehrserziehung in den Schulen laut werden ließ. Schon 1935 hatte der preußische NS-Kultusminister in einem Erlass die Linie der Verkehrserziehung festgelegt:

> „*In der Mehrzahl werden die Unfälle dadurch herbeigeführt, daß die Verkehrsvorschriften nicht genügend bekannt sind oder nicht beachtet werden. Ich ersuche daher, dafür Sorge zu tragen, daß im Rahmen des übrigen Unterrichts Belehrungen über die Verkehrsvorschriften und -gefahren ... sichergestellt werden*“ *(zit. nach DVR u.a. 1973, S. 8).*

Bild 7: Kinder bei der Verkehrserziehung durch die Polizei 1961 (Bundesarchiv)

Verkehrserziehung nach 1945

Nach 1945 konnte sich in der Verkehrserziehung diese Ausrichtung auf Belehrungen und das Lernen von Regeln relativ ungestört halten. Wie auch in anderen gesellschaftlichen Bereichen wechselten hochrangige Mitglieder des NSKK zum Teil wieder in die sich 1950 neu gründende Verkehrswacht. So wurde Richard Prinz von Hessen als ehemaliger Obergruppenführer des NSKK beispielsweise später erst hessischer Landesvorsitzender und dann Präsident der Deutschen Verkehrswacht.[3]

Auch die Verkehrspolitik setzte sich nahtlos von der NS-Politik in die junge Bundesrepublik fort. Mit dem Wirtschaftsaufschwung in den 1950er Jahren wuchs der Verkehr und damit die Zahl der Unfälle. Vorher bestehende Tempolimits waren in der StVO aufgehoben worden. Zunehmend wurde eine räumliche Trennung der Bereiche Wohnen, Arbeiten, Einkaufen und Freizeit forciert und damit

3 Quelle: Wikipedia-Eintrag zu R. Prinz von Hessen (Abruf 4.4.2020).

ein Zwang zu verstärkter (Auto-)Mobilität erzeugt. Die Reaktion der schulischen Verkehrserziehung auf diese Entwicklung wurde 1954 im „Handbuch für Erzieher" folgendermaßen dargestellt:

> *„Die technische Entwicklung ist nicht aufzuhalten. Aber nicht sie allein trägt die Schuld an den zahlreichen Unfällen, sondern vornehmlich das Versagen der Verkehrsteilnehmer aller Kategorien bei ihrem Verhalten im modernen Verkehr"* *(Vonolfen 1954, S. 5).*

Die Lösung, die Autor Wilhelm Vonolfen vorschlug, bestand in „Belehrungen, Ermahnungen und Unterweisungen ... auch im Schulunterricht" (Vonolfen 1954, S. 5). Das Lernen von Regeln und Vorschriften stehe im Vordergrund, der Verkehrsteilnehmer müsse „innerlich bereit" sein, „...die für den Verkehr gegebenen Ordnungsvorschriften zu befolgen". Das aber sei „...eine Frage der Erziehung. Menschen der inneren und äußeren Ordnung heranzubilden, ist daher die außerordentlich dankbare Aufgabe der Erzieher - auch im Verkehrsunterricht" (Vonolfen 1954, S. 6). Grundlage für das von Vonolfen entwickelte Curriculum war die seit 1953 gültige Straßenverkehrsordnung (StVO). Schrittweise, anhand der StVO-Paragraphen, gab er den Lehrkräften Empfehlungen für den Unterricht: „Nachdrücklich sind Kinder darauf hinzuweisen, daß nach §43 StVO Kinderspiele auf der Fahrbahn grundsätzlich untersagt sind." Vonolfen empfahl stattdessen zum Beispiel den Gehweg als Spielraum für Kinder, schränkte aber ein: „Spiele, bei denen die Kinder laufen oder rennen, ... müssen auf den Gehwegen unterbleiben, weil sie den reibungslosen Ablauf des Verkehrs stören" (Vonolfen 1954, S. 49).

Der Grundstein für die spätere Verdrängung von Kindern aus dem öffentlichen Raum und ihre Verbannung in umzäunte Spielplätze oder pädagogisch begleitete Situationen war hiermit gelegt.

Neben dem Auswendiglernen von Regeln und Verboten, welche in keiner Weise hinterfragt wurden, war für Vonolfen die Erziehung zu einer bestimmten „Haltung" von großer Bedeutung. Er wollte zu einem Menschen erziehen, „...der von sich aus die Ordnung liebt und sucht ... und sich deshalb auch in ein Ordnungsgefüge, wie es die Straßenverkehrsgesetzgebung darstellt, willig eingliedert" (Vonolfen 1954, S. 16).

Diese im Duktus nahtlos an die obrigkeitsgläubige Haltung von Kaiserreich und NS-Diktatur anknüpfende Erziehungskultur - Vonolfen war schon in den 1930er Jahren aktiv in die Verkehrserziehungsarbeit der Verkehrswacht einbezogen gewesen (vgl. Vonolfen 1932) - ist aus heutiger Sicht äußerst problematisch und wurde spätestens im Kontext der gesellschaftspolitischen Diskussion ab 1968 in Frage gestellt. Allerdings konnte sich der Geist dieser Ordnungserziehung und „charakterlichen Schulung" in der Verkehrserziehung weitaus länger halten und findet sich, manchmal versteckt, auch noch heute in Materialien und Konzepten wieder, die ein unreflektiertes Regellernen propagieren.

Verkehrserziehung in der DDR

In der ehemaligen DDR wurde die Verkehrserziehung ebenfalls ab den 1950er Jahren fortgesetzt. Sie war bis 1990 Jahre im Deutsch- und Heimatkundeunterricht verortet und verknüpft mit den Jugendorganisationen (z.B. den Jungpionieren) der DDR. Klarer Schwerpunkt war die Sicherheitserziehung. So hieß es verbindlich beispielsweise im Lehrplan für die Unterstufe: Die Schüler „müssen auf Gefahrenstellen im Verkehr in unmittelbarer Nähe der Schule hingewiesen werden und Verhaltensweisen zum richtigen Überqueren von Fahrbahnen kennenlernen." (Ministerrat der DDR, 1988, S. 92). Als Jungpioniere sollten sie „mit wichtigen Normen und Regeln für ihre Tätigkeit als Schüler in der Klassengemeinschaft vertraut gemacht werden. Sie sollen in zunehmendem Maße lernen, sich entsprechend dieser Normen und Regeln zu verhalten" (ebd. S. 92). Für das erste Schuljahr waren acht Stunden Verkehrskunde verbindlich vorgeschrieben. Die einzelnen Stundeninhalte sind vorgegeben und klar benannt. Dabei sollen die Kinder u.a. das Überqueren der Fahrbahn üben, sich mit Form, Farbe und Bedeutung der Verkehrszeichen beschäftigen und das Verhalten in Bus und Bahn und bei Klassenausflügen verinnerlichen (ebd. S. 101). Die Vorgaben waren wenig freilassend und bis zum Ende der DDR im Jahr 1990 auf das Üben von Regeln und Verhaltensweisen fokussiert.

Verkehrserziehung ab 1970

In Westdeutschland wurden in Fachdiskussionen seit den 1970er Jahren immer häufiger auch Ergänzungen zur Verkehrssicherheitserziehungskonzeption eingefordert. Die StVO, die nahezu unverändert seit 1935 galt, wurde 1971 überarbeitet. 1972 wurde durch eine erste Empfehlung der Kultusministerkonferenz die Verkehrserziehung in Teilbereichen vom alten Ballast entrümpelt. Es wurden sozialintegrative Formen des Verhaltens im Verkehr in den Vor-

Bild 8: Schulweg mit Überquerungshilfe

dergrund gerückt und eine aktive Mitgestaltung und Verbesserung der Verkehrsverhältnisse gefordert. Allerdings lässt sich in vielen Passagen auch der Einfluss der alten Kräfte, die allein auf Regellernen und Training pochen, wiederfinden.

In der schulischen Praxis, so beklagten viele Untersuchungen in den folgenden Jahren immer wieder, hätten die Empfehlung von 1972 und die entsprechenden Erlasse der Bundesländer allerdings wenig geändert (vgl. Koch 1991). Ähnliche Klagen sind auch heute wieder in Bezug auf die Empfehlung der Kultusministerkonferenz von 1994 und in der neuesten Fassung von 2012 zu hören. Bestimmte Traditionen der Verkehrserziehung scheinen geradezu reformresistent zu sein (vgl. auch Curdt 2009).

Der Zwang in den 1970er Jahren, etwas im Verkehrsbereich zu unternehmen, war immer größer geworden, denn mit der zunehmenden Menge an Pkw und den immer höheren Geschwindigkeiten gab es Probleme: 1970 starben in der Bundesrepublik innerhalb eines Jahres fast 20.000 Menschen im Verkehr, davon über 2000 Kinder. Die Anzahl von getöteten und verletzten Verkehrsteilnehmer*innen war in den Jahren zuvor ständig angewachsen. Innerhalb weniger Jahre war sozusagen die Einwohnerschaft einer Stadt ausgelöscht worden.

Unfallstatistik 1950-1978

Jahr	Zugelassene Pkw/Lkw	Tote	Davon Kinder (0-14)	Verletzte	Davon Kinder
1950	2.369.000	6.428	--	157.326	----
1953	4.054.000	11.449	1.147	315.157	31.660
1954	4.868.000	12.071	1.139	334.961	31.066
1956	5.184.000	13.427	1.097	383.145	34.929
1958	6.619.000	12.169	1.019	372.524	36.127
1960	7.797.000	14.406	1.320	454.960	46.852
1962	9.714.000	14.445	1.397	428.488	48.151
1966	13.147.000	16.868	1.796	456.832	56.825
1970	16.783.000	19.193	2.167	531.795	70.332
1974	20.424.000	14.614	1.494	447.142	62.014
1978	24.611.000	14.662	1.449	508.644	70.680

Abb. 2 (Hass-Klau 1990, S. 185 und Destatis 2020, Lange Reihen mit Jahresergebnissen zu Straßenverkehrsunfällen, www.destatis.de, Destatis 2019, S. 38f.)

Die Reaktion auf die hohe Unfallbeteiligung von Kindern waren wiederum verkehrserzieherische Maßnahmen. Zahlreiche außerschulische Institutionen bemühten sich – ausgestattet mit staatlichen Mitteln und Fördergeldern aus der Wirtschaft – um eine Verbesserung der Verkehrserziehung. Für die Schulen wurden Jugendverkehrsschulen mit Übungsparcours aus- und aufgebaut, Sicherheits- und Trainingsprogramme eingeführt, die Radfahrausbildung in Kooperation mit der Polizei etabliert und Aufklärungskampagnen für die Eltern initiiert.

Wie schon in der Frühzeit der Verkehrserziehung waren neben der Verkehrswacht viele Institutionen, die ansonsten mit und am Autoverkehr verdienen, in der Verkehrssicherheitsarbeit engagiert: Mineralölkonzerne, Versicherungen und Automobilhersteller stellten den Schulen kostenloses Material zur Verfügung, unterstützten Mediatheken, die Produktion von Verkehrssicherheitsfilmen („Der 7. Sinn") oder die Ausrichtung von Fahrradgeschicklichkeitsparcours (wie z.B. der ADAC).

Dieses Engagement besteht zum Teil bis heute. Viele Fördergelder aus der Wirtschaft und den Ministerien wurden und werden in aufwändige Verkehrssicherheitsschulungen und Kampagnen investiert. Nicht immer wird dabei die tatsächliche Wirksamkeit der Materialien und Programme evaluiert oder kritisch hinterfragt, welche Absichten die Sponsoren mit ihrem (sicher zum Teil ehrenwerten) Engagement bezwecken.

Eine Kritik an den Maßnahmen fällt schwer, denn schließlich sollen sie ja einem guten Zweck dienen und viele (ehrenamtliche) Helfer*innen z.B. der Verkehrswacht oder anderer Vereine leisteten und leisten hier eine wertvolle Unterstützung der Verkehrssicherheitsarbeit. Andererseits lässt sich – zusammen mit Expertinnen und Experten aus der Umweltbewegung oder von Bürgerinitiativen - vermuten, dass dieses Engagement zumindest der Firmen und Institutionen nicht ganz selbstlos ist, sondern von den weniger schönen Seiten beziehungsweise unfallbedingten negativen Folgen des Autofahrens ablenken soll (Briese/ Wittekind 1985, Herzog-Schlagk 1991). War und ist Verkehrserziehung also eine Alibi-Veranstaltung, um weiter unbeschränkt mit dem Auto fahren zu können?

Der ADAC hatte beispielsweise einige Jahre mit dem griffigen Motto „Freie Fahrt für freie Bürger" erfolgreich gegen Tempobeschränkungen und für einen weiteren Straßenausbau gestritten, gleichzeitig aber umfangreiche Programme zur Sicherheitserziehung von Kindern aufgelegt. Da in der Unfallforschung schon länger vermutet wird, dass Tempolimits erheblich zur Reduzierung von Unfällen beitragen bzw. die Schwere der Unfälle reduzieren können (vgl. u.a. Land Brandenburg 2007; UBA 2016; VCD 2012), liegt natürlich der Verdacht nahe, Kinder durch Verkehrserziehung so „dressieren" zu wollen, dass sie den „reibungslosen Ablauf des Verkehrs" (Vonolfen 1954, S. 49) nicht weiter stören. Inzwischen ist man allerdings beim ADAC zu moderateren Tönen in Bezug auf Geschwindigkeitsreduzierungen in Wohnstraßen und vor Schulen übergegangen. Seit 2020 will der ADAC sogar eine „neutrale" Position gegenüber einem generellen Tempolimit von 130 km/h auf Autobahnen einnehmen (ADAC 2020), und auch die Konzepte des ADAC zur Verkehrserziehung haben sich teilweise modernisiert (ADAC 2000).

Dennoch finden sich auch noch heute Materialien von Ministerien, großen Mineralöl-Konzernen oder Versicherungen, die die alte Schule des unflexiblen Lernens von nicht hinterfragten Regeln kostenlos in die Klassenzimmer transportieren.

Die Teddypolizei:
BP Oil GmbH Hamburg 1994

[1] Alte Verkehrserziehung

1994, im Jahr der überarbeiteten KMK-Empfehlung zur Verkehrserziehung, heißt es in alter Tradition in diesem kostenlosen Heftchen des Mineralölkonzerns BP munter gereimt: Regeln lernen und den Ablauf des (Auto-)Verkehrs nicht stören.

So wird gewarnt:
„Gefährlich haben Klaus und die Tina sich jetzt,
zum Spielen mal eben auf den Bordstein gesetzt.
Und auch Max mit dem Skateboard kommt angebrettert,
wen wundert es da, wenn der Fahrer laut wettert."

Und als Lösung wird vom BP-Teddypolizisten vorgeschlagen:
„Kinder, die fröhlich nach Herzenslust toben,
gehör'n auf den Spielplatz. Ja, das muß ich loben."

Fazit der Teddypolizei zur Verkehrserziehung im Frontalunterricht des Jahres 1994 ist:
„Ihr ward eifrig bei der Sache und niemals zu laut,
habt stets aufmerksam auf Tafeln und Bilder geschaut,
und ihr habt immer alle gut mitgedacht:
Darum wisst ihr jetzt, wie man's richtig macht" (BP 1994, S. 4, 5 u. 30).

[2] Viel Geld für alte Inhalte

Blaubär Verkehrsfibel (2019): ZEITGEIST MEDIA GmbH im Auftrag des Bundesministeriums für Verkehr und digitale Infrastruktur

Im etwas moderneren Gewand als die „Teddypolizei" wird seit vielen Jahren vom Bundesministerium für Verkehr in sich jeweils etwas wandelnder Form die Verkehrsfibel „Käpt'n Blaubär" in hoher Stückzahl (Auflage mehrere Millionen) an über 18.000 Grundschulen kostenlos in mehreren Klassensätzen verteilt. Jährlich wechselnde Sponsoren aus der Wirtschaft unterstützen dieses Projekt. Inhaltlich geht es in kleinen Geschichten und Rätseln um Fragen des richtigen Verhaltens im Straßenverkehr als Fußgänger, auf dem Rad und in Bus und Bahn. Schwächere Schüler*innen haben angesichts unübersichtlicher Seitengestaltung und hoher Textdichte Schwierigkeiten, die Fibel gewinnbringend zu nutzen. Fraglich ist, ob die Kosten für diese Broschüre in einem Verhältnis zu tatsächlichen Sicherheitsgewinnen und zu einer Verbesserung der Verkehrssituation von Kindern im Straßenverkehr stehen. Untersuchungen zur Wirksamkeit solcher Programme liegen nicht vor.

Anhand der skizzierten historischen Entwicklung der Verkehrserziehung wird deutlich, mit welchen Erblasten – bei allen Erneuerungsversuchen – diese Disziplin belastet ist. Auch deswegen ist eine Markierung der Neuausrichtung durch den Begriff Mobilitätsbildung sinnvoll. Gleichzeitig soll mit einer Neukonzeption über die Begriffe Mobilität/Mobilitätsbildung nicht impliziert werden, die Aspekte einer sicheren Verkehrsteilnahme und Elemente der Sicherheitserziehung abzuschaffen. Vielmehr geht es darum, nicht allein die Kinder für eine sichere Verkehrsteilnahme zu sensibilisieren, sondern alle Verkehrsteilnehmer*innen in die Pflicht zu nehmen. Der Rückgang der Unfallzahlen und besonders der Anzahl der getöteten Kinder in den letzten Jahrzehnten ist mutmaßlich nicht im Schwerpunkt der schulischen Verkehrserziehung zuzuschreiben, sondern verdankt sich einer Verbesserung von Rückhaltesystemen im Auto, verbesserten Bremssystemen am Auto, geänderten Verkehrsführungen und Überquerungshilfen, Tempo 30 in Wohngebieten, einer optimierten Notfallversorgung im Rettungswesen und viel weniger Kindern insgesamt (in absoluten Zahlen), die sich auch seltener im Freien aufhalten.[4] Elemente der traditionellen Verkehrserziehung haben sicher ihre Berechtigung, sollten aber dringend in der Praxis ergänzt werden durch einen umfassenderen Ansatz, der weiter unten dargestellt wird.

Zur Entwicklung eines Ansatzes, der Fragen von Umwelt, Klima und Gesundheit sowie sozialem Lernen anspricht, soll zunächst untersucht werden, wie die Situation der Kinder im heutigen Straßenverkehr aussieht, welche Probleme für sie bei der Verkehrsteilnahme bestehen und welche Perspektiven sich für eine zeitgemäße Mobilitätsbildung aus dieser Analyse ergeben.

2.5 Kinder und Straßenverkehr heute

1992 hat die Bundesrepublik Deutschland mit der Ratifizierung der UN-Kinderrechtskonvention das Recht der Kinder auf Gesundheit und körperliche Unversehrtheit festgeschrieben (vgl. Spitta 1998). Im Alltag klaffen Rechtsanspruch und Realität allerdings weit auseinander, denn der Straßenverkehr schränkt Kinder nicht nur in ihrer Bewegungsfreiheit ein, sondern hat auch direkt Auswirkungen auf ihre Unversehrtheit und Gesundheit. Angesichts von jährlich rund 4200 schwer verletzten Kindern (0-14 Jahre) und rund 25.000 leicht bei Straßenverkehrsunfällen verletzten Kinder im Jahr 2018 (Destatis 2019, S. 31) sind Unfälle im Straßenverkehr keine Randerscheinung im Alltag von Heranwachsenden. Trotz deutlicher Rückgänge in den letzten Jahrzehnten sterben immer noch zu viele Kinder im Verkehr - 2018 waren es 79 Kinder (Destatis 2019, S. 43).

Im Rahmen der VCD-Kinderverkehrsgutachten und der Kindermeilenkampagne gaben Kinder immer wieder an, dass sie sich durch fahrende und parkende Automobile beeinträchtigt fühlten (VCD/Klimabündnis 2002, S. 17; Limbourg 2010, S. 41).

Tritt man in einer bundesdeutschen Stadt vor die Tür, ist dieser Eindruck der Kinder nicht verwunderlich. Die Dominanz des Automobils ist allzeit gegenwärtig. Zugeparkte Flächen nehmen Räume zum Spielen und zum Aufenthalt weg (Böll-Stiftung/VCD 2019, S. 14). Statistisch gesehen, fährt ein Pkw eine Stunde am Tag, den Rest des Tages ist es ein „Stehzeug“ und nimmt Platz weg (BMVI 2019, S. 76; vgl. auch Knoflacher 2001).

---

4 Studien zur Wirksamkeit von schulischen Maßnahmen zur Verkehrssicherheit liegen nur aus den 1970er Jahren vor, es gibt kaum aktuelle Untersuchungen.

Gleichzeitig sind unsere Straßen aber auch voll von fahrenden Pkw, bei über 65 Millionen Fahrzeugen (Pkw, Lkw usw.) insgesamt in Deutschland im Jahr 2020 (KBA 2020)[5] wird es zu bestimmten Zeiten eng auf den Straßen. Hauptverkehrsstraßen werden so oft für Kinder zu unüberwindbaren Grenzen. Hatten Kinder in den 1920er Jahren und in der Nachkriegszeit noch einen unabhängigen Streifraum von mehreren Kilometern um die elterliche Wohnung (vgl. Muchow/Muchow 1998), liegt dieser heute bei wenigen hundert Metern.

Das Auto ist unser „liebstes Kind“: Seit den 1970er Jahren gibt es mit zunehmender Tendenz mehr Autos als Kinder in Deutschland. Derzeit kommt ein Kind auf ungefähr vier bis fünf Pkw.

Verhältnis Pkw zu Kindern in Deutschland

	Kinder (0-14 Jahre)	Pkw
1970	16 976 778	13 941 079
1975	15 387 519	17 898 422
1980	12 963 614	23 191 616
1985	11 318 610	25 844 520
1990	12 133 733	35 501 812
1995	12 381 282	40 404 294
2000	12 777 242	42 839 906
2005	11 649 366	45 375 526
2010	10 941 201	41 737 627
2015	10 881 126	44 403 124
2018	11 290 815	46 474 594

Abb. 3: Quellen: BMVI/KBA 2019, S. 326; KBA/Statistik www.kba.de
Destatis 2019c, S. 17-18 ab 1990 mit den neuen Bundesländern.
Anm.: Ab 2008 werden mehrere Millionen Fahrzeuge,
die saisonal abgemeldet werden, nicht mehr gezählt.

5 https://www.kba.de/DE/Statistik/Fahrzeuge/Bestand/bestand_node.html (9.5.2020)

Nicht alle Kinder sind gleichermaßen von den Auswirkungen des motorisierten Straßenverkehrs betroffen. Je nach Wohnviertel oder Größe von Stadt oder Gemeinde sind ihre Erfahrungen sehr unterschiedlich. Während das eine Kind sich nachmittags in der verkehrsberuhigten Siedlung am Stadtrand ohne Unfallgefahr im Freien aufhalten kann, ist dies für ein anderes im Innenstadtbereich unter Umständen lebensgefährlich. Aber nicht nur Kinder in den Ballungsräumen werden eingeschränkt. Im ländlichen Bereich kann aufgrund der hohen Geschwindigkeiten die Durchgangsstraße zur unüberwindbaren und gefährlichen Grenze werden.

Trotz der Unterschiede nach Wohnlage und Alter der Kinder hat der ständig wachsende Straßenverkehr den Alltag aller Heranwachsenden nachhaltig verändert. Folgende zugespitzte Beispiele machen die Auswirkungen deutlich (siehe dazu: LBS-Kinderbarometer 2006; S. 85ff.; Limbourg 2010, S. 41; Limbourg 2009, S. 28; Flade 1994; Fries 2002, S. 171; Hüttenmoser 1994; Zeiher 1983 und 1990; Zimmer 2014):

Kinder

- haben Angst vor schnell fahrenden Autos.
- halten sich seltener im Freien auf als noch vor einigen Jahren; typische Straßenspiele wie Brennball, Völkerball, Fangen, Murmelspiele am Rinnstein oder Hüpfkästchen werden kaum noch gespielt. Stattdessen gibt es zahlreiche digitale und mediale Angebote in der Wohnung.

Bild 11: Zugeparkter Gehweg in der Stadt

- müssen sich verabreden, um den Nachmittag gemeinsam zu verbringen; spontane Treffen auf der Straße sind selten geworden.
- legen Wege fast nie unbegleitet zurück, sie stehen aus Sicherheitsgründen ständig unter der Obhut von Erwachsenen und können so keine selbstständigen Erfahrungen sammeln. Extreme Behütung wird inzwischen mit dem Begriff „Helikopter-Eltern“ etikettiert.
- beziehungsweise Familien, die an Hauptverkehrsstraßen wohnen, haben - wie erste Untersuchungen zeigen - weniger soziale Kontakte als Familien, die in verkehrsberuhigten Stadtteilen wohnen.

- sind zunehmend durch die Auswirkungen des Straßenverkehrs gesundheitlichen Belastungen und Krankheiten ausgesetzt.

- werden von den Eltern - paradoxerweise wegen des gefährlichen Verkehrs - mit dem Auto zur Schule oder zum Sport transportiert. Eltern erzeugen so den Verkehr, vor dem sie ihre Kinder schützen wollen und gefährden die Kinder, die noch zu Fuß gehen.

- leiden zunehmend unter Bewegungsdefiziten. Mangelnde Bewegung und Beweglichkeit wirkt sich auch nachhaltig auf die Lernbereitschaft und Lernfähigkeit aus.

- erleben durch die Mobilität mit dem Auto und eine verfehlte Verkehrs- und Stadtplanung ihre Welt „verinselt“. Zwischen den Inseln (Schule, Sportverein, Wohnung der Freundin, Nachhilfe, Musikstunde ...) werden sie im Auto transportiert und verlieren so den Kontakt zu ihrer Wohnumgebung und Umwelt, da sie die Wege durch die Windschutzscheibe des Autos („Eltern-Taxi“) oder an der Hand Erwachsener wahrnehmen. Sie können sich ihr Wohnumfeld nicht mehr Stück für Stück selbst erschließen und sich dadurch mit ihm identifizieren.

- werden auf häufig langweilige „Spielplatz-Inseln“ verdrängt, die wenig zu kreativem Spiel anregen.

- erfahren täglich, dass ihr Spiel- und Erfahrungsraum vor der Wohnung durch fahrende und parkende Pkw blockiert, eingeschränkt und gefährdet wird; gleichzeitig erleben sie das Auto als das Mittel, dieser Einschränkung zu entfliehen. Spätestens mit dem Erwerb des Führerscheins und der eigenen Motorisierung können sie die Seite wechseln und der Unterdrückung ihrer Freiheit entkommen – mit den entsprechenden Folgen (siehe Unfallstatistik).

Da Eltern sich durch die Verkehrsverhältnisse immer mehr gezwungen sehen, ihre Kinder zu begleiten, können diese wesentliche soziale Erfahrungen wie die ersten selbstständigen Schritte in ihrer Lebensumwelt außerhalb von Schule kaum noch in der entscheidenden Entwicklungsphase machen. Kamen 1986 noch rund 92% aller 6 bis 7-jährigen Kinder selbstständig zur Schule waren dies im Jahr 2000 nur noch 52% (Limbourg 2009, S. 27), inzwischen ist der Anteil weiter gesunken und der (automobile) Bringdienst hat zugenommen. Dabei ist die schrittweise Aneignung eines sich langsam ausdehnenden Lebensraums überaus wichtig für die körperliche, geistige und soziale Entwicklung von Kindern (vgl. Kahlert 1998, Spitta 2004).

Der Psychologe Sachs vermutet, dass durch die „Verinselung" der Kindheit die für die Identitätsfindung wichtigen Raum- und Gruppenerfahrungen zu wenig gemacht werden können. Mit der Wohnumgebung könne man sich aber erst durch eine aktive und handelnde Auseinandersetzung identifizieren (Sachs 1982, S. 40). „Mangelnde Möglichkeiten der (Selbst)Erfahrung erschwert es den Kindern, die eigene Person als Quelle von Einfluss und Kompetenz zu erleben und damit ein gesundes Selbstwertgefühl zu entwickeln" (Sachs 1982, S. 41).

In einem Schulprojekt zur Untersuchung der Spielmöglichkeiten im Stadtteil (Spitta 2001 und 2016a, S. 52 sowie Spitta 2016c, S 192) wurde deutlich, dass viele Kinder nur die unmittelbar vor der eigenen Haustür liegenden Spielmöglichkeiten kannten. Spielorte im Stadtteil, oft nur wenige hundert Meter entfernt, waren weniger bekannt als ein weiter entfernt liegendes Spaßbad oder ein Freizeitpark in der Nachbarstadt.

Nicht nur im Rahmen der Agenda 2030 und der Bildung für nachhaltige Entwicklung ist eine aktive Mitgestaltung vor Ort durch Bürgerinnen und Bürger wünschenswert. Bei mangelnder Kenntnis der Umgebung fallen aber nicht nur die Identifikation mit dem Wohnumfeld schwer, sondern auch die Beteiligung am politischen Leben oder das Engagement für Verbesserungen auf kommunaler Ebene. Im Rahmen bürgerschaftlich-politischer Bildung und demokratischen Lernens ist es eine wichtige Aufgabe der Schule, hier schon Kindern und Jugendlichen zu Identitätserlebnissen vor Ort zu verhelfen und Wege der Mitgestaltung und Mitbestimmung aufzuzeigen. Diese Partizipation und Fähigkeit, die eigene Umwelt aktiv (mit-) zu gestalten (Gestaltungskompetenz) spielt im Rahmen der Bildung für nachhaltige Entwicklung eine entscheidende Rolle (de Haan 2009, S. 23). In Teilbereichen ist dabei auch die Mobilitätsbildung angesprochen, die durch Stadtteilerkundungen, die Erstellung von Stadtplänen aus Kindersicht oder ähnliche Schulwegprojekte (siehe Praxisteil) den Schülerinnen und Schülern die verlorenen gegangene Welt vor der Haustür wieder zu erschließen versucht (vgl. Spitta 2016c).

2.5.1 Unfälle mit Kindern im Straßenverkehr

Der Autoverkehr hat sich nicht nur in Deutschland in den letzten Jahrzehnten rasant entwickelt. Weltweit sind immer mehr Autos unterwegs. China hat sich vom Fahrradland zum wichtigsten Absatzmarkt für Automobile entwickelt. Auch in sogenannten Entwicklungsländern nimmt der Verkehr ständig zu. Laut World Health Organization (WHO) sterben weltweit jährlich 1,35 Millionen Menschen bei Verkehrsunfällen. Die häufigste Todesursache in der Altersgruppe der 5 bis 29-jährigen ist weltweit somit der Straßenverkehr (WHO 2018). Auch in Deutschland, das im internationalen Vergleich weitaus besser abschneidet, sind Kinder von den direkten Auswirkungen des Autoverkehrs besonders betroffen: Im Durchschnitt kam im Jahr 2018 alle 18 Minuten ein Kind im Alter von unter 15 Jahren im Straßenverkehr zu Schaden. Insgesamt waren es 29.213 Kinder, die 2018 auf Deutschlands Straßen verunglückten; davon endeten 79 Unfälle tödlich für Kinder (siehe DVR 2019, Grafik, Destatis 2019, S. 4).

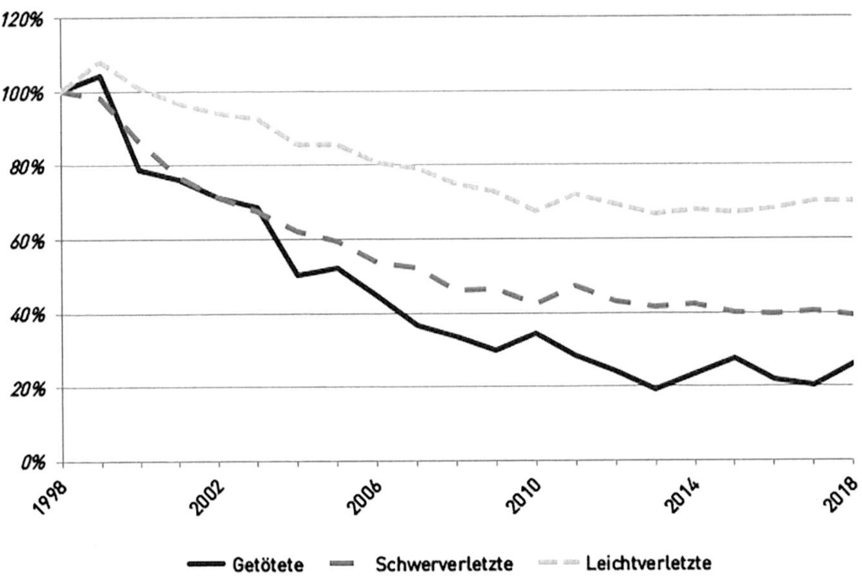

Abb. 4: Getötete und Verletzte unter 15. Grafik vom Verkehrssicherheitsrat DVR (2019)

Der größte Teil der Kinder unter 15 Jahren (36,7%) kam 2018 als Insasse im Pkw zu Schaden. 35% verunglückten mit dem Fahrrad und 21,5% als Fußgänger. Diese Aufteilung differiert je nach Alter. Kinder bis 6 Jahre (also vor der Einschulung) kommen zu fast 64% im Auto (der Eltern) zu Schaden. Im Grundschulalter (6-9 Jahre) sind das immer noch rund 40%, die im Auto als Mitfahrer verunglücken. Auf dem Fahrrad sind besonders die Kinder zwischen 10 und 14 Jahren gefährdet; 50% der Unfälle in dieser Altersgruppe ereigneten sich beim Radfahren (Destatis 2019a, S. 7).

„Mehr als die Hälfte der Kinderunfälle[6] wird nicht durch die Kinder selbst, sondern durch das Fehlverhalten der beteiligten motorisierten Fahrer*innen verursacht“ (Limbourg 2010, S. 42).

Limbourg (2010) stellt zusammenfassend zu Kinderunfällen fest:

- „Der Schwerpunkt der Fußgängerunfälle im Kindesalter liegt in der Altersgruppe der 7- bis 8-jährigen Kinder.
- Der Schwerpunkt der Radfahrerunfälle im Kindesalter liegt in der Altersgruppe der 11- bis 15-jährigen Kinder.
- Sowohl bei den Fußgängerunfällen als auch bei den Radfahrerunfällen sind Jungen ca. doppelt so häufig vertreten als Mädchen.
- Die Unfälle von Kindern als Mitfahrer im Pkw weisen keine deutlichen Altersunterschiede auf. Die Gruppe der 14-jährigen Mädchen verunglückt jedoch deutlich häufiger als alle anderen Altersstufen im Pkw – oft als Mitfahrerinnen bei jungen Fahranfängern.
- Kinder aus sozial benachteiligten Familien verunglücken als Fußgänger häufiger als Kinder aus sozioökonomisch besser gestellten Familien.
- Motorisch unruhige, hyperaktive und kognitiv impulsive Kinder sind stärker unfallgefährdet als ruhige, reflexive Kinder.
- Die meisten Kinderunfälle ereignen sich nachmittags beim Spielen. Danach folgen die Schulwegunfälle. Sie sind besonders häufig in der „dunklen“ Jahreszeit.
- Viele Unfälle ereignen sich, weil die Kinder plötzlich und ohne vorherige Orientierung auf die Fahrbahn laufen.
- Autofahrer tragen häufig die Schuld an den Unfällen mit Kindern, weil sie sich nicht ausreichend auf das kindliche Verhalten im Straßenverkehr einstellen.
- Tempo 30-Zonen und verkehrsberuhigte Bereiche fördern die Sicherheit von Kindern im Straßenverkehr besonders.“ (Limbourg 2010, S. 45).

---

6 In der Statistik erscheinen nur Unfälle, die von der Polizei aufgenommen wurden. Es ist zu vermuten, dass besonders bei Unfällen mit geringen Folgen eine hohe Dunkelziffer existiert. Limbourg (2003) geht davon aus, dass auf einen registrierten Schulwegunfall vier nicht registrierte kommen.

Bild 12: Gedenkstelle für Unfallopfer am Straßenrand

In den letzten Jahren ist ein deutlicher Rückgang bei den absoluten Zahlen der getöteten Kinder festzustellen – bei einer immer noch hohen Zahl von Verletzten. Der Rückgang der getöteten Kinder wird zu Recht mit Freude registriert (Dekra 2019, S. 3 u. 5).

Wie schon weiter oben dargestellt, sind die Gründe dafür nicht immer ein Erfolg der schulischen verkehrserzieherischen Bemühungen. Begünstigt wird der Rückgang durch immer weniger Kinder, die sich insgesamt seltener im Freien aufhalten. Ebenso haben zu der Verbesserung der Fallzahlen in den letzten Jahrzehnten Sicherungssysteme im Auto beigetragen. Während bis in die 1980er Jahre Kinder im Auto hinten noch ohne Gurt sitzen durften, hat sich durch die Einführung der anfangs sehr umstrittenen Gurtpflicht (ab 1984 auch auf der Rückbank) vieles verbessert. Ebenso hilfreich war die Verpflichtung zum Nutzen von Kindersitzen und Babyschalen seit 1993, ab 2013 auch mit der Festlegung auf die Größe der Kinder für den entsprechenden Sitz und später deren Sicherung mit zusätzlichen genormten Fixierungssystemen. Hinzu kamen Bremssysteme (ABS), Airbags und Assistenzsysteme für den Fahrer/ die Fahrerin.

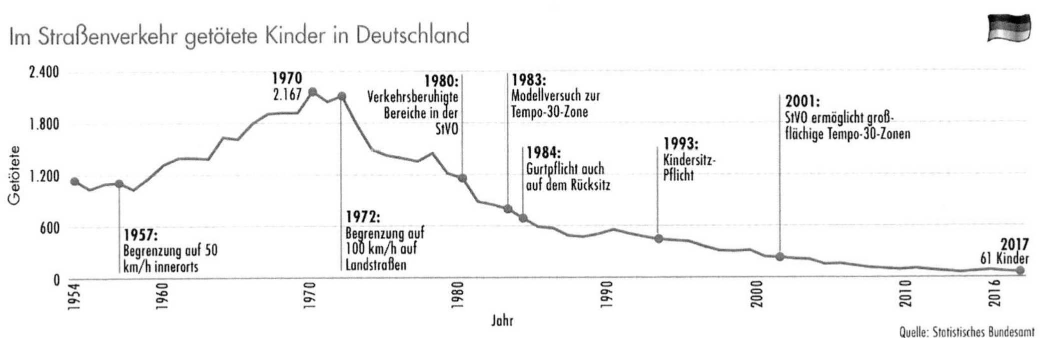

Abb 5: Im Verkehr getötete Kinder 1954 - 2017. Entnommen aus: Dekra 2019, S. 22

Während im und am Auto sich sicherheitstechnisch einiges verbessert hat, sind im Straßenraum in der selben Zeit zwar auch Veränderungen vorgenommen worden (Tempo 30 Zonen ab 2001, Überquerungshilfen), diese sind aber in der Regel nicht weitgehend genug, so dass es hier immer noch zu einer deutlichen Gefährdung von zu fußgehenden und radfahrenden Kindern und Jugendlichen kommt, zumal in den Ballungsräumen durch die hohe Pkw-Dichte Kreuzungsbereiche und Gehwege oft zugeparkt und schwer einsehbar sind. Durchdachte Fußwegenetze und eine gute Radfahrinfrastruktur, wie sie z.B. in vielen niederländischen Kommunen oder in Kopenhagen zu finden sind, sind in Deutschland vielerorts noch Mangelware oder ein Flickenteppich und kein Beitrag zu mehr Verkehrssicherheit.

Der Vergleich von Unfallzahlen unter den EU-Ländern zeigt, dass die Gefährdungspotentiale für Kinder sehr unterschiedlich sein können. Deutschland stand in der Vergleichsstatistik früher an ungünstiger Position. In den letzten Jahrzehnten hat sich der Platz deutlich verbessert. In Schweden, das schon seit Jahrzehnten eine „Vision Zero"-Politik betreibt (Ziel = Null Unfalltote), sind seit Jahren nur noch sehr wenige Kinder in tödliche Unfälle verwickelt. Konsequente Sicherungs- und Verkehrsberuhigungsmaßnahmen im Straßenraum, durchgesetzte und überwachte Tempobeschränkungen sowie eine allgemeine Kultur der Rücksichtnahme zahlen sich hier aus (siehe auch Dekra 2019, S. 22).

Anlass zur Sorge bereiten vor allem immer wieder die hohen Unfallraten der Altersgruppe zwischen 18 und 24 Jahren. Besonders in den ersten Jahren nach

Abb. 6: Unfälle mit Kindern im europäischen Vergleich; übernommen aus: Dekra 2019, S. 21

dem Führerscheinerwerb schnellen die Unfälle mit Todesfolge in die Höhe. Je 100.000 Einwohner dieser Altersgruppe verunglückten im Jahr 2018 995 junge Erwachsene in Deutschland im Straßenverkehr, dies war mehr als das Doppelte des Durchschnittswertes für die Gesamtbevölkerung (477). In keiner anderen Altersgruppe ist das Risiko, im Straßenverkehr zu verunglücken, derart hoch (vgl. DVR 2019). In der Altersgruppe der 15 bis 17-jährigen, also vor dem regulären Führerscheinerwerb, spielt neben Mofa und Kraftrad zunehmend wieder das Fahrrad eine wichtige Rolle z.B. auf dem Weg zur weiterführenden Schule. Das spiegelt sich allerdings auch in den Unfallzahlen dieser Altersgruppe wider.

„Überdurchschnittlich häufig verunglückten 15- bis 17-Jährige mit Kraft- oder Fahrrädern. 68,9% der verunglückten Jugendlichen kamen dabei zu Schaden, davon benutzten 43,8% ein Kraftrad (17,2% ein Kraftrad mit Versicherungskennzeichen, 26,6% ein Kraftrad mit amtlichen Kennzeichen) und weitere 25,1% ein Fahrrad. In einem Pkw kamen 21,4% der verunglückten Jugendlichen zu Schaden, als Fußgänger waren 7,3% unterwegs" (Destatis 2019b, S.6).

Dies macht deutlich, dass die Mobilitätsbildung keinesfalls eine Domäne des Kindergartens und der Grundschule bleiben darf, sondern konsequent in der Sekundarstufe fortgesetzt und in weiteren Schritten auch im Bereich der Fahrschulen,[7] der Ausbildung, Berufsschule, Hochschule usw.[8] etabliert werden muss. Leider ist in den weiterführenden Schulen die Umsetzung einer modernen Mobilitätsbildung eher die Ausnahme.

Während über die im Verkehr getöteten Kinder wenigstens einmal im Jahr bei der Veröffentlichung der Unfallstatistik in der Zeitung berichtet wird, werden die physischen und psychischen Folgen der vielen bei Unfällen verletzten Kinder selten thematisiert. Neben den direkt sichtbaren Verletzungen, die in vielen Fällen zu langfristigen körperlichen Einschränkungen, Schmerzen und Benachteiligungen führen können, werden die auch bei „leichten" Unfällen häufig zurückbleibenden Traumatisierungen meist von der Öffentlichkeit vergessen.

---

7 Im Bereich der Fahrschulen und Führerscheinprüfungen hat sich das Konzept des Führerscheins ab 17 auf Probe mit anschließendem begleiteten Fahren als sehr sinnvoll zur Unfallverminderung erwiesen.

8 Ebenso kann zurecht gefordert werden, dass auch andere Bevölkerungsgruppen immer wieder Angebote zur Mobilitätsbildung/Sicherheitserziehung brauchen, so beispielsweise Personengruppen, die durch elektrisch unterstütze Fahrräder („E-Bikes") schnell und zum Teil ungeübt im Straßenverkehr unterwegs sind oder ältere Verkehrsteilnehmer*innen und Senioren.

[3] Unfallschuld mit sieben Jahren

In Deutschland sind Kinder ab dem 7. Lebensjahr im Rahmen der Rechtsprechung, wenn es etwa um die versicherungstechnische Aufteilung der Unfallkosten geht, schuldfähig. Das heißt, dass man ihnen - entgegen entwicklungspsychologischer Erkenntnisse - zutraut, Gefahren richtig einzuschätzen und sich verkehrsgerecht zu verhalten. Kindern wird eine „Einsichtsfähigkeit" zugetraut, dabei aber außer Acht gelassen, dass eine „Steuerungsfähigkeit", also ein Handeln entsprechend von Einsicht, noch nicht immer gegeben ist. Somit sind Kinder im versicherungstechnischen Sinne „schuld", wenn sie beim Spielen auf die Fahrbahn geraten und dort angefahren werden.

Fallbeispiel: Ein 8 Jahre alter Junge wurde, als er sein mit einem Gummiband abgeschossenes Spielzeug-Flugzeug von der Fahrbahn aufheben wollte, von einem Lieferwagen erfasst und erlitt sehr schwere Verletzungen. Bei der Klage seiner Eltern wurden ihm nur ein Viertel Entschädigung zuerkannt, da er zu drei Vierteln Mitschuld am Unfall trage. In der für solche Unfälle typischen Urteilsbegründung heißt es: „Der Kläger (also der Junge) muss sich indes ein eigenes ursächliches Verschulden anrechnen lassen. Sein Verkehrsverstoß liegt darin, dass er entgegen § 25 Abs. 3 StVO die Fahrbahn betreten hat, ohne auf den Verkehr zu achten. Als fast 9-jähriges Kind war der Kläger grundsätzlich schuldfähig. Er musste auch die notwendige Einsicht haben, dass er nicht auf die Fahrbahn laufen durfte, ohne auf den Fahrbahnverkehr zu achten. Diese Erkenntnis wird im Rahmen der Verkehrserziehung schon im Kindergarten, jedenfalls aber in den ersten Schuljahren vermittelt. Der Kläger hat nicht dargelegt, dass ihm die erforderliche und altersspezifisch vorauszusetzende Einsicht in diese Grundregel gefehlt hätte" (OLG Düsseldorf Urt. v. 19.12.1990, zit. nach Scheffen, in: Familie und Recht 2/1993, S. 83).

Tatsächlich kennen Kinder meistens die wichtigsten Verkehrs- und Verhaltensregeln. Aber da sie oft spontan agieren beziehungsweise reagieren, denken sie nicht immer daran (vgl. den Abschnitt unten „Kinder bleiben Kinder"). Tatsache ist auch, dass sehr viele Unfälle durch eine zu hohe Geschwindigkeit von Autofahrerinnen oder Autofahrern verursacht werden. Trotz einer eindeutigen Regelung in der Straßenverkehrsordnung (StVO) wird beispielsweise bei Gerichtsverfahren nicht vorausgesetzt, dass Autofahrende in Wohngebieten mit Kindern rechnen müssen. Dabei heißt es im § 3 Abs. 2a der StVO (2013): „Wer ein Fahrzeug führt, muss sich gegenüber Kindern, Hilfsbedürftigen oder älteren Menschen, insbesondere durch Verminderung der Fahrgeschwindigkeit und durch Bremsbereitschaft, so verhalten, dass eine Gefährdung dieser Verkehrsteilnehmer ausgeschlossen ist" (Hervorhebung durch den Autor).

Im Gegensatz zu Kindern sollten Erwachsene die Folgen ihres Handelns besser überblicken und ihr Verhalten dementsprechend ausrichten können. Geschwindigkeitsüberschreitungen und Alkohol am Steuer dürfen daher nicht weiter als „Kavaliersdelikte" angesehen werden. Für Kinder hingegen muss das Alter der Schuldfähigkeit deutlich heraufgesetzt werden. In einigen europäischen Ländern wurde inzwischen die Beweislast bei Verkehrsunfällen mit Kindern grundsätzlich dem Autofahrenden zugewiesen (Europäische Kommission 2002, siehe auch Spitta 1998, Limbourg 2000).

Ähnlich ungünstig sieht die Entwicklung beim bisherigen Haftungsausschluss für Grundschulkinder aus. Waren bisher Kinder schuldfrei bei einer versehentlich, zum Beispiel beim Spielen, entstandenen Beschädigung an einem geparkten Auto, so sind sie nun (bzw. mittelbar ihre Eltern) nach einem Bundesgerichtshofurteil im Fall eines 9-jährigen Mädchens, das beim Radfahren auf einem öffentlichen Parkplatz das Gleichgewicht verlor und so einen Lackschaden an einem Pkw verursachte, schuldfähig und müssen den Schaden bezahlen (Fairkehr 2005). Ähnlich urteilte das Oberlandesgericht in Celle (Az 14 U 69/19), das einem achtjährigen Kind die Schuld zusprach, nachdem es auf dem Gehweg fuhr und eine Frau, die ihm ausweichen wollte und dabei stolperte, zu Fall brachte. Die hinter dem Kind noch rufenden Eltern wurden nicht direkt herangezogen, da das Kind mit 8 Jahren und einer dreijährigen „Fahrpraxis" bereits voll haftbar sei und bereits die „erforderliche Einsicht" habe (siehe ZVE 2020, S. 34).

2.5.2 Gesundheitsschäden durch Straßenverkehr

Die jährlichen statistischen Auswertungen der Verkehrsunfälle belegen mit relativ genauen Zahlen die Schäden, die der Straßenverkehr an Leib und Leben bei Kindern verursacht. Weniger eindeutig vermessen und nicht so plakativ belegt sind die inzwischen nachgewiesenen indirekten Folgen des Straßenverkehrs für Kinder und Erwachsene. Lärm, Abgase, Feinstaub, Stickoxide (Stickstoffdioxid), Ozon, Reifenabrieb und Mikroplastik sind nur einige der Elemente, die zum Teil schleichend, aber nachhaltig unsere Gesundheit beeinträchtigen (können). Kinder sind, da sie bezogen auf ihre Körpergröße mehr Schadstoffe aufnehmen als Erwachsene und sich im Wachstum befinden, zum Teil anfälliger für diese Umweltgifte und Schadstoffe. Einige Studien gehen davon aus, dass durch diese indirekten Folgen des Straßenverkehrs mehr Todesopfer zu beklagen sind als durch direkte Verkehrsunfälle (Böll-Stiftung/VCD 2019, S. 28).

Bild 14: Schadstoffe aus dem Auspuff

Die Schwierigkeit bei der Analyse gesundheitlicher Beeinträchtigungen besteht darin, dass diese durch viele weitere Faktoren wie Ernährung, Gifte im Wohnbereich, individuelle Anfälligkeit für Erkrankungen oder Suchtmittel beeinflusst werden können, man also nur durch statistische Berechnungen feststellen kann, wie häufig beispielsweise Herzversagen auf Verkehrslärm zurückzuführen sein könnte. Immerhin gibt es aber inzwischen einige valide medizinische Studien und Modellrechnungen, die belegen, dass die Gesundheitsschäden durch Straßenverkehr eine weitaus höhere Rate an Toten zur Folge haben als bisher angenommen (vgl. Spatz 1995, S. 141 f.). Schätzungen zu Folge sind demnach jährlich ca. 13.000 zusätzliche bzw. frühzeitige Todesfälle durch Feinstaub und Ozon zu beklagen, 2500 durch Stickoxide und mindestens 3400 – 6000 durch Lärmeinwirkungen (Böll-Stiftung/VCD 2019, S. 28).

Stickoxide und Diesel-Skandal

Feinstaub und besonders Stickoxide werden im Straßenverkehr besonders durch die seit Jahrzehnten steuerlich subventionierte Dieseltechnologie verursacht. Wegen der bekannten gesundheitlichen Folgen war seitens der EU festgelegt worden, dass die Dieselmotoren neuerer Norm (Euro 5 und Euro 6) zunehmend schadstoffärmer und effizienter werden müssen. Beunruhigend war, dass die vorgegebenen Grenzwerte, obwohl diese über den Empfehlungen der WHO lagen, trotz strengerer Vorgaben in vielen Innenstädten und an Verkehrsachsen nicht eingehalten wurden. 2015 fiel auf, dass Diesel-PKW verschiedener Hersteller (zuerst bei VW) beim Test in Laboren und Werkstätten die Grenzwerte zwar einhielten, dies im Normalbetrieb aber nicht der Fall war. Die inzwischen ausgetüftelten Bordcomputer der Pkw konnten erkennen, dass sich das Auto im Testbetrieb befand und die Motorleistung wurde entsprechend so eingestellt, dass die Grenzwerte passten. Im Normalbetrieb wurde zugunsten einer „besseren Leistung“ der Motoren diese Vorrichtung ausgeschaltet und die Motoren setzten ein Vielfaches der erlaubten Menge an Stickstoffdioxiden frei (vgl. Böll-Stiftung/VCD 2019, S. 36). In den USA musste u.a. der VW-Konzern wegen dieses

Betrugs empfindliche Strafen zahlen, Manager wurden wegen des Einbaus dieser „Schummelsoftware" inhaftiert und verurteilt. Nicht so in Deutschland. Trotz einer öffentlichen Debatte waren weder das Kraftfahrtbundesamt (KBA) noch das vorgesetzte Bundesverkehrsministerium an einer ernsten Aufklärung interessiert. Die von vielen Fachleuten konstatierte tatsächliche Gefährdung durch die Dieselabgase wurde in der Debatte heruntergespielt. Dankbar nahm der Bundesverkehrsminister 2019 das Positionspapier von einigen Lungenärzten auf, die in einem Brief und in Talkshows behaupteten, dass von Stickoxiden keine nennenswerte Gefahr ausginge und daher forderten, die Grenzwerte, die zu Dieselfahrverboten und Tempolimits führten, aufzuheben.[9] Später stellte sich heraus, medial mit weniger Aufmerksamkeit bedacht, dass diese Ärzte (ohnehin eine Minderheit unter vielen Fachleuten mit anderer Meinung) z.T. mit falschen Zahlen und Berechnungsmodellen operiert hatten.[10] Die tatsächlich erfolgten Diesel-Fahrverbote wurden schließlich nicht von den Landesregierungen erzwungen, sondern durch Klagen eines Umweltvereins (DUH), der damit geltendes EU-Recht und einen entsprechenden Gesundheitsschutz für die Anwohner*innen der betroffenen Innenstädte einforderte. Das hier aufgeführte Beispiel der Diesel- und Abgas-Problematik soll exemplarisch zeigen, dass die Gesundheitsgefahren aus dem Auspuff in Deutschland noch nicht besonders ernst genommen werden und es einen Trend gibt, die Gefährdungen des Straßenverkehrs und die möglichen negativen gesundheitlichen Auswirkungen herunterzuspielen oder zu ignorieren. Anstatt Innenstädte mit weniger Autoverkehr zu belasten und in Alternativen zum Autoverkehr zu investieren, wird stattdessen als Lösung für das Problem das Anheben der Grenzwerte gefordert. So ist der Weg zu einer gesunden und autoarmen Stadt allerdings noch weit.

Bewegungsmangel

Weitere in der Schule feststellbare gesundheitliche Folgen der Einschränkung von Kindern durch den Straßenverkehr sind motorische Störungen, die auf Bewegungsdefizite zurückzuführen sind (Zimmer 2014, Hüttenmoser 1994, S. 178). In einer Studie heißt es dazu, dass lediglich 22,4% der Mädchen und 29,4% der Jungen im Alter von 3 bis 17 Jahren mindestens 60 Minuten körperlich aktiv pro Tag sind und damit die Bewegungsempfehlung der Weltgesundheitsorganisation erreichen (Finger et al 2018, S. 24).

---

9 Tatsächlich waren dies etwas über 100 Lungenfachärzte und einige Ingenieure, einer davon auch in der Industrie an der Entwicklung von Dieseltechnik beteiligt, die im Gegensatz zu mehr als 1000 anderen Fachärzten, die sehr wohl von einer potentiellen Gefährdung ausgehen, diese Meinung vertraten (Der Spiegel am 25.1.2019 „Co-Autor des Positionspapiers ist Diesel-Entwickler" (https://www.spiegel.de/auto/aktuell/). (Abruf Mai 2020)

10 So der Bericht in der FAZ vom 6.2.2019 https://www.faz.net/aktuell/wirtschaft/auto-verkehr/dieter-koehler-und-die-lungenaerzte-zum-rechenfehler-16044875-p2.html. (Abruf Mai 2020)

Natürlich sind für die Bewegungsdefizite nicht allein der gefährliche Verkehr und die Entscheidung der Eltern, die Kinder lieber zu Hause spielen zu lassen oder im Auto zu transportieren, verantwortlich. Hinzu kommen Angebote digitaler und medialer Art, die Kinder von Bewegung abhalten. Auch ein auf Sitzen und Zuhören angelegter Unterricht in der Schule trägt zum Bewegungsmangel bei.

Die Bewegungsarmut vieler Kinder führt in der Regel zu motorischen Unsicherheiten, die nicht nur die allgemeine kognitive Leistungsfähigkeit beeinträchtigen können, sondern die zudem zu einer höheren Unfallgefährdung dieser Kinder beitragen. Durch den Bewegungsmangel sind sie dann tatsächlich motorisch unsicher und den nötigen Anforderungen und Reaktionen im Straßenverkehr nicht gewachsen. Lehrkräfte kennen dieses Phänomen aus ihrem Anfangsunterricht in der ersten Klasse, wenn beispielsweise bei einem Laufspiel auf ein optisches oder akustisches Signal hin die Kinder stoppen sollen und mindestes drei bis fünf Kinder weiter rennen oder wenn Kinder Schwierigkeiten haben, auf einer Bank in der Turnhalle zu balancieren.

In der vom Robert-Koch-Institut durchgeführten KiGGS-Studie zur Gesundheit von Kindern und Jugendlichen in Deutschland wurden deutliche motorische Defizite evaluiert. Im Rahmen des „Globalen Aktionsplan für körperliche Aktivität 2018 – 2030" der Weltgesundheitsorganisation (WHO) wird eine stärke Bewegungsförderung - nicht nur im Sportunterricht, sondern im Alltag von Kindern und Jugendlichen - gefordert. „Die Förderung körperlich-sportlicher Aktivität im Kindes- und Jugendalter kann zur Prävention von Adipositas und der Aufmerksamkeitsdefizit /Hyperaktivitätsstörung, zu einer gesunden Entwicklung sowie einer besseren kognitiven und schulischen Leistung und einem gesteigerten Bewegungsverhalten im Erwachsenenalter beitragen" (Finger et al 2018, S. 24).

Die Schule allgemein – nicht nur im Rahmen der Mobilitätsbildung – muss auf diese Entwicklung reagieren und den Unterricht so gestalten, dass Bewegung einen hohen Stellenwert hat (vgl. Zimmer 2017; BzgA 2013; Abeling/Städtler 2008). Da es zu einem bewegungsintensiven Unterricht und zu Bewegungsspielen zur Förderung der Motorik zahlreiche Veröffentlichungen gibt, wird im Kapitel 3.8 dieses Praxisbuches nur ein kleiner Ausschnitt zur praktischen Bewegungsförderung aufgezeigt. Konkrete Anregungen finden sich unter anderem bei VCD (2017); BZgA (2013); Warwitz (2005); Stuber-Bartmann (2018), Petillon (2015) und vielen Veröffentlichungen aus dem Sportbereich.

Verkehrslärm

Ein weiterer Faktor der gesundheitlichen Beeinträchtigung ist der Verkehrslärm, verursacht durch stark befahrene Autobahnen oder Hauptstraßen, durch Flugzeug- und Eisenbahnverkehr. Der Verkehrswissenschaftler Hermann Knoflacher merkt dazu in einem Interview mit der Wochenzeitung „Die Zeit" an: „Wir ziehen uns mehr oder weniger freiwillig in abgedichtete Häuser mit Lärmschutzfenstern zurück, um den Außenraum dem Krach, dem Staub und den Abgasen der Autos zu überlassen" (Hablesreiter 2007).

Eine Studie der Universität Innsbruck mit 1280 Kindern zwischen acht und elf Jahren ergab, dass diese besonders empfindlich auf Lärm reagierten. So wurde ermittelt, dass schon bei einem Pegel zwischen 55 und 65 Dezibel Stresshormone und Blutdruck dauerhaft erhöht waren und die Kinder Konzentrations- und Leseschwächen aufwiesen. Eine Hauptverkehrsstraße verbreitet einen anhaltenden Schall von etwa 65 Dezibel. Ein Gespräch in einem Meter Entfernung entspricht einer Lautstärke von etwa 45 Dezibel. Auch andere Studien bestätigen, dass chronischer Verkehrslärm bei Kindern Defizite bei der Aufmerksamkeit, Konzentrationsschwierigkeiten, verminderte Lese- und Sprechfähigkeit und beeinträchtigte Problemlösungsfähigkeit verursachen (vgl. Guski 2002, S. 175 f., BZgA 2006).

Zusammenfassend lässt sich festhalten, dass Schadstoffemissionen des Verkehrs Kinder meist stärker als Erwachsene treffen, da sie sich noch im Wachstum befinden. Allergien und Asthma werden durch Straßenverkehr begünstigt (vgl. Nicolai 1995, S. 95 f.). Besonders die Kinder, deren Zimmer an einer Hauptverkehrsstraße oder in der Nähe einer Tankstelle liegen, weisen hohe Benzolkonzentrationen im Blut auf; sie sind damit akut krebsgefährdet (vgl. Morgenstern 2008, Hellmann 1995, S. 46). Kinder als Mitfahrer im Auto sind aufgrund des geringen Luftaustausches im Wageninneren einer besonders starken Schadstoffkonzentration ausgesetzt (Europäische Kommission 2002).

Die Schadstoffgrenzwerte richten sich in der Regel nicht nach den Kindern, sondern orientieren sich an einem 70 kg schweren, gesunden Erwachsenen, und einige Grenzwerte werden zugunsten des Straßenverkehrs festgelegt und weniger nach gesundheitlichen Kriterien (vgl. auch Spitta 2009).

Bild 15: Fridays for Future Demonstration am 20. September 2019, weltweit in verschiedenen Städten mit rund 1,4 Millionen Teilnehmer*innen

2.5.3. Probleme durch straßenverkehrsbedingte Umweltbelastung und Klimawandel

In den letzten Jahren hat die Debatte um die menschengemachten Klimaveränderungen an Fahrt aufgenommen (UBA 2013). „Zieht euch warm an, es wird heiß" titelt der Meteorologe Sven Plöger in seinem Buch zum Klimawandel (Plöger 2020). Extreme Wetterlagen wie Stürme, Starkregen, heiße und trockene Sommer und ein ständiges Ansteigen der weltweiten Durchschnittstemperaturen (die Jahre von 2015 bis 2019 waren die wärmsten Jahre seit der Wetteraufzeichnung ab 1880) geben Anlass zur Sorge (UBA 2019; IPCC 2015). Eine ungebremste Nutzung der (endlichen) natürlichen Ressourcen und ein ständig noch wachsender Ausstoß von klimaschädlichen Gasen führten 2019 zu massiven Protesten von Jugendlichen, die in der „Fridays for Future-Bewegung" global ihren Protest und ihre Sorge um die zukünftige Entwicklung der Menschheit zum Ausdruck brachten und eine Umkehr u.a. bei den CO_2-Emissionen forderten.

Neben einer Zerschneidung und Versiegelung von Landschaften trägt der Straßenverkehr in Deutschland maßgeblich zu den klimaschädigenden CO_2-Emissionen[11] bei. Der Straßenverkehr ist in Deutschland zu knapp einem Fünftel an den jährlichen CO_2-Emmissionen beteiligt (Greenpeace/Wuppertal-Institut 2017, S. 14).[12]

11 Neben CO_2 schädigen unter anderem Stickoxide, Benzole und Rußpartikel Klima, Umwelt und Gesundheit (siehe Kap. 2.5.2)

12 Weitere Verursacher des Klimawandels sind neben dem Verkehrssektor die Industrie, besonders die Energiewirtschaft, der Bereich Bauen und Wohnen (Heizung) sowie die Landwirtschaft.

Bild 16/17:
Extremwetterlagen
durch Klimawandel:
Trockenheit oder
Überschwemmungen

Die in den letzten Jahrzehnten erreichten technischen Verbesserungen an den Motoren der Fahrzeuge werden allerdings wettgemacht durch den Trend zu größeren und schwereren Fahrzeugen, einem Zuwachs an Pkw insgesamt sowie durch Zuwachsraten beim Straßengüterverkehr und deutlichen Steigerungen beim Flugverkehr (ebd., S. 14f.).

Fast einhellig wird die drohende Erderwärmung als eine der gefährlichsten Belastungen für Mensch und Klima in den nächsten Jahrzehnten angesehen. Die von der Staatengemeinschaft in Paris am 12.12.2015 beschlossene Begrenzung der Erderwärmung auf 2 oder besser 1,5 Grad erfordert daher große Kraftanstrengungen, zu der alle Lebensbereiche einen deutlichen Beitrag leisten müssen. Seit dem Klimaabkommen in Paris hat sich allerdings in Deutschland im Bereich des Verkehrssektors wenig getan, grundlegende Weichenstellungen - eine wirkliche „Verkehrswende" - wurden bisher, außer bei Prämien für den Kauf von Elektroautos, nicht vorgenommen. Ein Umsteuern wird in Deutschland erschwert durch eine starke Position der Automobilwirtschaft, die großen Einfluss auf Politik und Meinungsbildung nimmt. Gleichzeitig werden Steuerungen des Verkehrs durch Tempolimits, Rückbau von Straßen zugunsten von Radwegen oder Umweltspuren sowie Verknappung von Parkplätzen wenig angegangen, da (kommunale) Politiker*innen um ihre Wiederwahl fürchten müssen.

Die Kinder heute in Deutschland sind durch den Klimawandel derzeit (Stand 2020) noch nicht so stark betroffen. Allerdings können sich für ihre Zukunft die Auswirkungen dieses Wandels deutlich bemerkbar machen. Ein Anstieg der Meeresspiegel, schlechtere Ernten, ein Rückgang der Artenvielfalt, ein Aussterben von Insekten, Fluchtbewegungen und Notlagen weltweit könnten das Leben zukünftiger Generationen auch in unseren Breitengraden massiv verändern (vgl. Hauenschild 2017, S. 138). Darauf weisen auch die Schüler*innen mit ihren

„Schulstreiks“ an Freitagen im Jahr 2019 zu Recht hin. In anderen Teilen der Welt ist durch Extremwetterlagen, Dürre, Überschwemmungen schon jetzt für viele (ärmere) Regionen der Welt der Klimawandel ein gravierendes Problem und ein Motor für Armut und Fluchtbewegungen, was in unserer gut ausgestatteten Industrienation oft wenig wahrgenommen wird (Welthungerhilfe 2019; IPCC 2015).

Einigkeit besteht darin, dass die ohnehin schon jetzt benachteiligten Regionen der Welt durch die Folgen eines Treibhauseffektes wesentlich stärker in Mitleidenschaft gezogen werden als der industriell entwickelte Norden der Erde. Dieses erscheint besonders ungerecht, da die Staaten des Nordens mit ihrem enormen Verbrauch an Energie den Löwenanteil aus den natürlichen Ressourcen des Planeten für ihren eigenen Wohlstand nutzen (ebd.).

Im Rahmen des 1992 in Rio de Janeiro von der UN-Umwelt- und Entwicklungskonferenz beschlossenen Konzepts der Agenda 21 geht es vor allem darum, eine Gerechtigkeit zwischen verschiedenen Erdteilen, aber auch zwischen den jetzigen und künftigen Generationen herzustellen.

Im Prinzip besagt die Strategie der nachhaltigen Entwicklung, dass die Bedürfnisse der heutigen Generationen so befriedigt werden müssen, dass die Möglichkeiten nachfolgender Generationen, ihre Bedürfnisse zu befriedigen, nicht beschnitten werden (Hauenschild/Bolscho 2015, S. 195).

Aus dieser Agenda 21 ist konkret als Auftrag an die Staatengemeinschaft die Entwicklung einer Bildung für nachhaltige Entwicklung (BNE) entstanden. Dieses Konzept wird weiter unten bei der Formulierung einer neuen Mobilitätsbildung, die sich als Teil der BNE versteht, genauer beschrieben.

Die Staatengemeinschaft hat auf den weiteren UN-Umwelt- und Klimakonferenzen jeweils Ziele zur Reduktion der Treibhausgase und Verminderung der Ressourcenverschwendung beschlossen (Kioto-Protokoll 1997, Paris 2015). Faktisch besteht allerdings das Problem, dass einige Staaten mit sehr hohem Ressourcenverbrauch diese Absichtserklärung (Kioto) nicht ratifiziert haben beziehungsweise wie die USA aus dem Pariser Klimaabkommen unter der Präsidentschaft Trump wieder ausgestiegen sind und andere sich trotz Unterzeichnung in der Ausgestaltung ihrer Politik nicht ausreichend an diese Ziele halten (so auch in vielen Ländern der EU und anderen G7-Staaten). Trotz einiger Fortschritte in der Etablierung der erneuerbaren Energien in Deutschland stagnieren die Fortschritte seit einiger Zeit. Im Bereich des Verkehrs, besonders durch Zuwächse im Flugverkehr, der als besonders klimaschädigend gilt, werden die selbst gesteckten Klimaziele nur schwer erreicht (Greenpeace/Wuppertal-Institut 2019, S. 60).

Der straßenverkehrsbedingte Ausstoß an CO_2 ist im Zeitraum von 1990 bis 2017 nicht substanziell vermindert worden. Entgegen der Zielvorgaben der Bundesregierung, die den gesamten CO_2-Ausstoß Deutschlands schon von 1990 bis 2005 um 25% senken wollte (UBA 2001), stagnieren die Zahlen.

CO_2-Ausstoß im Verkehrssektor:

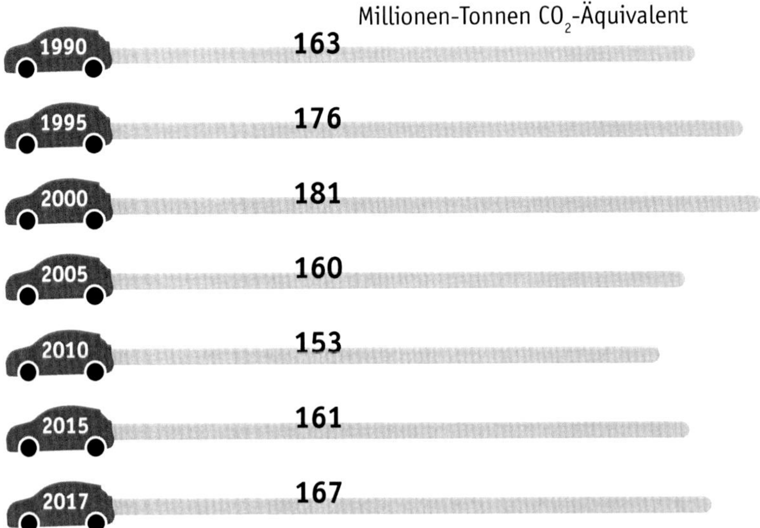

Abb. 7: CO_2-Ausstoß im Verkehrssektor. Quelle: UBA 2018.

Bild 18: Flächenverbrauch und Versiegelung zugunsten der ständigen Erweiterung der Straßeninfrastruktur

In der ersten Auflage dieses Buches 2005 stand der folgende Satz: „Im politischen Alltag wird an der Zielsetzung der Gesamtverkehrsplanung der Bundesregierung deutlich, dass immer noch der Straßenverkehr vorrangig zum Ausbau von Bus und Bahn forciert wird und somit auf Kosten folgender Generationen gewirtschaftet wird“ (Spitta 2005, S. 26). Das hat sich 15 Jahre später bis auf einige kosmetische Änderungen und eine etwas verbesserte verbale Unterstützung des Radverkehrs bis in das Jahr 2020 kaum verändert. Immer noch werden Autobahnen neu- und ausgebaut, immer noch müssen Landesregierungen durch Bürgerbegehren und Volksentscheide zu einer Besserstellung und Förderung des Radverkehrs gezwungen werden (Böll-Stiftung/VCD 2019, S. 34). Auch wenn sich an einigen Stellen die Förderung und der Ausbau von Bahnprojekten verbessert hat, ist angesichts der klimabedingten nötigen Umlagerungen von Verkehrsströmen von der Straße auf die Schiene viel zu wenig passiert. Meist werden sehr kostspielige Schnellbaustrecken oder Milliardenprojekte (wie Stuttgart 21) forciert, die den täglichen Pendlerströmen im Alltag (zu) wenig bringen.

Allerdings tut sich auch einiges. Neben den schon erwähnten Bürgerbegehren zum Radverkehr finden sich oft auf lokaler Ebene Initiativen zusammen, die für eine Verbesserung der Infrastruktur eintreten, die sich einsetzen für Tempolimits, bessere Überquerungsmöglichkeiten für Kinder, Elterninitiativen, die sich für Elternhaltestellen und Laufbusse stark machen, Menschen, die verstärkt das Fahrrad nutzen, Schüler*innen, die sich für eine andere Klimapolitik bei „Fridays for Future“ engagieren und nicht zuletzt gibt es in einigen kommunalen Planungsämtern zunehmend mehr Menschen, die nicht mehr alleine aus der Perspektive der Windschutzscheibe (mit dem „Autofahrerblick“) die Verkehrsplanung vor Ort betreiben, sondern sich auf die Bedürfnisse auch schwächerer Verkehrsteilnehmer*innen einlassen und zu einem (langsamen) Wandel in den Planungsetagen beitragen.[13]

Neben der globalen Notwendigkeit, den Klimawandel zu bremsen (als Aufgabe der „großen“, manchmal fernen Politik), ist es genau diese lokale Handlungs-

13 An dieser Stelle sei Dana Jackert vom Tiefbauamt der Stadt Herne herzlich gedankt, die genau in diesem Sinne arbeitet und somit im Rahmen der manchmal engen politischen und finanziellen Vorgaben einiges erreichen kann und mit den Schulen u.a. im Arbeitskreis „Kinder- und Jugendmobilität in Herne“ in gutem Austausch steht.

ebene (im Rahmen der Agenda 2030, SDG und BNE) an der wir alle in der Schule sowie im Privaten, als politische Person in unserem Umfeld wirken können. Natürlich müssen sich die großen Rahmenbedingungen ändern, aber das entbindet uns nicht von der Möglichkeit, unser Umfeld mit zu gestalten und unser Verhalten sowie unsere Haltung zu reflektieren und wenn nötig zu verändern. Das ist die Substanz von einer Bildung für Mobilität und nachhaltige Entwicklung, auf die weiter unten noch eingegangen werden soll.

Von der Klima- und Weltpolitik soll aber vorher noch einmal der Blick zurück auf die Kinder mit ihren konkreten Sorgen bei der Verkehrsteilnahme gerichtet werden.

2.6 Kinder bleiben Kinder: Den Straßenverkehr den Kindern anpassen

Wenn unsere Schülerinnen und Schüler sich morgens auf den Weg zur Schule machen (oder wir zur Arbeit fahren), denken wir in der Regel nicht an die oben beschriebenen gesundheitlichen Beeinträchtigungen, die Unfallgefahren oder den globalen Klimawandel. Die Probleme sind wesentlich profaner. Wir oder auch Kinder sind vielleicht noch müde, hatten oder haben Stress in der Familie oder mit Freunden, freuen uns auf den Tag (oder auch eher nicht), sind motiviert oder unsicher – eben als Person mit allen Bedürfnissen und Nöten dabei. Und sofort müssen wir in den Straßenverkehr eintauchen mit seinen vielfältigen und komplexen Ansprüchen. Nicht nur Kindern fällt dies schwer. In Sekundenbruchteilen müssen Wahrnehmungen verarbeitet und Handlungsentscheidungen getroffen werden. Handlungen von anderen Verkehrsteilnehmern müssen antizipiert und eigene (motorische) Reaktionen darauf hin abgestimmt werden. Konzentration ist gefordert und ein Wissen über die Situationen und den Ort, ob an dieser Stelle Autos kommen, wie schnell diese herannahen, wie ich es schaffe, mich dabei richtig zu bewegen usw.

Kinder im Kindergartenalter und in den ersten Jahren der Grundschulzeit sind diesen vielfältigen Anforderungen des an den Bedürfnissen und Interessen von Erwachsenen (bzw. des Autoverkehrs) ausgerichteten Straßenverkehrs noch nicht immer gewachsen und brauchen Zeit und Übung, um diese Situationen zu bewältigen. Daher ist eine Verkehrs- und Sicherheitserziehung und das Üben von Wegen im Rahmen der Mobilitätsbildung auch immer noch ein wichtiger Bestandteil des Unterrichts (siehe Kapitel 3.4). Eigentlich wäre diese sicherheitsorientierte Vorbereitung auf die Verkehrsteilnahme auch eine Aufgabe der Elternhäuser. In den letzten Jahrzehnten wurde aber deutlich, dass sich die Schule auf diesen elterlichen Erziehungsbereich, unterschiedlich nach sozialem Umfeld, leider nicht immer verlassen kann und die Schule auch in diesem Bereich die Defizite ausgleichen muss.

An der Rechtsprechung bei Verkehrsunfällen mit Kindern (siehe Kasten 3) wird deutlich, dass ihnen eine Einsicht in den Straßenverkehr mit seinen Gefahren juristisch zugetraut wird. Dennoch kommt es zu Unfällen, da Kinder aufgrund ihrer entwicklungspsychologischen und motorischen Entwicklung, trotz der von Erwachsenen eingeforderten „Verkehrstüchtigkeit", den Anforderungen – auch nach Übungseinheiten – nicht oder nur teilweise gewachsen sind. Im Folgenden werden einige der Komplikationen, die Kinder bei der Verkehrsteilnahme haben können, aufgelistet (vgl. Limbourg 1994 und 2010). Die dabei genannten Altersangaben sind dabei nur als sehr grobe Richtwerte zu sehen. Jedes Kind ist anders. Während sich einige schon mit 7 Jahren sehr verantwortungsvoll im Verkehr bewegen können, trifft das auf andere Gleichaltrige nicht zu. Dennoch werden einige der genannten Probleme bei vielen Kindern im Grundschulalter zu Schwierigkeiten bei der Verkehrsteilnahme führen können:

Bild 19: Ruhender Verkehr aus Kindersicht

- Kinder sind aufgrund ihrer geringeren Körpergröße oft nicht in der Lage, über parkende Pkw hinweg den Verkehr zu überblicken. Sie haben den Blick auf die Straße erst dann frei, wenn sie schon auf ihr stehen.

- Altersbedingt ist ihr Blickwinkel eingeschränkt, so dass sie von der Seite nahende Autos erst spät wahrnehmen. Erst nach der Grundschulzeit verfügen sie schrittweise über einen weiteren Gesichtskreis.

- Durch die kürzere Schrittlänge benötigen sie für eine Straßenüberquerung wesentlich länger als Erwachsene.

- Entfernungen, Geschwindigkeiten und Geräusche (und die Richtung, aus der diese kommen) können Kinder aufgrund ihres Mangels an Erfahrungen und wegen ihrer körperlichen Entwicklung schlechter einschätzen als Erwachsene.

- Die Motorik ist bei Kindern im Grundschulalter noch nicht immer voll entwickelt oder geübt, sodass Bewegungen unkoordiniert ablaufen können und schnelle Reaktionen in gefährlichen Situationen nicht immer möglich sind. Der allgemeine Bewegungsmangel verstärkt diesen Trend.

- Kinder vergessen besonders beim Spielen auf die sie umgebenden Gefahren zu achten. Sie reagieren impulsiv und bauen Spannungen motorisch unkontrolliert ab; sie können sich in der Regel nicht lange auf das Verkehrsgeschehen konzentrieren. Ein Freund auf der anderen Straßenseite oder ein interessanter Gegenstand am Fahrbahnrand sind in diesem Moment „wichtiger" als der Verkehr. Trotz der grundsätzlichen Einsicht in die Gefahren des Verkehrs laufen (oder rennen) Kinder impulsiv auf die Straße (vgl. Limbourg 1994, S. 59ff. und 2010, S. 46ff).

Bild 20: Unfallgefahr für Kinder beim Radfahren

Die zum Teil entwicklungsbedingten motorischen Einschränkungen von Kindern werden immer wieder als Grund herangeführt, dass sie (in der Schule) durch Trainingsprogramme und Übungssequenzen fit für eine unfallfreie Verkehrsteilnahme gemacht werden müssen. Pädagogisch und juristisch werden Kinder zu etwas aufgefordert, was viele Erwachsene selbst bei der eigenen Verkehrsteilnahme nicht fehlerfrei hinbekommen. Kinder werden in die Verantwortung für ihre Sicherheit genommen. In den 1990er Jahren war beispielsweise an einer Bielefelder Grundschule das Schild auf dem Schulhof angebracht: „Du kannst täglich im Straßenverkehr ein Leben retten – dein eigenes". Wir muten den Kindern schon einiges zu und fordern (zu Recht) regelhaftes Verhalten ein. Gleichzeitig sehen aber Kinder durchaus, dass Erwachsene Verkehrsteilnehmer*innen es genau mit diesen Regeln nicht sehr genau nehmen, indem sie bei Rot über die Ampel gehen oder fahren, im Halteverbot parken oder die Geschwindigkeit überschreiten. So ernst scheint es mit den Regeln also nicht gemeint zu sein.

Untersuchungen haben gezeigt, dass viele Kinder trotz Regelkenntnis, sogar auch noch nach Trainingsprogrammen, im Ernstfall „falsch" handeln können beziehungsweise an das Gelernte nicht immer denken (vgl. Limbourg 1994, S. 32). Der ehemalige Vorsitzende des Kinderschutzbundes Prof. Kurt Nitsch stellte dazu fest: „Ein Kind, das komplett verkehrserzogen wäre, wäre kein Kind mehr".

Selbstverständlich kann (und muss) durch Bewegungsübungen die Motorik verbessert werden (vgl. Kapitel 3.4 und 3.8). So notwendig solche Trainingsprogramme auch sind, sollte man sich allerdings die Grenzen dieses Tuns vor Augen halten. Zumal wir in der Schule bei vollen Lehrplänen und wenigen Stunden (inklusive Lehrkräftemangel an Grundschulen) kaum Zeit haben für aufwändige Übungseinheiten am Straßenrand.

Viel effektiver wäre ein anderes Vorgehen, das die Schule und die Kinder in Teilen entlastet: Die Konsequenz aus der unsicheren Verkehrssituation für Kinder müsste stattdessen eine konsequente und kindgerechte Verkehrsgestaltung und eine flächendeckende Verkehrsberuhigung sein.

Es reicht nicht, von den Kindern ein verkehrssicheres Verhalten zu verlangen. Zusätzlich müssen Erwachsene, also Lehrer*innen, Eltern, Politiker*innen und Planer*innen, für ein sicheres Umfeld der Kinder sorgen! Im Bericht der OECD-Staaten zur Verkehrssicherheit von Kindern wird gefordert, nicht nur die Kinder zu erziehen, sondern zunehmend die Autofahrer*innen in die Pflicht zu nehmen (OECD 2004, S. 9).

Der VCD fordert seit Jahren, die entwicklungspsychologischen Erkenntnisse dahingehend ernst zu nehmen. Mit Sicherheit käme eine kinderfreundliche Verkehrsgestaltung nicht nur den Kindern zugute, sondern würde mehr Lebensqualität für alle bedeuten. Vielleicht wäre eine zunehmend älter werdende Gesellschaft in den nächsten Jahren dankbar über die hier für Kinder eingeforderten Verbesserungen im Straßenverkehr. Natürlich würden durch einen kindgerechten Stadtteil Schwerpunkte in der Straßenraumgestaltung anders gesetzt und die bisherige Freiheit des autofahrenden Menschen würde, zugunsten des Lebens von Kindern und anderen Personen, die zu Fuß und per Rad unterwegs sind, möglicher Weise eingeschränkt. Bisher wurden allerdings vornehmlich Kinder in ihrer Freiheit beschnitten. Hermann Knoflacher stellt dazu fest: „Ein Kind wird durch das Auto in seiner Mobilität radikal eingeschränkt. Es darf nicht zur oder über die Straße gehen, darf nicht überall spielen, wird stundenlang in das enge Heck eines Autos gesperrt und auch noch festgeschnallt. Klar, dass Teenager es kaum erwarten können, ihre Freiheit mit dem Führerschein und einem eigenen Auto wiederzuerlangen" (Hablesreiter 2007).

Eine kindgerechte (besser: menschengerechte) Stadt (auch Dorf oder Kleinstadt) hätte breite Gehwege mit Spielmöglichkeiten und Sitzgelegenheiten (für alle und ältere Menschen), es gäbe nur wenige Parkplätze. Man müsste dann evtl. von der eigenen Haustür aus weiter laufen als bisher, um seinen privaten Pkw zu erreichen. Die Grundflächen, die zum Parken genutzt werden müssen, wären nicht frei von Kosten, schließlich ist wertvoller Platz im städtischen Bereich, nicht umsonst zu haben. Vielleicht wäre es dann günstiger, statt ein eigenes Auto zu besitzen, sich ein Auto mit anderen zu teilen (Car Sharing) oder das gut ausgebaute und kostengünstige Bus- und Bahnnetz zu nutzen. Ebenso könnten Lastenräder (als E-Bike) für Einkäufe geliehen werden. Der noch verbleibende Autoverkehr im Wohnviertel würde verkehrsberuhigt sein, es wäre nur Schrittgeschwindigkeit zugelassen.

Bild 21: Verkehrszeichen 325 „Spielstraße“

Kreuzungen wären übersichtlich, ohne parkende Pkw, und mit Querungshilfen ausgestattet. Die Hauptverkehrsstraßen hätten überall als städtische Geschwindigkeit Tempo 30; nur in Ausnahmefällen wären extra ausgeschilderte Straßen mit Tempo 50 in der Stadt vorhanden. Eine Überquerung wäre durch Ampeln oder Mittelinseln, ggf. mit Zebrastreifen, jederzeit möglich. Ein dichtes Netz von Fahrradwegen und -straßen ermöglichte auch schon Grundschulkindern ein sicheres Vorankommen. Solche wünschenswerten Utopien hat der VCD in einem Buch zusammengeführt und unter anderem durch Fotomontagen gezeigt, wie eine jetzt dem Autoverkehr zur Verfügung stehende Straße sich verwandeln könnte (VCD 2019, S. 2). Das Motto lautet: Die Stadt für die Menschen planen und nicht für das Auto.

Bei einem von Limbourg und Reiter 1998 durchgeführten und evaluierten Malwettbewerb mit dem Titel „Wenn ich Verkehrsminister*in wäre...“, wurden Kinder gefragt, was sie am Straßenverkehr verbessern würden. Die über 10.000 teilnehmenden 6- bis 13-jährigen Schüler*innen nannten in der Reihenfolge der Häufigkeit diese Elemente:

1. Querungshilfen für Fußgänger (Zebrastreifen, Fußgängerampeln)
2. weniger Autoverkehr
3. sichere Spielmöglichkeiten im Straßenraum
4. Tempo 30
5. mehr Sicherheit für Radfahrer und Skater
6. mehr Sicherheit und Komfort im öffentlichen Verkehr
7. mehr Sicherheit durch Verkehrsüberwachung

Bild 22: Blick ins Buch: Mit Füßen und Pedalen, VCD 2019, S. 2/3

Weiterhin wurde der Schutz vor älteren Jugendlichen genannt und der Ärger mit (alkoholisierten) Erwachsenen auf dem Schulweg (Limbourg 2010, S. 42).

Bild 23: VCD-Aktionslogo 2002 (übernommen von DBV Winterthur)

[4] Mobilitätsbildung, Verkehrserziehung und Regeln

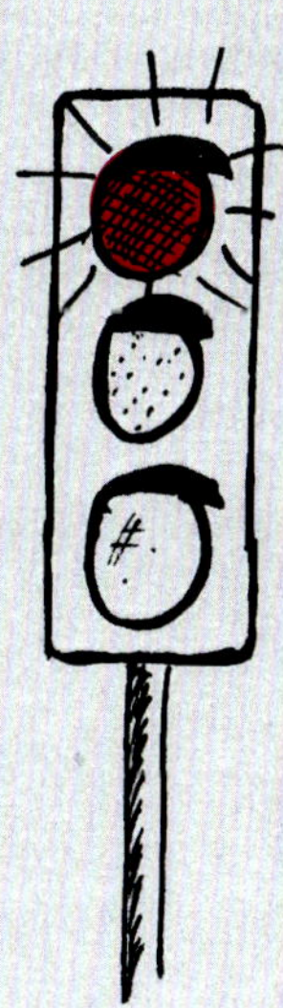

Die Forderung nach einer Verbesserung der Verkehrssituation vor Ort entbindet nicht von der Pflicht, die Kinder auf die noch real existierenden Verkehrsverhältnisse vorzubereiten. Es wäre verantwortungslos, dies nicht zu tun. Insofern beinhaltet auch die Mobilitätsbildung das Lernen von Regeln und Verhaltensweisen. Der Unterschied besteht darin, dass diese nicht starr und unflexibel beigebracht werden, wie dies im Rahmen der alten Verkehrserziehungskonzepte häufig der Fall war. Da hieß es zum Beispiel „Bei Rot bleib stehen, bei Grün darfst du gehen".

Dieser Spruch ist sicherlich gut zum Einprägen für Kinder geeignet, allerdings fatal, wenn sich die Kinder wörtlich daran halten würden: Gerade kleinere Kinder gehen bei grün auf die Straße und bleiben dann, vor Schreck erstarrt, mitten auf der Straße stehen, wenn das Ampelmännchen nach einer zu kurzen Grünphase auf Rot springt. Natürlich hätten sie noch Zeit, hinüber zu gelangen, aber es heißt eben „bei Rot bleibe stehen". Gleichzeitig bedeutet „Grün" nicht immer ein sicheres Überqueren der

Kreuzung, da an Ampelanlagen meist gleichzeitig mit den Fußgängern rechts abbiegende Autos kommen können und Autofahrer*innen Kinder und Radfahrer*innen, die geradeaus weiterfahren wollen laut Unfallstatistik an diesen Stellen häufig übersehen. Für die Kinder gilt also (leider): Es gibt zwar Regeln, aber man muss trotzdem aufpassen. Besonders gut kann man das natürlich vor Ort an der Ampel vor der Schule mit der Klasse beobachten und dann Schlüsse für das eigene Verhalten daraus ziehen (vgl. Kapitel 3.3.2). Das ist auf jeden Fall erfolgversprechender als das Anmalen einer Ampel auf einem Arbeitsblatt oder das Ausfüllen eines Lückentextes im Klassenzimmer. Interessant ist auch, wenn man die Grünphase für Fußgänger mit der Uhr stoppt und feststellt, dass nur gut trainierte Jogger bei Grün auf der anderen Seite ankommen. An dieser Stelle ist entscheidend zu verdeutlichen, dass die Ampelschaltung nicht ein Naturereignis ist, das man nicht ändern kann, sondern von Menschen so eingerichtet wurde und somit veränderbar ist. Ein Brief der Schüler*innen oder Eltern an die Verwaltung oder den Bürgermeister/die Bürgermeisterin kann vielleicht zu einer Verbesserung führen[14] (vgl. dazu den Praxisteil). Also: Das Lernen von Verhaltensweisen und Regeln ist auch in der Mobilitätsbildung nötig (vgl. Spitta 2014), aber eingebettet in einen größeren Kontext, in eine Orts- und Handlungsorientierung, mit Exkursionselementen in die Schulumgebung, mit einem kritischen Hinterfragen der Situation und der Möglichkeit, das Umfeld gestalterisch zu verändern und zu verbessern.

14 Schulen haben in vielen Bundesländern über das Instrument der Schulwegpläne auch ein Mittel an der Hand, Kommunen auf eine kindgerechte Verkehrsgestaltung beziehungsweise Ampelschaltung im Einzugsbereich zu drängen. Hilfen dafür gibt es in der exzellenten Broschüre der Bundesanstalt für Straßenwesen (Bast 2019).

2.7 Bildung für nachhaltige Entwicklung und Mobilität

Mit dem Erstarken der umweltpolitischen Bewegungen in den 1970er/1980er Jahren wurden in den westdeutschen Schulen immer häufiger Unterrichtsthemen in Fachzeitschriften und in Veröffentlichungen vorgeschlagen, die sich mit der gefährdeten Natur auseinandersetzten. Diese ersten Konzepte der Umwelterziehung gingen zurück auf eine zunehmende Sensibilisierung der Bevölkerung in Bezug auf Fragen der Naturzerstörung. Das Waldsterben wurde als Gefahr wahrgenommen, aber auch die Bedrohung durch die umstrittene Atomenergie und die Verschmutzung der Natur durch die Industrie (vgl. auch Wulfmeyer 2020).

Bild 24: Ökologisch orientierte Umwelterziehung in der Natur

Schon 1972 hatte der „Club of Rome", ein 1968 gegründeter europäischer Think-Tank, in seiner Studie „die Grenzen des Wachstums" skizziert und die problematischen Folgen der herrschenden Wirtschaftsordnung für Ökologie, Ökonomie und den Verbrauch der endlichen Ressourcen beschrieben. Diese wissenschaftliche Beschäftigung mit Fragen der Ressourcen und der Umweltnutzung mündeten in eine Reihe von Kommissionen und Konferenzen auf der Ebene der Vereinten Nationen (z.B. die Brundtland-Kommission), die die Fragen der Umweltverschmutzung mit den Herausforderungen der Entwicklungspolitik weltweit verknüpften (vgl. Hellberg-Rode 2001). Auf der weiter oben schon erwähnten UN-Konferenz für Umwelt und Entwicklung 1992 in Rio de Janeiro wurde mit der Agenda 21 das Konzept einer Bildung für nachhaltige Entwicklung auf den Weg gebracht. In der Folge dieser Vorgaben wurde in Deutschland im schulischen Kontext zunehmend nicht mehr von Umwelterziehung, sondern von Umweltbildung oder von BNE gesprochen (vgl. de Haan/Kuckartz 1998). Umweltbildung und besonders BNE führten weiter und wurden in einem größeren Kontext verortet, „der sowohl natur- und umweltbezogene Ansätze (z. B. Umwelterziehung, Ökopädagogik, Naturbezogene Pädagogik) als auch soziale und wirtschaftliche Fragen (z. B. in den Ansätzen der Dritte-/Eine-Welt-Pädagogik oder des Globalen Lernens) in sich aufnimmt" (Hauenschild 2017, S. 138).

Oft zielten die alten Ansätze der Umwelterziehung vereinfacht zusammengefasst auf eine Änderung des Verhaltens ab. Zum Teil sollte ein bedrohliches Szenario des Weltuntergangs zu Verhaltensänderungen motivieren. Ein ähnliches Vorgehen gab es auch in einigen Ansätzen in der Verkehrssicherheitserziehung, wo durch das plakative Ausmalen von Unfallszenarien ein verkehrsgerechtes Verhalten angeregt werden sollte.

Häufig wurden und werden in der Schulpraxis (in Schulbüchern und Kopiervorlagen) unter der Überschrift Umwelterziehung wenig strittige Inhalte thematisiert. So ist es beispielsweise weitgehend Konsens zu üben, welche Müllsorte in welchen Abfalleimer gehört. Der blaue Eimer für Papier, der gelbe für Plastik und so weiter, mag eine sinnvolle Alltagspraxis sein (sofern die Reinigungskräfte diese Eimer nicht nach dem Unterricht in ein und demselben Müllbeutel entsorgen). Einem nachhaltigen Bildungsanspruch würde diese Übung aber erst gerecht, wenn weitere ökologische, ökonomische und soziale Fragen hinzukommen (u.a. was passiert mit dem Müll, was kann davon wiederverwertet werden, wie geht Recyceln, warum sind hygienische Verpackungen im Handel sinnvoll, warum produzieren wir so viel (Plastik)-Müll und wie können wir das (bei uns in der Klasse) ändern oder anders machen?).

BNE ist wesentlich komplexer als Umwelterziehung und betrifft nicht nur die Bereiche Naturerfahrung oder Mülltrennung. Kritiker argumentierten daher, dass BNE nicht in der Grundschule etabliert werden solle, weil es die Kinder überfordere. Gerhard de Haan und andere weisen allerdings nach, dass BNE schon in der Grundschule relevant sei und die Kinder sich mit den Inhalten ohnehin durch Medien und Alltagserfahrungen beschäftigen würden (de Haan 2009, S. 15f) und daher Antworten und Strategien benötigten, mit diesen Problemen umzugehen (vgl. auch Wulfmeyer 2020). Inzwischen wird BNE auch schon im Elementarbereich thematisiert und durch diverse Materialien unterstützt (siehe HdkF 2018).

BNE in der Schule aufzugreifen, bedeutet nicht, eine bestimmte umweltpolitische Richtung zu etablieren oder Schüler*innen eine bestimmte Sicht aufzudrängen, sondern sie zu befähigen, sich reflexiv mit den komplexen Bedingungen der Welt auseinander zu setzen (siehe Kasten 5).

[5] BNE, politische Bildung und der „Beutelsbacher Konsens"

BNE ist auch immer politische Bildung, was bei der Einhaltung des „Beutelsbacher Konsens" zu beachten ist. Dieser Konsens beruht auf einer Vereinbarung der Kultusminister*innen und Fachdidaktiker*innen zum politischen Lernen in der Schule von 1976. Er besagt, dass Schüler*innen nicht „überwältigt" oder indoktriniert werden dürfen. Es ist nicht erlaubt, sie - mit welchen Mitteln auch immer - im Sinne erwünschter Meinungen zu überwältigen und damit an der Gewinnung eines selbständigen Urteils zu hindern. Zweitens gilt das Gebot zur Kontroversität. Was in Wissenschaft, Gesellschaft und Politik kontrovers ist, muss auch im Unterricht kontrovers erscheinen. Und drittens sollen die Kinder und Jugendlichen im Rahmen der Schüler*innenorientierung in die Lage versetzt werden, eine politische Situation und die eigenen Interessenlagen zu analysieren sowie nach Mitteln und Wegen zu suchen, die vorgefundene politische Lage im Sinne ihrer Interessen zu beeinflussen (vgl. auch MSB NRW, 2019, S. 25).

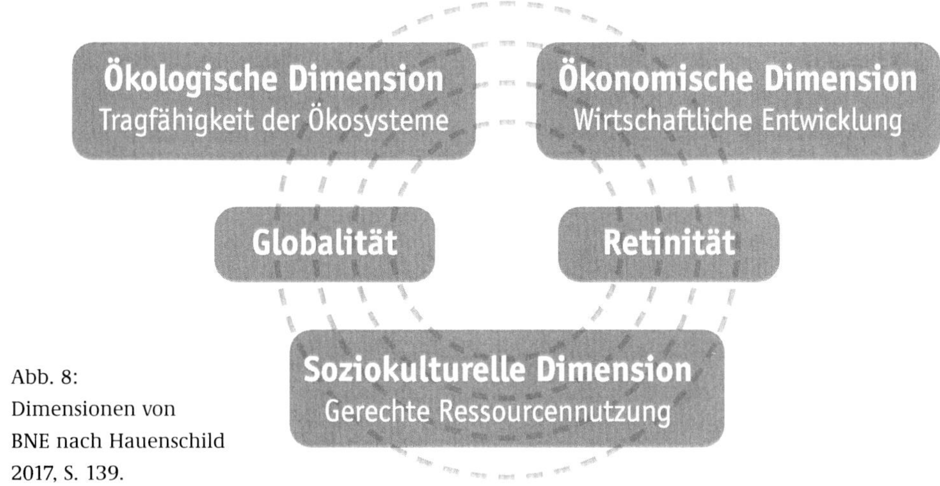

Abb. 8: Dimensionen von BNE nach Hauenschild 2017, S. 139.

Der Rat für nachhaltige Entwicklung, der seit 2001 die Bundesregierung berät, formuliert dazu: „Nachhaltige Entwicklung heißt, Umweltgesichtspunkte gleichberechtigt mit sozialen und wirtschaftlichen Gesichtspunkten zu berücksichtigen. Zukunftsfähig wirtschaften bedeutet also: Wir müssen unseren Kindern und Enkelkindern ein intaktes ökologisches, soziales und ökonomisches Gefüge hinterlassen. Das eine ist ohne das andere nicht zu haben" (Nachhaltigkeitsrat 2016 in HdkF 2017, S. 13).

Es geht also um den Abgleich und das Gleichgewicht zwischen ökologischer, ökonomischer und soziokultureller Dimension der BNE. Es geht dabei um die Vernetzung (Retinität) dieser Sphären und um die weltweite, umfassende Reichweite (Globalität) dieser Aspekte (Hauenschild 2017, S. 139).[14]

Damit wird deutlich, dass es sich bei BNE nicht allein um ein schulisches Projekt handelt. Vielmehr sind alle gesellschaftlichen Bereiche gefordert, sich für eine nachhaltige Entwicklung in allen Politik-, Gesellschafts- und Wirtschaftsfeldern einzusetzen. Auf globaler Ebene (UNESCO 2014) wie auch auf nationaler Ebene sind dazu mit der Agenda 2030 konkrete Handlungsziele im Kontext der 17 Nachhaltigkeitsziele (SDG) formuliert worden (Nationale Plattform BNE 2017).

Im Folgenden soll es hier schwerpunktmäßig um die schulischen Herausforderungen der BNE (in Verbindung mit Mobilität) gehen.

14 Andere Modelle gehen von fünf Dimensionen aus, die allerdings auch in diesem Modell enthalten sind. So z.B. in der NRW-Leitlinie zu BNE, dort sind es die Dimensionen Ökologie, Ökonomie, Soziales, Kultur und Politik (MSB NRW 2019, S. 18).

An erster Stelle ist anzumerken, dass eine Katastrophenpädagogik nicht zielführend sein kann. Die auch in diesem Buch skizzierten globalen Klima- und Verkehrsprobleme (die in ihrer Konsequenz durchaus Katastrophenpotential bergen) sind als Begründungszusammenhang zu sehen, der eine Neuorientierung der traditionellen Verkehrserziehung hin zu BNE und Mobilitätsbildung legitimiert. Diese möglichen problematischen Zukunftsszenarien sind aber nicht der Unterrichtsinhalt (vgl. de Haan 2009, S. 21).

Es hilft niemandem - vor allem nicht den Kindern - dystopische Bilder, wie z.B. den sterbenden Eisbären auf der schmelzenden Gletscherscholle, ständig abzurufen und als Handlungsaufruf zu nehmen. Der Bielefelder Psychologe und Bildungsforscher Rainer Dollase weist darauf hin, dass solche Alarmmeldungen kurzfristig vielleicht aufrütteln können, aber schon mittelfristig zu einer Abstumpfung führen (Dollase 2012, S. 24), da sich die riesigen Probleme des Klimawandels oder die Herausforderungen der Verkehrswende mitnichten durch ein oder zwei schulische Projekte beheben lassen. Vielmehr brauchen Schüler*innen (und wir alle) konkrete Handlungsoptionen und -perspektiven auf dem langen Weg zu einer gerechteren und nachhaltigeren Welt. Der gestaltende Blick nach vorne ist von Bedeutung.

Kernelement einer BNE ist daher auch der Erwerb einer Gestaltungs- und Handlungskompetenz, die de Haan so beschreibt:

> „*Nachhaltige Entwicklung ist (...) ein Modernisierungskonzept. Prozesse der Verelendung, Gefahren für Umwelt und Mensch, Raubbau an der Natur etc. – all dies wird nicht infrage gestellt. Aber man konzentriert sich primär auf positive, durch den Einzelnen oder durch Gemeinschaften erreichbare Ziele und relativiert dort, wo es nötig ist, Übertreibungen, die oftmals auch durch die Massenmedien verbreitet werden. Insofern ist BNE einerseits – ganz entgegen den Befürchtungen – eher dafür zuständig, Ängste abzubauen als weiter zu schüren. Andererseits werden positive Entwicklungsmöglichkeiten und Chancen für eine Eigeninitiative auch dort aufgezeigt, wo der Handlungsspielraum gering erscheint*“ *(de Haan 2009, S. 21).*

Gestaltungskompetenz ist in diesem Sinne eine spezifische Problemlösungskompetenz und Handlungsfähigkeit und damit auch insgesamt ein Bildungsauftrag von Schule (vgl. Wulfmeyer 2020, S. 25).

Wer handlungsfähig ist (oder wird),

> *„kann die Zukunft der Gesellschaft, ihren sozialen, ökonomischen, technischen und ökologischen Wandel in aktiver Teilhabe im Sinne nachhaltiger Entwicklung modifizieren und modellieren. Gestaltungskompetenz zu besitzen bedeutet, über Fähigkeiten, Fertigkeiten und Wissensbestände zu verfügen, die Veränderungen im Bereich ökonomischen, ökologischen und sozialen Handelns möglich machen, ohne dass diese Veränderungen immer nur eine Reaktion auf vorher schon erzeugte Probleme sind. Mit der Gestaltungskompetenz kommt die Zukunft, die Variation des Möglichen, aktives Modellieren und Mitgestalten in den Blick" (de Haan, S. 24).*

Für die Mobilitätsbildung bedeutet dieser Ansatz, dass zwar die alltäglichen Probleme des Straßenverkehrs wahrgenommen werden müssen, aber dass es nicht bei einem Akzeptieren bleibt, sondern Wege der Verbesserung im Unterricht und im Schulleben aufgezeigt und erprobt werden. Im Konzeptvorschlag von de Haan wird diese grundlegende Gestaltungskompetenz, deren Basis schon in der Grundschule gelegt werden kann, in acht Teilkompetenzen näher ausgefächert (ebd. S. 25-33).[15]

Im Einzelnen sind dies folgende grundschulrelevante Kompetenzen:

1. vorausschauendes Denken und Handeln
2. weltoffen wahrnehmen
3. interdisziplinär arbeiten
4. verständigen und kooperieren
5. planen und agieren
6. gerecht und solidarisch sein
7. motiviert sein und motivieren können
8. Lebensstil und Leitbilder reflektieren.

Diese Teilkompetenzen sind besonders gut im Sachunterricht der Grundschule aber beispielsweise auch im Geographieunterricht oder im Bereich der Gesellschaftswissenschaften in der Sekundarstufe umzusetzen. Der Sachunterricht und die Geographie sind per se schon Fächer, die sich aus verschiedenen Teildisziplinen zusammensetzen und somit dem fächerübergreifenden Ansatz der BNE entgegenkommen (vgl. auch Hauenschild 2017, S. 138).

---

15 Weitere (insgesamt 12) Teilkompetenzen finden sich für BNE in Konzepten des Sekundarbereiches (vgl. MSB NRW 2019, S. 12).

2015 konstatierten die UN-Gremien, dass die in der bisherigen Agenda 21 formulierten Nachhaltigkeitsstrategien noch nicht immer fruchtbar geworden seien. Daher verständigte man sich auf eine Erweiterung der Ziele und beschloss im Rahmen der nun „Agenda 2030“ genannten Strategie, 17 Ziele der nachhaltigen Entwicklung. Diese 17 „Sustainable Development Goals“ (SDG) stellen ein „ehrgeiziges globales Zielsystem für die nachhaltige Entwicklung unserer Welt dar. Die SDGs beschreiben wichtige Entwicklungsherausforderungen für die Menschheit. Die Agenda 2030 ist der bemerkenswerte Kompromiss, den die 193 Mitglieder der Vereinten Nationen mit ihren unterschiedlichen Interessen und Prioritäten aushandeln konnten und nicht weniger als ein globaler Referenzrahmen für die Gestaltung einer umweltfreundlichen, sozial gerechten, ökonomisch erfolgreichen und kulturell vielfältigen Gesellschaft“ (MSB NRW 2019, S. 8).

Abb. 9: 17 Sustainable Development Goals (SDG) der UN.

Diese 17 Zielperspektiven richten sich an alle gesellschaftlichen Akteure. Im Feld 4 sind die Herausforderungen für den Bildungsbereich (BNE) näher beschrieben. Die Behandlung aller 17 Ziele im Unterricht ist relativ komplex und in dieser Form nicht unbedingt für die Grundschule geeignet.[16] Sie sollten daher meines Erachtens eher als Hintergrund und Legitimation verstanden und weniger inhaltlich abgearbeitet werden.

Allerdings lassen sich einzelne Nachhaltigkeits- und Mobilitätsthemen aus dem Unterricht und Konzepte, die auch in den Kommunen angegangen werden müssen, mit den SDG abgleichen und die Beschäftigung mit diesem Inhalt im Unterricht dadurch legitimieren.

16 Bei Wulfmeyer 2020 sind verschiedene praktikable Zugänge zu den 17 SDG's für den Sachunterricht dargestellt.

Bild 25: Ausbau des Umweltverbundes

Folgende Zielbereiche (hier mit Stichworten für entwickelte Länder wie Deutschland versehen) sind eng mit Themen der Mobilität verknüpft. Die genannten Stichworte zu diesen Zielen sind mögliche Folgerungen zur Umsetzung dieser Nachhaltigkeitsziele, die allerdings gesellschaftlich (ökonomisch, ökologisch, kulturell, sozial, politisch) ausgehandelt werden müssen:

- **Ziel 3 (Gesundheit/Wohlergehen):** In lebenswerteren Städten werden die Autoabgase reduziert und die Schadstoffe aus Motoren (Dieselmotoren u.a.) sind auf ein Maß reduziert, das den Anforderungen von WHO und EU entspricht. Verkehrslärm wird vermieden bzw. reduziert und die Vision Zero (Ziel: keine Toten durch Straßenverkehr) wird konsequent durch Verkehrsberuhigungen und Tempolimits unterstützt.

- **Ziel 4 (Bildung):** Durch Unterricht und Schulleben bekommen BNE und Mobilitätsbildung eine zentrale Rolle, schuleigene Curricula werden mit BNE in Verbindung gesetzt und lokale Akteure eingebunden. Zusätzlich müssen Inhalte von BNE und Mobilitätsbildung in Hochschule sowie in der Lehrkräfteausbildung und Fortbildung verbindlich verankert werden.

- **Ziel 9 (Innovation, Industrie und Infrastruktur):** Durch Innovationen in der Antriebstechnik (schadstoffarme Motoren, E-Mobilität) werden neue Mobilitätskonzepte ermöglicht. Die Infrastruktur für den Umweltverbund wird gestärkt und ausgebaut. Neue Rad- und Fußwegenetze und ein attraktiver öffentlicher Nahverkehr auch in ländlichen Gebieten fördern eine Verkehrswende und damit eine Reduktion der CO_2-Emmissionen gemäß der Pariser Vereinbarungen.

- **Ziel 11 (Nachhaltige Städte und Gemeinden):** In Bezug auf den Verkehr wird die Stadt der kurzen Wege schrittweise realisiert. Stadtplanung wird an den schwachen Verkehrsteilnehmer*innen ausgerichtet und eine klimafreundliche Fortbewegung gefördert. Schulen bekommen Kompetenzen, ihr Verkehrsumfeld so mitzugestalten, dass alle Beteiligten sicher und klimafreundlich zur Schule kommen können.

- **Ziel 12 (nachhaltiger Konsum, nachhaltige Produktion):** Im Schulleben und im Unterricht gibt es eine intensive Auseinandersetzung mit der Bedeutung eines nachhaltigen Konsums z.B. in Bezug auf das Essen im Ganztag, die Anschaffung nachhaltig hergestellter Büro- und Unterrichtsmaterialien, regionale Produkte, Produkte mit weniger Plastik, faire Preise, faire Arbeitsbedingungen (weltweit). Dazu kann auch die kritische Auseinandersetzung mit unserer Mobilität (Alltagswege, Flugreisen, Kreuzfahrten) gehören wie auch der Konsum in Bezug auf Kleidung und andere Produkte.

- **Ziel 13 (Maßnahmen zum Klimaschutz):** Die hier bei den ausgewählten Zielen genannten Stichworte sollten konsequent für den Verkehrssektor umgesetzt werden. Selbstverständlich müssen dabei ökonomische und ökologische Interessen im Ausgleich stehen. Allerdings sollte der Verkehrssektor mehr als bisher zum Klimaschutz beitragen.

- **Ziel 16/17:** (Frieden, Gerechtigkeit und starke Institutionen / Partnerschaften): Ausbau von demokratischem Lernen in der Schule und Beteiligung von Kindern und Jugendlichen an politischen Entscheidungen (auch im Bereich der Mobilität/Verkehrssituationen vor Ort). Kooperation von verschiedenen Akteuren die im Bereich Umwelt /Verkehr/ BNE/ Verkehrssicherheit aktiv sind.

In den schulischen Vorgaben der NRW-Landesregierung zu BNE wird in der Zielformulierung deutlich, in welchem Rahmen auch eine umweltorientierte Mobilitätsbildung legitimiert ist:

- „BNE[17] zielt darauf ab, dass Kinder und Jugendliche daran mitwirken können, Zukunft im Sinne einer nachhaltigen Entwicklung zu gestalten, d.h. dazu beitragen können, eine sozial gerechte, wirtschaftlich erfolgreiche, ökologisch verträgliche, kulturell vielfältige und demokratische gesellschaftliche Entwicklung zu befördern und heute lebenden ebenso wie nach-

17 Anstelle von BNE könnte auch Mobilitätsbildung eingesetzt werden. Damit gilt diese BNE-Zielformulierung gleichermaßen auch für die hier im Buch formulierte Ausrichtung der Mobilitätsbildung.

folgenden Generationen ein chancengerechtes und selbstbestimmtes Leben in Frieden zu ermöglichen.

- BNE in der Schule hat die Aufgabe, die Schülerinnen und Schüler dabei zu unterstützen, die hierfür notwendigen fachlichen und überfachlichen Kenntnisse und Fähigkeiten zu erwerben. Sie befähigt Schülerinnen und Schüler, dass sie die Auswirkungen des eigenen Handelns auf die Welt reflektieren, verstehen und eigenverantwortliche, zukunftsfähige Entscheidungen treffen können – für die eigene Person und die Gesellschaft, auch im Wissen um deren globale Auswirkungen" (MSB 2019, S. 14).

Bild 26: Radfahrausbildung an der Schule: Verbindlich seit den 1970er Jahren

2.8 Konzept und Ziele der Mobilitätsbildung

Die bisherige Legitimation für die Verkehrserziehung bezog sich zumeist auf das Ziel der Unfallprävention und bedeutete in der Konsequenz ein entsprechendes Trainieren der Kinder.

Angesichts des Flächenverbrauchs durch Verkehrsanlagen, der Klimaproblematik, der Gesundheitsschäden, den Bewegungshemmnissen und der Einschränkungen im Spielbereich durch Verkehr vor Ort stellt sich die Frage nach einer veränderten Ausrichtung der traditionellen Verkehrserziehung. Der Begründungszusammenhang für eine erweiterte Mobilitätsbildung ist – wie in den bisherigen Abschnitten skizziert – komplexer geworden.

Auf der Ebene der Kultusministerkonferenz ist dieser sich erweiternden Aufgabenstellung in drei Schritten (1972, 1994 und 2012) Rechnung getragen worden. Nach der ersten Empfehlung der Kultusministerkonferenz zur Verkehrserziehung von 1972 wurde in den Schulen zwar verbindlicher das Thema Verkehrsteilnahme aufgegriffen und dank der Kooperation mit der Polizei auch Inhalte wie die Radfahrausbildung verlässlich durchgeführt. Es wurde aber immer wieder die Kritik laut, dass sich alte Traditionen (siehe Kapitel 2.4) auch nach 1972 hartnäckig hielten. Diese Kritik führte schließlich 1994 zu einer deutlichen Erweiterung der Empfehlung der Kultusministerkonferenz von 1972.

Grundlage der Verkehrserziehung waren nun ab 1994 die gleichberechtigten Säulen der Sicherheitserziehung, der Umwelt, der Gesundheit und des sozialen Lernens (KMK 1994). So hieß es nun:

> „*Ziel der Verkehrserziehung als Sozialerziehung ist es, dass sich Schülerinnen und Schüler mitverantwortlich und rücksichtsvoll verhalten und auf diese Weise auch zu einer Humanisierung des Straßenverkehrs beitragen.*
>
> *Die Schülerinnen und Schüler sollen verschiedene Faktoren von Umweltbelastung und -zerstörung durch den Verkehr kennen, sie sollen sich mit ihrem eigenen Verhalten und dem der Erwachsenen als Verkehrsteilnehmer kritisch auseinandersetzen und Alternativen zum bestehenden Verkehrsverhalten und zur Verkehrsgestaltung entwickeln.*
>
> *Gesundheitserziehung zielt generell auf eine gesundheitsbewusste Lebensführung von Schülerinnen und Schülern. In Teilbereichen ergeben sich Berührungspunkte zwischen Gesundheitserziehung und Verkehrserziehung, zum Beispiel Lärm- und Stressvermeidung im Straßenverkehr, Stressbewältigung, Schulweg ohne Auto oder Radfahren als Bewegungstraining.*
>
> *Aufgabe der schulischen Verkehrserziehung als Sicherheitserziehung ist es daher, Schülerinnen und Schülern alle jene Qualifikationen zu vermitteln, die sie für ein sicherheitsbewusstes Verhalten im Straßenverkehr benötigen*“ *(KMK 1994).*

Zahlreiche Autor*innen haben in den Jahren vor und nach der Erneuerung der KMK-Empfehlung von 1994 die Grundlage für eine Reform des Verkehrsunterrichts gelegt, viele Anregungen in diesem Praxisbuch fußen auf diesen Konzepten (Bleyer 1996, 1997; Briese 1991; Briese/Wittekind 1985; Deetjen 1994 und 1997; Eubel 1991; Limbourg 1994, 2002b; Koch 1991, Pilz 1995, Spitta 1995 u.a.).

Bild 27: VCD-Konzept zu Mobilitätserziehung von 1997 (Spitta 1997).

Aber auch nach der KMK-Empfehlung von 1994 änderte sich die schulische Tradition der Verkehrserziehung wenig. Nach wie vor fanden in der Grundschule vorwiegend das Schulwegtraining und der Radfahrunterricht statt. In der Sekundarstufe findet sehr selten Verkehrserziehung/Mobilitätsbildung statt, es sei denn, dass sich engagierte Kolleg*innen (teilweise als Einzelkämpfer*innen an ihren Schulen) das Thema Verkehr zu eigen machen.

Als einziges Bundesland reagierte Niedersachsen grundlegend auf die Empfehlung von 1994 und entwickelte in einer Kommission ein alle Schulstufen umfassendes Mobilitätsbildungskonzept in dem Sicherheitsaspekte, Gesundheit, Umwelt und soziales Lernen wirklich vorkamen. Zusätzlich (und die KMK-Empfehlung von 2012 vorwegnehmend) wurde auch BNE mit dem Curriculum Mobilität verknüpft (vgl. Curdt/Lindberg/Ulbrich 2009; Curdt 2009, S. 108).

[6] Das niedersächsische Curriculum Mobilität

2002 wurde dieses innovative und konsequent fächerübergreifende Konzept per Erlass an allen Schulstufen und berufsbildenden Schulen Niedersachsens eingeführt. Folgende Stichworte sollen den Ansatz knapp skizzieren (vgl. Curdt/Lindberg/Ulbrich 2009 und theoretische Grundlagen auf der Homepage https://www.nibis.de/theoretische-grundlagen_8356):

- die KMK-Empfehlung von 1994 ist konsequent umgesetzt und für den Unterricht zugänglich gemacht (Bezugsfelder Mensch – Verkehr und Mensch – Umwelt),
- zusätzlich ist das Thema Mobilität mit der Bildung für nachhaltige Entwicklung (BNE) verknüpft (siehe auch KMK 2012),
- das Curriculum Mobilität ist in einen fachlich begründeten Kontext eingebettet, der sich interdisziplinär und fächerübergreifend versteht,

- das Konzept ist als Spiralcurriculum gedacht und betrifft alle Schulstufen, die vorgeschlagenen fünf Themenbereiche werden in 10 Bausteinen in (fast) jeder Schulstufe (Grundschule, Sek I, Sek II) erneut mit erweiterten Dimensionen und Inhalten aufgegriffen,
- zu allen Themenbereichen und Schulstufen sind Bausteine benannt und Unterrichtsmaterialien auf der Homepage hinterlegt bzw. veröffentlicht worden,
- in das Konzept sind außerschulische Partner fest eingebunden. Wichtigster Kooperationspartner ist der Lernort „Autostadt" in Wolfsburg (verbunden mit dem Volkswagenkonzern), der sowohl Angebote für Lerngruppen vor Ort bereithält, wie auch Unterrichtsmaterial erstellt und Lehrkräftefortbildungen anbietet.

Die fünf Themenbereiche sind

- Mobilität und Sicherheit,
- Mobilitätssysteme,
- Mobilität und Gesellschaft,
- Mobilität und Umwelt,
- Mobilität und Medien.

Die zehn Bausteine sind dann unter anderem mit folgenden Überschriften versehen und diversem Material für alle Schulstufen und Schulformen ausgestattet:

- Regeln und geregelt werden,
- Einsteigen – Umsteigen – Aussteigen,
- Lebensräume – Lebensträume,
- Tourismus – Unterwegs und zu Hause,
- Verbrauchen – Verbracht werden und weitere (vgl. ebd. S. 95-98).

Das vielseitig gelobte Konzept des Curriculum Mobilität wurde offiziell eingeführt und gilt derzeit an den Schulen in Niedersachsen. Der Vorsitzende der Curriculum-Kommission Erwin Curdt bemängelt jedoch sieben Jahre nach der Einführung, dass sich in der Schulrealität wenig verändert habe, da der Erlass wenig verbindlich gewesen sei, die Kooperationspartner nicht alle mitzögen, versprochene Lehrerfortbildungen und Implementierungen nicht erfolgt seien und insgesamt das Verharrungsvermögen in den alten Strukturen ausgeprägt geblieben sei. Besonders an den weiterführenden Schulen habe sich das Curriculum noch nicht etablieren können (Curdt 2009).

Homepage www.curriculummobilitaet.de bzw. unter dem Dach des niedersächsischen Landesinstituts für Qualitätssicherung NLQ: https://www.nibis.de/mobilitaet_8255.

Nach der KMK-Empfehlung wurden, ähnlich wie in Niedersachsen, in der Fachwelt weitere neue Konzepte einer erweiterten Mobilitätserziehung bzw. -bildung diskutiert und publiziert (GDSU 2013, siehe auch Spitta 2005 und 2013a, 2013b, 2013d), allerdings fanden diese in der Schulpraxis bisher noch nicht immer eine Berücksichtigung und wurden auch in den Vorgaben in den Lehrplänen oder Rahmenvorgaben für Verkehrserziehung der Bundesländer nur in wenigen Ansätzen aufgenommen. In einigen Fällen sind die geltenden Rahmenvorgaben (so z.B. in NRW von 2003 und MSW NRW 2009) inzwischen veraltet und bisher nicht erneuert worden.

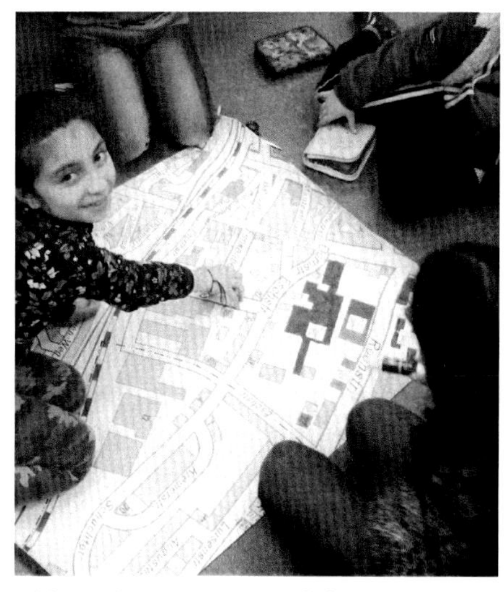

Bild 28: Planungen zur Verkehrssituation im Stadtteil

Durch die dritte neue Akzentuierung der KMK-Empfehlung von 2012 waren diese neuen Ansätze zumindest legitimiert, wenn auch dadurch noch nicht unbedingt in den Schulen angekommen.

In der Vorbemerkung der Empfehlung von 2012 heißt es: „Mobilitäts- und Verkehrserziehung ist eine übergreifende Bildungs- und Erziehungsaufgabe der Schule. Sie umfasst Aspekte von Sicherheitserziehung und Sozialerziehung sowie von Umweltbildung und Gesundheitsförderung für eine verantwortungsvolle Teilnahme am Straßenverkehr. Sie setzt sich zudem mit Fragen einer zukunftsfähigen Mobilität als Teil einer Bildung für nachhaltige Entwicklung auseinander" (KMK 2012, S. 2).

Dezidiert wird der Zukunftsbezug der Verkehrs- und Mobilitätserziehung aufgegriffen: „Sie orientiert sich am Leitbild der nachhaltigen Entwicklung, die ökologische Belastbarkeit der Erde nicht zu überfordern, den Klimaschutz zu verstärken und negative Auswirkungen des Verkehrs auf das Leben der Menschen zu reduzieren" (ebd. S. 2). Es soll die selbstständige Mobilität der Schüler*innen gefördert werden, indem sie sich mit Aspekten sicheren Verhaltens bei der Verkehrsteilnahme mit verschiedenen Verkehrsmitteln auseinandersetzen, notwendige Sozialkompetenzen reflektieren und sich dezidiert mit umwelt- und gesundheitsbewusstem Verhalten im Verkehr auseinandersetzen (ebd. S. 3). Innovativ werden die Lernenden aufgefordert „an der Gestaltung einer Verkehrsumwelt mitzuwirken", um so zu „Gleichberechtigung der Verkehrsteilnehmer, zu besseren Lebensbedingungen und einer zukunftsfähigen Mobilität" beizutragen (ebd.).

In vielen Unterrichtsmaterialien und Schulbüchern zur Verkehrserziehung und Radfahrausbildung sucht man vergeblich nach diesen Aspekten (vgl. Blaseio 2014). Weiterhin werden in der KMK-Empfehlung allgemeine Grundsätze zur Unterrichtsgestaltung formuliert, die mit den fach- und sachunterrichtsdidaktisch sinnvollen Konzepten der Erfahrungs-, Handlungs- und Umgebungsorientierung verbunden werden (ebd., S. 4). Individualisierung und Aspekte inklusiven Lernens werden angesprochen und vor allem darauf verwiesen, dass der Unterricht zum Thema Mobilität besonders in Projektform oder im fächerübergreifenden Unterricht (Natur- und Gesellschaftswissenschaften, Sport u.a.) anzusiedeln sei (ebd. S. 4).

Neben Hinweisen zu den einzelnen Schulstufen wird dezidiert auf die Kooperation mit außerschulischen Partnern verwiesen (ebd. S. 7). Die KMK-Empfehlung 2012 bietet eine hervorragende Legitimation für die modernen Konzepte der Mobilitätsbildung. Allerdings lässt sich konstatieren, dass bis zum Jahr 2020 immer noch große Defizite bei der Umsetzung dieser Empfehlung vorhanden sind.

Zugespitzt sind die folgenden Aspekte (immer noch) für die nicht ausreichende Verankerung einer modernen Mobilitätsbildung in Verbindung mit BNE verantwortlich:

- Die Kultusadministrationen/Schulministerien scheinen nicht immer ein wirkliches Interesse an einer neuen Konzeption zu haben. Zumindest lässt sich nicht erkennen, dass (mehr) Ressourcen in den erweiterten Bereich der Mobilitätsbildung fließen (besonders in Relation zu den laufenden Verkehrssicherheitsprogrammen) oder neue Handreichungen mit verbindlichem Charakter herausgegeben werden, die auch tatsächlich in der Fläche verbindlich eingefordert werden.

- Es gibt enge Kooperationen mit außerschulischen Partnern in der Verkehrserziehung. Auch wenn Kooperationen zu begrüßen sind und in der KMK-Empfehlungen eingefordert werden, müssten sich allerdings auch diese Partner auf die neue Schwerpunktsetzung der KMK-Empfehlung einlassen. Dies ist aber nur sehr selten der Fall. Viele Organisationen haben (z.T. viel) Geld für Sicherheitsprogramme,[18] die aber nicht um die schon seit 1994 geltenden „neuen" Aspekte der KMK-Empfehlung erweitert werden. Selbst die Ausrichtung der Radfahrausbildung, bei der z.B. die Fragebögen und Materialien von

18 Neben Finanzen aus der Wirtschaft fließen hohe Summen öffentlicher Gelder aus diversen Landesministerien in Verkehrssicherheitsprogramme, aber viel weniger oder kaum Fördermittel in die weiteren von der KMK-Empfehlung geforderten Bereiche Umwelt, Gesundheit, BNE.

der Verkehrswacht in einigen Bundesländern gesponsort werden, hat sich nur marginal erweitert in Richtung der KMK-Empfehlungen.

- Die KMK-Empfehlung (2012) soll in Ausbildung und in Fortbildungen von Lehrerinnen und Lehrern verankert werden. Tatsächlich findet in der ersten Phase an den Universitäten fast keine Information darüber statt. Nur 20% der späteren Grundschullehrkräfte hatten hier eine Veranstaltung im Angebot, im Bereich der Sekundarstufenlehrer*innen haben nur 0,8% etwas zum Thema Verkehrserziehung/Mobilität wahrnehmen können (vgl. Funk et al 2013, S. 173).[19] Im Bereich der Fortbildung gibt es nur wenige und dann freiwillige Angebote zum Thema Mobilität, die viele Lehrkräfte angesichts wachsender Alltagsbelastungen nur selten aufsuchen. Die Fortbildungen einiger außerschulischer Partner sind nicht den neuen Vorgaben verpflichtet. Der Unterricht in allen Schulstufen bleibt demnach, gesteuert durch veraltetes Material, mangelnde Ausbildung/Information und die Kooperation mit Partnern, die die neue KMK-Empfehlung nicht kennen oder ignorieren, im alten Konzept verhaftet.[20]

- Während in der Grundschule Verkehrserziehung im Sachunterricht in einigen Schulverwaltungsvorschriften (z.B. NRW) mit ca. 30 Stunden in Klasse 1 und 2 und ebenfalls 30 Unterrichtsstunden in Klasse 3 und 4 festgeschrieben ist, wird in der Sekundarstufe I (und II) fast kaum noch das (erweiterte) Thema BNE/Mobilität aufgegriffen, da es zwischen den verschiedenen Fächern und Fachlehrer*innen keine verbindlichen Vorgaben gibt und das Thema somit nur angegangen wird, wenn sich einzelne Kolleg*innen die Sache zu eigen machen.

Schon seit der Etablierung der schulischen Verkehrserziehung in den 1920er Jahren gab es Klagen, dass diese nicht genügend beachtet würde. Immer wieder wurde die Einführung der Verkehrserziehung als Fach gefordert, um mehr Verbindlichkeiten zu bekommen. Dieses Ansinnen konnte sich bis heute nicht durchsetzen, Verkehrserziehung wurde immer als Querschnittsaufgabe definiert

---

19 In den Jahren 2012 bis 2020 habe ich zahlreiche Vorträge und Workshops an verschiedenen Zentren für schulpraktische Lehrerausbildung (ZfsL) in NRW durchgeführt (u.a. in Bochum, Hagen, Bonn, Kleve). Bei der Umfrage im Vorfeld gaben fast alle angehenden Lehrer*innen in den Veranstaltungen an, an der Uni keine Veranstaltung zum Thema Mobilität/Verkehrserziehung besucht zu haben. Der bundesweit einzige Lehrstuhl zum Bereich Verkehrserziehung an der Universität Essen/Duisburg wurde mit der Emeritierung von Frau Prof. Dr. Limbourg zugunsten eines anderen Fachbereichs umgewidmet.

20 Diese Fortbildung kann regional sehr unterschiedlich sein. Wenn engagierte Schulaufsichten und schulfachliche Berater*innen sich einsetzen, finden auch Veranstaltungen statt. Dies ist aber eher Zufall und nicht systematisch gewollt und gefördert.

und war nur in der Grundschule durch konkrete Kooperationen, z.B. bei der Radfahrausbildung mit der Polizei, gesichert. In den Hauptschulen gab es lange Zeit noch Mofakurse, aber mit dem Verschwinden der Hauptschulen in vielen Bundesländern sind auch diese Angebote in der Sekundarstufe meist ausgelaufen. Angesichts voller Lehrpläne und gewachsener Anforderungen an den Unterricht und außerunterrichtlicher Tätigkeiten in allen Schulstufen, durch den Druck von Vergleichsarbeiten, PISA und anderen Faktoren stehen alle Querschnittsaufgaben im schulischen Kontext immer stark unter Druck. Auch eine BNE, die durch die Agenda 2030 verstärkt gefordert wird, fällt dem eng getakteten schulischen Alltagsgeschäft schnell zum Opfer. Um Mobilitätsbildung und BNE tatsächlich an allen Schulen zu etablieren, bedarf es einer viel stärkeren positiven kultusministeriellen und schuladministrativen Unterstützung als bisher, die über die Formulierung von im Effekt unverbindlichen Leitlinien (vgl. MSB NRW 2019) hinausgehen muss.

Mit dem im folgenden skizzierten Aufriss einer neuen Mobilitätsbildung im Kontext von BNE, einerseits für das Schulleben und andererseits für den Unterricht, soll diese notwendige Umsetzung nochmals betont und ermöglicht werden.

Neben den oben skizzierten Hinderungsgründen in Bezug auf eine Etablierung einer neuen Mobilitätsbildung gibt es aber in den letzten Jahren auch ermutigende Signale, die im Sinne einer Handlungs- und Gestaltungskompetenz schon Wege in diese neue Richtung aufzeigen:

- Die Bundesregierung und viele Landesregierungen haben mit Leitlinien und Vorgaben zu BNE (siehe KMK 2012, MSB NRW 2019) zumindest auf dem Papier neue Akzente gesetzt, die jetzt aufgegriffen werden müssen und auch der Mobilitätsbildung zugutekommen sollten.

- Es gibt immer mehr Kollegien, Schulen und Regionen, die sich in diesem Sinne auf den Weg gemacht und die Praktikabilität einer erweiterten Mobilitätsbildung/BNE in der Praxis erprobt haben (einige dieser Vorhaben werden im Praxisteil vorgestellt).

- Verkehrsunternehmen und Verkehrsverbünde im öffentlichen Nahverkehr bieten Schulen Unterrichtsmaterialien zur Mobilitätsbildung an, z.T. verbunden mit der Möglichkeit, in Busschulen praktische Erfahrungen zu machen und Übungen zu absolvieren (vgl. dazu Bleyer 1993, 1995; Bleyer/Bleyer 2019 oder Spitta 2012a, 2105b).

- Neben den alten außerschulischen Partnern (der Verkehrssicherheitsszene) gibt es im Kontext von BNE und Mobilität inzwischen auch einige neu dazu gekommene Akteure, die erweiterte Ansätze einbringen. Diese Partner aus der Verkehrs- oder Umweltbewegung wie der Verkehrsclub Deutschland (VCD), der Allgemeine Deutsche Fahrrad-Club (ADFC), der Bund für Umwelt und Naturschutz (BUND) oder Eine-Welt-Organisationen werden unterstützt durch Plattformen wie das Zukunftsnetz Mobilität NRW (siehe Informationen zum Zukunftsnetz Mobilität am Ende des Kapitels 3.9) oder andere Anbieter. Diese Organisationen mit ihren z.T. ehrenamtlichen Strukturen haben allerdings nicht die gleiche Finanzkapazität, wie die traditionellen Sicherheitsverbände, die mit Spenden aus der Industrie und auch von den Bundes- und Landesministerien oft großzügig unterstützt werden.

- Beispiele wie das Curriculum Mobilität zeigen, dass es auch andere Akzente geben kann. Die Gesellschaft für die Didaktik des Sachunterrichts hat in einem vielbeachteten „Perspektivrahmen Sachunterricht" 2013 kompetenzorientierte Ziele für einen modernen Sachunterricht formuliert. Zusätzlich zu den verschiedenen fachlichen Perspektiven des Sachunterrichts sind sogenannte perspektivenvernetzende Themenbereiche erarbeitet worden. Konkret werden u.a. für die Bereiche Mobilität und BNE Kompetenzen formuliert, die in der Grundschule als Richtschnur dienen sollen (GDSU 2013, S. 73 – 80). Die in diesem Praxisbuch genannten Ziele und Kompetenzen der Mobilitätsbildung sind mit dem GDSU-Perspektivrahmen deckungsgleich.

Bild 29: Kompetenz Fahrplan lesen

Die im folgenden Abschnitt aufgeführten Ziele der Mobilitätsbildung und die sich daraus erschließenden Kompetenzerwartungen stellen zusammen mit den im Bereich der Bildung für nachhaltige Entwicklung formulierten Zielen (siehe oben) den Kern einer zukünftigen Mobilitätsbildung im Bereich der Grundschule und den unteren Klassen der Sekundarstufe dar.

Ziele der Mobilitätsbildung (gemäß GDSU 2013, S. 73-75)[21]

„**Ziel der Mobilitätsbildung ist es** (...), Mobilität als lokales (zunehmend dann auch als globales) System zu erschließen, sich darin zu orientieren, über die Bedingungen alltäglich erlebter Mobilitätswirklichkeit nachzudenken, Auswirkungen und Folgen von Mobilität auf Umwelt und Gesundheit kennen zu lernen, daraus Folgerungen für das eigene Verhalten zu ziehen und an gesellschaftlichen Problemlösungen mitzuwirken.

Da die Kinder in ihrer Entwicklung im Grundschulalter vor allem mit den Bedürfnissen und Auswirkungen der Mobilität zwischen verschiedenen Orten konfrontiert sind, stehen diese Aspekte von Mobilität im Mittelpunkt des Sachunterrichts. Die Schulumgebung, das Wohnumfeld und der Weg zur Schule stellen für die Kinder den Bereich dar, in dem sie sowohl selbst mobil sind bzw. mobil werden können, in dem sie aber auch mit den verschiedensten Auswirkungen von Mobilität und Verkehrsmitteln konfrontiert werden. Dazu zählen u.a. Verkehrsführung, Gestaltung des Straßenraums, Verkehrsaufkommen, ausreichende oder wenige Grünflächen und Spielplätze, Lärm, Unfallgefahren, Wohlfühl- und Angstorte, Fahrradwege, Bus- und Bahnangebote, Siedlungsstruktur, Freizeit- und Einkaufsmöglichkeiten u.v.m. Diese Aspekte können im Rahmen der Mobilitätsbildung untersucht werden.

Kinder werden im Laufe ihrer Entwicklung zunehmend mobiler, sie können sich Räume selbstständiger erschließen und Wege selbstbestimmter zurücklegen. Wenn Kinder selbstständig mobil werden, sind sie in der Regel zunächst umwelt- und gesundheitsfreundlich zu Fuß oder später mit dem Rad unterwegs. Erweitert sich ihr Mobilitätsradius, können Bus und Bahn hinzukommen. In vielen Lebensbereichen werden sie allerdings, in Abhängigkeit von ihren Eltern, als Mitfahrer im Auto transportiert. Eine kritische Auseinandersetzung mit den verschiedenen Verkehrsmitteln, mit vergangenen, bestehenden und zukünftigen Verkehrssystemen ist ein zentraler Aspekt von Mobilitätsbildung. Ziel ist es, eine selbstständige, reflektierte, umwelt- und verantwortungsbewusste Wahl der benutzten Verkehrsmittel zu treffen sowie, in Bezug auf Mobilität im Kontext der Bildung für nachhaltige Entwicklung, an gesellschaftlichen Problemlösungen im eigenen Wohn- und Schulumfeld mitzuwirken“ (ebd. S. 73f.).

---

21 Die hier genannten Ziele der Mobilitätsbildung entstammen dem kompetenzorientierten „Perspektivrahmen Sachunterricht“ der Gesellschaft für die Didaktik des Sachunterrichts (GDSU 2013), die der Autor dieses Praxisbuches in Zusammenarbeit mit der Perspektivrahmen-Kommission der GDSU unter der Leitung von Andreas Hartinger formuliert hat.

Kompetenzbeschreibungen für die Mobilitätsbildung:

„Die Schülerinnen und Schüler können:

- selbstständig und unter Beachtung von Verkehrsregeln Wege im Wohn- und Schulumfeld – je nach räumlichen Voraussetzungen auch ihren Schulweg – sicher zurücklegen (als Fußgänger, mit dem Fahrrad oder dem Roller) und dabei sichere und unsichere Stellen benennen,

- öffentliche Verkehrsmittel nutzen und sich selbstständig dazu orientieren (z.B. Fahrpläne lesen, Verbindungen finden, Liniennetzpläne verstehen, Preise für Fahrkarten recherchieren),

- ihre Wohn- und die Schulumgebung bzw. ihren Wohnort unter verschiedenen Blickwinkeln erkunden (z.B. Verkehrsinfrastruktur, Verkehrssicherheit, Natur im Stadtteil, Flächenverbrauch, Spielmöglichkeiten, Angstorte usw.) und die Ergebnisse der Erkundungen (z.B. mit Hilfe von Kartenskizzen und subjektiven Karten) dokumentieren,

- über Gefühle, Probleme, Absichten und Verhaltensweisen von sich und anderen bei der Verkehrsteilnahme reflektieren und daraus Rückschlüsse ziehen,

- sich mit Hilfe von Medien und durch Befragen von Experten über Vor- und Nachteile verschiedener Verkehrsmittel informieren,

- untersuchen, wie Menschen und Waren unterwegs (mobil) sind (z.B. durch Verkehrszählungen, Auswerten von Statistiken, Führen eines Mobilitätstagebuches, Befragungen von Erwachsenen nach Mobilitätsmustern oder Reisezielen),

- verschiedene Mobilitätszwecke, -zwänge und -bedürfnisse unterscheiden (z.B. Alltags- und Freizeitwege, Reisen, Flucht, Warentransport),

- zwischen verschiedenen Verkehrsmitteln unterscheiden, die Vor- und Nachteile in Bezug auf Alltagsnutzen, Umwelt, Klima und Gesundheit benennen und eine begründete Wahl treffen, wann welches Verkehrsmittel zu welchem Zweck für die eigene Mobilität geeignet ist,

- vergleichen, wie Menschen, Waren und Nachrichten früher unterwegs waren, wie sie es heute sind und Ideen entwerfen, wie sie in der Zukunft unterwegs sein werden, und welche Veränderungen dies mit sich bringt,

Bild 30:
Fahrradpflege und kleine Reparaturen

- sich in kleinen Projekten an Veränderungen und Verbesserungen im Straßenverkehr und Wohnumfeld einbringen und grundlegende Formen der Partizipation kennen lernen (z.B. Verkehrsführung im Schulbezirk, Verbesserung von Ampelschaltungen, Spielplatz- und Schulhofgestaltung, kinderfreundlicher Umbau von Wohnquartieren, Tempo 30, Beteiligung an Kinder- und Jugendparlamenten),

- an Beispielen in der eigenen Umgebung erkunden, beschreiben, vergleichen und darlegen, wie Tiere sich bewegen, unterwegs sind und welche Möglichkeiten und Gefahren für sie dabei bestehen,

- technische Aspekte der Mobilität (z.B. Antriebstechniken, Bremssysteme, Beleuchtungssysteme) untersuchen, beschreiben und vergleichen,

- das eigene Fahrrad motorisch beherrschen sowie kleine Reparaturen und Grundlagen der Fahrradpflege ausführen“ (ebd., S 74f.).

Ein wesentliches Ziel der Mobilitätsbildung ist also, Kinder und Jugendliche zu einer selbstständigen und reflektierten Wahl der Verkehrsmittel zu befähigen. Voraussetzung für diese Kompetenz ist eine kritische Auseinandersetzung mit den Folgen der Automobilität sowie das Kennenlernen und positive Erleben von Alternativen zum Auto. Nur wer Fahrrad, Bus und Bahn auch benutzt, kann diese Verkehrsmittel später in die eigene Alltagsmobilität integrieren.

Beim Untersuchen von Gefahrenstellen im Schulumfeld geht es im Rahmen der Mobilitätsbildung selbstverständlich auch um eine Erziehung zu verkehrssicherem Verhalten, aber eben nicht ausschließlich. Wie beispielsweise in den Rahmenvorgaben zur Verkehrs- und Mobilitätserziehung in Nordrhein-Westfalen gefordert, soll die Schule „die Schüler/innen (...) zu einer reflektierten Mitverantwortung am Straßenverkehr befähigen.“ „Dazu gehört das Meiden oder Beseitigen von Gefahren...“ (Rahmenvorgaben NRW 2003, S. 7).

Die alte sicherheitsdominierte Verkehrserziehung bürdete den Kindern die Verantwortung für ihre körperliche Unversehrtheit im Straßenverkehr auf. Es wäre eine maßlose Überforderung, angesichts der immensen durch den Straßenverkehr verursachten Umwelt- und Klimaprobleme, nun Kindern im Rahmen der Mobilitätsbildung die Verantwortung zur Verbesserung der Lebensverhältnisse zu übertragen. Die Schule und noch weniger die Schüler*innen können (allein) die von der Gesellschaft produzierten Probleme lösen. Im Sinne Wolfgang Klafkis sollen bei der schulischen Bildung aber epochaltypische Schlüsselprobleme exemplarisch im Unterricht thematisiert und dabei „...die Einsicht in die Mitverantwortlichkeit aller angesichts solcher Probleme und Bereitschaft, an ihrer Bewältigung mitzuwirken" erzielt werden (Klafki 1992, S.19). Das Themenfeld Mensch, Mobilität und Umwelt ist ein solches Schlüsselproblem und legitimiert daher im Sinne Klafkis die Umsetzung im Unterricht.

Die Mobilitätsbildung basiert daher auf **zwei Säulen.**

1) Die erste Säule betrifft die Unterrichtsinhalte. Hier geht es um alle Bereiche der Mobilität, der Verkehrsteilnahme, der Einschränkungen, der Umweltbelastungen und der Gefahren durch Verkehr, vor allem aber um konkrete Lösungswege sowie Handlungs- und Gestaltungsmöglichkeiten. So lernen Kinder zum Beispiel oft erst durch die Schule bei Ausflügen mit der Klasse Bus und Bahn zu benutzen und erlangen somit eine erste Grundlage, um später überhaupt zwischen verschiedenen Verkehrsmitteln reflektiert wählen zu können. Sie erweitern durch Stadtteilerkundungen ihren Einblick in die sozialen und geographischen Strukturen ihres Wohnumfeldes und können sich so besser mit ihm identifizieren. Im Praxisteil dieses Buches finden sich dazu entsprechende Unterrichtsvorschläge.

2) Die zweite Säule der Mobilitätsbildung betrifft nicht in erster Linie den Unterricht, sondern bezieht die ganze Schule als Institution, also neben den Kindern auch die am Schulleben beteiligten Erwachsenen (Lehrkräfte, Schüler*innen, deren Eltern, Mitarbeiter*innen im Ganztag usw.) sowie die in der Kommune lebenden und handelnden Akteure mit in die Verantwortung ein.

Über Schulwegpläne (BAST 2019) und Radwegepläne, über das Engagement von Lehrer*innen und Eltern und ihr Verhalten als Vorbilder bei der Verkehrsteilnahme wirkt die Schule in den Stadtteil (Kleinstadt, Dorf) hinein und übernimmt somit die oben skizzierte Verantwortung für das Erreichen eines verkehrssicheren Umfeldes für die Schüler*innen.

MOBILITÄTSBILDUNG

SOZIALES LERNEN SICHERHEIT UMWELT GESUNDHEIT
BILDUNG FÜR NACHHALTIGE ENTWICKLUNG

Unterricht/Projekte

Adressaten: ***Schüler*innen***

- Schulwege erkunden
- Stadtteilerkundungen
- von Kindern erstellte Verkehrsgutachten
- Ampelbeobachtungen
- Kinder-Stadtteilplan
- Haltestellenerkundung
- Erlebnisse mit Bus & Bahn
- Ausflüge mit dem ÖPNV
- Betriebsbesichtigungen / Busschule
- Rund ums Fahrrad
- Radfahrausbildung
- Technik des Rades
- Tempomessungen im Schulumfeld / Tempo 30-Aktionen
- Lärm und Stille, Hörspaziergang
- Planungsbeteiligung von Kindern
- Straßenverkehr und Flächenverbrauch
- Verkehrswochen (EMW, Klima-Kampagnen)

Schulleben/ Schule als Institution

Adressaten: ***Eltern, Lehrer*innen, Kommune, Politiker*innen, Planer*innen und Schüler*innen***

- Aufwertung umweltfreundlicher Verkehrsmittel im Erscheinungsbild der Schule
- Aktionswochen: Ohne Auto zur Schule, Kindermeilen-Kampagne, EMW
- Elternhaltestellen, Laufbus, Schulweggemeinschaften
- Kinder-Befragung nach Vorstellungen und Wünschen zur Schul- und Stadtteilgestaltung
- Erschließung von Spielräumen im Stadtteil
- Zusammenarbeit von Schule und Kommune für ein verkehrssicheres Umfeld
- sichere Schulwege
- Einflussnahme auf das Verhalten der Erwachsenen (Verkehrszähmer)
- Durchsetzung und Überwachung von Verkehrsberuhigung
- Kooperation mit Agenda 2030-Gruppen

Abb. 11: Die zwei Säulen der Mobilitätsbildung

Die zweite Säule ist auch deshalb von Bedeutung, da man davon ausgehen muss, dass eine konsequente Verkehrsberuhigung und Verkehrsvermeidung wesentlich mehr zu einer unfallfreien Schulumgebung beiträgt als sämtliche verkehrserzieherischen Bemühungen in der ohnehin knappen Unterrichtszeit.

Daher spielt auch die Zusammenarbeit mit den Eltern eine wesentliche Rolle in der Mobilitätsbildung, denn diese sind es, die für eine Reduzierung und Entschleunigung des Verkehrs in der Schulumgebung als Verbündete gebraucht werden (siehe dazu Kapitel 3.1.3 und das Verkehrzähmer-Konzept Kapitel 3.2.4).

Eine weitere Konsequenz der Ausweitung der Mobilitätsbildung auch auf Erwachsene ist die Haltung der Lehrkräfte zu ihrer eigenen Mobilität in den Blick zu nehmen. Lehrer*innen sind, wie alle anderen Berufsgruppen, aus Zwang oder Bequemlichkeit Abhängige des Automobils. Umso wichtiger ist es, dass im Erscheinungsbild der Schule die umweltfreundlichen Verkehrsmittel einen besonderen Stellenwert einnehmen. Das könnte zum Beispiel heißen, dass Spielflächen für Kinder mehr Raum erhalten als Parkplätze, dass Abstellanlagen für Fahrräder vernünftig gestaltet sind, dass im Schulprogramm verankert wird, Ausflüge (wenn vor Ort möglich) mit öffentlichen Verkehrsmitteln zu unternehmen und dass auch die Lehrer*innen nach Möglichkeit oder zu bestimmten Anlässen ohne Auto zur Schule kommen und somit durch ihr eigenes Mobilitätsverhalten zeigen, dass sie selbst zu einer reflektierten Wahl der Verkehrsmittel fähig sind.

Damit Kinder und Jugendliche im Bereich von Mobilität und BNE die beschriebenen Kompetenzen aufbauen können, ist ein Unterricht, der beispielsweise nur auf Arbeitsblätter zu bestimmten Verkehrsinhalten setzt, mit Sicherheit nicht ausreichend.

Folgende Prinzipien, die auch in der KMK-Empfehlung von 2012 genannt werden, stehen daher bei der Mobilitätsbildung im Mittelpunkt:

Erfahrungs- und Handlungsorientierung:
Damit Kinder langfristig (auch später als Erwachsene) sicher und umweltbewusst unterwegs sein können, müssen Erfahrungen vor Ort gemacht werden. Dazu gehört unter anderem mit der Klasse aktiv zu werden, zu recherchieren, vor Ort unterwegs zu sein, den Verkehr vor der Schule zu beobachten, die Haltestelle in der Nachbarschaft zu erkunden, einen Ausflug mit Bus und Bahn zu planen und durchzuführen, Erwachsene zu befragen und die Ergebnisse zu diskutieren und zu dokumentieren. Für Lehrkräfte kann dies unter Umständen zu einem etwas erhöhten Aufwand führen, aber ein Lernen durch Tun und Unterwegssein ist nachhaltiger, prägt sich ein und bereitet mehr Lernfreude.

Umgebungsorientierung
Mobilitätsbildung setzt am unmittelbaren und bekannten Umfeld der Kinder an, in dem sie sich täglich bewegen. Es geht um die Wege zur Schule und im Alltag, um ein für Kinder verkehrssicheres Umfeld in der Kommune, das „Elterntaxis" unnötig macht, um die Untersuchung und Nutzung des Fahrrades und die Verbesserung der Fahrradinfrastruktur im Umfeld, um die Haltestelle vor Ort, das Angebot von Bus und Bahn in der Kommune, sowie um Beobachtungen und Erfahrungen in Bus und Bahn. Weiterführende Fragestellungen gehen von den Erlebnissen, Recherchen und Beobachtungen im Wohnumfeld aus.

[7] Vermittlungsprobleme bei der Mobilitätsbildung und bei BNE

Lernen bei Kindern ist ein komplexer Prozess, der von vielen Faktoren positiv oder negativ beeinflusst werden kann (vgl. dazu Hattie/Zierer 2018). Während bei Jugendlichen die Peer-Group auf das Verhalten einen maßgeblichen Einfluss hat, spielen besonders noch bei jüngeren Kindern Erwachsene in ihrer Funktion als Vorbild eine wesentliche Rolle.

Gerade in Bezug auf das Verhalten im Verkehr nehmen Kinder im Grundschulalter kritisch wahr, dass viele Jugendliche und Erwachsene sich nicht (immer) an die Regeln halten, die sie selbst im Unterricht gelernt haben. Wie ernst sind die Verkehrsregeln gemeint, die man beispielsweise im Testbogen zur Radfahrausbildung ankreuzen muss, wenn Pkw-Fahrer*innen nicht am Zebrastreifen stoppen, im Halteverbot parken, Erwachsene Tempolimits überschreiten oder bei Rot die Ampel überqueren? Als „heimlicher Lehrplan" könnte sich in den Kinderköpfen einschleichen, dass man zwar Regeln lernen sollte, sich aber nicht (wie eben viele erwachsene Vorbilder) daran halten muss. Treffend stellt die britische Psychologin Philippa Perry dazu fest: „Kinder tun nicht, was du sagst; sie tun, was du tust" (Perry 2020).

Gleiches gilt auch für den Umgang mit dem Thema Nachhaltigkeit und Klimaschutz. Auch hier ist das Verhalten von Erwachsenen nicht konsequent. Im Unterricht und vielleicht auch im Elternhaus appellieren Erwachsene bzw. Lehrkräfte (unterstützt durch Lehrpläne, BNE-Leitlinien, Rahmenvorgaben, Schulbücher) an umweltfreundliche Verhaltensweisen, gleichzeitig ist aber für Kinder offensichtlich, dass sich Erwachsene an diese wünschenswerten Ziele selbst nicht wirklich halten. Wir wissen, dass die vielen Plastikverpackungen problematisch sind, kaufen aber vieles entsprechend verpackt. Wir wissen um die Erderwärmung, fliegen aber trotzdem in den Urlaub. Wir kennen die negativen Auswirkungen des Straßenverkehrs, nutzen aber trotzdem fast immer das Auto usw.

Auch in der Politik sind diese Widersprüche täglich virulent: Auf der einen Seite werden beispielsweise von der NRW-Landesregierung sehr ambitionierte Ziele für BNE in einer Leitlinie für die Schulen formuliert (MSB NRW 2019), andererseits will dieselbe Landesregierung möglichst lange an der klimaschädigenden Braunkohleverstromung festhalten. Jugendliche in der Fridays-for-Future-Bewegung weisen zurecht auf diese Widersprüche hin.

Die Zwänge, Bequemlichkeiten, wirtschaftlichen Lobbyismen und Vorteile eines klimaschädlichen Verhaltens sind vielfältig und eine eindeutige „saubere", nur klimafreundliche Lebensweise ist in unserer sozio-ökonomischen Gesellschaft nicht einfach. Wir sind alle „verstrickt" in diese Abhängigkeiten. Individuelles (und politisches) Handeln ist immer ein Kompromiss und Abwägen zwischen verschiedenen nicht immer optimalen Möglichkeiten. Genau diese Gemengelage macht aber auch einen Unterricht mit dem Schwerpunkt Bildung für nachhaltige Entwicklung und einer Verwirklichung der 17 Nachhaltigkeitsziele schwer, da Erwachsene hier oft keine Vorbilder sind.

Die einzige Lösung ist Haltung zeigen und mit diesen Widersprüchen offen umgehen. Der Erwachsene „muss sich zunächst einmal mit seinen eigenen Widersprüchen beschäftigen, er muss sie aufdecken, damit er ehrlich und überzeugend sein kann" (Dollase 2012, S. 24).

Natürlich können und müssen wir BNE und Mobilitätsbildung im Unterricht angehen, auch wenn wir uns selbst nicht immer klimagerecht verhalten (können).

Grundlage einer pädagogischen Haltung könnte stattdessen sein, sich selbst auf den Weg zu machen, Schritte in eine neue Richtung zu gehen ohne schon am Ziel zu sein, sich selbst als Lernenden und sich entwickelnden Lehrenden anzusehen, der nicht nur Kinder zu etwas „erziehen" will, sondern sich selbst (weiter) bildet, sich selbst erzieht und verändert und damit genau mit diesem Prozess mit allen Abstrichen und Unzulänglichkeiten Vorbild ist.

Es kann also im Rahmen einer Mobilitätsbildung bzw. Bildung für nachhaltige Entwicklung nicht um das normative Vorgeben geeigneter und vermeintlich eindeutiger Lösungen gehen, sondern um die gemeinsame Suche nach Verbesserungen, um den Erwerb von Handlungs- und Gestaltungskompetenzen, damit klimafreundliche Konsum- und Mobilitätslösungen in einem demokratischen Prozess gefunden werden. Diesen Bildungsanspruch einzulösen ist nicht einfach, aber notwendig.

Bild 31: Orientierung auf der Karte zur Vorbereitung einer Stadtteilerkundung

2.9 Unterrichtsprinzipien, Kompetenzen und Methoden der Mobilitätsbildung

Schüler*innenzentrierung und Partizipation

Der Unterricht sollte die Bedürfnisse der Schüler*innen einbeziehen. Sie sollten aktiv in die Planung des Unterrichts und in Projekte eingebunden werden. Um Verbesserungen und Veränderungen an der Verkehrssituation im Schulumfeld zu erreichen, kann im Rahmen des politischen Lernens direkt Einfluss genommen werden auf Gremien und Entscheidungsträger in Politik und Verwaltung. Dazu können verantwortliche Planer*innen in der Kommune angesprochen werden und die (lokalen) politischen Gremien durch Eingaben, Briefe und Termine vor Ort zu Verbesserungen gebracht und dabei die Teilhabe an (manchmal mühsamen) politischen Prozessen kennengelernt werden.

Fächerübergreifender Unterricht/Projektunterricht

Die Ziele der Mobilitätsbildung lassen sich kaum in einem in sich geschlossenen Verkehrsunterricht erreichen. Anzustreben ist vielmehr eine Verknüpfung von Mobilitätsthemen mit allen Fächern der Schule und damit eine Verankerung der Mobilitätsbildung auch über das in den Lehrplänen für die Verkehrserziehung zugestandene Zeitbudget[22] hinaus. Daher ist die Erarbeitung vieler BNE/Mobilitäts-Themen

22 In den vielen Bundesländern wird der Verkehrserziehung als Querschnittsaufgabe eine Wochenstundenzahl von 20 Stunden in der 1. und 4. Klasse sowie jeweils 10 Stunden im 2. und 3. Schuljahr zugestanden. In anderen Aufteilungen werden in den Klassen 1 und 2 jeweils 30 Stunden vorgesehen und nochmals 30 Stunden in Klasse drei und vier. In der Sekundarstufe gibt es in der Regel keine Zuordnung von verbindlichen Unterrichtsstunden. Hier müssen Mobilitätsthemen mit den Vorgaben der gesellschaftswissenschaftlichen Fächer oder der Geographie verknüpft werden. In der Grundschule ist dies leichter, wenn die Klassenleitung viele Fächer unterrichtet und so Mobilitätsthemen mit Mathematik, Sach- und Deutschunterricht verbunden und so Zeitressourcen für die Mobilitätsbildung gewonnen werden können.

auch besonders in Form von Unterrichtsvorhaben und Projekten geeignet, die den engen Rahmen von 45 Minuten Fachunterrichtsstunden sprengen. Auch Freiräume im Kontext der Ganztagsbetreuung am Nachmittag bieten sich hier an.

Prozessbezogene Kompetenzen und Methoden (digitales Lernen)
Die Aufgaben- und Fragestellungen der Mobilitätsbildung sind so konzipiert, dass die in den Richtlinien, Lehrplänen und im Perspektivrahmen Sachunterricht geforderte Orientierung an den zu erwerbenden Kompetenzen im Mittelpunkt steht. Neben den inhaltsbezogenen Kompetenzen (siehe Kap. 2.8) werden durch Mobilitätsbildung auch prozessbezogene Kompetenzen gefördert beziehungsweise spezifische Denk-, Arbeits- und Handlungsweisen des Sachunterrichts (vgl. GDSU 2013) angebahnt. Zu nennen wären hier unter anderem folgende Kompetenzen, an denen gearbeitet wird:

- Abwägen, Kommunizieren, Argumentieren und Diskutieren,
- Darstellen und Dokumentieren (Dokumentation von Rechercheergebnissen auch mit digitalen Medien),
- Beobachten und Untersuchen (Verkehrssituationen, Fußwege, Infrastruktur),
- Recherchieren im Internet und per App (zu Verkehrsmitteln, Fragen der Klimapolitik, Fahrpläne, Ausflugsziele),
- Erwerben von Kartenkompetenz (Umgang mit Stadtplänen, Fahrradkarten, ÖPNV-Netzplänen, Kinderstadtplänen, Online-Karten, digitalen Karten),
- Nutzung und Bewertung digitaler Apps (z.B. zur Planung einer Fahrt mit Bus und Bahn, Umgang mit digitalen Karten zum Radwegenetz oder zu Schulwegen),
- Planung und Durchführung von Interviews (ggf. mit digitaler Aufzeichnung),
- Anwenden von Mathematik im Kontext des Straßenverkehrs (Sachrechnen/ Modellieren: Fahrzeitberechnungen, Verkehrszählung),
- Verfassen von Briefen an politisch verantwortliche Personen (Deutschunterricht),
- Einfordern von Rechten, Durchsetzen von Interessen (Partizipation, Kooperation mit Kinder- und Jugendparlament, politischen Gremien),
- Pflegen und Reparieren (z.B. im Rahmen des Technikunterrichts zum Fahrrad).

Bild 32: Unterrichtsgang durch den Stadtteil

Gestaltungskompetenz

Die im Bereich der BNE formulierten Gestaltungskompetenzen korrespondieren mit diesen Denk-, Arbeits- und Handlungsweisen des Sachunterrichts. Die acht grundschulrelevanten Teilkompetenzen nach de Haan (2009) sind:

1. vorausschauendes Denken und Handeln,
2. weltoffen wahrnehmen,
3. interdisziplinär arbeiten,
4. Verständigen und Kooperieren,
5. Planen und Agieren,
6. gerecht und solidarisch sein,
7. motiviert sein und motivieren können,
8. Lebensstil und Leitbilder reflektieren.

Insgesamt kann festgehalten werden, dass die in diesem Praxisbuch vorgestellten Unterrichtsideen und das dahinter stehende Konzept der Mobilitätsbildung durch die Vorgaben der Kultusministerkonferenz-Empfehlung (KMK 2012), durch den GDSU-Perspektivrahmen wie auch durch die sich darauf beziehenden Lehrpläne in den einzelnen Bundesländern legitimiert und abgesichert sind.

Zusammenfassung

Die Mobilitätsbildung ist mehr als Schulwegtraining und Radfahrprüfung. In Verbindung mit dem Konzept der Bildung für nachhaltige Entwicklung (BNE) und durch die Prämisse der Empfehlung der Kultusministerkonferenz von 2012 wird die traditionelle Verkehrserziehung erweitert um Aspekte des sozialen Lernens, der Gesundheits- und Umweltbildung, die gleichberechtigt neben die bisherige dominante Sicherheitserziehung treten.

Um sich von der traditionellen Verkehrserziehung abzusetzen und um den erweiterten Anspruch (BNE) sowie die neuen Inhalte und die Orientierung an Kompetenzen (GDSU 2013) deutlich zu machen, wird im Praxisbuch von Mobilitätsbildung die Rede sein. Anstatt nur vor den Gefahren des Straßenverkehrs zu warnen, hat die Mobilitätsbildung zum Ziel, Kenntnisse und Fertigkeiten beim Umgang mit umweltfreundlichen Verkehrsmitteln weiter zu geben und zu einer reflektierten Wahl der Verkehrsmittel anzuregen. Neben der Erkundung des Umfeldes und der Verbesserungen der Verkehrsbedingungen vor Ort stehen das Zufußgehen, das Radfahren und die Benutzung des öffentlichen Nahverkehrs im Vordergrund. Die Dominanz des Autoverkehrs wird angesichts der Probleme in Bezug auf Klima, Umwelt und Gesundheit, kritisch hinterfragt. Anstatt die Schüler*innen nur an die bestehenden Verkehrsverhältnisse anzupassen, werden sie im Rahmen einer allgemeinen Handlungsfähigkeit und Gestaltungskompetenz auch in die Verbesserung der Verhältnisse einbezogen. Dazu werden die Schulen als Institution sowie die verantwortlichen Politiker*innen oder Planer*innen in den Kommunen und auf anderen Ebenen mit in die Verantwortung genommen:

Nicht alleine die Kinder und Jugendlichen sind für ihr verkehrssicheres Verhalten verantwortlich, sondern die Gesellschaft sorgt für ein verkehrssicheres Umfeld und für einen klima- und gesundheitsfreundlichen Straßenverkehr. In den NRW-Rahmenvorgaben heißt es schon 2003 dazu, dass sich die Schüler*innen „...mit ihrem eigenen Verhalten und dem anderer Verkehrsteilnehmer kritisch auseinandersetzen und Alternativen zum Verkehrsverhalten und zur Verkehrsgestaltung gewinnen" (Ministerium für Schule, NRW-Rahmenvorgaben 2003, S. 7).

3. Praxis der Mobilitätsbildung

Beispiele, Ideen, Unterrichtsreihen und Projekte

Zur Arbeit mit dem Praxisbuch

Das Praxisbuch stellt eine Sammlung von erprobten und erfolgreichen Beispielen zur Mobilitätsbildung dar. Diese können einzeln, aber auch in Verbindung miteinander im Unterricht eingesetzt werden. Die im Buch gewählte Reihenfolge der Themen soll keine Abfolge im Unterricht festlegen, vielmehr kann das Praxisbuch als „Steinbruch" gesehen werden, aus dem sich je nach lokalen Gegebenheiten, Fragestellungen in der Klasse oder Interessen der Schüler*innen Unterrichtsreihen entwickeln und Projekte auswählen lassen. Bis auf die Unterrichtsideen für den Anfangsunterricht können viele der hier für die Grundschule vorgeschlagenen Unterrichtsskizzen mit entsprechenden Erweiterungen ebenso in der Sekundarstufe I realisiert werden.

Gliederung der Praxisbeispiele

Die Darstellung verschiedener Unterrichtsbeispiele folgt einem festen Schema:

a) Didaktische Überlegungen/Einordnung in die Mobilitätsbildung
b) Handlungsanregungen
c) Material
d) Tipps
e) Literatur/Internetadressen
f) Arbeitsblätter/Kopiervorlagen

An erster Stelle werden knapp einige didaktische Aspekte und eine Einordnung des Themas in das Konzept der Mobilitätsbildung (ggf. in Verbindung zu BNE) dargestellt **(a)**. Dabei werden einzelne Punkte aus Kapitel 2 wieder aufgegriffen, um die Arbeit mit dem Buch auch ohne die Lektüre der gesamten Einleitung zu ermöglichen. Unter Punkt **(b)** finden sich Handlungsanregungen zur Durchführung des Themas. Diese Darstellungen sind nur knapp und sollen die Lehrkraft nicht festlegen. In der Regel ist die Situation in jeder Lerngruppe so unterschiedlich, dass ohnehin in jeder Klasse neu über die Reihenfolge, den Aufbau und die Gestaltung des Themas entschieden werden muss. Die Hinweise hier verstehen sich als Anregung. Eine knappe Übersicht über notwendiges Material findet sich unter Punkt **(c)**. Unter **(d)** finden sich Tipps zur Umsetzung, weiterführende Ideen sowie Möglichkeiten für Anschlussprojekte oder Ratschläge, die sich bei der praktischen Erprobung dieser Materialien als hilfreich erwiesen haben. Weiterführende Literatur, ggf. Bücher für Kinder sowie Internetadressen finden sich jeweils unter **(e)**. Im Abschnitt **(f)** werden zu einigen Themen Kopiervorlagen und Arbeitsblätter zu dem entsprechenden Inhalt vorgeschlagen. Die Kopiervorlagen sind nicht im Buch abgedruckt, sondern im Internet als PDF-Datei hinterlegt und können dort eingesehen und für den Einsatz im Unterricht im DIN A4-Format heruntergeladen werden. Sie verstehen sich als zusätzliches Angebot, um Lerninhalte zu vertiefen oder Tätigkeiten anzuregen.

Arbeitsblätter und Kopiervorlagen zum Praxisbuch Mobilitätsbildung finden sich im Internet auf der Seite www.philipp-spitta.de.

Wesentliches Element der Mobilitätsbildung sind Handlungen und Erfahrungen vor Ort. Diese können durch ein Arbeitsblatt nicht ersetzt werden. Daher sind vor allem Vorlagen aufgenommen worden, die das aktive Handeln der Schüler*innen unterstützen. Zu einigen Bereichen der traditionellen Verkehrserziehung oder Radfahrausbildung gibt es an vielen Schulen Materialbestände. Die Anregungen im Praxisbuch können genutzt werden, um das vorhandene Material zu ergänzen und zu erweitern.

Handlungs- und Projektorientierung

Das Lernen in einem handlungsorientierten oder projektartigen Unterricht kann für die Schüler*innen besonders nachhaltig sein. Mobilitäts-Projekte müssen nicht immer eine ganze Woche lang eine Schule mit allen ihren Klassen vereinnahmen. Sie können auch innerhalb des fächerübergreifenden Unterrichts nur in einer Klasse durchgeführt werden, sich auf ein bis zwei Tage beschränken und somit in den regulären Unterrichtsalltag integriert werden.

Bild 33: Fahrradreparatur mit dem Kollegen von der Polizei

Einige der folgenden Aspekte sollten, wenn möglich, beim Projektunterricht (vgl. Hänsel 1986, Gudjons 1993) beachtet werden:

- Die Inhalte knüpfen an die Lebenswelt und/oder die Interessen der Kinder an.
- Die Schüler*innen werden in die Planung mit eingebunden.

- Das Projekt lässt eine Vielfalt von Handlungsmöglichkeiten zu.
- Es werden alle Sinne angesprochen (Lernen mit Kopf, Herz und Hand).
- Die Projektergebnisse werden dokumentiert oder vorgestellt.
- Im Idealfall wird durch das Projekt positiv auf die Lebenswelt der Schüler*innen Einfluss genommen.

Viele der im Buch dargestellten Themen lassen sich mit vergleichsweise geringem Aufwand umsetzen und müssen nicht immer die Dimensionen eines umfassenden Projekts annehmen. Ein projektorientierter Unterricht bietet zusätzlich die Möglichkeit, die zeitlichen Ressourcen aus verschiedenen Fächern in das Thema Mobilität für einen kürzeren Zeitraum einfließen zu lassen. So können Sport, Mathematik, Deutsch, Sachunterricht und weitere Fächer in Verbindung gebracht werden, hin und wieder lassen sich auch Kunst- und Musikelemente einbringen. Im Rahmen der Mobilitätsbildung können auch Inhalte aus den einzelnen Fächern integriert werden, die ohnehin im Bereich Deutsch oder Mathematik stattfinden müssen.

Bild 34: Rechnen mit der Verkehrszählung vor der Schule

So kann das Schreiben eines Briefes mit allen Formalitäten, in Anrede und Gestaltung geübt werden, wenn man die Stadtverwaltung auf eine fehlende Überquerungshilfe oder schlechte Ampelschaltung vor der Schule hinweisen will. Somit hätte der Brief nicht, wie so häufig im Deutschunterricht, einen fiktiven Adressaten, sondern ein wirkliches Ziel. Im Mathematikunterricht ist das Rechnen mit Informationen aus Tabellen eine wichtige Grundfertigkeit (Modellieren, Umgang mit Daten und Wahrscheinlichkeiten). Diese Kompetenz kann beispielsweise im Rahmen einer Verkehrszählung vor der Schule erarbeitet werden (vgl. Spitta 2013j). Mathematische Fragen zur selbst erstellten Tabelle können z.B. sein: Wie viele Autos sind in 15 Minuten an der Schule vorbeigefahren und wie viele Personen saßen jeweils in einem Wagen? Mit diesen erhobenen Zahlen lässt sich weiter rechnen: In 15 Minuten haben wir 62 Autos gezählt, wie viele könnten es dann innerhalb von einer oder zwei Stunden oder an einem Tag sein? (vgl. Kapitel 3.3.1).

Bild 35: Mit Fahrplänen und Fahrpreisen rechnen

In vielen Mathematiklehrwerken wird das Rechnen mit Uhrzeiten verlangt („Jan steigt um 8.42 Uhr in den ICE nach Neustadt, um 11.27 Uhr kommt er an, wie lange war er unterwegs?"). Solche Aufgaben lassen sich viel motivierter rechnen, wenn es um den eigenen Ausflug der Klasse mit Bus und Bahn geht (Kapitel 3.7.1) und die Reise mit Hilfe von Fahrplänen und einer Handy-App geplant und zeitlich berechnet werden muss (vgl. Spitta 2013m).

[8] Unfallversicherungsschutz bei der Mobilitätsbildung

Rund um das Thema Verkehrsteilnahme von Kindern auf Schulwegen, aber auch bei schulischen Unterrichtsgängen und Übungen am Straßenrand entstehen immer wieder Fragen des Versicherungsschutzes. Ebenso ist zu klären, wie es mit der Verantwortung, Aufsichtspflicht und der Versicherung bestellt ist, wenn Eltern die Klasse bei Unterrichtsgängen und Ausflügen begleiten. Melanie Kühne hat als Mitarbeiterin bei der Unfallkasse NRW dazu in der Grundschulzeitschrift (Kühne 2009) wichtige Punkte zusammengefasst, die hier zitiert werden sollen:
„Auf dem Weg zur Schule und wieder nach Hause sind Kinder grundsätzlich bei ihrem zuständigen Unfallversicherungsträger (Unfallkasse oder Gemeindeunfallversicherungsverband) gesetzlich unfallversichert. Dieser Versicherungsschutz besteht unabhängig davon, welches Verkehrsmittel die Schüler*innen benutzen. Wichtig ist, dass Kinder den direkten Weg zur Schule zurücklegen. Zu den direkten Wegen zählt nicht nur der kürzeste Weg, sondern auch der gewohnheitsmäßige oder bekannte, der schnellste und sicherste Weg. Schulkinder sollten selbstverständlich den sichersten Weg wählen. Verantwortlich für die Kinder auf dem Schulweg sind ihre Eltern. Die Auswahl des geeigneten Verkehrsmittels und Weges obliegt ihnen. Das bedeutet, dass Empfehlungen der Schule, z. B. zum geeigneten Verkehrsmittel oder Schulwegpläne, die bestimmte sichere Wege nahelegen, genutzt werden können, aber nicht müssen. Weichen die Eltern bzw. das Kind von diesen Empfehlungen ab, hat dies keine Auswirkungen auf den gesetzlichen Unfallversicherungsschutz der Kinder" (Kühne 2009, S. 32).

Schulwege können hierbei auch Wege zu außerschulischen Lernorten und Veranstaltungen sein. An diesen Lernorten und auf den gemeinsamen Wegen bei einer schulischen Veranstaltung (z.B. einem Unterrichtsgang im Rahmen der Mobilitätsbildung) hat die Lehrkraft die Aufsichtspflicht und ist für die Sicherheit und die Organisation verantwortlich. Kinder und Lehrkraft sind bei schulischen Veranstaltungen gesetzlich unfallversichert. Die Verantwortung für die Kinder trägt die Schule. Für die Durchführung der Radfahrausbildung und -prüfung oder bei anderen Unterrichtsvorhaben im Straßenraum können Eltern mitwirken. Diese handeln nur im Rahmen der Vorgaben durch die Lehrer*innen, die Schule ist verantwortlich.

„Die notwendigen Kenntnisse und Fähigkeiten können bei externen Personen nicht vorausgesetzt werden. Daher ist es von besonderer Bedeutung, diese Schulveranstaltungen gut zu organisieren, sich mit allen Beteiligten genau abzustimmen und sie gut in ihre Aufgaben einzuweisen. Eine vorausschauende Gefährdungsanalyse zur Einschätzung des Organisationsaufwandes und der notwendigen Sicherheitsmaßnahmen ist ein hilfreiches Instrument. Eltern, die bei solchen Veranstaltungen helfen, sind ebenfalls gesetzlich unfallversichert. Wichtig ist, dass sie offiziell mit einer konkreten Aufgabe in die Veranstaltung eingebunden sind. Zu einer guten Organisation durch die Schule sollte dazu ein schriftliches Trainings- bzw. Unterrichtskonzept inklusive Beschreibung der organisatorischen Maßnahmen erstellt und mit den Beteiligten abgestimmt werden. Hier sollten sich auch die Namen der externen Beteiligten und ihre Aufgaben wiederfinden" (ebd., S. 32).

3.1 Anfangsunterricht und Elternarbeit

Der Schulanfang stellt eine wichtige Zäsur in der Entwicklung der Kinder dar. Zu einem Schulkind zu werden, ist mit Aufregung und Aufbruch, mit Ängsten und Erwartungen verbunden. Neue Bezugspersonen kommen ins Spiel. In der sich findenden Klassengemeinschaft sind neue soziale Bindungen und Beziehungen auszuhandeln. Unbekannte Räumlichkeiten gilt es kennen zu lernen. Der Schuleintritt bringt einen Zuwachs an Selbstständigkeit und eine schrittweise Loslösung von den Eltern mit sich. In der Kindergartenzeit werden alle Kinder gebracht und abgeholt. Die Kinder sind ständig begleitet und betreut. Nach den ersten Schulwochen, wenn der Schulweg im Ort bekannt ist, können die ersten selbstständigen Schritte ohne die Aufsicht und Kontrolle der Erwachsenen beginnen. Falls möglich, startet nun ein „laufendes Lernen", das oft von den Eltern mit Sorge beobachtet wird, denn vielerorts ist der Straßenverkehr wenig kindgerecht oder es bestehen Ängste, dass die Kinder von älteren Schülern oder Erwachsenen belästigt werden. Die Befürchtungen sind nachvollziehbar (siehe Kapitel 2.5). Aber es gilt abzuwägen zwischen den berechtigten Sorgen und der Chance des Kompetenzgewinns der Kinder durch das Erleben der selbstständig – oft mit Freunden – zurückgelegten Wege. Meist fällt es den Eltern schwerer, ihr Kind „loszulassen", als den Kindern, allein loszulaufen (Spitta 2007, S. 113). Im Anfangsunterricht sind nicht nur die Kinder die Zielgruppe der Mobilitätsbildung, auch die Eltern der Erstklässler müssen dabei unterstützt werden, ihre Kinder zur Selbstständigkeit zu erziehen. Natürlich ist hier jeweils die unterschiedliche Bedingung im jeweiligen Schulumfeld zu beachten. Bei vielen Grundschulen im städtischen Bereich handelt es sich in der Regel um Wege von ein bis zwei Kilometern. Anders sieht die Situation im ländlichen Gebiet mit Schulbusverkehren aus. Im Kapitel 3.1.3 weiter unten sind daher wichtige Informationen für Eltern zusammengefasst, die motiviert werden sollen, ihr Kind zu Fuß zur Schule oder zur Schulbushaltestelle gehen zu lassen.

Bild 36: Einrichtung von Eltern-Haltestellen ca. 400m von der Schule entfernt

Das Problem für viele Schulen bei dem Versuch, den Autoverkehr direkt vor der Schule in den Griff zu bekommen, besteht darin, dass dies mit jeder neuen Einschulung einer zum Teil neuen Elterngeneration vermittelt werden muss. Immer wieder aufs Neue müssen „dicke Bretter gebohrt" werden. Als besonders erfolgreich haben sich Schulen erwiesen, die das Thema Schulweg und Mobilität in ihrem Schulkonzept fest verankert haben (z. B durch die Einrichtung von Hol- und Bringzonen und Programme wie die „Verkehrszähmer" (siehe Kapitel 3.2.4)). Im schulischen Mobilitätskonzept sind Vorgaben für die Kommunikation mit den Eltern verschriftlicht und festgehalten, welche Unterrichtsinhalte und Herangehensweisen in den ersten Schulmonaten zum Thema Schulweg verbindlich im Mittelpunkt stehen werden.

Um das Thema Selbstständigkeit und Schulweg zu verankern, ist die Schule zwingend auf die Kooperation und die Unterstützung der Eltern angewiesen. Weiter unten finden sich dazu Materialangebote, Kopiervorlagen und Hinweise auf z.T. kostenfreie Informationsbroschüren. Für den Unterricht in der neuen 1. Klasse stehen gerade in den ersten Schultagen viele Inhalte auf dem Programm. Neben den ersten Schritten im Unterricht müssen Sozialformen und Rituale eingeführt werden. Das Thema Verkehrsteilnahme stellt dabei eine zusätzliche Herausforderung dar. Um zu einem Erfolg zu kommen, sollten möglichst viele Übungen im realen Verkehrsraum durchgeführt werden. Dies stößt im Rahmen des Anfangsunterrichts allerdings an seine Grenzen. Wenn im Schnitt 25 bis 30 Kinder, die man als Lehrkraft auch erst ein paar Tage oder Wochen kennt, beispielsweise üben sollen, sicher eine Straße zu überqueren, kommt man schnell zu Vermittlungsproblemen.

Bild 37: Übungen im Anfangsunterricht in Kooperation mit der Polizei

Die Kinder müssen beachten, dass sie an der Straße erst vorsichtig an die Sichtlinie heran gehen müssen, wenn ihnen die Sicht auf die Fahrbahn durch parkende Pkw verstellt ist. Dann müssen sie lernen, dass sie nach links, rechts und wieder links schauen müssen (und wo war nochmal rechts?). Mit richtig Schauen ist gemeint, dass sie den Kopf in die Richtungen wenden müssen, denn Kinder haben ein eingeschränktes Gesichtsfeld (vgl. Spitta 2007, S. 122). Dann müssen evtl. noch herannahende Pkw in ihrer Geschwindigkeit eingeschätzt werden, bis man endlich hinübergehen (nicht rennen!) darf. Jedes Kind müsste dies einzeln, am besten mehrmals üben. Dass die anderen Kinder derzeit lange diszipliniert am Straßenrand warten, ist nicht bei jeder Lerngruppe zu erwarten.

Deutlich wird: Eigentlich fallen diese Übungen in den Aufgabenbereich des Elternhauses. Leider kann man nicht immer eine entsprechende Vorbereitung der Kinder voraussetzen (siehe dazu die Arbeitsblätter). Mobilitätsübungen im Anfangsunterricht sollten also entweder in Kleingruppen oder mit vielen Helfern durchgeführt werden. Bewährt hat sich hier der Einsatz von Eltern, Student*innen und älteren Schüler*innen aus Patenklassen, die die Schulanfänger zum Üben an die Hand nehmen. Auch die Polizei ist, je nach Personalstärke, in vielen Kommunen bereit, in den ersten Schulwochen stundenweise zur Unterstützung zu kommen. Bei allen Übungen an der Straße hat es sich als sinnvoll erwiesen, vor dem Üben (am Zebrastreifen, an der Ampel usw.) erst im Klassenraum Absprachen zum Verhalten zu treffen, dann die Übung mit den Helfern – die vor Ort individuelle Tipps geben – durchzuführen und anschließend wieder im ruhigeren Klassenraum auszuwerten (ebd. S. 123). Ziel im Anfangsunterricht muss es sein, die Kinder schrittweise fit zu machen für eine zunehmend selbstständige Bewältigung ihrer Wege. Die folgenden Unterrichtsvorhaben sollen dies unterstützen.

3.1.1 Wir bringen uns nach Hause

a) Didaktische Überlegungen/Einordnung in die Mobilitätsbildung

Die eigene Wohnung oder das Wohnhaus ist für die Kinder ein wichtiger Bestandteil ihrer Identität (vgl. Spitta 2005b, Spitta 2016a). Es stößt auf ihr Interesse, diesen Ort den anderen Schüler*innen und der Lehrerin/dem Lehrer zu zeigen. Zwar gibt es unter den Kindern Bekanntschaften aus der Kindergartenzeit, aber oft sind viele Schüler*innen in der Klasse in dieser Konstellation neu zusammen, so dass es umso mehr lohnt, sich näher kennenzulernen. Als Projekt bietet sich dazu an, sich gegenseitig nach Hause zu bringen und dabei quasi „nebenbei", die Wege im Schulumfeld gemeinsam zu erkunden. Zusätzlich zum eigenen Schulweg werden so auch andere Wege im Stadtteil für die Nutzung in der Freizeit bekannt.

b) Handlungsanregungen

Am Ende des Unterrichtsvormittags bringen sich die Kinder - mit Unterstützung der Lehrer*in und ggf. der Patenkinder (auch Eltern oder die Polizei können helfen) - wechselseitig nach Hause. Bei kleineren Klassen geht die gesamte Gruppe los und bringt zuerst alle die Kinder zu ihrer Haustür, die in einem Abschnitt des Stadtteils wohnen. Vor jeder Haustür wird das dort wohnende Kind fotografiert. Anschließend geht die übrig gebliebene Gruppe zurück zur Schule, um von dort aus einzeln den ihnen bekannten eigenen Schulweg anzutreten oder in die Ganztagsbetreuung zu wechseln. Am nächsten Tag sind dann die Kinder aus einem anderen Bereich an der Reihe. Bei größeren Klassen oder sehr langen Wegstrecken kann die Lerngruppe aufgeteilt werden, so dass sich nur die Kinder gegenseitig begleiten, die in einem Quartier zusammenwohnen.

Der Vorteil dieses Projekts liegt darin, dass die Kinder so netzartig sichere Wege im Stadtteil kennen lernen und gleichzeitig die Wohnorte ihrer Klassenkammeraden gesehen haben. So fällt es ihnen mitunter leichter, sich für den Nachmittag zu verabreden und die Wege dorthin vielleicht bald schon selbstständig bewaltigen zu können. Zusätzlich können für die Aktion in den Randstunden auch einzelne Schüler*innen der (neuen) 4. Klasse als Paten und zusätzliche Begleitung mitgenommen werden. Dazu hat sich bewährt, dass diese Kinder auf ihre Patenaufgabe am Ende der 3. Klasse (vor den Sommerferien oder zur Not an den ersten Schultagen im neuen Schuljahr) mit einem kurzen Verkehrstraining (als Wiederholung) vorbereitet werden. Mit der zukünftigen Paten-Klasse geht man noch einmal wichtige Wege im Stadtteil ab und bespricht (anschließend) richtiges Verhalten im Verkehr und was an Gefahrenstellen zu beachten ist und wie sie am besten für ihre „kleinen" Patenkinder eine Hilfe sein können. Da die Schüler*innen nach den Ferien „die Großen" sind und Verantwortung für „die Kleinen"

Bild 38: Schülerin vor ihrer Haustür

Bild 39: Stadtteilplan in der Klasse mit den Kindern vor ihrer Haustür

übernehmen sollen, lässt sich mit ihnen das Thema ganz anders und ernsthaft reflektieren als im normalen Unterrichtssetting. Bei einer Durchführung des Projekts mit den Erstklässlern wurde deutlich, dass sich viele der großen Paten dabei viel bewusster im Straßenverkehr verhielten als sonst und so zumindest zeitweise eine Vorbildfunktion einnehmen konnten.

c) Material

- großer Plan des Schulbezirks (Stadtplan groß kopieren oder einfache Skizze der Straßen im Schulbezirk anfertigen oder beim Katasteramt anfordern), oder Plan auf Internetkarte erstellen
- Kamera oder Smartphone für digitale Aufnahmen
- Fotowand/Plakat mit Fotos aus dem Stadtteil und Gefahrenstellen
- Adressenliste der Schüler*innen
- Elterninformationsbrief im Vorfeld
- Die Schüler*innen sollten Warnwesten tragen, die oft am Schulanfang kostenlos an alle Erstklässler verteilt werden.

d) Tipps

- Auf einem großen Plan des Schulbezirks werden die täglich zurückgelegten Wege beim „Nachhause bringen“ der Kinder eingezeichnet. Dort, wo die einzelnen Kinder wohnen, wird der Name aufgeschrieben und das vor der Haustür entstandene Foto des Kindes am Rand aufgeklebt. So ist der Wohnort der Kinder auch nach der Schulwegwoche an der Klassentür als Stadtteilplakat abzulesen.
- Zur Begleitung der Klasse sollten zusätzlich Kolleg*innen, Lehramtsanwärter*innen oder Eltern als Helfer und Aufsichtspersonen mitkommen.
- Unterstützung durch die Patenklasse (Beschreibung siehe oben).
- Die Kinder der ersten Klasse, die im gleichen Umfeld wohnen, können sich im Anschluss an das Projekt zu „Schulwegpartnern“ zusammentun und die Wege zur Schule und nach Hause gemeinsam zurücklegen.
- Da es im Voraus nicht genau zu planen ist, wie lange die Lerngruppe für die Wege braucht und jedes Kind somit zu einer etwas anderen Zeit nach Hause kommt, ist im Vorfeld eine genaue Elterninformation nötig.

Bild 40: Fotos mit Gefahrenstellen im Schulumfeld

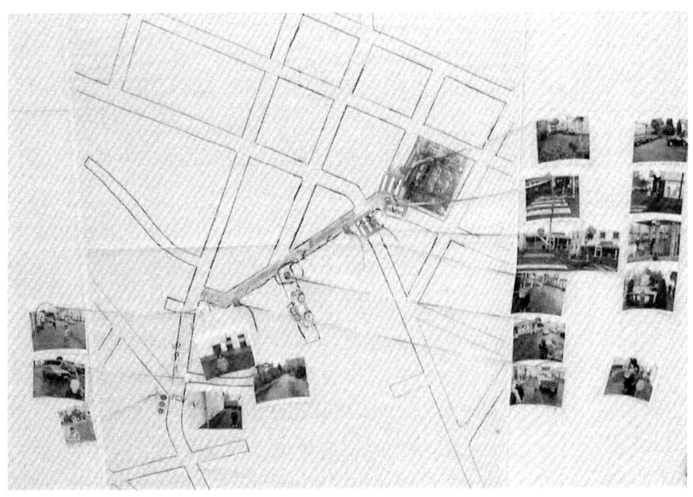

- Auf dem Weg können an Gefahrenstellen sinnvolle Verhaltensweisen eingeübt werden. Meistens bietet es sich an, am nächsten Tag nochmals an solche vorher aufgesuchten Stellen zu erinnern und gemeinsam über das Verhalten dort zu sprechen, da unterwegs Ablenkungen auftreten können.
- Die Gefahrenstellen werden mit der Digitalkamera festgehalten und können am nächsten Tag ausgedruckt oder an der interaktiven Tafel gezeigt werden und somit als Gesprächsgrundlage dienen, wie man sich dort verhalten sollte.
- Es bietet sich eine Verknüpfung dieses Projekts an mit dem europaweit jährlich im September durchgeführten Schulwegtag „Ich geh zu Fuß zur Schule-Tag“ oder eine Einbettung in die Europäische Mobilitätswoche (zwischen dem 16. und 22. September jedes Jahr).

e) Literatur/Internet

Schreier, Helmut/Vollmers, Erika (1980): Mein Schulweg - unser Schulweg.
In: Grundschule Jg. 12, H. 12, S. 544-547

Schweitzer, Ingrid (1987): Ich weiß jetzt, wo Du wohnst!
In: Die Grundschulzeitschrift 1 /H. 6, S. 18-19.

Spitta, Philipp (2007): Auf neuen Wegen lernen – Mobilitätsbildung im Anfangsunterricht.
In: Gläser, E. (Hrsg.): Sachunterricht im Anfangsunterricht. Baltmannsweiler, S. 125-139.

Spitta, Philipp (2002a): Laufend lernen: Der Schulweg in der 1. Klasse.
In: Sache-Wort-Zahl, Jg. 30, H. 47, S. 17-22.

Informationen und Material zur Schulweg-Kampagne:
www.zu-fuss-zur-schule.de Aktionsseiten vom Deutschen Kinderhilfswerk und VCD
(oder International www.iwalktoschool.org)

Informationen zur europaweiten Mobilitätswoche (EMW) 16.-22. September
https://www.umweltbundesamt.de/europaeische-mobilitaetswoche.

Organisation, Elternbriefe und Material zur Einrichtung eines Laufbus (Walking Bus):
https://www.vcd.org/themen/mobilitaetsbildung/vcd-laufbus/.

3.1.2 Entdeckungen unterwegs: Ausstellungstisch, Mal- und Schreibanlässe

a) Didaktische Überlegungen/Einordnung in die Mobilitätsbildung

Der Schulweg ist auch ein Erlebnisweg. Besonders nach der Schule können die Kinder einiges entdecken. Sie können ihr Taschengeld ausgeben, soziale Konflikte austragen, unbeobachtet sein, spielen oder Dinge des Alltags beobachten.

b) Handlungsanregungen

Im Gesprächskreis können die Kinder von ihren Erlebnissen und Erfahrungen berichten und sie zum Mal- oder Schreibanlass nehmen. Ein Ausstellungstisch („Schulwegtisch") kann für Fundstücke reserviert sein, die die Kinder auf ihrem Schulweg aufgelesen haben. An der Wand hinter dem „Schulwegtisch" werden Bilder aufgehängt, die die Kinder von ihrem Schulweg gemalt oder die einen Bezug zum Verkehr haben (vgl. Spitta 2007).

c) Material

- Ausstellungstisch mit einem Tischtuch
- Vorlagen mit Linien sowie weiteres Papier zum Malen
- Spiralbindung oder ähnliches für eine Text- und Bildsammlung

d) Tipps

- Um die Kinder anzuregen, die alltäglich auf dem Schulweg gemachten Beobachtungen zu erzählen, kann ein Klassenstofftier oder eine den Kindern eventuell schon bekannte Handpuppe (häufig im Zusammenhang mit Lehrbüchern eingeführt) von „ihren" Erlebnissen/ Fundstücken berichten.
- Fundstücke und Erlebnisse können zum Schreibanlass werden, es kann ein Schulwegbuch der Klasse entstehen. In den ersten Monaten der 1. Klasse ist es meist schon eine Herausforderung, ein oder zwei Wörter zu seinen Fundstücken aufzuschreiben.

e) Literatur/Internet

Spitta, Philipp (2007): Auf neuen Wegen lernen – Mobilitätsbildung im Anfangsunterricht. In: Gläser, E. (Hrsg.): Sachunterricht im Anfangsunterricht. Baltmannsweiler, S. 125-139.

Bild 41: Überquerungshilfe auf dem Schulweg

Bild 42: Verkehrsaktionstag mit Volker Rosin und seinen Verkehrs- und Bewegungshits auf dem Schulhof der GS Kunterbunt, organisiert von der Verkehrswacht zur Einschulung 2019

3.1.3 Elternarbeit und Elterninformation

a) Didaktische Überlegungen/Einordnung in die Mobilitätsbildung

Während im Unterricht durch erste Übungen und Erkundungen das Thema Schulweg vertieft werden kann, müssen die Eltern an verschiedenen Punkten „abgeholt" und unterstützt werden. Die Eltern sind es, die die Kinder fit machen für selbstständige Wege und die im Ort als Vorbild bei der Verkehrsteilnahme fungieren. Sie sind daher als Verbündete bei der Mobilitätsbildung besonders wichtig.

Es bietet sich an, schon auf dem ersten Elternabend das Thema Mobilität und Straßenverkehr auf die Tagesordnung zu setzen und den Eltern ihre Vorbildfunktion vor Augen zu führen. Neben den Vorteilen eines zu Fuß zurückgelegten Schulweges sollte es in diesem Zusammenhang darum gehen, die Eltern für die entwicklungsbedingten Schwierigkeiten der Kinder bei der Verkehrsteilnahme zu sensibilisieren. Die Intention dabei ist es, die Eltern gezielt auf Hilfestellungen beim Einüben des Schulweges mit den Kindern hinzuweisen und gleichzeitig bei den Eltern in ihrer Rolle als Autofahrer*innen Verständnis für Maßnahmen der Verkehrssicherheit wie Tempo 30, Spielstraßen oder Halteverbote vor der Schule zu wecken. Es sollten die Vorteile für Umwelt, Gesundheit und die Entwicklung zur Selbstständigkeit herausgestellt werden, wenn die Kinder ihren Schulweg zu Fuß bewältigen. Unter den Handlungsanregungen finden sich konkrete Hinweise für die Behandlung dieser Themen auf dem Elternabend. Bei den Arbeitsblättern finden sich dazu auch Unterlagen, die die entwicklungspsychologischen Voraussetzungen der Verkehrsteilnahme von Kindern skizzieren sowie Handreichungen für die Eltern bieten mit Tipps zum Einüben des Schulwegs und den Vorteilen eines zu Fuß bewältigten Schulwegs.

Neben Elternpflegschaftsabend oder Elternbrief bieten sich im Rahmen der Mobilitätsbildung allerdings noch weitere Kooperationsmöglichkeiten mit den Erziehungsberechtigten an. Erfolgreicher als Briefe oder Elternabende sind häufig gemeinsam gestaltete Feste oder Projekttage, Schulanfangsaktionen, Verkehrsaktionstage, Fahrradübungen und Stadtteilerkundungen, bei denen die Unterstützung der Eltern eine große Hilfe ist und bei denen diese gleichzeitig für die Anliegen der Mobilitätsbildung gewonnen werden können.

Bild 43: Unterstützung bei der Schulwegplanung. Leitfaden der BAST (2019)

b) Handlungsanregungen

Folgende Schritte sind vor und während der Einschulung mit den Eltern der Schulanfänger zu besprechen:

1. **Elternabend vor der Einschulung:** Meist findet schon vor den Sommerferien ein Elterninformationsabend für die neue 1. Klasse statt. Hier sollten neben Informationen zur Ausstattung mit Etui und Schultasche (Tipps zur Schultasche siehe Kapitel 3.1.6) auch über die Notwendigkeit gesprochen werden, wie die Eltern (z.B. in den Sommerferien) den Schulweg zu Fuß mit ihrem Kind üben können. Die Bedeutung der Bewegung auf dem Schulweg vor dem Unterricht wird herausgestellt. Eltern, die in der Nachbarschaft wohnen, können gemeinsame Begleitungen für ihre Kinder in den ersten Schultagen und -wochen vereinbaren, um sich gegenseitig zu entlasten oder sich um die Einrichtung eines „Laufbus" bemühen (AB 07), bei der eine Gruppe von Kindern an einem Treffpunkt im Stadtteil (=Haltestelle) zusammenkommt und von dort immer nur von einem Erwachsenen zur Schule begleitet werden muss.

2. **Schulwegpläne:** Dazu stellt die Schule den Eltern Schulwegpläne (Karten, auf denen geeignete Wege und Gefahrenstellen im Schulumfeld eingezeichnet sind) zur Verfügung. Mit diesen Vorlagen können die Eltern den geeigneten Weg für ihr Kind planen (BAST 2019).

3. **Einschulungsfeier und Paten:** Schon bei der Einschulungsfeier kann das Thema „Schulweg zu Fuß" aufgegriffen werden. In der Begrüßung der Schulleitung oder der Klassenlehrer*in kann das Thema auftauchen. Die älteren Schüler*innen der Schule, die gerade in die 4. Klasse gekommen sind, übernehmen Patenschaften für die Schulanfänger und zeigen ihrem Patenkind die Schule und können in den nächsten Tagen auch bei Schulwegprojekten und Verkehrsübungen als Helfer*innen fungieren.

4. **Elternpflegschaftssitzung:** In den ersten Schulwochen muss ein Elternabend stattfinden. Neben den formalen Fragen (Wahl der Pflegschaft u.a.) sollte hier wieder das Thema Schulwege und Verkehrssicherheit aufgegriffen werden. Sorgen der Eltern werden thematisiert. Gefahrenpunkte werden gesammelt und überlegt, wie diese entschärft werden können und wie Eltern und Schule hier ggf. gemeinsam aktiv werden können (siehe BAST 2019). Informationen zum sicheren Schulweg werden ausgegeben (siehe Arbeitsblätter AB 01 – AB 07, Mobilitätsfibel).

5. **Elternhaltestelle:** Falls viele Eltern ihre Kinder trotz der Informationen und Apelle doch mit dem Pkw zur Schule bringen wollen, muss über die Einrichtung einer sicheren Elternhaltestelle (Hol- und Bring-Zone) in ca. 300 bis 400 Meter Entfernung vom Schultor nachgedacht werden (BAST 2019).

6. **Eltern im Unterricht:** Bei Verkehrsprojekten und Übungen können Eltern als Helfer eingebunden werden. Das Konzept der Verkehrszähmer (siehe Kapitel 3.2.4) bindet ebenfalls die Elternhäuser ein und nimmt diese in die Pflicht (vgl. Baker-Price 2015).

Tipps und Themen für einen Elternabend am Beginn des 1. Schuljahres:

1) Kinder bleiben Kinder

In Stichworten sind auf der Kopiervorlage AB 01 entwicklungspsychologische und motorische Grundlagen zur Verkehrsteilnahme von Kindern aufgeführt. Die Seite kann als Handout ausgeteilt werden. Wichtig ist dabei, anknüpfend an die Erfahrungen der Eltern mit ihren eigenen Kindern, ein Bewusstsein dafür zu schaffen, dass Kinder keine kleinen Erwachsenen sind und trotz aller Bemühungen nicht vollständig verkehrsgerecht erzogen werden können (vgl. auch Kap. 2.5 und 2.6 sowie Limbourg 1994, S. 59-74). Um Erwachsenen die Probleme von Kindern beispielsweise beim Überqueren einer Straße zu verdeutlichen, besteht die Möglichkeit, sich die Straße aus der Perspektive von Kindern anzuschauen, indem man hinter einem parkenden Auto in die Hocke geht und auf einer Augenhöhe von circa 1,20 Meter versucht, die Straße zu überblicken. Zusätzlich sollte dabei noch das Gesichtsfeld wie bei Kindern eingeschränkt werden, indem die Hände seitlich an die Schläfen wie „Scheuklappen" gelegt werden, um so den Blickwinkel einzuengen.

2) Eltern als Verkehrsteilnehmer und Vorbilder

Eltern tragen eine große Verantwortung als Vorbild für ihre Kinder. Dabei spielt auch ihr Verhalten als Verkehrsteilnehmer eine entscheidende Rolle. Das Beachten von Regeln und das Einhalten von Geschwindigkeitsbegrenzungen, aber auch das Benutzen von Fahrrad, Bus und Bahn sind in diesem Zusammenhang wichtig (Kopiervorlage AB 03 und AB 06). Auf dem Elternabend sollten den Eltern daher die Vorteile von Tempo 30 für die Verkehrssicherheit vor Augen geführt werden (siehe dazu auch Kapitel 3.3.5 und AB 23). Bei Tempo 30 beträgt der Anhalteweg etwa 13 Meter, bei Tempo 50 aber mehr als 27 Meter. Läuft ein Kind 15 Meter vor einem Auto auf die Fahrbahn, kann ein Autofahrer bei Tempo 30 noch stoppen; bei Tempo 50 beträgt die Aufprallgeschwindigkeit nach 15 Metern noch 45 km/h, ein Kind würde getötet oder schwer verletzt. Durch Tempo 30 sinkt die Anzahl der

Unfälle um 20 Prozent, die Zahl der Schwerverletzten nimmt deutlich ab. Durch das Einhalten von Tempo 30 können Eltern also direkt zur Unfallreduzierung im Stadtteil und damit zu mehr Sicherheit für Kinder beitragen. Auf dem Elternabend sollte angesprochen werden, dass die Kinder möglichst nicht mit dem Auto transportiert, sondern zu Selbstständigkeit erzogen werden sollen, indem sie lernen, ihre Wege zu Fuß, mit dem Rad oder mit Bus und Bahn zurückzulegen (vgl. dazu Handouts und Elternbriefe als Kopiervorlage AB 02 bis AB 07).

3. Eltern als Helfer beim Einüben des Schulweges

Auf der Kopiervorlage AB 02 „Fit für den Schulweg", die als kopierte Handreichung zum Mitnehmen beim Elternabend eingesetzt werden kann, sind in Stichworten einige Tipps zum Üben des Schulweges festgehalten. Zusätzliche Anregungen finden sich auf der Kopiervorlage AB 06 oder zum Laufbus auf AB 07. Diese Hinweise sollten den Eltern - wenn möglich schon vor der Einschulung der Kinder auf dem einführenden Elternabend vor den großen Ferien - zur Verfügung gestellt werden.

4. Eltern setzen sich für einen kindersicheren Straßenverkehr ein

Der Elternabend sollte dazu genutzt werden, gemeinsam zu überlegen, an welchen Stellen auf dem Schulweg noch Gefahren vorhanden sind. Möglicherweise ergeben sich auch (Eltern-) Initiativen, die sich für die Beseitigung solcher Gefahrenstellen einsetzen.

c) Material

- Kopien (Handouts) für den Elternabend (AB 01 und AB 03)
- Musterbriefe für Elterninformation (AB 2, AB 04, AB 07) im Internet sind diese Elternbriefe auf www.philipp-spitta.de auch als Word-Datei hinterlegt und können angepasst werden
- Tipps für Eltern zum Üben des Schulweges (siehe Kopiervorlage AB 02)
- Stadtteilpläne/Schulwegpläne (BAST 2019)
- Mobilitätsfibel (im Klassensatz beim VCD oder beim Verkehrsverbund oder in NRW beim Zukunftsnetz Mobilität bestellen)
- Zahlreiche Informationen auch im Internet (siehe unten bei Literatur)

d) Tipps

- Um den Hol- und Bring-Verkehr an den Schulen zu minimieren, kann mittels eines Briefes die Elternschaft sensibilisiert werden. Bewährt haben sich auch sogenannte Elternhaltestellen, die den Eltern erlauben, in angemessener Entfernung vom Eingangsbereich ihre Kinder verkehrssicher abzusetzen. Für die Kinder direkt vor der Schule entstehen so keine gefährlichen Wendemanöver. Die mit dem Auto gebrachten Kinder können noch einen kleinen Fußweg zurücklegen. Tipps zur Einrichtung von Elternhaltestellen finden sich im Leitfaden „Schulwegpläne leichtgemacht" (BAST 2019).

- Der VCD gibt u.a. in Zusammenarbeit mit dem Zukunftsnetz Mobilität (NRW) seit vielen Jahren für die Eltern der Schulanfänger eine umfangreiche Mobilitätsfibel heraus, die im Klassensatz bestellt und an die Eltern verteilt werden kann. Neben einigen Spiel- und Knobelseiten für Kinder finden sich Informationen zum Schulweg zu Fuß, zu Bewegung, zum Radfahren und zu Bus und Bahn. In einigen Verkehrsverbünden (z.B. im AVV (Aachen), VRS (Köln/Bonn), VRR Rheinland/Ruhrgebiet, Raum Frankfurt, Freiburg, Stuttgart, Berlin) gibt es zusätzliche Seiten zu Bus und Bahn mit Informationen für die jeweilige Region. Dort kann die Broschüre auch über den Verkehrsverbund bezogen werden. Die Mobilitätsfibel wird regelmäßig neu aufgelegt und erweitert.

Bild 44: VCD Mobilitätsfibel (VCD 2018) für Eltern

e) Literatur/Internet

www.elternimnetz.de Ratgeber, Informationen vom bayerischen Landesjugendamt.

www.familienhandbuch.de umfassender Online-Familienratgeber, herausgegeben vom Institut für Frühpädagogik, München (Prof. Dr. Dr. Fthenakis). Unter dem Suchbefehl „Verkehr oder Verkehrserziehung“ finden sich zahlreiche Einträge zum Thema.

Material zum Laufbus: https://www.vcd.org/themen/mobilitaetsbildung/vcd-laufbus/.

VCD-Mobilitätsfibel: Bezug über VCD https://www.vcd.org/themen/mobilitaetsbildung/vcd-mobilitaetsfibel/ oder Zukunftsnetz Mobilität NRW https://www.zukunftsnetz-mobilitaet.nrw.de/ (auch als PDF im Internet vorhanden).

f) Arbeitsblätter/Kopiervorlagen

AB 01

Kinder bleiben Kinder – entwicklungspsychologische Grundlagen der Verkehrsteilnahme

AB 04

Elternbrief: Nicht mit dem Auto zur Schule

AB 02

Fit für den Schulweg – Anregungen zum Üben des Schulwegs

AB 05

Elternbrief oder Aktionsblatt: Sicher und selbstständig zur Schule

AB 03

Stichpunkte für den Schulweg beim Elternabend (Handout)

AB 06

Elterninfo: Was ist wichtig für unsere Kinder

AB 07
Elternbrief zum Laufbus

AB 64
Informationen zum Fahrradfahren lernen mit dem Kind

AB 65
Tipps zum Fahrradkauf

3.1.4 Modenschau: Sichtbarkeit in der Dunkelheit

a) Didaktische Überlegungen/Einordnung in die Mobilitätsbildung
In der dunklen Jahreszeit ist die Gefährdung im Verkehr morgens besonders hoch. Neben der Aufforderung an die Autofahrer*innen, hier auf den Wegen rund um die Schule besonders acht zu geben, sollten die Kinder auf helle Kleidung und die Ausstattung mit Reflektoren achten. Viele Kinderjacken, aber auch die Schultaschen sind bereits mit reflektierenden Leuchtstreifen versehen.

b) Handlungsanregungen
Um den Schüler*innen die Bedeutung einer reflektierenden, hellen Kleidung zu demonstrieren, wird eine Modenschau anberaumt. In Partner- oder Gruppenarbeit bereiten sich die Kinder auf die Vorführung vor und präsentieren helle und dunkle Kleidung sowie verschiedene Reflektoren. Eine Jury kontrolliert im abgedunkelten Raum mit Taschenlampen, welche „Kollektionen“ besonders gut sichtbar sind. Da beim Thema Kleidung die Eltern einen wichtigen Beitrag leisten (denn sie sind bei der Auswahl mitverantwortlich) ist es sinnvoll, diese zur Modenschau einzuladen.

Alternativ ist folgendes möglich: Alte Schuhkartons können innen mit schwarzem Tonpapier verkleidet werden. An die Längsseite kommt ein kleiner Sehschlitz, durch den man hineinschauen kann und ein zweites Loch, durch das man mit einer Taschenlampe leuchtet. Am Ende der Kiste (innen) werden zum Auswechseln verschiedene Objekte befestigt (heller und dunkler Stoff oder Tonpapier in verschiedenen Farben, Reflektoren) die mit der Lampe angeleuchtet und auf ihre Sichtbarkeit hin getestet werden können.

Bild 45: Kinder mit Warnweste

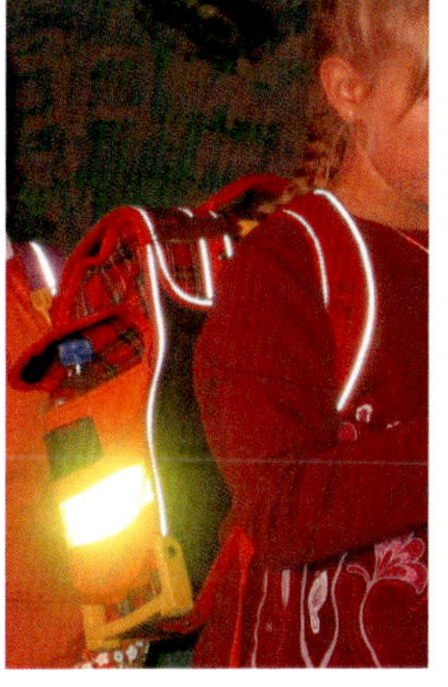

Bild 46: Reflektoren an der Schultasche

c) Material

- Taschenlampen
- Reflektoren/Warnwesten oder Überwurf
- helle und dunkle Kleidungsstücke bzw. Stoffe
- eine Bühne oder eine Rampe (Laufsteg) zur Vorführung der „Mode"
- Kisten (Schuhkartons) mit Schlitz zum Reinschauen und Loch für die Taschenlampe.

d) Tipps

- Wenn es problematisch ist, einen Raum zu verdunkeln, sollte die Modenschau zu Unterrichtsanfang im November/Dezember stattfinden, dann ist es draußen noch hinreichend dunkel. Auch auf dem Schulhof kann in dieser Jahreszeit um 8 Uhr die Wirksamkeit der Reflektoren an Tasche und Kleidung überprüft werden. Zur Not hat die Schule vielleicht einen dunklen Keller, in den man für die Untersuchung gehen kann.
- Versicherungen, Firmen, Verkehrswacht oder andere Organisationen stellen Reflektoren („Blinkies", „Katzenaugen") häufig kostenlos als Werbegeschenk im Klassensatz zur Verfügung.
- Kisten mit Sehschlitz gibt es auch für Sachunterrichtsthemen, z.B. beim Spectra-Verlag in der Sachunterrichtsbox zu „Licht und Schatten".

Bild 47: Karton mit Sehschlitzen

e) Literatur/Internet

Spitta, Philipp (2013a): Mobile Kinder. München, S. 24.

Material zur Verkehrssicherheit, Schutzwesten, Reflektoren usw.:
Verkehrswacht Medien & Service: https://www.verkehrswacht-medien-service.de/.

3.1.5 Wir untersuchen Reflektoren

a) Didaktische Überlegungen/Einordnung in die Mobilitätsbildung

Da sich Kinder morgens oft nicht selbst für ihre Kleidung entscheiden, sondern diese von ihren Eltern hingelegt bekommen, ist nicht immer davon auszugehen, dass diese im Winterhalbjahr per se „helle" Farben hat. Ohnehin nützt ein heller Pulli wenig, wenn darüber eine dunkle Winterjacke kommt. Wichtiger als helle Kleidung ist also für die Sichtbarkeit im Dunkeln die Ausstattung der Jacke und des Tornisters mit Leuchtstreifen oder das Tragen zusätzlicher Reflektoren, Warnwesten oder reflektierender Überwürfe. Herauszubekommen, wie diese funktionieren, ist eine sinnvolle Untersuchungsreihe im Sachunterricht. Während in den ersten Schulwochen oft Mathematik- und Deutschunterricht im Zentrum stehen, kann anschließend mit spezifischen Methoden des Sachunterrichts Bekanntschaft gemacht werden. Das Forschen mit Lupen und Taschenlampen und das Aufzeichnen der Beobachtungen (wenn nötig angeleitet durch die Lehrkraft) legt erste sachunterrichtliche Denk-, Arbeits- und Handlungsweisen an (vgl. GDSU 2013). Natürlich kann die Untersuchung von Reflektoren auch in höheren Klassen gut durchgeführt werden, aber da sonst wenig forschende Zugänge im Anfangsunterricht möglich sind, bietet sich das Thema nach den Herbstferien in der 1. Klasse an.

Bild 48: Station mit Informationen zu Reflektoren/Warnwesten

Bild 49: Reflektoroberfläche unter der glatten Schicht

b) Handlungsanregungen

Ausgehend von der Frage, wie man morgens, wenn es im Herbst noch dunkel ist, gut auf dem Schulweg von herannahenden Autos gesehen werden kann und warum es wichtig ist, die Warnweste auf dem Schulweg zu tragen, wird vorgeschlagen, die Reflektoren genauer zu untersuchen. Einfacher als die fein aufgetragene Struktur auf den (textilen) Leuchtstreifen, sind feste Reflektoren aus Plastik zu untersuchen.

Zeichnung 1: (Sachzeichnung) Untersuchung mit der Lupe

Die Schüler*innen bekommen im ersten Schritt dafür in Partnerarbeit eine Lupe und einen Reflektor. Diese bestehen in der Regel aus zwei miteinander verbundenen Ebenen mit verwinkelten durchsichtigen Strukturen. Es empfiehlt sich für die Untersuchung einige Reflektoren zu zerlegen, damit die Kinder besser die Form erkennen und mit der Lupe betrachten können. Im zweiten Schritt sollen die Schüler*innen nun die Oberfläche des Reflektors auf einem Blatt aufzeichnen.

In der Reflexion dazu stellen die Kinder ihre Sachzeichnungen vor. Meist beschreiben die Kinder, dass sie beim Reflektor „so durchsichtige Würfel" oder „Pyramiden" oder „Huckel" durch die Lupe sehen konnten. Diese, ähnlich wie kleine Prismen, nebeneinander aufgebauten Strukturen bewirken, wenn ein Lichtstrahl auf diese Würfel („Zacken") trifft, dass das einfallende Licht in verschiedene Richtungen zurückgeworfen (reflektiert) wird. Ähnlich funktionieren die textilen reflektierenden Streifen auf der Kleidung und an den Warnwesten. Dort sind glasähnliche Kugeln oder „Noppen" aufgedampft, die wie beim Reflektor aus hartem Plastik den Lichteinfall in verschiedene Richtungen zurückwerfen. Hier sind die Strukturen allerdings so klein, dass sie nur mit einem guten Mikroskop zu sehen sind. Im Internet finden sich stark vergrößerte Aufnahmen dieser Strukturen, die man den Schüler*innen zeigen kann.

Um das Prinzip der Lichtreflexion zu verdeutlichen, kann in einer Folgestunde im verdunkelten Klassenraum zuerst mit normalen Taschenspiegeln experimentiert werden, was mit dem Lichtstrahl passiert, wenn er auf den Spiegel trifft. Je nach Lerngruppe kann dies in Partnerarbeit oder als Demonstrationsversuch durchgeführt werden. Nachdem die Schüler*innen ihre Beobachtungen geschildert haben, kann auch hier in einem weiteren Schritt durch eine Sachzeichnung an der Tafel zusammengefasst werden, dass der Lichtstrahl vom Spiegel umgelenkt (zurückgeworfen) wird.[23]

23 Dass hierbei optische Gesetze wie „Einfallswinkel gleich Ausfallswinkel" zum Tragen kommen, muss im Anfangsunterricht nicht thematisiert werden. Hier reicht es, auf das Phänomen als solches zu schauen.

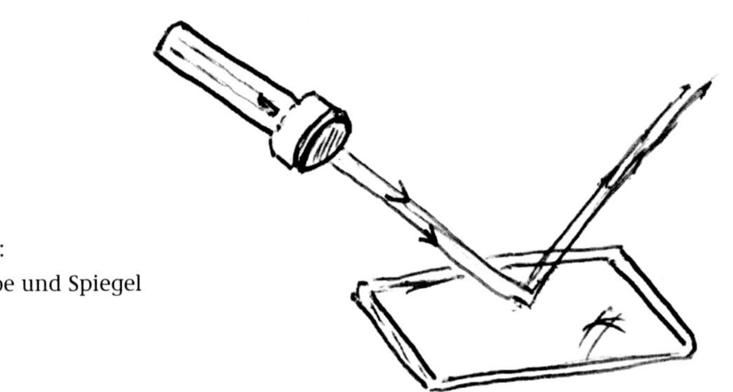

Zeichnung 2:
Taschenlampe und Spiegel

Wichtig ist dabei zu erkennen, dass beim Spiegel das Licht nur in eine Richtung zurückgeworfen wird, also der Kegel des Lichtstrahls in nur eine Richtung austritt. Was ist beim Reflektor nun anders? Dies kann im dunklen Klassenraum demonstriert werden. Dies sollte aber nur von der Lehrkraft oder einem Expert*innen-Team gezeigt werden, um eindeutige Resultate zu bekommen. Trifft der Lichtstrahl der Taschenlampe auf die zuvor untersuchten durchsichtigen Noppen (oder Pyramiden) auf dem Reflektor, wird das Licht in verschiedene Richtungen reflektiert. An der Wand oder Decke wird nun eine eher diffuse, also gestreute Lichtreflexion zu sehen sein (wenn es dunkel genug ist).

Der Lichtstrahl wird auch an dieser Reflektoroberfläche zurückgeworfen, aber anders als beim Spiegel nicht in nur eine Richtung, sondern durch die Noppen oder Kugeln/Pyramiden in ganz verschiedene Richtungen mehrfach gespiegelt (= reflektiert).[24] Auch diese Beobachtung sollte durch eine Sachzeichnung für die Forschermappe festgehalten werden.

Im Straßenverkehr bedeutet dies, dass der Lichtstrahl eines Pkw im Dunklen auf den Reflektor trifft und die Fahrerin des Autos das Kind am Straßenrand erkennen kann, da das Licht vom Reflektor in verschiedene Richtungen, also auch zu ihr, mehrfach zurückgespiegelt wird. Abschließend können die Kinder in dieser kleinen Reihe aus reflektierender Folie eigene Reflektoren als Handlungsprodukt dieser kurzen Reihe erstellen (siehe Tipp).

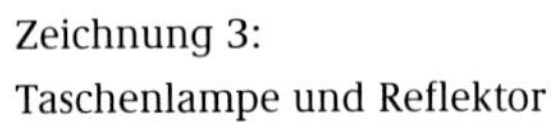

Zeichnung 3:
Taschenlampe und Reflektor

24 Dass es hierbei zu Lichtbrechung kommt, ist wiederum nicht unbedingt thematisch zu vertiefen.

c) Material

- Reflektoren, zerlegte Reflektoren
- Taschenlampen
- Taschenspiegel (z.B. aus dem Mathematikunterricht für Spiegelachsensymmetrie)
- Papier zum Zeichnen
- Forschermappe SU
- Reflektorfolie (kann man im Internet bestellen), Pappe und Formen

d) Tipps

- Im ersten Schuljahr ist es notwendig bei der Reflektoruntersuchung mit den Kindern zu üben, wie man eine Lupe halten muss: Abstand zwischen Objekt und Auge austarieren; Veränderungen in der Entfernung der Lupe zum Objekt genau wahrnehmen.
- Kindern fällt es noch schwer, genau zu zeichnen. Das ist im Anfangsunterricht auch noch nicht unbedingt nötig. Gegebenenfalls kann die Lehrkraft durch eine exemplarische Zeichnung an der Tafel (siehe Beispiele Zeichnung 1-3) oder eine Zeichnung auf einer optionalen Tippkarte (die die Kinder sich bei Problemen holen können) eine Unterstützung geben.
- Um die Struktur von Reflektoren im Modell zu veranschaulichen, kann man aus dem Supermarkt eine leere 30er Eierpalette besorgen und diese mit Alufolie auskleiden, so dass die „Noppenstruktur" des Reflektors entsteht. Mit diesem Modell kann die Struktur quasi vergrößert gezeigt werden. Mit einer Taschenlampe angestrahlt sieht man deutlich das gestreut reflektierte Licht im abgedunkelten Raum. Nachteil: Dieses Modell ist nicht wie ein Reflektor transparent und daher, wie viele Modelle, nur bedingt aussagekräftig.

Bild 50: Reflektor-Modell aus einer Eierpalette

- Optional können die Schüler*innen zum Abschluss der Reihe eigene Reflektoren herstellen. Dazu benötigt man Reflektorfolie (die man im Internet bestellen kann). Diese Folie wird auf ein Stück Pappe geklebt (wenn es geht, beidseitig) und dann ausgeschnitten. Als Ausschneideschablone haben sich Backförmchen bewährt (Sterne, einfache Tannenbäumchen oder andere Formen) die nachgespurt und anschließend ausgeschnitten werden. Mit einem Locher wird ein Loch gestanzt und der eigene Reflektor kann mit einem Bindfaden am Tornister befestigt werden.

e) Literatur/Internet

Spitta, Philipp (2013a): Mobile Kinder. München, S. 24.

Material der Unfallkasse Rheinland-Pfalz zur Sichtbarkeit im Straßenverkehr unter https://bildung.ukrlp.de/sicherheit-gesundheitsschutz/gesundheit-in-bildungseinrichtungen/kinder-forschen-zu-praevention/ (Abruf 15.4.2020).

Selbstklebende Reflektorfolie zum Bestellen über Suchmaschine im Internet eingeben. Kosten für einen Klassensatz ca. 10 bis 12 €.

3.1.6 Gewicht der Schultasche

Bild 51: Bewegungsspiele mit der Schultasche

a) Didaktische Überlegungen/Einordnung in die Mobilitätsbildung

Es ist gut, wenn Kinder zu Fuß zur Schule kommen. Dabei müssen sie ihre Schultasche und manchmal dazu noch den Turnbeutel tragen. Das kann die sicheren Bewegungsabläufe belasten. Untersuchungen zeigen, dass die Schultaschen der Kinder oft viel zu schwer sind. Einige Mediziner weisen auf Rücken- oder Haltungsschäden durch zu schwere Taschen hin. Empfohlen wird, dass Grundschulkinder nicht mehr als 10 bis 12 Prozent ihres Körpergewichts auf dem Rücken tragen sollten. Bei einem 30 kg schweren Kind sollte die gefüllte Tasche also maximal 3 bis 3,5kg wiegen. Meist sind sie viel schwerer. Wichtig ist auch, dass die Tragegurte nicht zu locker sind, wodurch die Tasche sehr weit nach unten oder hinten rutscht und den Rücken falsch belastet.

b) Handlungsanregungen

Im Anfangsunterricht kann das Gewicht der Taschen gemeinsam mit der Lehrkraft gewogen werden. Anknüpfend daran wird besprochen, was alles in den Tornister muss und was nicht nötig ist. Um die Taschen zu entlasten, werden in der Klasse Ablagesysteme eingerichtet, in der nicht zu Hause gebrauchte Hefte und Bücher kommen.

Weitere Handlungsmöglichkeiten sind eine Untersuchung der Schultaschen in Bezug auf die Reflektoren (siehe Kapitel 3.1.5). Im Deutschunterricht können die Inhalte des Tornisters als Schreibanlass dienen und eine „Inventarliste" angelegt werden. Diese kann auch als Wortspeicher in der Klasse hängen.

In höheren Klassen kann das Gewicht der Schultaschen im Kontext des Mathematikunterrichts (Umgang mit Messen und Größen) untersucht werden. Die Schüler*innen sollen in Gruppenarbeit ihre eigenen Tornister wiegen, die Ergebnisse in Tabellen notieren und feststellen, ob die Taschen zu schwer sind. Gemeinsam wird überlegt, wie Gewicht eingespart werden könnte. Weitere Rechnungen sind möglich: Vergleich von Leergewicht und voller Tasche, wie viel wiegen alle Taschen der Klasse zusammen usw.

c) Material

- Schultaschen der Kinder
- Kofferwaage
  (oder andere Waage, auf der das Gewicht der Tasche ablesbar ist)

d) Tipps

- Was hilft bei zu schweren Tornistern? Regelmäßiges „Ausmisten“ der Tasche, Ablagefächer in der Schule nutzen und nur Hefte/Bücher mitnehmen, die auch an diesem Tag in der Schule benötigt werden.

- Über die Frage der Schultaschen sollte auch beim Elternabend (siehe Kapitel 3.1.1) informiert und Absprachen getroffen werden. Beim Elternabend vor der Einschulung (meist vor den Sommerferien) sollte den Eltern der Tipp gegeben werden, eine Schultasche mit ergonomisch geformten Rückenteilen, stabilen Tragegurten und einem nicht zu hohen Leergewicht zu kaufen.

- Je nach Klassenstufe ist die Aufgabe des Wiegens der Schultaschen unterschiedlich zu organisieren. In der ersten Klasse erfolgt dies durch die Lehrer*in. In der 2. oder 3. Klasse sind die Kommastellen bei der Messung ein Problem, da diese noch nicht Thema im Unterricht waren. Man kann daher auf ganze Kilogramm auf- oder abrunden. Die Kinder benötigen dann beim Ablesen der Skala Hilfe. Bei einer digitalen Waage (Kofferwaage) können die Kilogramm mit Kommastelle abgeschrieben werden. Dann ist es allerdings nötig, kurz auf diese Schreibweise einzugehen. Man kann auch festlegen, dass nur sortiert wird in „ok“ (= bis 3 kg) und „zu schwer“ (= über 3kg). In der 3. Klasse können die Kinder sich zusammen mit der Schultasche auf dem Rücken wiegen, anschließend ohne Schultasche. Nun muss (ggf. mit gerundeten Zahlen ohne Kommastelle) die Differenz gebildet werden. Das Wiegen der Kinder sollte nur freiwillig angeboten werden, da es hierbei zu Diskriminierungen kommen könnte.

e) Literatur/Internet

Spitta, Philipp (2013a): Mobile Kinder. München, S. 22.

BKK-VBU (Krankenversicherung): Schulranzen TÜV. PDF mit Elterninfos und Arbeitsblättern: https://www.meine-krankenkasse.de/fileadmin/docs/Leistungen_A-Z/kitamappe-schulranzen-bkk-vbu-08-2016.pdf (Abruf 15.4.2020).

Träger, Christiane (2009): Wie schwer darf mein Ranzen sein? In: Praxis Grundschule, Heft 2/09, S. 49-56.

3.2 Schulwege

Bild 52: Kinder auf dem Schulweg als „Laufbus“

Der Schulweg stellt einen wichtigen Erfahrungsraum für Kinder und Jugendliche dar. Er ist Erfahrungs-, Lern- und Sozialisationsweg. Auf ihm können sie einerseits von Erwachsenen unbeobachtet ihren Interessen nachgehen, mit Freunden reden, streiten und spielen, ihr Taschengeld am Kiosk ausgeben oder einfach ihr Bedürfnis nach körperlicher Bewegung ausleben (vgl. Limbourg 2009, Flade 2009). Andererseits kann der Weg zur Schule aber auch als gefahrvoll erlebt werden. Kinder nennen hier vor allem die Sorge, von älteren Schülern geärgert zu werden, aber auch die Angst vor Belästigungen oder Übergriffen durch Erwachsene (Limbourg 2010, S. 43). An erster Stelle der genannten Gefahren steht allerdings der Straßenverkehr. Dieser macht auch Eltern Sorge, so dass immer mehr Kinder begleitet und zunehmend auch bei kurzen Strecken mit dem Auto zur Schule gebracht werden (vgl. Europäische Kommission 2002, S. 12; Limbourg 2002a; Spitta 2002a).

Die Kinder, die noch zu Fuß gehen, werden dann u.a. von denjenigen gefährdet, die ihre Kinder bringen. Besonders vor dem Schuleingangsbereich sind täglich gefährliche Situationen beim Einparken, Wenden oder Aussteigen zu beobachten. Im Bereich der Verkehrsunfälle spielt der Schulweg nur zum Teil eine Rolle. Ein großer Teil von Unfällen mit Kindern zu Fuß und beim Radfahren ereignet sich im Freizeitbereich. Es „lassen sich drei klare Schwerpunkte des Unfallgeschehens erkennen: Der Schulweg morgens, der Heimweg mittags und nachmittags während der Hauptverkehrszeit – beim Spielen auf Gehwegen und Straßen. Gemessen an den Verunglückten des gesamten Tages wurden 13% der Kinder von 7 bis 8 Uhr, 11% von 13 bis 14 Uhr sowie 23% zwischen 16 bis 18 Uhr verletzt oder getötet“ (Limbourg 2010, S. 37). Die stärkste Gefährdung besteht für Grundschulkinder auf dem Fahrrad. Die Zahl von verunglückten Kindern auf dem Rad steigt beim Übertritt in die weiterführende Schule. Auf dem Schulweg ist besonders die dunkle Jahreszeit eine zusätzliche Gefährdung (siehe Kapitel 3.1.4 und 3.1.5). Viele Unfallgefahren können durch eine entsprechende Gestaltung der Schulwege minimiert werden. Dazu steht in den meisten Bundesländern das Instrument der Schulwegpläne zur Verfügung (BAST 2019). Diese Pläne dienen einerseits gegenüber der Kommune als Argumentationshilfe, um zum Beispiel Tempolimits oder Überquerungshilfen zu installieren, andererseits bieten sie eine Grundlage, um mit den Eltern (siehe Kapitel 3.1.3) und Kindern Absprachen über den sichersten Weg zur Schule zu treffen.

Neben dem Üben des Schulweges im Rahmen des Anfangsunterrichts (siehe dazu Kapitel 3.1) sind bei diesem Thema vor allem die Eltern die wichtigsten Ansprechpartner. Sie sollten vor Schulanfang mit den Kindern den Weg einüben. Sie müssen davon überzeugt werden, dass das Zufußgehen für die Kinder besser und gesünder ist (Kopiervorlagen AB 01 – AB 07). So ist es für die Konzentration im Unterricht viel besser, wenn die Kinder vor dem Unterricht an der frischen Luft aktiv gelaufen sind, anstatt passiv im Auto kutschiert worden zu sein. Zusätzlich sind die Kinder im Auto wesentlich höheren Schadstoffkonzentrationen ausgesetzt als am Straßenrand (Europäische Kommission 2002, S. 16). Der Fußweg ist also in jeder Hinsicht gesünder.

Im folgenden Abschnitt sind Unterrichtsvorhaben skizziert, die den Schulweg in verschiedenen Klassenstufen thematisieren. Es ist sinnvoll, dieses Thema nicht nur in den ersten Schulwochen in den Mittelpunkt zu stellen, sondern als Spiralcurriculum mit jeweils neuen und vertiefenden Inhalten im Laufe der ersten sechs Schuljahre immer wieder aufzugreifen. In der 5. Klasse geht es dann besonders um die weiteren Schulwege zur Sekundarstufe mit den Schwerpunkten Fahrrad (siehe Kapitel 3.6) sowie Bus und Bahn (siehe Kapitel 3.7.).

3.2.1 Schulwege malen oder zeichnen

a) Didaktische Überlegungen/Einordnung in die Mobilitätsbildung

Wenn Grundschulkinder aufgefordert werden ihren Schulweg selbst aufzumalen, können die Ergebnisse nicht nur nach ihren zeichnerischen Fähigkeiten sehr unterschiedlich ausfallen. Je nach Aufmerksamkeit und Interesse kann die Skizze ausführlich mit vielen Details gestaltet sein oder nur flüchtig einige Wegpunkte markieren. Häufig sind die Zeichnungen von Kindern, die mit dem Auto gebracht werden, wesentlich ärmer an Einzelheiten. Vermutlich geht es ihnen so wie uns Erwachsenen, die wir die Umgebung der im Auto zurückgelegten Wegstrecke nur bedingt wahrnehmen, während wir als Fußgänger*in viel mehr und intensiver von der uns umgebenden Umwelt und Architektur sehen können. Durch das Aufzeichnen der „inneren Karten" (mental maps) werden wichtige Aspekte des geographischen Lernens angebahnt und aktiviert (Flade 2009, S. 38; GDSU 2013, S. 49).

[9] Subjektive Karten - Kinderzeichnungen der Schulwege

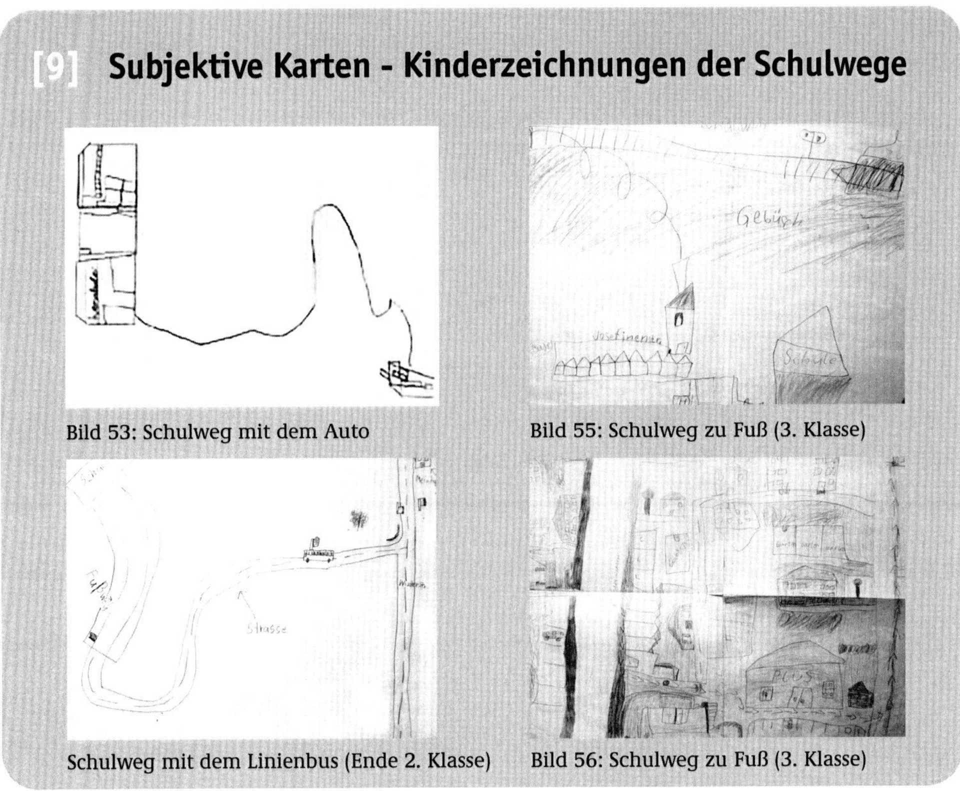

Bild 53: Schulweg mit dem Auto

Bild 55: Schulweg zu Fuß (3. Klasse)

Schulweg mit dem Linienbus (Ende 2. Klasse)

Bild 56: Schulweg zu Fuß (3. Klasse)

b) Handlungsanregungen

Die Lernaufgabe lautet hier schlicht: „Male/Zeichne deinen Weg zur Schule aus dem Kopf". Eine Vorgabe, wie diese Karte auszusehen habe, (z.B. aus der Vogelperspektive oder maßstabsgetreu) gibt es bewusst nicht. Bei dieser Aufgabe kommt es nicht auf eine perfekte Zeichnung an, die kartographischen Ansprüchen genügt. Vielmehr soll durch das Zeichnen die Aufmerksamkeit geschult und das Interesse für den täglichen Weg geweckt werden. Das Skizzieren der Schulwege bietet nicht nur einen interessanten Einblick in die räumlich-geographische Vorstellung von Kindern von ihrer Wohnumwelt, sondern ist als Ausgangspunkt für eine intensivere Beschäftigung mit dem Schulweg geeignet. Die Berichte der Kinder zu ihren Zeichnungen können im Erzählkreis Anlass für weitere Gespräche über die verschiedenen Wege der Kinder und über markante Gebäude oder Einrichtungen, gefährliche Stellen oder Spielorte sein. Unter Umständen lohnt es sich, die eine oder andere Darstellung auf den Schulwegzeichnungen genauer zu untersuchen und mit der Realität auf einem Unterrichtsgang zu vergleichen. Optional können auch Stadtpläne oder digitale Karten als Abgleich für die eigenen subjektiven Karten genutzt werden. Als Erweiterung zum geographischen Lernen können auch (digitale) Karten zum Einzeichnen von Schulwegen genutzt werden.

c) Material

- Zeichenpapier (evtl. DIN A3)
- Stifte/Buntstifte
- Ggf. (digitale) Karten/Stadtteilpläne

d) Tipps

- Man kann die Schulwegbilder und Zeichnungen zusammen mit einem „richtigen“ Stadtteilplan und/oder Fotos aus der Schulumgebung an einer Ausstellungswand präsentieren. Wenn möglich, können so die subjektiv von den Kindern gemalten Wege mit der Karte verglichen werden (GDSU 2013, S. 104).
- Erfahrungsgemäß kommen die Kinder mit einem DIN A4-Blatt kaum aus. Entweder sollten gleich größere Bögen zur Verfügung gestellt werden oder die Möglichkeit bestehen, zusätzlich Papier „anzubauen“.
- Als Hausaufgabe können die Kinder ihren Schulweg mit seinen Besonderheiten bewusst beobachten, um am nächsten Tag darüber zu berichten oder den selbst gemalten Plan entsprechend zu ergänzen.
- Wenn man die Lernaufgabe seinen „Schulweg aus dem Kopf zu zeichnen“ jedes Jahr z.B. am Anfang des Schuljahres stellt, kann es interessante Einblicke in die sich entwickelnde räumlich-geographische Vorstellung der Kinder im Lauf der Schulzeit geben.

e) Literatur

Adamina, M. /Hemmer, M. / Schubert, J. (Hrsg.) (2016): Die geographische Perspektive konkret. Begleitband 3 zum Perspektivrahmen Sachunterricht, Bad Heilbrunn.

GDSU (2013): Perspektivrahmen Sachunterricht. Bad Heilbrunn
(besonders S. 104-106 als Praxisbeispiel).

Spitta, Philipp (2013g): Schulwege und Stadtteilerkundung. In: Praxis Grundschule, Jg. 36, H. 4, S. 8-13.

Interaktive Karten: über google maps oder open street maps (OSM).
Diverse Apps (z.B. für IOS/ iPads) bieten inzwischen Tools, mit denen man in eine vorhandene digitale Karte z.B. Wege oder Markierungen zeichnen kann.

f) Kopiervorlagen/Arbeitsblätter

AB 09:
Das ist mein Schulweg
(Schulweg zeichnen und beschreiben)

3.2.2 Kleine Schulwegprojekte/Schulwegübungen

Bild 57: Bordsteintraining

a) Didaktische Überlegungen/Einordnung in die Mobilitätsbildung

Neben den in diesem Kapitel beschriebenen Unterrichtsvorhaben und kleinen Projekten rund um das Thema Schulweg (siehe die Kopiervorlagen zu diesem Abschnitt) geht es natürlich auch um ganz normale Übungsphasen, damit die Kinder fit für die Bewältigung ihrer alltäglichen Wege werden. In vielen Veröffentlichungen (z.B. Die Fußgänger-Profis 2018) finden sich hier grundlegende Übungselemente, die mit kleinen Unterschieden in vielen Programmen (z.B. auch bei den „Verkehrszähmern", siehe Kapitel 3.2.4) auftauchen. Wichtig sind dabei u.a. Übungen zum Überqueren der Straße (und Ampel, Zebrastreifen, Mittelinsel). Weiter stehen Fragen zum Blickkontakt zu anderen Verkehrsteilnehmer*innen im Mittelpunkt; das Nutzen des Gehweges; das Verhalten als Fußgänger*in an Landstraßen sowie Handzeichen oder Verkehrszeichen, unterschiedlich je nach örtlichen Gegebenheiten.

Ein ausführliches Gesamtkonzept zum Schulwegtraining wurde im „Karlsruher Modell" des Sportwissenschaftlers und Psychologen Siegbert Warwitz mit dem „Fußgänger-Diplom" erarbeitet (Warwitz 2005). In seinem Konzept, das den Anspruch erhebt, Verkehrserziehung „vom Kind aus" zu denken, geht es darum, Kinder schrittweise zu einem richtigen Verhalten im Verkehr zu befähigen.

In einem ersten Schritt sollen sie ein Gefühl für den Verkehr entwickeln. Dieses „Verkehrsgefühl" könne man analog zum Ballsport sehen, bei dem auch erst einmal ein Gefühl für den Umgang mit dem Ball vermittelt werde, bevor es an die sportlichen „Techniken" gehe (ebd. S. 72). Im regelmäßigen Umgang mit dem Verkehr, durch das Unterwegssein, durch das Handeln in Verkehrssituationen, aber vor allem durch die spielerische Vorwegnahme solcher Situationen, bilde sich dieses Verkehrsgefühl aus.

Darauf aufbauend geht es in seinen Übungen um die Entwicklung eines anspruchsvolleren „Verkehrssinns". Dabei soll über Situationen im Straßenverkehr nachgedacht und reflektiert werden. Dieser Verkehrssinn oder „richtige

Instinkt“ für das Verkehrsgeschehen müsse erlernt werden. Es gehe darum „Handlungen anderer vorauszuahnen, Gefahren zu spüren, Sinnestäuschungen zu durchschauen.“ (...) „Der ausgebildete Verkehrssinn versetzt in die Lage, mittels Verstand und Nachdenken, negative Ereignisse, wie z.B. Unfälle, vorausschauend zu vermeiden“ (ebd., S. 74). Auch diese Ebene wird durch zahlreiche spielerische Übungen zuerst im Schonraum und erst später im realen Verkehr angebahnt. Abschließend (und auch schon mit den anderen Ebenen vernetzt, die nicht nur als fest aufeinander folgende Stufen verstanden werden) geht es um die Schulung der „Verkehrsintelligenz“, die dazu anrege, vorausschauend einen Transfer zu bilden, die dazu befähige, „Hilfen und Verhaltensweisen zu entdecken, die einem selbst und anderen das Verkehren erleichtern, die den Verkehrsfluss verbessern, die die Verkehrsfreude erhöhen, die Unfallrisiken vermindern.“ (ebd. S. 75).

Zu allen diesen Bereichen werden unterrichtspraktische Übungen und vor allem spielerische Situationen vorgeschlagen, die immer wieder einen Bezug zur Schulung der Sinne und zur Förderung der selbstständigen und verantwortungsvollen Verkehrsteilnahme von Kindern herstellen. Die zahlreichen Spiel- und Handlungssituationen (ebd., S. 76 bis 189) sind für den Grundschulunterricht empfehlenswert.

Anstelle der von Warwitz favorisierten Stufen der Verkehrsteilnahme könnte aus meiner Sicht auch durch eine verstärkte Förderung der exekutiven Funktionen im Unterricht eine Grundlage für eine sichere Verkehrsteilnahme gelegt werden. Die zum Ausbau der exekutiven Funktionen vorgeschlagenen Übungen und Spiele sind in vielen Punkten deckungsgleich zu den von Warwitz vorgeschlagenen Übungen (siehe Kapitel 3.4.1 und 3.8).

Ergänzend zu diesen Übungsformaten, mit einem klaren Fokus auf das notwendige Erlernen sicherer Verhaltensweisen, können weitere Aspekte die Untersuchung des eigenen Schulweges durch offene Aufgabenstellungen (siehe unten), Unterrichtsgänge oder Impulse durch Arbeitsblätter sein (siehe dazu Spitta 2013g). Die Kopiervorlagen AB 08 bis AB 15 ermöglichen eine vertiefte Beschäftigung mit dem eigenen Schulweg.

b) Handlungsanregungen

Der Schulweg zu Fuß bietet die Möglichkeit, die eigene Umgebung ganz bewusst zu erleben. Kleine Aufgaben für den Schulweg oder Exkursionen im Unterricht können hierzu genutzt werden. Die von den Kindern gemachten Beobachtungen auf dem Schulweg sollten im Anfangsunterricht regelmäßig im Morgenkreis (an einigen Schulen immer am Montag) vorgestellt werden. Alternativ dazu kann über einen längeren Zeitraum auch ein Schulwegtagebuch oder Schulwegbuch geführt werden. Dies kann individuell von jedem Kind selbst gestaltet werden oder als ein gemeinsames Buch für die gesamte Lerngruppe. Die Kinder schreiben dann zu den folgenden Impulsen einen kurzen Text und/oder malen oder zeichnen dazu.

- Woran lässt sich auf dem Schulweg erkennen, welche Jahreszeit gerade ist?
- Was ist in den verschiedenen Jahreszeiten auf meinem Schulweg besonders?
- Wie viele verschiedene Vögel begegnen mir auf meinem Weg?
- Welche (und wie viele) Tiere habe ich auf dem Schulweg gesehen (waren es Wildtiere oder Haustiere?)
- Welche Pflanze gefällt mir auf dem Weg am besten und warum? (malen, zeichnen, beschreiben).
- Welche Geräusche nehme ich (mit geschlossenen Augen) an der Straße (vor der Haustür, an der Schule) wahr?
- Wo ist die gefährlichste Stelle auf meinem Schulweg?
- Welche Stelle finde ich richtig hässlich und warum?
- An welchen Stellen im Stadtteil (auf dem Schulweg) habe ich Angst?
- Wo riecht es auf meinem Weg am besten, wo am schlechtesten?
- Fallen mir Menschen auf, die ich jeden Tag treffe?
- Welche Sprachen sprechen die Menschen?
- Gibt es ein interessantes Gebäude auf meinem Schulweg? (beschreiben, zeichnen) (vgl. auch: Die Fußgänger-Profis 2018, S. 89).

Der Schulweg muss nicht nur Thema im Anfangsunterricht sein. Auch die weiteren Grundschuljahre sollte der tägliche Weg immer wieder im Mittelpunkt stehen. Zu Beginn der 5. Klasse, vor und nach dem Wechsel in die weiterführende Schule, bedarf es einer erneuten Untersuchung von sicheren und umweltfreundlichen Wegen zur neuen Schule. So können die Fahrradinfrastruktur im Ort analysiert, das sichere Abstellen der Fahrräder an der Schule besprochen und nochmals Übungen auf dem Fahrrad durchgeführt werden (siehe Kapitel 3.6). Genauso kann man die Schulwege mit Bus und Bahn untersuchen und das Verhalten in öffentlichen Verkehrsmitteln thematisieren (siehe Kapitel 3.7).

In der Grundschule kann der Schulweg mit Hilfe von Impulsen auf den Arbeitsblättern genauer unter die Lupe genommen werden. Dazu kann der Schulweg mit allen Sinnen beschrieben, die Infrastruktur untersucht und ein Wunschschulweg vorgeschlagen werden (siehe Arbeitsblätter AB 08 bis AB 14, weitere Anregungen in Kapitel 3.3).

c) Material

- Spiel- und Bewegungsmaterial, siehe Kapitel 3.8 (Move-it-Box, Velofit-Bag, Schaumgummibälle, Springseile, Frisbee aus Schaumstoff, Gummitwist-Bänder, Schaumstoffwürfel, Pedalos usw.)
- Spielesammlungen
- Spiele zur Förderung der exekutiven Funktionen (siehe Kapitel 3.4.1 und 3.8)
- Arbeitsblätter für Unterrichtsgänge (Klemmbrett, Digitalkamera)

d) Tipps

- Die Spiele aus dem Buch von Warwitz (2005) eignen sich auch für „zwischendurch" und müssen nicht immer eine gesamte Stunde füllen.
- Übungen und Spiele zur Förderung der exekutiven Funktionen sollten eingebunden werden (Walk/Evers 2013), (siehe Kapitel 3.4.1 und 3.8).
- In Absprache mit den Sport-Kolleg*innen können Übungen auch in Verbindung mit dem Sportunterricht angeboten werden.
- Für Bewegungsspiele und Übungen wurde die Move-it-Box entwickelt, die z.T. über die Verkehrswachten gesponsort an den Schulen zu bekommen ist. Weitere Bewegungsübungen und Schulungen der Sinne lassen sich mit dem Materialpaket „Velofit" umsetzen. Das Begleitbuch bietet Ideen für Bewegungsanlässe im Unterricht (DVW 2011).
- Für Menschen mit Mobilitätsbeeinträchtigungen sind selbstständig zurückgelegte Schul- und Alltagswege von großer Bedeutung für eine Teilhabe am gesellschaftlichen Leben. Zur Förderung von Kindern und Erwachsenen mit Einschränkungen finden sich im Rahmen einer inklusiven Mobilitätsbildung Anregungen und Spiele in der Broschüre des Deutschen Verkehrssicherheitsrates (DVR) (Stöppler 2015).
- Ein Schulwegprojekt kann die Untersuchung der alltäglichen Wege im Hinblick auf Mobilitätseinschränkungen sein. Wie ist der Stadtteil für Menschen gestaltet, deren Sinne (Hören, Sehen) eingeschränkt sind oder die auf einen Rollstuhl oder einen Rollator angewiesen sind? Mit Rollstühlen oder Rollatoren können die Wege abgegangen werden und hohe Bordsteinkanten an Kreuzungen, Stolperfallen und zugeparkte Gehwege vermerkt und an die Stadtverwaltung gemeldet werden. Es kann überlegt werden, welche inklusiven Aufgaben die Gesellschaft hat, damit alle Menschen (mit und ohne Einschränkungen) mobil sein können.

e) Literatur

Die Fußgänger-Profis (2018): Unterrichtsmaterialien zur Mobilitätsbildung in den Jahrgängen 1 bis 3 der Grundschule. Niedersachsen (Ministerien Wirtschaft/Verkehr, Kultus, Inneres). Hannover. Download unter: https://www.nibis.de/der-fussgaengerprofi—neuauflage_11160.

DVW (2011): Velofit. Grundlagen für die Radfahrausbildung Klasse 1-3. Bonn. (Das Buch und die Materialtasche – Velofit-Bag – kann bei der Verkehrswacht Medien und Service GmbH bestellt werden).

Praxis Grundschule (2013): Kinder im Verkehr. Lernbereich Mobilität. Heft 4/2013, Westermann. Arbeitsblätter auf beiliegender CD (Zeitschrift und Material online abrufbar, 10) https://www.westermann.de/reihe/PGRU13/Praxis-Grundschule-Jahrgang-2013.

Spitta, Philipp (2013g): Schulweg- und Stadtteilerkundungen. In: Praxis Grundschule, H. 4, S. 8-13.

Spitta, Philipp (2007): Auf neuen Wegen lernen – Mobilitätsbildung im Anfangsunterricht. In: Gläser, E. (Hrsg.): Sachunterricht im Anfangsunterricht. Baltmannsweiler, S. 125-139.

Spitta, Philipp (2002a): Laufend lernen: Der Schulweg in der 1. Klasse. In: Sache-Wort-Zahl, Jg. 30, H. 47, S. 17-22.

Stöppler, Reinhilde (2015): Menschen mit (Mobilitäts-) Behinderung. Teilhabe und Verkehrssicherheit. In Schriftenreihe Verkehrssicherheit Bd. 18, Deutscher Verkehrssicherheitsrat. Bonn.

Walk, Laura/ Evers, Wiebke (2013): FEX- Förderung exekutiver Funktionen. ZNL/Wehrfritz, Calbe/Bad Rodach.

Warwitz, Siegbert (20055): Verkehrserziehung vom Kinde aus. 5. Auflage. Baltmannsweiler.

f) Kopiervorlagen/Arbeitsblätter

AB 08:
Mein Schulwegheft (Titelseite, Adresse, Wohnhaus)

AB 09:
Das ist mein Schulweg (Schulweg zeichnen und beschreiben)

AB 10:
Zahlen und Ziffern auf dem Schulweg

AB 11:
Straßennamen, Geschäfte, Häuser auf dem Schulweg

Ergänzend dazu siehe auch die Arbeitsblätter Kapitel 3.3: AB 17 bis AB 20

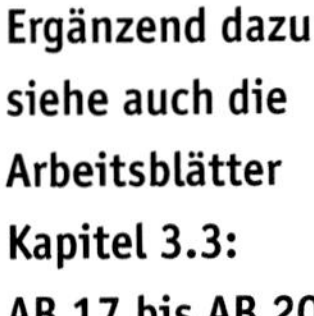

AB 12:
Sinne auf dem Schulweg

AB 13:
Schulwegerlebnis

AB 14:
Mein Wunsch-schulweg

3.2.3 Wie weit sind 1000 Meter?

a) Didaktische Überlegungen/Einordnung in die Mobilitätsbildung

Im Mathematikunterricht des 3. Schuljahres wird der Zahlenraum bis 1000 eingeführt. Um ein Gefühl dafür zu bekommen, wie groß die Zahl 1000 ist, sind verschiedene Zugänge möglich. Im Bereich Größen und Längen ist die Maßeinheit Meter bereits eingeführt. Beim Sportfest sind auch schon 50 oder 100 Meter-Läufe

Bild 58 und 59: Vermessung von 1000m Schulweg mit einem 25m Maßband

erprobt worden. Wie fühlt es sich aber nun an, genau 1000 Meter zu gehen? Und dabei auch zu verstehen, dass 1000m genau einem Kilometer entsprechen? Dies lässt sich in einer Mathematikstunde auf dem Schulweg erproben. Man könnte auch 1000m auf dem Sportplatz abgehen, aber gerade der Bezug zu den alltäglichen Wegen stellt eine einprägsamere Relation her. In meiner Klasse war diese gemeinsam erlebte Bezugsgröße immer wieder bei Ausflügen ein Referenzrahmen: Auf die Frage „Wie lange ist der Weg noch bis zum Schullandheim?" konnte man dann gut antworten: „Zweimal den 1000m Weg, den wir in der 3. Klasse abgemessen haben." Darunter konnten die Kinder sich etwas vorstellen, das war doch zu schaffen.

b) Handlungsanregungen

Am besten besorgt man sich ein Markierungsrad mit einem Meterzähler und läuft damit vom Schultor aus los. Alle 25m oder 50m wird mit Straßenmalkreide die bereits zurückgelegte Wegstrecke in Metern auf dem Boden markiert und geschrieben. An diesen Messpunkten wechselt das Markierungsrad dann zu einem anderen Team in der Klasse, so dass jeder einmal eine Wegstrecke gemessen hat. Die anderen Schüler*innen und die Lehrkraft achten auf den Weg und den Straßenverkehr und „schützen" das Vermessungsteam. Alternativ (da an der Schule kein Messrad vorhanden war) mussten wir aus dem Sportunterricht zwei Maßbänder mit einer Länge von jeweils 25 Metern nutzen, die wechselseitig aneinandergelegt wurden. Der Vorteil war hier, dass immer ein Team von sechs Kindern eines dieser Maßbänder tragen und begleiten mussten. Am Zielpunkt in 1 Kilometer Entfernung vom Schultor entstand ein Klassenfoto als Erinnerung.

c) Material

- Maßband (Weitsprung/Sportbereich) oder Messrad mit Zähler
- Schrittzähler am Fitnessarmband/ per App
- Straßenkreide
- Digitalkamera

d) Tipps

- Bei der Nutzung des Maßbandes von 25m Länge ist es sinnvoll einen Weg zu wählen, der möglichst wenige Straßenüberquerungen benötigt. An Überquerungsstellen ist es sinnvoll, eine zusätzliche Begleitung dabei zu haben (z.B. Eltern), um die Überquerung der Klasse in beide Fahrtrichtungen abzusichern.
- Es ist hilfreich, sich für die Aktion Warnwesten für die Kinder zu besorgen (evtl. sind diese auch noch aus dem 1. Schuljahr vorhanden oder können dort geliehen werden). So sind alle Vermessungshelfer*innen gut im Verkehr sichtbar.
- Der abgemessene Weg kann im Anschluss in einem Stadtteilplan eingezeichnet werden. So kann man sehen, wie weit 1 Kilometer von der Schule aus reicht und wie dies sich im Kartenmaßstab widerspiegelt. Mit einem Zirkel kann nun ein 1 Kilometer Radius um die Schule gezeichnet werden (und ggf. ein weiterer Radius nach 2km). So kann man ungefähr abmessen, welche Kinder der Klasse in einer Entfernung von 1 oder 2 km oder mehr von der Schule entfernt wohnen.
- Der Unterschied bei verschiedenen Messmethoden kann verglichen werden: Während auf dem Hinweg zum 1000m Punkt möglichst genau mit einem Metermaß gemessen wurde, sollen die Kinder auf dem Rückweg ihre Schritte zählen (und dabei den 1000er Raum üben). Zusätzlich kann ein Fitnessarmband oder eine entsprechende App mit einer Funktion zum Schritte zählen genutzt werden. Tatsächlich waren es deutlich mehr als 1000 Schritte auf dem Rückweg. Mit einem Tafellineal auf dem Klassenboden konnte man anschließend seine normale Schrittlänge selbst abmessen und vergleichen.

e) Literatur/Internetadressen

Zum Erarbeiten des Zahlenraums bis 1000 finden sich weitere Anregungen und (mathematische) Übungen in fast allen Lehrwerken für die 3. Klasse.

Hilfreiches Material zur Zahlraumerweiterung gibt es auf der Internetplattform „Pik-As“: https://pikas.dzlm.de/material-pik/haus-4-sprachbildung/haus-4-unterrichtsmaterial/zahlraumerweiterung (Abruf 21.4.2020).

3.2.4 Verkehrszähmer

a) Didaktische Überlegungen/Einordnung in die Mobilitätsbildung

Ausgehend von der immer stärkeren Verkehrsbelastung vor ihrer Schule durch Bring- und Holverkehre entwickelte die Grundschullehrerin und Fachbuchautorin Angela Baker-Price ein umfassendes Konzept, das in Nordrhein-Westfalen vom Zukunftsnetz Mobilität durch Veröffentlichungen und Lehrerfortbildungen inzwischen an vielen Grundschulen etabliert wurde.

Bild 60: Kostenlose Broschüre zur Umsetzung des Verkehrszähmer-Programms

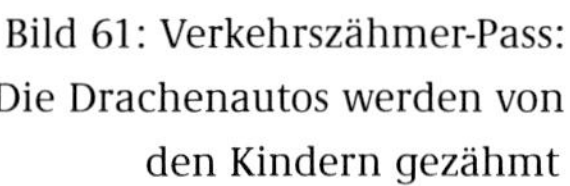
Bild 61: Verkehrszähmer-Pass: Die Drachenautos werden von den Kindern gezähmt

Angela Baker-Price schreibt dazu:

> „*Als ich mich auf die Suche begab, wie der morgendliche Schulverkehr eventuell begrenzt werden könnte, landete ich bei dem Australier David Engwicht, der bereits 1992 den weltweit beachteten Walking Bus (Laufbus) erfand. 2005 entwarf er das Programm „Traffic Tamers" (engl. to tame = zähmen) als notwendige Weiterentwicklung des Walking Bus. Hier fand ich genau die richtigen Ansätze, nämlich das Bestreben, Kinder wieder mehr zu motivieren, im wahrsten Sinne des Wortes zur Schule zu gehen, und zweitens den Wunsch, den Verkehr zu „zähmen", Autofahrer zu mehr Rücksicht und Höflichkeit zu bringen und Straßen wieder lebenswerter zu machen.*" (Baker-Price 2015, S. 7).[25]

Das Verkehrszähmer-Programm setzt zum einen im Unterricht an und vermittelt den Schüler*innen angemessene Verhaltensweisen im Verkehr, andererseits werden die Eltern einbezogen und mit in die Pflicht genommen.

> „*Zum Konzept gehört wesentlich auch der Dialog der Kinder mit ihren Eltern, in dem die Kinder über das reden, was ihnen der motorisierte Schulweg nehmen würde. Eltern werden so zu Lernenden mit ihren Kindern. Das Ziel aller großen und kleinen Verkehrszähmer ist, den motorisierten Verkehr in Schul- und Wohnstraßen zu vermindern, Kinder umfassend zu stärken und ihnen sichere, selbstständig zurückgelegte, erlebnisreiche Schulwege zu ermöglichen*" *(ebd. S. 8).*

Das Verkehrszähmer-Programm versteht sich als „Anreizprojekt". U.a. sammeln die Kinder „Zaubersterne", die sie bekommen, wenn sie ihren Schulweg zu Fuß oder mit dem Fahrrad bewältigen, aber auch durch das Aufschreiben von „Schulweg-Geschichten". Die Sterne werden pro Klasse gesammelt. Ab einer bestimmten Anzahl erhalten die Kinder eine kleine gemeinsame Belohnung wie eine verlängerte Pause, hausaufgabenfrei, eine Spielstunde o.ä.

---

25 Ich danke Angela Baker-Price für die fruchtbare Zusammenarbeit und die tollen Anregungen aus ihrem Konzept.

b) Handlungsanregungen

Für das Vorgehen in der Schule im Rahmen der Elternmitarbeit und der Einbindung der Schulpflegschaft und der Kommune sind im ersten Teil der Broschüre wichtige Schritte aufgelistet. Für den Unterricht hat Angela Baker-Price zehn Unterrichtseinheiten entwickelt, deren Ablauf in der Broschüre beschrieben werden. Zu den einzelnen Einheiten finden sich im kostenlosen Leitfaden (PDF auf den Seiten des Zukunftsnetz Mobilität NRW) weitere Ausmalbilder und Kopiervorlagen.

- Erste Unterrichtseinheit: Präsentation des Verkehrszähmer-Programms
- Zweite Unterrichtseinheit: Regeln auf dem Schulweg
- Dritte Unterrichtseinheit: Blickkontakt und Handzeichen
- Vierte Unterrichtseinheit: Bordstein-Training im realen Verkehrsraum
- Fünfte Unterrichtseinheit: Gesehen werden
- Sechste Unterrichtseinheit: Kinderversprechen
- Siebte Unterrichtseinheit: Verkehrssicherheits-Versprechen für Erwachsene
- Achte Unterrichtseinheit: Wir können unseren Schulweg gehen!
- Neunte Unterrichtseinheit: Wir zählen Zaubersterne
- Zehnte Unterrichtseinheit (nach der ersten Belohnung):
  Schreiben von Schulweg-Geschichten.

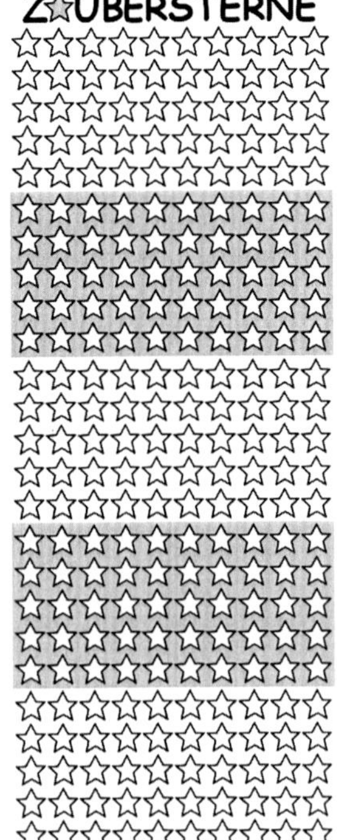

c) Material

- Im Verkehrszähmer-Leitfaden (in Papierform oder als PDF) finden sich zahlreiche Arbeitsblätter für den Unterricht, Bilder verschiedener Verkehrssituationen zum Ausmalen und Informationsbriefe für die Eltern.
- Zentral ist eine Kopiervorlage für die Zaubersterne, die angemalt werden können für jeden zu Fuß zurückgelegten Schulweg.

d) Tipps

- Zur Durchführung des Programms sollte man sich die Broschüre besorgen bzw. als PDF-Datei herunterladen und nach Verbündeten in Elternschaft, Kollegium und Kommune suchen.
- Besonders wirksam ist das Verkehrszähmer-Programm, wenn es von der ganzen Schule getragen wird und ein Teil des Schulprogramms ist.
- Bewährt hat sich ein Einsatz des Verkehrszähmer-Programms, wenn gleichzeitig eine Elternhaltestelle (ca. 300-400m entfernt vom Schuleingang) eingerichtet wird (BAST 2019, S. 65 und Zukunftsnetz Mobilität NRW o.J.). Die Eltern dürfen dann nicht mehr vor der Schule zum Ausladen der Kinder halten.

Bild 62: Zaubersterne für die Klasse

e) Literatur/Internetadressen

Baker-Price, Angela (2015): Verkehrszähmer Leitfaden. Zukunftsnetz Mobilität/VRS. Köln.

BAST (2019): Schulwegpläne leichtgemacht – Der Leitfaden (erstellt von J. und T. Leven für die Bundesanstalt für Straßenwesen = BAST). 3. aktualisierte Auflage. Bergisch Gladbach.

Im **Zukunftsnetz Mobilität** zusammengeschlossene Kommunen in NRW können den Leitfaden in Papierform beim Zukunftsnetz bestellen. Er ist aber auch bundesweit als PDF im Internet verfügbar: https://www.zukunftsnetz-mobilitaet.nrw.de/schulen.

3.2.5 Schulwege früher und heute

a) Didaktische Überlegungen/Einordnung in die Mobilitätsbildung

Die früheren Schulwege der Eltern und Großeltern der Kinder können sich zum Teil erheblich von den heutigen Wegen unterscheiden. Viele ältere Leute berichten, dass es für sie selbstverständlich war, auch längere Wege zu Fuß oder mit dem Fahrrad zurückzulegen. Besonders im ländlichen Bereich waren Schulwege von einer Stunde Fußweg keine Seltenheit. Vor allem wurde aber nicht so schnell wie heute auf das Auto zurückgegriffen. Um die Kinder für Veränderungen von Lebensbedingungen (und Schulwegen) zu sensibilisieren, können sie mit Hilfe eines Fragebogens ihre eigenen Großeltern, Nachbarn und Eltern zu deren Schulwegerfahrungen befragen und somit Unterschiede zu den eigenen Erfahrungen heute ermitteln. Dabei nutzen die Schüler*innen erste historische Fragestellungen und lernen die Methode der Expertenbefragung (Oral History) kennen (vgl. von Reeken 2017, S. 119 und Michalik 2003).

b) Handlungsanregungen

Das Schulweg-Interview kann ab der dritten Klassenstufe bis hin zur Sekundarstufe durchgeführt werden. Im Vorfeld muss gründlich besprochen werden, wie das Gespräch durchgeführt werden soll: Wie vereinbare ich das Gespräch? Wie führe ich das Gespräch? Wie spreche ich meine Interviewpartner an? (Wenn man sich nicht kennt, sagt man „Sie“ zum Interviewpartner). Soll man Notizen machen (wenn ja, wie) oder kann man eine (digitale) Aufnahme mit dem Handy oder Tablet machen? In der Klasse kann das Interview zuerst im Rollenspiel geübt werden. Besonders wichtig ist die spätere Auswertung der von den Kindern gemachten Interviews. Evtl. müssen bei Tonaufnahmen wichtige Abschnitte noch verschriftlicht werden. Auf Plakaten oder an der Tafel können die verschiedenen Kernaussagen der interviewten Großeltern gesammelt und anschließend mit eigenen Erfahrungen beim (heutigen) Schulweg verglichen werden. Vergleiche bieten sich bei den folgenden Fragen an: Mit welchen Verkehrsmitteln waren die Interviewpartner unterwegs? Wie lange dauerte ihr Schulweg im Durchschnitt?

Bild 63: Postkarte (evtl. 1920er Jahre) mit wenig Verkehr aus Eickel (heute ein Stadtteil von Herne) Quelle: Stadtarchiv Herne (Schulprojekt Bildquellen).

Waren die Wege damals gefährlicher als heute? Sind die Eltern damals bei den Schulwegen dabei gewesen oder waren die Kinder allein unterwegs? Gab es damals auch schon viele Autos? Hier kann auch eine Liste mit zwei Spalten geführt werden: Was war früher gleich zu heute / was ist heute anders? Zusätzlich können alte Fotos (von Zeitzeugen, aus dem Archiv oder aus dem Internet) von Schulwegen und dem Straßenverkehr früher mit der heutigen Situation verglichen werden. Hierbei wie auch bei den Interviews mit den Zeitzeugen kann man im Sinne des historischen Lernens auch kritisch auf die Quellen schauen und diese als subjektive Konstruktionen der Vergangenheit deuten (siehe dazu ausführlich Becher u.a. 2016).

In der ersten oder zweiten Klasse kann das Thema mit einem stark vereinfachten Fragebogen durchführt werden. Alternativ dazu können die Kinder ohne schriftliche Fixierung ihre Eltern befragen oder ein Zeitzeuge wird in die Klasse eingeladen und berichtet dort für alle Kinder von seinen Schulwegerfahrungen früher. Als Anlass für das Thema bietet sich neben der Untersuchung der Verkehrsverhältnisse im Ort im Rahmen der Mobilitätsbildung auch die Beschäftigung mit der Geschichte des Heimatortes an.

c) Material

- Kopiervorlage AB 15 (ggf. nach eigenen Bedürfnissen ändern)
- Plakat/Tonpapier zur Auswertung der Befragungen
- Aufnahmetechnik (digitale Geräte wie Handy, Tablet, iPad o.ä.) oder ganz analog ein Klemmbrett mit Fragebogen und Bleistift.
- Liste/Plakat: Was ist gleich beim Schulweg, was ist unterschiedlich?
- Kinderbücher zum Vorlesen

d) Tipps

- Für Kinder ist es hilfreich, wenn sie nicht allein „Geschichts-Reporter*in“ sein müssen, sondern dies im Team tun. Sollte das Interview als Hausaufgabe gegeben werden, könnten Kinder, die in einer Nachbarschaft wohnen, gemeinsam die entsprechenden Informationen sammeln.

- Anstatt eines Fragebogens können auch Zeitzeugen (Großeltern) in die Klasse eingeladen werden, um von den Schulwegen früher (oder langen Wegen zur Arbeit zu Fuß oder mit dem Rad) zu berichten. Zusätzlich können auch Eltern/Großeltern mit Zuwanderungsgeschichte von ihren Schulwegerfahrungen in ihren Herkunftsländern berichten.
- Im Material des VRS von 2012 (auf der Homepage www.philipp-spitta.de) finden sich Bilder, die auf einer Zeitleiste zum Thema Mobilität früher zugeordnet werden können.
- In Kinderbüchern finden sich hin und wieder auch Beschreibungen von Schulwegen zum Vorlesen, die sich sehr von den heutigen unterscheiden. So zum Beispiel der lange Schulweg durch Wald und Wiesen der Bullerbü-Kinder. Astrid Lindgren: Wir Kinder aus Bullerbü (1. Band). Hier die Kapitel: „Unser letzter Schultag", „Die Schule fängt wieder an" und „Der große Schneesturm". In modernerer Form ist dies bei Kirsten Boie „Wir Kinder aus dem Möwenweg" aufgegriffen. Die Schriftstellerin Gudrun Pausewang erzählt in ihrer Autobiographie „So war es, als ich klein war" ebenfalls von ihrem weiten Schulweg (Kapitel „Mein Schulweg, S. 20).

e) Literatur/Internetadressen Zum historischen Lernen:

Becher, Andrea/ Gläser, Eva / Pleitner, Berit (Hrsg.) (2016): Die historische Perspektive konkret. Begleitband 2 zum Perspektivrahmen Sachunterricht. GDSU. Bad Heilbrunn.

Geschichte lernen (2000): Themenheft: Oral History, Heft Nr. 76.

Gorbahn, Katja/Heymann, Matthias (2004): Das Auto verändert die Stadt. In: Grundschule 7-8, S. 42-45.

Michalik, Kirstin (2003): Befragung und Zeitzeugenbefragung. In: von Reeken, Dietmar (Hrsg.): Handbuch Methoden im Sachunterricht. Baltmannsweiler, S. 30-38.

Reeken, Dietmar von (2017): Historisches Lehren und Lernen. In: Hartinger/Lange-Schubert (Hrsg.): Sachunterricht. Didaktik für die Grundschule. 4. Aufl. Berlin, S. 105-122.

Kopiervorlage im Internet: Eine gestaltete Kopiervorlage für den Interview-Fragebogen findet sich auch im VRS-Material Bus & Bahn-Detektive (Spitta 2019, S. 18/19) des Verkehrsverbundes Rhein-Sieg (VRS) als PDF unter: https://www.vrs.de/service/mobilitaetsmanagement/beratung-fuer-schulen, oder unter www.philipp-spitta.de.

f) Kopiervorlagen/Arbeitsblätter

AB 15:
Interview:
Schulweg früher und heute

3.2.6 Schulwege in aller Welt

a) Didaktische Überlegungen/Einordnung in die Mobilitätsbildung

Neben der Beschäftigung mit dem eigenen Schulweg ist es als „Blick über den Tellerrand" interessant, sich mit den Wegen von Kindern in anderen Ländern zu beschäftigen. Interkulturelle Bezüge können im Unterricht hergestellt werden und eine geographische Einordnung verschiedener Länder erfolgen. Das Thema bietet Bezüge zur Bildung für nachhaltige Entwicklung (siehe Abb. 12, Die Fußgänger-Profis 2018).

Bild 64: Schulwege-Film - für den Unterricht geeignet

b) Handlungsanregungen

Da in der Grundschule in der Regel nur selten Kontakte zu Partnerschulen in anderen Ländern existieren, mit denen der eigene Schulweg verglichen werden kann, kann auf die Arbeit mit einem Arbeitsblatt zurückgegriffen werden (AB 16). Auf der hier abgedruckten Kopiervorlage kommen einige Kinder aus anderen Ländern zu Wort, die ganz abweichende Schulwegerfahrungen machen. Die Erfahrung der Kinder aus Brasilien, Südafrika, China und den USA sollen dazu anregen, sich über den eigenen Schulweg Gedanken zu machen und Vergleiche anzustellen. Dabei ist zu beachten, dass nicht für alle Kinder auf dieser Welt das Grundrecht auf einen Schulbesuch (siehe UN-Kinderrechte) eingelöst ist. Neben dem gemeinsamen Lesen des Arbeitsblattes ist vor allem der Austausch über die Informationen wichtig. Diese kleinen Ausschnitte aus dem Leben von Kindern aus aller Welt können ergänzt werden durch weitere Informationen aus Kinderbüchern und vor allem über Filme sowie eine Recherche im Internet.

Im Internet finden sich auf You Tube diverse Dokumentationen (z.B. vom MDR – Mitteldeutschen Rundfunk) über (gefährliche) Schulwege in verschiedenen Ländern. Noch geeigneter für die Grundschule ist der Dokumentationsfilm „Auf dem Weg zur Schule" von Pascale Plisson (2013), der vier beschwerliche Wege zeigt, aber auch die Freude, zur Schule gehen zu dürfen. Beeindruckend ist u.a. der Ausschnitt, wie eine Gruppe Kinder, von denen eines im Rollstuhl sitzt, den Weg zur Schule bewältiget. Ebenso geeignet für den Unterricht ist das Filmprojekt „199 kleine Helden". In kurzen Filmsequenzen werden von der Filmemacherin Sigrid Klausmann-Sittler Schulwege und Schulumgebungen verschiedener Kinder weltweit vorgestellt. Das Ziel des Projektes besteht darin, schrittweise Schulweggeschichten aus 199 Ländern der Erde zusammenzustellen. Einige Wege sind im Dokumentarfilm „Nicht ohne uns" zusammengefasst. Dieser Film ist durch zahlreiche Unterrichtsmaterialien für den Einsatz im Unterricht (Klasse 3 bis 6 oder älter) geeignet. In Baden-Württemberg und Niedersachsen ist die Beschäftigung mit den Schulwegen im Projekt „199 kleine Helden" im Curriculum verankert.[26] Eine interaktive Internetplattform bietet dazu Anregungen

26 Auch in anderen Bundesländern ist das Thema „Kinder aller Welt" in verschiedenen Kernlehrplänen der Primar- und Sekundarstufe verankert.

und Lernanlässe. Hier sind auch zu den verschiedenen Schulwegen der Kinder und Jugendlichen Filmausschnitte und weitere Infos zu den Ländern hinterlegt. Beide Filme können (in Ausschnitten oder über die interaktive 199-Helden-Plattform) von Kleingruppen angeschaut, ausgewertet und mit den eigenen Erfahrungen abgeglichen werden. Besonders die Filmausschnitte (jeweils ca. 8 – 12 Minuten) von „199 kleine Helden" eignen sich für die arbeitsteilige Erschließung in der Klasse.

Aufgaben und Fragen zu den Filmausschnitten können sein (siehe dazu auch noch weitere Kopiervorlagen und Impulse im Internet):

Beschreibe einen Schulweg aus dem Film:

- In welchem Land liegt der Schulweg?
- Wer geht ihn? (Wie heißt das Kind, wie alt ist es ungefähr? Junge oder Mädchen?)
- Wie weit ist der Schulweg und wie lange dauert es, bis das Kind an der Schule ankommt?
- Wird der Weg täglich oder einmal in der Woche zurückgelegt?
- Was ist besonders an diesem Weg?
- Was ist deine Meinung zu diesem Schulweg?
- Was würdest du (oder was würdet ihr in eurer Kleingruppe) anderen Kindern auf der Welt zu deinem (zu eurem) Schulweg erzählen? Wie kommst du zur Schule? Was ist besonders an deinem Weg? Wie lang ist er? Gibt es auch gefährliche Stellen? Wie ist deine Wohngegend? Wie sieht deine Schule aus?
- Optional: Erstellt in der Gruppe einen Schulwegfilm zu einer Schülerin/einem Schüler aus eurer Gruppe!
- Optional: Schreibt oder erzählt ein Schulwegabenteuer und spielt die Szenen in der Klasse nach (dies kann man auch filmen). Oder spielt die Geschichte mit Playmobilfiguren nach und macht einen Film oder Stop-Motion-Film dazu.

c) Material

- Kopiervorlage AB 16
- Bücher/Internetseiten/Filme über die Lebensbedingungen in verschiedenen Ländern.
- Computer/Tablets mit Internetzugang zum arbeitsteiligen Anschauen der Filme.
- Apps für Filme und Stop-Motion auf dem Tablet/Smartphone
- Atlas, Weltkarte oder Globus (digital und analog).

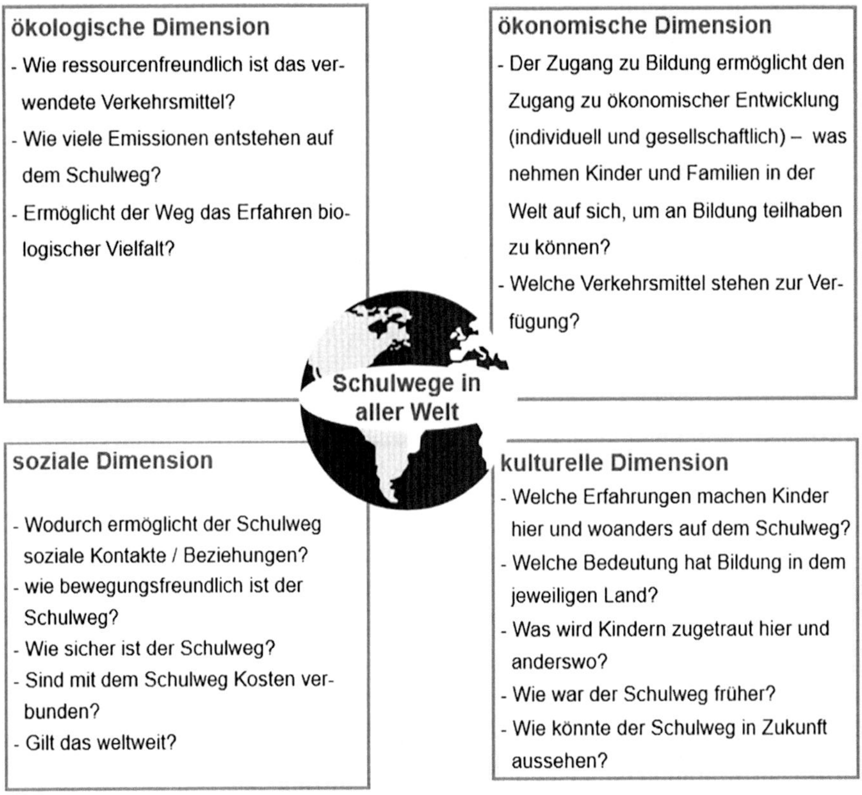

ökologische Dimension
- Wie ressourcenfreundlich ist das verwendete Verkehrsmittel?
- Wie viele Emissionen entstehen auf dem Schulweg?
- Ermöglicht der Weg das Erfahren biologischer Vielfalt?

ökonomische Dimension
- Der Zugang zu Bildung ermöglicht den Zugang zu ökonomischer Entwicklung (individuell und gesellschaftlich) – was nehmen Kinder und Familien in der Welt auf sich, um an Bildung teilhaben zu können?
- Welche Verkehrsmittel stehen zur Verfügung?

Schulwege in aller Welt

soziale Dimension
- Wodurch ermöglicht der Schulweg soziale Kontakte / Beziehungen?
- wie bewegungsfreundlich ist der Schulweg?
- Wie sicher ist der Schulweg?
- Sind mit dem Schulweg Kosten verbunden?
- Gilt das weltweit?

kulturelle Dimension
- Welche Erfahrungen machen Kinder hier und woanders auf dem Schulweg?
- Welche Bedeutung hat Bildung in dem jeweiligen Land?
- Was wird Kindern zugetraut hier und anderswo?
- Wie war der Schulweg früher?
- Wie könnte der Schulweg in Zukunft aussehen?

Abb. 12: BNE-Dimensionen.
Aus: Die Fußgänger-Profis (2018), S. 83.

d) Tipps

- Beim Lesen des Arbeitsblattes oder bei Texten aus dem Internet sollten sich die Schüler*innen die Textstellen markieren, die sie nicht verstanden haben oder aussprechen können.
- Für die Beschreibung des eigenen Schulweges reicht das Arbeitsblatt nicht aus, hier sollte auf der Rückseite oder einem neuen Blatt gearbeitet werden.
- In der Klasse können die Heimatländer der auf dem Arbeitsblatt und in den verschiedenen Filmen beschriebenen Kinder auf einer Weltkarte oder dem Globus gesucht werden. Die Kinder können in Kleingruppen weitere Informationen zu den entsprechenden Ländern sammeln und ihre Arbeitsergebnisse der Klasse auf einem Plakat präsentieren.
- Im Englischunterricht (4.-6. Klasse) kann der Schulweg in einem englischsprachigen Land mit dem entsprechenden Wortfeld „Traffic“ erarbeitet und besprochen werden (evtl. auch mit dem Einsatz von Filmen oder Internetseiten auf Englisch).
- In den Filmen (z.B. 199 kleine Helden) haben die Schüler*innen gesehen, dass die Wege zur Schule für Kinder aus anderen Ländern sehr weit und beschwerlich sein können. Auf dem Sportplatz oder auf Exkursionen können sie die Erfahrung machen, was es bedeutet, verschieden lange Wege zurück zu legen (siehe auch Kapitel 3.2.3 - 1000 Meter laufen).

- Medienkompetenz: Angeregt durch die Schulwegfilme in aller Welt können mit Hilfe von kleinen Videosequenzen, die mit Digitalkamera, Smartphone oder Tablet aufgenommen werden, die eigenen Schulwege und Lebensumfelder von Kindern aus der Klasse dargestellt werden. Mit einer Stop-Motion-App/Zeichentrick-App (für Android oder Apple z.T. im jeweiligen App-Sore meist kostenfrei verfügbar) lassen sich kleine Schulweggeschichten mit Playmobil- und Lego-Figuren oder Kuscheltieren inszenieren und präsentieren.
- Der Lernbereich „Eine Welt in der Schule" wird seit Jahren durch Projekte des Grundschulverbandes unterstützt (vgl. Schmitt 1999). Weitere Anregungen für den Unterricht für das Lernen „in der einen Welt" finden sich auf der Lernplattform der Universität Bremen.
- Das Projekt Schulwege in anderen Ländern (und die vorgeschlagenen Filme) lassen sich im Bereich der „Globalen Entwicklung"/BNE verorten (BMZ/KMK 2007). Die ökologische, ökonomische, soziale und kulturelle Dimension der BNE lassen sich auf das Thema beziehen. Im niedersächsischen Curriculum Mobilität ist das Thema „Schulwege in aller Welt" entsprechend Abbildung 12 eingeordnet worden.

e) Literatur/Internetadressen
Literatur zum Thema „Eine Welt in der Schule"

BMZ/KMK (2007): Orientierungsrahmen für den Lernbereich Globale Entwicklung. Bonn.

Carle, Ursula/Kaiser Astrid (Hrsg.) (1998): Rechte der Kinder. Baltmannsweiler.

Die Fußgänger-Profis (2018): Unterrichtsmaterialien zur Mobilitätsbildung in den Jahrgängen 1 bis 3 der Grundschule. Niedersachsen (Ministerien Wirtschaft/Verkehr, Kultus, Inneres). Hannover. Download unter: https://www.nibis.de/der-fussgaengerprofi--neuauflage_11160 (5.5.2020).

Schmitt, Rudolf (Hrsg.) (1999): Eine Welt in der Schule. Klasse 1-10. Der Grundschulverband: Frankfurt a.M., 2. überarb. Aufl.

Zahn, Barbara (1999): Oh, diese Radfahrer. In: Schmitt, Rudolf (Hrsg.): Eine Welt in der Schule. Frankfurt a.M., S. 156-161.

Internetseiten zum Thema Schulwege in aller Welt (geprüft am 10.5.2020)

www.unicef.de / UNICEF Seite für Kinder auf Deutsch. Infos zu Kinderrechten.

Grundschulverband/Eine Welt in der Schule: **www.weltinderschule.uni-bremen.de** Unterrichtsmaterial zum Thema „Eine Welt".

Material vom Klimabündnis / Kindermeilen-Kampagne: www.klimabuendnis.org und http://www.kindermeilen.de/materials.html.

Klimabündnis (2017): Mobilität in anderen Ländern. (Bilder und Texte aus aller Welt). Frankfurt a.M. PDF: http://www.kindermeilen.de/fileadmin/inhalte/Dokumente/deutsch/2017/Mobilit%C3%A4t_in_anderen_L%C3%A4ndern_2017_neu.pdf .

Klimabündnis (2020): Gemeinsam um die Eine Welt. Eine Klimareise in 14 Stationen. Frankfurt a.M. PDF: http://www.kindermeilen.de/fileadmin/inhalte/Dokumente/deutsch/2020/Weltreise_2020_14Stationen.pdf.

Literatur zur Produktion eigener kleiner Filme:

Kraus, Johanna (2018): Schulregeln als Trickfilm. Dokumentation und Präsentation mit Stop Motion. In: Sachunterricht Weltwissen Heft 1/2018, Westermann, S. 8-13.

Leonhardt, Uwe (2018): Erklärvideos – vielseitig, kreativ und lehrreich.
In: Grundschule, H. 7/2018, S. 34-37.

Filme und Fotos zu Schulwegen weltweit:

Auf dem Weg zur Schule: Beeindruckende Bilder finden sich auf der DVD von Pascal Plisson (2013): „Auf dem Weg zur Schule", auf der viele lange und gefährliche Schulwege gezeigt werden. Dauer ca. 75 Minuten, Senator-Film, Kosten ca. 8 €.

Projekt „199 kleine Helden" und Film: „Nicht ohne uns": Filmsequenzen zum Thema Schulwege und Schulumfeld in verschiedenen Ländern. Unterstützt von Bildungsservern der Länder Niedersachsen und Baden-Württemberg: BNE Kurzfilme und Interaktive Plattform zum Bereich BNE und Schulwege (und weitere Inhalte): https://www.bne-bw.de/?id=738 oder: https://www.199kleinehelden.org/index-3.html.

Interaktive Plattform (Registrierung nötig): https://www.199kleinehelden-interaktiv.de

Film „Nicht ohne uns" als DVD: ca. 10 €, (der Film liegt auch als Streaming vor). Sonst über verschiedene (kostenlose) Verleihangebote von regionalen Medienzentren.

Materialpakete/Arbeitsblätter zum Film „Nicht ohne uns": https://www.visionkino.de/fileadmin/user_upload/schulkinowochen/17_Ziele_Materialien/17-Ziele-Filmheft-Nicht_ohne_uns.pdf. oder: https://www.globaleslernen.de/sites/default/files/files/pages/nicht_ohne_uns_schulmaterial.pdf.

MDR Doku: Die gefährlichsten Schulwege der Welt (als DVD oder auf you tube):

- Peru: https://www.youtube.com/watch?v=nJnFaGyyelc
- Nicaragua: https://www.youtube.com/watch?v=bI0wKMdQyhQ
- Äthiopien: https://www.youtube.com/watch?v=ugj0lq7EgNE
- Philippinen: https://www.youtube.com/watch?v=0ggYaii9bvA
- Sibirien: https://www.youtube.com/watch?v=DV9HlNyL_SI
- Nepal: https://www.youtube.com/watch?v=p58269VoRVw
- und viele weitere Länder (Abruf April 2020).

UNICEF Informationen zu Bildung/Schulwegen weltweit (inkl. Trailer/Film): https://www.unicef.de/informieren/aktuelles/blog/ungewoehnlichste-schulwege-weltweit/198096.

20 Berichte mit Fotos von Schulwegen weltweit: https://www.globalcitizen.org/de/content/20-unique-journeys-to-school-that-will-make-yours/.

f) Kopiervorlage

AB 16:
Schulkinder und
Schulwege aus aller Welt

3.2.7 Schulwegpartner, Laufbus und Elternhaltestelle

a) Didaktische Überlegungen/Einordnung in die Mobilitätsbildung

Aus der gemeinsamen Erfahrung des Projektes „Wir bringen uns nach Hause" (Kapitel 3.1.1) kann unter den Kindern, die einen ähnlichen Weg zurücklegen, eine Schulwegpartnerschaft entstehen. In Australien und Großbritannien ist diese Idee unter dem Begriff „walking bus" seit einiger Zeit etabliert (Europäische Kommission 2002, S. 33). Damit ist gemeint, dass eine Kindergruppe wie im Schulbus zusammengefasst wird und den Weg gemeinsam – nur von wenigen Eltern begleitet - läuft. Diese Aktion wurde in Großbritannien vor allem aus Sicherheitsgründen eingeführt. Auch dort waren immer weniger Kinder zu Fuß gekommen. Durch die Elternbegleitung wird dem Sicherheitsbedürfnis Rechnung getragen, so dass wieder mehr Kinder Bewegungsmöglichkeiten vor dem Schulanfang haben können. Ziel sollte es aber möglichst sein, die Kinder zunehmend allein gehen zu lassen und die Laufbus-Begleitung durch die Eltern (abhängig von den örtlichen Gegebenheiten), nur in der Anfangsphase in den ersten Schulwochen zu nutzen.

b) Handlungsanregungen

Der Laufbus funktioniert so, dass die Kinder sich gegenseitig abholen oder sich an bestimmten Punkten im Stadtteil am Morgen zu einer festgelegten Zeit (an einer Laufbus-Haltestelle) treffen, um den Schulweg gemeinsam zurückzulegen. Ein Erwachsener oder ein Kind vorne ist die „Fahrerin", am Ende passen zwei Kinder oder ein Erwachsener auf, dass keiner „aus dem Bus fällt", also verloren geht. Regeln und Verhaltensweisen werden vorher abgesprochen und geübt. Für die Organisation und die Durchführung des Laufbusses sollten interessierte Eltern gefunden werden. Am Anfang der Schulzeit können noch Eltern die Schulwegpartner begleiten, später sind die Kinder dann allein auf dem Weg. Der Vorteil besteht darin, dass nicht alle Eltern am Morgen unterwegs sein müssen, sondern sich diese Aufgabe in den ersten Schulwochen aufteilen können.

c) Material

- Sicherheitswesten
- Reflektoren/Leuchtstreifen
- Adressenliste der Schüler*innen
- Schulwegplan

d) Tipps

- Um Eltern frühzeitig ansprechen zu können, ist der erste Elternabend der 1. Klasse oder schon der Vorbereitungselternabend vor den Sommerferien geeignet. Mit Hilfe eines kopierten Stadtplanes oder einer Adressenliste können die Eltern untereinander für ihre Kinder Treffpunkte für einen gemeinsamen Schulweg verabreden. Die Anregung zum Laufbus kann im Zusammenhang mit der Vorstellung des Schulwegeplans der Schule erfolgen.
- Anstelle von gleichaltrigen Klassenkameraden könnten auch im Rahmen einer Kooperation mit einer 3. oder 4. Klasse die Schulanfänger in den ersten Wochen von den älteren Kindern abgeholt und begleitet werden. Die älteren Schüler*innen zeigen den neuen Kindern die Schule, „beschützen" die „Kleinen" auf dem Schulhof und begleiten die Schulanfänger auf dem Schulweg. Der Lerneffekt ist für beide Altersgruppen nicht zu unterschätzen (siehe auch Kapitel 3.1.1).

e) Literatur/Internet

BAST (2019): Schulwegpläne leichtgemacht – Der Leitfaden (erstellt von J. und T. Leven für die Bundesanstalt für Straßenwesen = bast). 3. aktualisierte Auflage. Bergisch Gladbach.

Europäische Kommission (2002): Auf die Plätze, Kinder – los. Luxemburg. Bezug: env-pubs@cec.eu.int .

Laufbus: Organisation, Elternbriefe und Material zur Einrichtung eines Laufbus (Walking Bus): https://www.vcd.org/themen/mobilitaetsbildung/vcd-laufbus/.

VCD-Mobilitätsfibel: Bezug über VCD https://www.vcd.org/themen/mobilitaetsbildung/vcd-mobilitaetsfibel/ oder Zukunftsnetz Mobilität NRW https://www.zukunftsnetz-mobilitaet.nrw.de/ (auch als PDF im Internet vorhanden).

f) Kopiervorlagen/Arbeitsblätter

Kopiervorlagen zum Thema Schulweg für die Elternarbeit und Infos zum Laufbus finden sich bei Kapitel 3.1. bzw. 3.1.3, besonders Kopiervorlage AB 07.

3.3 Stadtteil- und Verkehrserkundungen

Die Erkundung der Schulumgebung und des Wohnumfeldes ist ein zentraler Bestandteil der Mobilitätsbildung. Zum einen werden hier Probleme der Kinder mit dem Straßenverkehr erforscht und, wenn möglich, im Rahmen von Aktionen, Projektwochen oder per Brief auf eine Verbesserung hin gearbeitet. Zum anderen können durch diese Erkundungsgänge die Kenntnisse der Kinder über ihre Umgebung verbessert und somit eine verstärkte Identifizierung mit dieser angebahnt werden. Durch den zunehmenden Transport im Auto, durch alternative Angebote von Sportverein bis Musikschule, durch intensive Nutzung von Medien wie Fernsehen, You Tube, Internet oder Computerspielen halten sich Kinder immer seltener zum Spielen draußen auf. Oft kennen Schüler*innen eher das entfernte Spaßbad, als konkrete Spielorte im Stadtteil in einem Umfeld von ein bis zwei Kilometern. Gut bekannt sind den meisten Kindern im Grundschulalter nur

Bild 65: Stadteilerkundung mit der Klasse

die Spielorte in unmittelbarer Nähe der elterlichen Wohnung. Durch Verkehrsbeobachtungen, Zählungen, durch Erkundungen unter verschiedenen Blickwinkeln oder die Arbeit mit einem Stadtteilplan aus Kindersicht sollen diese Lücken geschlossen und den Kindern Zusammenhänge im Wohnort erschlossen werden.

Bei der Untersuchung der Alltagswege auf einem Unterrichtsgang können gleichzeitig, besser als durch Arbeitsblätter aus einem Lehrwerk oder abstrakte Zeichnungen einer Kreuzung aus der Vogelperspektive, Gefahren und Probleme mit dem Verkehr aufgezeigt werden. Die Kinder wissen dann, welche Gefahren speziell an dem Überweg in der Nähe der Schule lauern und wie sie sich konkret an der Ampel im Stadtteil zu verhalten haben, an der immer wieder rechtsabbiegende Autofahrer*innen Kinder übersehen.

3.3.1 Verkehrszählung

a) Didaktische Überlegungen/Einordnung in die Mobilitätsbildung

Die Beobachtungen im Verkehr sind in der Regel Ausgangspunkt für eine kritische Auseinandersetzung mit den vom Straßenverkehr erzeugten Problemen und für das Aufzeigen oder Umsetzen von Lösungsmöglichkeiten (im Rahmen der BNE und der Gestaltungskompetenz).

So kann durch die Verkehrszählung die Aufmerksamkeit auf die Dominanz des Autoverkehrs gerichtet werden. Die Auswertung der Verkehrszählung sollte mit den Schüler*innen interpretiert werden. Oft entsteht nach der Zählung die Frage, warum immer nur eine Person in einem (großen) Auto sitzt. Statistisch gesehen fahren ca. 1,5 Personen in einem über eine Tonne schweren Pkw.[27]

---

27 Die Sache mit der Kommazahl muss mit den Kindern gemeinsam geklärt werden, aber gerade nach einer Zählung und einer Berechnung wird den Schüler*innen handelnd deutlich, wie solche Zahlen zustande kommen und was sie bedeuten.

Im Rahmen der Bildung für nachhaltige Entwicklung kann hinterfragt werden, welche ökologischen Folgen diese Form der Autonutzung haben kann, aber auch welche ökonomischen Zwänge und Notwendigkeiten dazu führen, dass fast immer nur eine Person im Auto sitzt. Nicht zuletzt kann man überlegen, welche Gestaltungsmöglichkeiten es gibt, die Situation zu ändern. Könnte man kurze Wege mit dem Fahrrad fahren? Warum nimmt man nicht den Bus,[28] der in die Innenstadt fährt? Kann man sich mit anderen ein Auto teilen und Car-Sharing-Angebote oder Mitfahrgelegenheiten wahrnehmen? Müssen die Pkw immer so groß und schwer für eine Person sein und könnten die Antriebe umweltfreundlicher sein?[29]

Bild 66: Verkehrsbeobachtungen im Schulumfeld mit der Polizei

b) Handlungsanregungen

Um einen Eindruck von der Verkehrsmenge und -belastung im Schulumfeld zu gewinnen, empfiehlt es sich, mit der Klasse oder einer kleineren Lerngruppe an einer größeren Straße in Schulnähe eine Verkehrszählung durchzuführen.

Die dabei gesammelten Daten können den Ausgangspunkt für eine kritische Auseinandersetzung mit dem motorisierten Straßenverkehr bilden: Wie viele Autos gibt es bei uns im Ort, warum fahren so viele Personen alleine im Auto, warum halten sich viele nicht an die Regeln wie Gurtpflicht oder Handyverbot, welchen Platz nehmen Pkw ein (vgl. Kapitel 3.5.4 Flächenverbrauch), wie ist es mit den Abgasen bei so vielen Pkw und wie viele umweltfreundliche Verkehrsmittel (E-Autos, Räder, Busse, Fußgänger...) sind im Beobachtungszeitraum gesehen worden?

Die Kinder sollten sich zur Verkehrszählung so an den Straßenrand stellen, dass eine eigene Gefährdung und die anderer Verkehrsteilnehmer*innen ausgeschlossen ist. Schon vor dem Unterrichtsgang müssen in der Klasse entsprechende Verhaltensregeln abgesprochen werden. Während einer vorher festgelegten

---

28 Leider fehlt es in vielen (besonders ländlichen) Bereichen noch an vielfältigen und kostengünstigen Angeboten im Nahverkehr.

29 Ob die favorisierte Elektromobilität unter dem Strich für die Umwelt und das Klima entlastend ist, ist derzeit noch umstritten. Zumindest können die Schadstoffe direkt aus dem Autoauspuff vermieden und die Klimabilanz verbessert werden, wenn der Ladestrom regenerativ erzeugt wurde (vgl. Böll-Stiftung/VCD 2019, S. 18).

Bild 67: Kinder bei der Verkehrszählung

Zeitspanne (es reichen meist 10 bis 15 Minuten) beobachten die Schüler*innen den Straßenverkehr. Um die Komplexität des Geschehens zu reduzieren, bekommen Gruppen oder Partner*innen immer nur eine Teilbeobachtung. Eine Gruppe zählt den Verkehr stadteinwärts, eine andere nur stadtauswärts. Eine weitere Gruppe konzentriert sich auf die Pkw und darauf wie viele Personen sich in ihnen befinden, andere Kinder zählen nur Fahrräder, Motorräder bzw. Lkw oder achten gezielt auf Verstöße gegen die Verkehrsregeln. Die so gesammelten und notierten Daten werden anschließend in der Klasse zusammengeführt und auf einem Plakat gesammelt, interpretiert und diskutiert.

Im Rahmen des Mathematikunterrichts kann in verschiedener Form mit den so gewonnenen Zahlen gerechnet werden. Bei einer Beobachtungszeit von 15 Minuten sollten die Daten auf eine Stunde hochgerechnet werden. Natürlich kann so auch ermittelt werden, wie viele Autos an einem Tag hier ungefähr fahren würden (allerdings müsste man, um hier genaue Zahlen zu erhalten, auch während des Berufsverkehrs Stichproben machen) (vgl. auch Spitta 2013j).

Reizvoll ist auch im Zusammenhang mit der Computernutzung in der Schule der Versuch, die ermittelten Daten grafisch darzustellen. Das für den Sachunterricht und das mathematische Sachrechnen geforderte Ziel, mit Tabellen und Grafiken umgehen zu lernen, ist besonders dann effektiv, wenn die Daten für die entsprechenden Darstellungen selbst gesammelt wurden und die Schüler*innen somit den Zusammenhang zwischen der beobachteten Realität und deren statistischer Abbildung nachvollziehen können.

c) Material

- Tabellen (siehe Kopiervorlage)
- feste Unterlagen zum Schreiben/Klemmbrett
- Uhr/Stoppuhr (z.B. aus dem Sportbereich) oder Stoppuhr am Smartphone
- Plakat zur Auswertung
- Rechenhefte und Taschenrechner
- Computer zur grafischen Darstellung der Ergebnisse (zum Beispiel in Exel).

Verkehrszählung der 4. Klasse: von 8.55 bis 9.10 Uhr

Von Waldhausenstr./Ecke Langforthstr. (beide Fahrtrichtungen)

Verkehrsmittel	Anzahl 15 Min	Hochrechnung 1 Std. x 4	12 Std. (Schätzung) x 12
Pkw	82	328	3936
Lkw/Kleinlaster	30	120	1440
Bus	2	8	96
Motorrad	3	12	144
Fahrrad	2	8	96

Im Bus Richtung Zentrum saßen 14 Personen

Abb. 13a-c: Ergebnisse einer Verkehrszählung mit Schüler*innen

Personenanzahl im Auto	Menge der Autos mit der Personenanzahl (innerhalb 15 Min.)
1 Person	82
2 Personen	30
3 Personen	2
4 Personen und mehr	3

132 Personen: Anzahl Autos 82 = 1,6 Pers. pro Auto

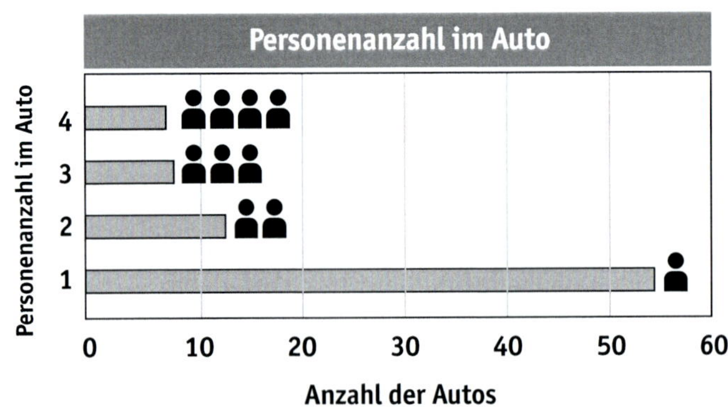

d) Tipps

- Das Ausfüllen der Tabellen vor Ort in Form einer Strichliste muss vorher besprochen und geübt werden. In der Regel ist den Kindern aus dem Mathematikunterricht die Strichliste mit „Fünferpäckchen" vertraut.
- Für die Darstellung kann man die gezählten Autos auch als Säulendiagramm mit Legosteinen oder Steckwürfeln stecken und so den Aufbau dieses Diagramms als „Säule" demonstrieren (pro Fahrzeug ein Steckwürfel).
- Beobachtungsaufgaben unter den Schüler*innen aufteilen (siehe oben); Partnerarbeit: Einer schaut und diktiert, der Zweite schreibt.
- Man sollte das Hochrechnen von 15 Minuten auf den ganzen Tag kritisch besprechen: Kommen zu jeder Tageszeit gleich viele Fahrzeuge vorbei? Wann sind es mehr, wann wenige und was bedeutet das für eine (genaue) Statistik?
- Wie bei allen Unterrichtsgängen ist auch bei der Verkehrszählung die Aufsichtspflicht ein wichtiger Punkt. Bei einer Aufteilung der Klasse in Gruppen für jede Straßenseite empfiehlt es sich, weitere Helfer*innen (z.B. Eltern) einzusetzen (siehe dazu auch Kasten 8, Kapitel 3.1).

e) Literatur/Internet

Bleyer, Gunter (1996): Kind und Umwelt im Verkehr. Projekttage in der Grundschule. Amt für Schule. Hamburg.

Spitta, Philipp (2013j): Mit dem Straßenverkehr muss man rechnen... Sachrechnen im Rahmen der Mobilitätsbildung. In: Praxis Grundschule, Jg. 36, H. 4, S. 28-36. Siehe dazu auch die Arbeitsblätter in Praxis Grundschule.

Arbeitsblätter/Kopiervorlagen zur Verkehrszählung finden sich auch im Material vom VRS (Spitta 2019), S. 6.

Zum Download: https://www.vrs.de/service/mobilitaetsmanagement/beratung-fuer-schulen (21.4.2020).

f) Arbeitsblätter/Kopiervorlage

AB 17
für die Verkehrszählung
(ist eventuell nach eigenen örtlichen Gegebenheiten umzustellen).

3.3.2 Verkehrs- und Ampelbeobachtungen

a) Didaktische Überlegungen/Einordnung in die Mobilitätsbildung

Die Schüler*innen lernen an einer Ampel (einer stark befahrenen Straße oder Kreuzung, einem Zebrastreifen) in ihrem Wohnort die Gefahren des Straßenverkehrs situativ kennen. Durch das Beobachten des Verhaltens und der Fehler anderer Verkehrsteilnehmer*innen wird das Bewusstsein für die Gefahren geschärft (siehe dazu auch das Kapitel 3.4.1 zum sozialen Lernen). Es kann deutlich

Bild 68:
Schüler*innen bei der Ampelbeobachtung auf dem Schulweg

werden, wie man sich selbst dort verhalten muss, um sich bei Regelverstößen anderer Verkehrsteilnehmer*innen nicht zu gefährden, und welche Bedeutung das Einhalten der Regeln hat. Probleme an der Ampelschaltung, wie beispielsweise sehr kurze Grünphasen und lange Rotphasen für Fußgänger, können Anlass sein, sich an die entsprechenden Stellen der Kommune zu richten und eine Verbesserung der Ampelschaltung für Kinder auf dem Schulweg einzufordern.

b) Handlungsanregungen

Im Rahmen von Erkundungen im Schulumfeld oder der Beschäftigung mit dem Schulweg ist es sinnvoll, die ampelgeregelten Kreuzungen im Einzugsbereich der Schule (sofern vorhanden) zu untersuchen. In der Regel handelt es sich dabei um größere Kreuzungen, die ein gewisses Gefahrenpotential für die zur Schule gehenden Kinder haben.

Um eine zusätzliche Motivation bei der Untersuchung zu erreichen, können sich die Kinder in die Rolle von Verkehrsdetektiven hineinversetzen und so an einer Kreuzung in ihrem Wohnbezirk die Fehler von Verkehrsteilnehmer*innen aufspüren (zum Beispiel wenn diese bei Rot über die Ampel gehen oder fahren, im Auto nicht angeschnallt sind, wenn Kinder ohne Fahrradhelm fahren oder Autofahrer*innen sich beim Abbiegen nicht nach Fußgänger*innen und Radfahrer*innen umsehen, wenn Radfahrer*innen den Radweg auf der falschen Straßenseite benutzen und so weiter). In der Klasse muss zuvor besprochen werden, wie sich die Kinder bei den Beobachtungen verhalten müssen (alles gut notieren, nicht streiten, drängeln, schubsen). Die Gruppen werden schon vorher eingeteilt. Die Kinder erzählen, welche Regeln im Verkehr sie schon kennen und auf was sie besonders achtgeben müssen. Spielerisch können vorher auch schon Verkehrssituationen auf dem Schulhof oder in der Klasse geübt werden.

Bild 69: Beobachtungen an der Ampel: Wie oft fährt ein Pkw bei Rot?

Neben der Beobachtung des Verhaltens von allen Verkehrsteilnehmer*innen an der Ampel messen die Schüler*innen mit Hilfe von Stoppuhren die Zeit der Grün- und Rotphasen für Fußgänger*innen und Autofahrer*innen, um diese anschließend vergleichen zu können. Nach der vereinbarten Beobachtungszeit von ca. 15 Minuten gehen alle wieder gemeinsam zurück zur Schule, um dort im geschützten Klassenraum von ihren Beobachtungen zu berichten. Verstöße gegen die Verkehrsregeln werden auf Plakaten notiert und die Messungen der Ampelphasen verglichen. Falls nötig, werden per Brief Polizei, Straßenverkehrs- oder Ordnungsamt über die Missstände informiert und Lösungsvorschläge von den Schüler*innen genannt.

c) Material

- Klemmbretter als Schreibunterlage
- Kopien des Arbeitsblattes oder Notizzettel
- Karteikarten
- Stifte
- Stoppuhren für jede Gruppe (oder Uhr/Smartphone mit Stoppuhrfunktion)
- Plakate/Tafel zum Sammeln der Ergebnisse im Anschluss an die Beobachtung vor Ort

d) Tipps

- Bei einer größeren Lerngruppe oder Klasse ist es sinnvoll, die Aufgaben zu verteilen. Eine Gruppe beobachtet nur die Autofahrer*innen, andere Kinder nur die Fußgänger*innen und so weiter. Es bietet sich auch an, die Beobachtungsperspektive zwischen den Gruppen häufiger zu wechseln.
- Es ist sinnvoll, die Beobachtungszeit auf circa 15 Minuten zu begrenzen, damit es nicht langweilig wird. Auch in kurzer Zeit ist meistens schon einiges zu beobachten.
- Beim anschließenden Sammeln der Ergebnisse können die von den Kindern beobachteten

Fehler auf rotem Papier und die entsprechenden richtigen Verhaltensweisen beziehungsweise die dazu passenden Verkehrsregeln und richtigen Verhaltensweisen auf grünem Papier notiert werden. Durch das Gegenüberstellen von falschem und richtigem Verhalten soll vermieden werden, dass abschließend nur die negativen Verhaltensweisen auf dem Plakat zu sehen sind.

- Die Verkehrsbeobachtung kann als Schreibanlass genutzt werden (Brief, Bericht über die Beobachtung).
- Sollte sich im Einzugsgebiet ein Kreisverkehr oder Zebrastreifen befinden, können diese ebenfalls in eine gezielte Beobachtung einbezogen werden. Der Beobachtungsschwerpunkt richtet sich ohnehin nach den besonderen Gegebenheiten vor Ort und kann je nach Schulstandort stark abweichen.

e) Literatur/Internet

Kaiser, Astrid (1996): Ampelaktionen – ein Ansatz handlungsorientierter Verkehrserziehung. In: Kaiser, A.: Praxisbuch handelnder Sachunterricht. Band 1. Baltmannsweiler, S. 5-10.

Spitta, Philipp (2013): Mobile Kinder. München, S. 36.

f) Arbeitsblätter/Kopiervorlagen

AB 18:
Ampelbeobachtung

3.3.3 Verkehrsdetektive

a) Didaktische Überlegungen/Einordnung in die Mobilitätsbildung

Die Kinder können bei ihren Untersuchungen in verschiedene Rollen schlüpfen. Mit den Augen der gewählten Person untersuchen sie ihre Umgebung Als Detektiv*in oder Polizist*in achten sie auf fehlerhaftes Verhalten im Verkehr, auf Falschparker*innen oder Zerstörungen im Stadtteil. Die Pfadfinder*innen suchen nach Schleichwegen, Abkürzungen durch Parks oder Grünanlagen, abenteuerlichen Verstecken und Nischen in der Umgebung. Für den Bereich der Verkehrserkundung können die Fragebögen (siehe Kopiervorlagen)[30] als Hilfe eingesetzt werden. Je nach örtlichen Bedingungen besteht auch die Möglichkeit, die Untersuchungsfragen vorher gemeinsam mit den Schüler*innen zu erarbeiten. Mit Hilfe der Fragebögen zum Straßenverkehr soll einerseits der Blick der Kinder für gefährliche Stellen in ihrer Schul- und Wohnumgebung geschärft werden,

---

30 Ähnliche Fragebögen hat der VCD bei seiner bundesweiten Kampagne „Platz da! Kinder werden aktiv" 1996 und im Rahmen der Kampagne „Auf Kinderfüßen durch die Welt – Wir sammeln grüne Meilen" seit 2002 erfolgreich eingesetzt. Die Untersuchungsmaterialien (Arbeitsblätter als PDF) finden sich aktuell immer noch im Rahmen der jährlichen Kindermeilen-Kampagne des Klimabündnisses unter www.kindermeilen.de.

Bild 70: Schüler*innen bei der Stadtteilerkundung

andererseits können die Ergebnisse dazu genutzt werden, die Probleme im Stadtteil bekannt zu machen und bei Verwaltung und Politik Verbesserungen einzufordern. Dazu können die Kinder - auch gemeinsam mit den Eltern - die Ergebnisse per Brief oder mit Hilfe der Lokalzeitung an die Verantwortlichen in der Kommune weiterleiten. Die Kinder lernen auf diesem Wege, sich für ihre Interessen einzusetzen und Funktionen von Politik und Verwaltung kennen. Um Enttäuschungen und damit einen negativen Effekt zu vermeiden, muss mit den Kindern besprochen werden, dass Veränderungsprozesse lange dauern können und nicht alle Probleme von einem Tag auf den anderen zu beseitigen sind. Es bietet sich an, Bürgerinitiativen zur Durchsetzung der Forderungen zu gewinnen. Diese kennen häufig die lokalen Strukturen und haben bei der Durchsetzung von Interessen einen längeren Atem als Kinder.

b) Handlungsanregungen

Zur Vorbereitung der Untersuchung werden die Ziele besprochen und die Arbeitsblätter durchgegangen. Falls nötig, wird der Umgang mit Stoppuhr und Maßband geübt. In Gruppen (Begleitung durch weitere Lehrer*innen oder Eltern) ermitteln die Schüler*innen Stellen mit Verkehrsproblemen im Stadtteil. Wenn möglich sollten die Gruppen verschiedene Bereiche des Stadtteils untersuchen, so dass ein möglichst vollständiges Bild der Schulumgebung entsteht. Im Anschluss an die Untersuchung erfolgt die Auswertung. Dazu bietet es sich an, beim Katasteramt einen Stadtplan in großem Maßstab zu besorgen oder einen normalen Stadtplan groß zu kopieren. In einigen Kommunen gibt es auch schon Stadtteilpläne für Kinder. Die Kinder lernen auf diese Weise den Umgang mit Karten, indem sie die von ihnen gefundenen Problembereiche in der Karte ihres Stadtteils markieren. Auf Tablets oder iPads können auch interaktive Karten markiert und beschriftet werden.

Bild 71: Eintragen von Besonderheiten und Gefahrenstellen auf dem Stadtteilplan

c) Material

- Fragebögen
- feste Unterlagen zum Schreiben/Klemmbretter
- Maßband oder Zollstock
- Stoppuhr oder Uhr mit Sekundenzeiger
- Stadtplan zum Eintragen der Gefahrenpunkte

Bild 72: Ermittlung zugeparkter Geh- oder Radwege

d) Tipps

- Es ist möglich, auch nur Teile des Fragebogens zu nutzen, um den Umfang des Materials zu begrenzen oder den Fragebogen zu ändern, um ortsspezifische Probleme besser erfassen zu können.
- Eine Unterstützung durch kommunale Ämter bei Verbesserungen im Umfeld ist in der Regel erfolgreicher, wenn diese schon vor Beginn der Untersuchung miteinbezogen werden. In diesem Zusammenhang muss eine Beteiligung der lokalen Presse abgewogen werden.
- Für das Erreichen von Veränderungen ist die Unterstützung von Schulleitung und Eltern im Rahmen der Schulpflegschaft unerlässlich.

e) Literatur/Internet:

Klimabündnis: (2017): Kleine Klimaschützer unterwegs. Begleitheft für LehrerInnen und ErzieherInnen. Frankfurt a.M.

Untersuchungsbögen Verkehrsdetektive: „Platz da! Kinder werden aktiv“ (1996) und „Auf Kinderfüßen durch die Welt – Wir sammeln grüne Meilen“ zur Erkundung des Stadtteils können im Klassensatz beim Klimabündnis bestellt werden oder als PDF heruntergeladen werden: http://www.kindermeilen.de/materials.html.

f) Arbeitsblätter/Kopiervorlagen
Siehe Kopiervorlagen Kapitel 3.2. AB 08 bis AB 16.

AB 17:
Verkehrszählung

AB 18:
Ampelbeobachtung

3.3.4 Stadtteilerkundungen

a) Didaktische Überlegungen/Einordnung in die Mobilitätsbildung
Das Aufsuchen außerschulischer Lernorte und das Durchführen von Erkundungsgängen sind fester Bestandteil fast aller reformpädagogischen Konzepte. Im Rahmen des Sachunterrichts lassen sich unter zahlreichen Aspekten Erkundungen durchführen. Nicht immer muss dabei der Straßenverkehr im Mittelpunkt stehen. Dieser spielt indirekt eine Rolle, indem beispielsweise richtiges Verhalten an gefährlichen Stellen sozusagen nebenbei auf dem Unterrichtsgang geübt wird. Durch die Untersuchungen im Ort werden zusätzlich zu der Erarbeitung des Themas die Kenntnisse der Kinder über ihr Wohnumfeld verbessert und die durch den verstärkten Transport im Auto entstandenen Lücken bei der Wahrnehmung der Umgebung auf diese Weise geschlossen (vgl. Kapitel 2.5, siehe auch Leitzgen/Rienermann 2017).

Die jeweiligen Schwerpunkte der Erkundungsgänge sind in ein Sachunterrichtsthema (oder ein anderes Fach wie Mathematik, Kunst oder Erdkunde in der Sek. 1) eingebunden und müssen in diesem Kontext vor- und nachbereitet werden. Die anschließende Auswertung des Unterrichtsganges, die Präsentation von Ergebnissen, die Dokumentation mit Fotos – möglicherweise durch Texte der Kinder ergänzt - sowie die gemeinsame Reflexion spielen eine zentrale Rolle.

b) Handlungsanregungen
Im Folgenden werden einige mögliche Anlässe für Erkundungsgänge im Stadtteil oder der Region knapp skizziert.

Pflanzen und Blumen
An Straßenrändern, in Mauerritzen, im Park und auf Grünstreifen am Straßenrand wachsen zahlreiche Pflanzen. Diese kann man mit der gesamten Lerngruppe

Bilder 73 a-c: Pflanzen am Straßenrand: Löwenzahn, weiße Taubnessel und Gänseblümchen

oder einer Kleingruppe suchen, fotografieren (siehe Bilder 73a-c) und mit Hilfe von Bestimmungsbüchern oder einer Bestimmungs-App einordnen und benennen sowie in einer Forschermappe dokumentieren (vgl. Hollstein 2002). Man kann diese Wildpflanzen (sofern sie nicht geschützt sind) auch vorsichtig pflücken und pressen. Die gepressten Blumen können auf die Steckbriefe geklebt oder mit einem Laminiergerät, das auch dickere Folien annimmt, laminiert werden. Alternativ zu den Steckbriefen können die einzelnen gefundenen Pflanzen arbeitsteilig in Gruppen bestimmt werden. Die einzelnen Ergebnisse werden anschließend zu einem Pflanzenbestimmungsheft der Klasse zusammengebunden.

Schulklassen können zum Themenbereich Pflanzen auch selbst aktiv werden und auf dem Schulgelände oder in der Nachbarschaft an urbanen Pflanzaktionen mit Hochbeeten oder der Bepflanzung von Bauscheiben und Grünstreifen mitwirken. Unter dem Stichwort „essbare Stadt" finden sich in vielen Kommunen Angebote für öffentliche Gärten und für alle Anwohner*innen zugängliche Beete mit Obst und Gemüse. Über Internetseiten und Apps kann man erfahren, wo für alle Bürger*innen zugänglich beispielsweise Obstbäume oder Nüsse wachsen, die alle ernten dürfen (siehe www.mundraub.org). Mit der Klasse können solche Orte gesucht, genutzt oder betreut werden.

Tiere in der Stadt

Tiere sind ein spannendes Thema für Grundschulkinder. In vielen Familien leben Haustiere. Aber auch in der Schulumgebung sind Tiere unterwegs. Inzwischen leben sogar Wildtiere wie Füchse oder Waschbären in vielen Städten. Diese und „normale" Wildtiere wie z.B. Vögel (vgl. u.a. Gläser/Schomaker 2013) können gezielt auf einer Exkursion, aber auch im Rahmen einer Nachmittagsaufgabe (statt einer „Haus"-aufgabe) gesucht und beobachtet werden. Welche

Tiere oder deren Spuren entdecken wir bei uns in der Umgebung? Dazu müssen Bestimmungsbücher oder entsprechende Apps genutzt werden (z.B. die Vogelbestimmungs-App vom Nabu). Die entdeckten Tiere (oder deren Spuren und Hinterlassenschaften) können in einem Steckbrief in der Forschermappe dokumentiert werden. Ergänzt werden diese Steckbriefe/Sammlungen durch Informationen und Bilder aus Büchern oder aus dem Internet. Dazu berichten und schreiben die Schüler*innen, wie sie das Tier beobachten konnten, wie es sich verhalten hat, was besonders war. Neben den „großen" Tieren ist es sehr ergiebig, auch die kleinen und unscheinbaren Tiere, Käfer, Insekten oder Spinnen in den Blick zu nehmen (vgl. Köster/Mehrtens/Bauerle 2018, siehe diverse Zeitschriften unten bei der Literatur).

Geschäfte/Firmen/Arbeit im Ort untersuchen

Im Rahmen des geographischen Lernens kann man mit der Klasse untersuchen, welche Einkaufsmöglichkeiten im Ort vorhanden sind oder ob man zum Einkaufen in das Shopping-Center am Stadtrand fahren muss. Die gefundenen Geschäfte, Firmen oder auch Arbeitsplätze im Umfeld können auf einer Karte dargestellt und kommentiert werden (vgl. Spitta 2016a, S. 62).

Bild 74: Stadtteilerkundung: Welche Geschäfte gibt es im Ort?

Kunst in der Stadt

In vielen Städten finden sich im Straßenraum oder an (öffentlichen) Gebäuden Skulpturen, Denkmäler oder Kunstobjekte. Hin und wieder sind auch Häuser oder Balkone kreativ-künstlerisch gestaltet und laden zum Schauen und Staunen ein. Diese Objekte können ebenfalls bei einer Exkursion, ggf. auch verbunden mit einem Museumsbesuch, erkundet werden (vgl. dazu Pareigis 2018). Kinder können im Stadtteil künstlerisch-kreativ werden und sich mit einer Umgestaltung von Objekten einbringen oder sich praktisch mit Street-Art-Projekten auseinandersetzen.

Zeit und Raum: Historisches Lernen und Erkundungen vor Ort

In der Grundschule bis in die Sekundarstufe hinein ist eine Untersuchung des Wohnorts unter historischen Gesichtspunkten sinnvoll. Dabei wird festgestellt, dass die räumlichen Gegebenheiten auf Entwicklungen in der Vergangenheit beruhen und einem ständigen, von Menschen beeinflussten und teilweise gewollten Wandel unterworfen sind. Im Kontext der Themenbereiche der geographischen Perspektive werden Entwicklungen und Veränderungen in Räumen untersucht und Vermutungen angestellt, „wie etwas geworden ist und wie sich bestimmte Sachen und Situationen verändern“ (GDSU 2013, S. 55). Folgende Zugänge sind dabei zu empfehlen:

Die Kinder suchen im Ort nach alten Gebäuden, Denkmälern und Einrichtungen. Die Geschichte(n) dieser Stellen werden recherchiert, dokumentiert und mit der historischen Entwicklung des Ortes in Beziehung gesetzt und auf einer Zeitleiste eingeordnet. Ebenso können historische Erkundungen mit dem biographischen Lernen verknüpft oder Orte, die mit geschichtlichen Ereignissen verknüpft sind, aufgesucht werden (Koch/Pech 2018). Dies können alte Gebäude sein, Stolpersteine, die auf die Deportation jüdischer Bürger*innen in den 1930er Jahren hinweisen oder einfach Orte, zu deren Werden und Wandel die Schüler*innen (historische) Fragen stellen.

Ein weiterer Zugang bietet sich über alte Fotografien und Karten des Ortes an, die man im Stadtarchiv und in lokalhistorischen Publikationen findet. Der Vergleich mit dem heutigen Aussehen bietet zahlreiche Gesprächsanlässe zur Veränderbarkeit der räumlichen Bedingungen. In diesem Zusammenhang können Großeltern oder ältere Anwohner*innen befragt werden, an welche Wohn- und Umgebungssituationen (Straßen, Spielplätze, Einkaufsmöglichkeiten, Naturorte u.a.) sie sich aus ihrer Kindheit erinnern (siehe dazu das Schulweg-Interview Kapitel 3.2.5) (Spitta 2016a, S. 61).

Straßennamen untersuchen

Es lohnt sich, die Straßennamen genauer unter die Lupe zu nehmen. Das kann durch einen Rundgang oder aber auch (zusätzlich) mit Hilfe eines Stadtplans in der Klasse erfolgen. Je nach Lage können die Straßennamen rund um die Schule unterschiedlichen Ursprung haben. Im Bereich der Altstadt oder im Dorfkern finden sich oft historische Bezüge, denen nachgegangen werden kann. Was ist die „Böttchergasse“ und was versteckt sich hinter dem Namen „Schulstraße“? In anderen Stadtteilen dominieren Namen von Persönlichkeiten (warum so oft von Männern?) und in wieder anderen Gegenden (z.B. Neubaugebieten) hat man Blumennamen oder Namen umliegender Landschaften und Städtenamen verwendet. Besonders interessant können Straßennamen sein, die ein Hinweis auf lokale Gegebenheiten sind. So fanden meine Schüler*innen an der Grundschule an der Langforthstraße beispielsweise heraus, dass diese Straße vor 100 Jahren durch eine „lange Furt“ über die Emscher führte, einen Fluss der mit der Industrialisierung im Ruhrgebiet als Abwasserkloake in ein

Betonbett verlegt wurde, während sie Straße noch heute ohne Furt, aber mit Brücke, in Schulnähe zu finden ist.

Mathematische Unterrichtsgänge

Wie bei der Verkehrszählung (Kapitel 3.3.1.) und dem Ablaufen von 1000 Metern (Kapitel 3.2.3) lassen sich bei weiteren Erkundungen ebenfalls mathematische Bezüge herstellen. So können (schon in der 1. Klasse) geometrische Formen im Schulumfeld gesucht werden. Neben Alltagsgegenständen wie Häusern oder Fenstern bieten sich hier besonders auch die Verkehrszeichen an (siehe Kapitel 3.4.3 und die Arbeitsblätter dazu). Auf den alltäglichen Wegen (auch geeignet für den Anfangsunterricht) lassen sich Zahlen und Ziffern in verschiedenen Funktionen (und nicht nur nach dem Kardinalzahlaspekt) entdecken. So können die Schüler*innen Zahlen u.a. auf Autokennzeichen, Hausnummern, bei Kilometerangaben auf Schildern, auf Werbeplakaten oder Temposchildern finden, fotografieren, abzeichnen und in der Klasse besprechen (vgl. AB 10).

Stadtteilrallye

Für ein Schulfest oder für die Parallelklasse kann eine kleine Stadtteilrallye erstellt werden, bei der bei einem Rundgang durch den Ort an verschiedenen Stellen Fragen zum Verkehr, zu Verkehrsregeln und Verhaltensweisen, zu historischen Bezügen oder anderen ortsrelevanten Punkten beantwortet werden müssen. Anstelle einer Rallye in Papierform bieten sich auch digitale Apps wie BIPARCOURS an, die eine Erkundung der Umgebung mit dem eigenen Smartphone ermöglichen. Bei diesen Anwendungen im Straßenraum muss allerdings darauf geachtet werden, dass es zu keiner Unfallgefährdung beim Ablaufen der Rallye mit dem Smartphone in der Hand kommt. Ähnliche Entdeckungsmöglichkeiten bieten sich über eine Schatzsuche per Geocache an (siehe dazu auch Spitta 2015c).

Spielplatz-Test im Ort

Die Klasse entwickelt Kriterien, was einen guten Spielort oder gestalteten Spielplatz ausmachen sollte (Angebot an Spielmöglichkeiten/Geräten, freie Spielmöglichkeiten, Bewegungsanlässe, Sauberkeit, Sicherheit, Erreichbarkeit usw.). Auf einem Rundgang im Ort, verbunden mit einem aktiven Praxistest, werden verschiedene Spielorte aufgesucht, dokumentiert und bewertet. Die Bewertung kann per Abstimmung in der Klasse erfolgen und anschließend z.B. auf einem Plakat in der Pausenhalle oder auf der Homepage der Schule präsentiert werden. Jeder Spielplatz kann eine Note bekommen und/oder ein „Kinder-TÜV-Siegel". Mängel und Verbesserungsvorschläge werden notiert und (evtl. zusammen mit dem Kinder- und Jugendparlament, soweit in der Kommune vorhanden) an die Presse und Kommunalverwaltung weitergegeben.

Bild 75a und 75b: Naturerfahrung und Bewegungsschulung draußen

Draußentage

Kinder heute halten sich immer seltener im Freien auf. Auch in der Schule finden viele Aktivitäten sitzend im geschlossenen Raum statt. Die kurzen Pausenzeiten werden dem Bewegungsbedürfnis von Kindern im Freien meist nicht gerecht. Stadtkinder haben insgesamt wenig Zugang zu halbwegs naturbelassenen Spielräumen oder gar einem Wald. Eine unmittelbare Begegnung mit der Natur findet daher seltener als noch vor ein bis zwei Generationen statt. Meist ist das Wissen über die Natur aus zweiter Hand.

Der Psychologe Alexander Mitscherlich stellte dazu schon in den 1960er Jahren fest: „Der junge Mensch ... ist weitgehend ein triebbestimmtes Spielwesen. Er braucht deshalb seinesgleichen - nämlich Tiere, überhaupt Elementares, Wasser, Dreck, Gebüsch, Spiel-raum. Man kann ihn auch ohne das alles aufwachsen lassen, mit Teppichen, Stofftieren oder auf asphaltierten Straßen und Höfen. Er überlebt es - doch man sollte sich dann nicht wundern, wenn er später bestimmte soziale Grundleistungen nie mehr erlernt, zum Beispiel ein Zugehörigkeitsgefühl zu einem Ort oder Initiative“ (Mitscherlich 1965, S. 24).

Henning Schüler schlägt vor, mit der Klasse regelmäßig (alle paar Wochen oder so oft wie möglich, z.B. einmal im Quartal) einen ganzen Unterrichtsvormittag in der Natur und im Wald zu verbringen (Schüler 1999). Als Klassenlehrer habe ich regelmäßig solche Wald- und Draußentage durchgeführt und feststellen können, wie sich diese Erfahrungen positiv auf das soziale Lernen der Klassen, das Spielverhalten im Wald und später auch in der Schule, die Bewegungssicherheit, die Naturbegegnung und Beschäftigung mit biologischen Themen sowie auf die Kompetenz, mit dem Linienbus zum Wald zu kommen, auswirkte (Spitta 2014b, vgl. auch Renz-Polster/Hüther 2013, von Au/Gade 2016).

c) Material

- Stadtteilkarten
- Digitalkamera/Smartphone

d) Tipps

- Für Erkundungsgänge können Ämter und Organisationen eingebunden werden. Mögliche Kooperationspartner sind beispielsweise: ADFC, BUND, Nabu, VCD, Biologische Station, Agenda Büro oder lokale Agenda–Gruppen, Bürgerinitiativen, Verwaltung, Polizei, Museen.
- Für Erkundungen im Ort bietet sich neben der Biparcours-App auch die Suche nach (ggf. selbst versteckten) Geocaches an.
- Detaillierte Stadtpläne stellt das Katasteramt ggf. zur Verfügung.

e) Literatur/Internet

Biparcours-App: Für Schul- und Stadtteilerkundungen: Infos und kostenlose Nutzung unter: www.biparcours.de.

Geocache: www.geocaching.com.

Gläser, Eva/Schomaker, Claudia (2013): Die faszinierende Welt der Vögel. In: Grundschule Sachunterricht, Heft 57, S. 2-7.

Hollstein, Gudrun (2002): Pflanzenkenntnis als Teil der Umweltbildung. Grundlagen und Vorschläge für den Unterricht in der Grundschule. Baltmannsweiler.

Hopf, Arnulf (1989): Außenflächen, Straßen und Verkehr in der Wohnumwelt von Kindern. In: Fölling-Albers, Maria (Hrsg.): Veränderte Kindheit - veränderte Grundschule. Frankfurt a.M., S. 85-93.

Koch, Christina/ Pech, Detlef (2018): Biografisches Lernen an historischen Orten. In: Köster, H. (Hrsg.): Stadtbilder. Perspektiven auf urbanes Leben. Baltmannsweiler, S. 51-61.

Köster, Hilde/Mehrtens, Tobias/Bauerle, Konrad (2018): Stadtnatur, die im Verborgenen lebt. In: Köster, H. (Hrsg.): Stadtbilder. Perspektiven auf urbanes Leben. Baltmannsweiler, S. 79-106.

Leitzgen, Anke/Rienermann, Lisa (2017): Entdecke deine Stadt. Stadtsafari für Kinder. Weinheim/Basel.

Limbourg, Maria (2009): Lernort Schulweg. In Grundschulzeitschrift, Heft 224, S. 26-30.

Pareigis, Johanna (2018): Kinder erforschen Kunst im öffentlichen Raum. In: Köster, H. (Hrsg.): Stadtbilder. Perspektiven auf urbanes Leben. Baltmannsweiler, S. 171-182.

Renz-Polster, Herbert/ Hüther, Gerald (2013): Wie Kinder heute wachsen. Natur als Entwicklungsraum. Ein neuer Blick auf das kindliche Lernen, Fühlen und Denken. Weinheim.

Schüler, Henning (1999): Umwelterziehung als Draußentage. In: Baier, Hans et al. (Hrsg.): Umwelt, Mitwelt, Lebenswelt im Sachunterricht. Probleme und Perspektiven des Sachunterrichts, Bd. 9. Bad Heilbrunn, S. 129-140.

Silviva: Draußen lernen in der Schweiz: https://www.silviva.ch/draussen-unterrichten/materialien/ (4.4.2020).

Spitta, Philipp (2016a): Wie wohnen wir? Wohnen und Wohnumfeld erkunden, beschreiben und dokumentieren. In: Adamina/Hemmer/Schubert (Hrsg.): Die geographische Perspektive konkret. Begleitband 3 zum Perspektivrahmen Sachunterricht. Bad Heilbrunn, S. 49-61.

Spitta, Philipp (2016c): Mit Schülerinnen und Schülern Stadtteilpläne und (Schatz-)Karten erstellen. In: Adamina/Hemmer/Schubert (Hrsg.): Die geographische Perspektive konkret. Begleitband 3 zum Perspektivrahmen Sachunterricht. Bad Heilbrunn, S. 187-200.

Spitta, Philipp (2015c): Unterwegs mit Navi, GPS und Karte im Unterricht – technisches mit dem geografischen Lernen verbinden. In: Grundschulunterricht Sachunterricht, H. 1/2015, S. 8-12.

Spitta, Philipp (2014b): Draußentage. Unterwegs im Wald mit einer Klasse einer städtischen Grundschule. In: Fragen und Versuche. Zeitschrift der Freinet-Kooperative, Heft 147, S. 38-47.

Spitta, Philipp (2013g): Schulwege- und Stadtteilerkundung. In: Praxis Grundschule, Jg. 36, H. 4, S. 8-13.

Spitta, Philipp (2009a): Die Welt vor der Haustür entdecken. Mobilität umweltgerecht erfahren: Neue Wege in der Verkehrserziehung. In: Grundschulmagazin, Jg. 77, H. 3, S. 27-32.

Spitta, Philipp (2002c): Die Welt vor der Haustür entdecken und gestalten – Erkundung, Planungsbeteiligung und Agenda 21. In: Engelhardt/Stoltenberg (Hrsg.): Die Welt zur Heimat machen? Bad Heilbrunn 2002, S. 185-197.

von Au, Jacob/Gade, Uta (2016): Raus aus dem Klassenzimmer. Outdoor Education als Unterrichtskonzept. Weinheim/Basel.

Zeitschriften:

Grundschule Sachunterricht (1999): Umgebung erkunden. Heft 2. Friedrich Verlag.

Grundschule Sachunterricht (2013): Sammelband: „Pflanzen in ihrem Lebensraum". Friedrich Verlag.

Grundschule (1999): Schule: Weg, Raum, Natur, Heft 2, Westermann.

Praxis Grundschule (2011): Asseln. Heft 5/11. Westermann.

Weltwissen Sachunterricht (2007): Wilde Welten. Heft 4/07, Westermann.

Weltwissen Sachunterricht (2009): Das kleine Krabbeln. Insekten. Heft 3/09 Westermann.

f) Kopiervorlagen/Arbeitsblätter

AB 21:
Pflanzensteckbrief

AB 22:
Tiersteckbrief

Abb. 14: Verkehrszeichen VZ 325.1 „Spielstraße“

3.3.5 Tempo 30-Zone und Spielstraße

a) Didaktische Überlegungen/Einordnung in die Mobilitätsbildung

Vor vielen Schulen und Kindergärten gilt inzwischen Tempo 30, zum Teil sind Wohngebiete als Tempo-30-Zonen oder als Spielstraße (mit Schrittgeschwindigkeit für Pkw) ausgewiesen. Leider halten sich Autofahrer*innen nicht immer an diese Vorschriften, von manchen werden Fahrthindernisse wie Einengungen und Aufpflasterungen zur Temporeduzierung als „Schikanen“ empfunden (ADAC 2015). Dabei ist es seit langem erwiesen, dass Tempo 30 maßgeblich zur Unfallverminderung und Reduzierung der Unfallfolgen beitragen kann (VCD 2012, S. 3).

Viele Pkw-Benutzer*innen haben immer noch die Regelgeschwindigkeit 50km/h für Stadtverkehr im Kopf, daher fordern Verkehrswissenschaftler*innen für Sicherheit und Umweltschutz ein generelles Tempo 30 innerorts (UBA 2016). Nur als Ausnahme wäre dann auf ausgewählten Achsen Tempo 50 erlaubt. In Deutschland fallen solche Veränderungen schwer. Immerhin geht die Straßenverkehrsgesetzgebung seit einigen Jahren davon aus, dass jede*r Autofahrer*in abseits der Hauptstraßen mit Tempo-30-Zonen zu rechnen habe, auch wenn diese nicht durch Rückbaumaßnahmen gekennzeichnet sind. Inzwischen sind vor Schulen und Altersheimen fast immer Tempo-30-Strecken eingerichtet worden. Es ist Aufgabe der Kommunen, für den Sinn von Tempo 30 zu werben und gleichzeitig durch Kontrollen die Einhaltung zu überwachen. Die Schule kann dieses Anliegen unterstützen, denn in ihrem Umfeld ist der Vorteil einer Verkehrsberuhigung allen Anwohner*innen, besonders den Eltern der schulpflichtigen Kinder, schnell transparent zu machen.

Abb. 15: Verkehrszeichen VZ 274.1: Tempo 30-Zone

Besonders deutlich wird der Sicherheitsgewinn durch Tempo 30, wenn man die Bremswege verschiedener Geschwindigkeiten vergleicht. Demnach benötigt ein Pkw bei Tempo 50 und guten Straßenverhältnissen durchschnittlich 27,7 Meter, bis er zum Stehen kommt. Bei Tempo 30 beträgt der Anhalteweg circa 13,3 Meter. Diese Wege können schnell länger werden, wenn die Reaktionszeit des

Fahrenden verlangsamt ist. Die oben genannten Zahlen basieren auf einer Reaktionszeit von einer Sekunde. Das heißt, wenn ein*e Fahrer*in ein Kind 15 Meter vor sich auf die Straße laufen sieht, vergeht knapp eine Sekunde, bis diese Information verarbeitet wird, eine Reaktion in der Form stattfindet, dass der Fuß das Bremspedal durchdrückt und der Bremsvorgang beginnt. Bei schlechter Verfassung, Müdigkeit, Stress oder mit Alkohol im Blut kann diese Reaktionszeit auch schnell länger dauern. In dieser (idealerweise nur) einen Sekunde hat sich ein Auto bei Tempo 50 bereits fast 14 Meter (Reaktionsweg) weiterbewegt. Nochmals fast 14 Meter braucht es, um anzuhalten (dazu müssen die Reifen Griff haben, darf die Straße nicht nass oder glatt sein und die Bremssysteme müssen optimal funktionieren). Das 15 Meter entfernte Kind würde bei ca. 45km/h vom Auto erfasst. Die Wucht des Aufpralls entspricht einem Sturz aus dem 3. Stock.

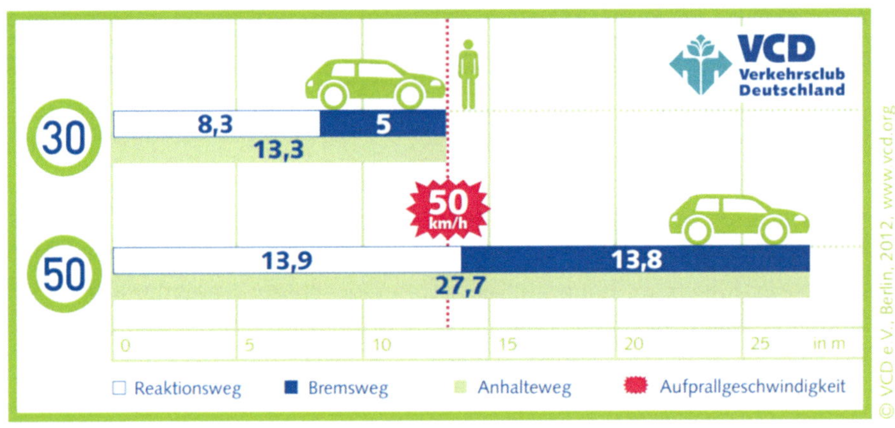

Abb. 16: Anhaltewege bei Tempo 50 und Tempo 30 (Grafik aus: VCD 2012, S. 3)

Bei Tempo 30 ist der zurückgelegte Weg während der Reaktionszeit von einer Sekunde mit circa 8,30 Meter wesentlich kürzer. Das Auto käme nach weiteren 5 Metern Bremsweg knapp vor dem 15m entfernten Kind zum Stehen.

Um diesen Sachverhalt anschaulich zu demonstrieren, bieten sich farbige Stoffbahnen an, mit denen die unterschiedlichen Anhaltewege visualisiert werden können. Alternativ zu diesen Stoffbahnen können die Anhaltewege mit Straßenmalkreide oder Sprühkreide auf dem Schulhof aufzeichnet werden. Erst durch diese Visualisierung wird vielen Autofahrer*innen bewusst, dass der Anhalteweg bei Tempo 50 mehr als doppelt so lang ist wie bei Tempo 30.

Bild 76: Einsatz des Messgerätes im Schulumfeld

Bild 77: Netzbahnen zur Demonstration der Anhaltewege

Bild 78: Stoffbahnen zum Visualisieren der Anhaltewege bei Tempo 50 (links) und 30 (rechts)

Neben der Information über Tempo 30 ist allerdings immer wieder auch eine Kontrolle der Geschwindigkeiten im Stadtteil oder an den Durchfahrtstraßen notwendig. Es hat sich bewährt, dass die Schüler*innen in diese von Polizei oder Ordnungsamt durchgeführten Geschwindigkeitsüberwachungen gelegentlich einbezogen werden.

b) Handlungsanregungen

Bei Verkehrsbeobachtungen oder auf dem Schulweg fällt Kindern oft auf, dass Pkw zu schnell fahren. Mit Hilfe der Netzbahnen oder durch die Visualisierung mit Straßenmalkreide können die Kinder sich mit der Problematik der Anhaltewege auseinandersetzen. Die so gewonnenen Informationen werden von den Kindern in eigene Informationstexte umgesetzt, mit denen Eltern und Anwohner auf die Bedeutung von Tempo 30 aufmerksam gemacht werden. Die visualisierten Anhaltewege werden anschließend im Rahmen einer Projektwoche oder eines Schulfestes präsentiert. Darüber hinaus kann nun in Zusammenarbeit mit der Polizei eine Geschwindigkeitskontrolle in Schulnähe durchgeführt werden. Mit einem Geschwindigkeitsmessgerät wird das Tempo der vorbeifahrenden Autos vor der Schule (dem Spielplatz, dem Kindergarten) gemessen. Mit Hilfe der Polizei werden alle Autofahrer*innen dort an den Rand gewinkt und von den Kindern „zur Rede gestellt". Autofahrer*innen, die sich an das Tempolimit gehalten haben, bekommen einen von den Kindern gestalteten „Dankzettel" mit einem Stück Schokolade, die Raser einen „Denkzettel" und einen sauren Bonbon.

Bild 79: VCD-Schulaktion zu Tempo 30

Bild 80:
Geschwindigkeitsmessung
mit Hilfe der Polizei

Die Ziele dieser Aktion sind:

- Die von der Polizei gestoppten Autofahrer*innen werden durch die Kinder freundlich auf ihre Geschwindigkeitsüberschreitung hingewiesen. Diese Ermahnung wirkt oft besser als ein Bußgeld der Polizei.
- Mit Hilfe der Presse wird über die Verkehrssituation vor der Schule informiert und für ein kinderfreundliches Tempo (Tempo 30 oder Schrittgeschwindigkeit) geworben.
- Eltern und Nachbarschaft werden durch gezielte Information auf das Anliegen aufmerksam gemacht, denn häufig sind es die Anwohner*innen selbst, die sich nicht an Tempolimits in ihrem Stadtteil halten.
- Die Kinder lernen bei der Messung Geschwindigkeiten von Pkw und ihre Gefahren besser einzuschätzen.

c) Material

- Geschwindigkeitsmessgerät
- Denk- und Dankzettel
- Schokolade/saure Bonbons
- Stoffbahnen der Bremswege oder Straßenmalkreide in verschiedenen Farben
- Schablone Spielstraße
- Straßenmalkreide

Bild 81:
Aktion Verkehrsberuhigung
mit Straßenmalkreide

[10] Checkliste zur Vorbereitung und Durchführung einer Geschwindigkeitsmessung

- gemeinsame Erkundung des Schulumfeldes mit den Schüler*innen
- Durchführung von Verkehrszählungen (Kapitel 3.3.1)
- Planung der Geschwindigkeitsmessaktion mit den Schüler*innen
- Absprachen mit der Polizei und weiteren Kooperationspartnern
- Besorgen eines Geschwindigkeitsmessgerätes (über die Polizei oder das Ordnungsamt)
- Elterninformation per Brief oder Elternabend
- Verpflichtung, Einweisung und Information von Helfer*innen (Eltern) zur Betreuung der verschiedenen Gruppen
- Gestalten von „Denk- und Dankzetteln" in der Klasse
- Festlegen der Mess-Station(en)
- Gruppeneinteilung und Zeitabsprache (wer steht wann, wo?)
- Besprechen von Verhaltensregeln an der Straße, beim Messen und bei der höflichen Ansprache der Autofahrer*innen
- Einüben der Gespräche mit Autofahrer*innen (Rollenspiel)
- Presse/Radio einladen und betreuen
- Ergebnisse der Schule und den Eltern vorstellen (zum Beispiel auf der Homepage der Schule)
- Briefe mit Forderungen an die Verwaltung/Politik verfassen.

d) Tipps

- Das Anhalten von Autos im Rahmen einer Geschwindigkeitsmessung darf nur in Zusammenarbeit mit der Polizei geschehen.
- Verschiedene Organisationen leihen auch Messgeräte/Radarpistolen aus (Ordnungsamt, Polizei, Verkehrswacht).
- Einige Kommunen verfügen über mobile Anzeigetafeln auf denen herannahenden Pkw auf einem Display die aktuell gefahrene Geschwindigkeit und das an dieser Stelle erlaubte Tempo angezeigt wird. Es ist sinnvoll, diese Displays für einen längeren Zeitraum aufzustellen, um dadurch auf die Verkehrsberuhigung nachhaltig hinzuweisen.
- Viele Verkehrsteilnehmer*innen kennen die Bedeutung des Verkehrszeichens „Spielstraße" (VZ 325) nur ungenügend. Um Autofahrern ein Gefühl dafür zu vermitteln, wie „schnell" sie hier fahren dürfen (nämlich 7 km/h = Schrittgeschwindigkeit) werden sie mit Hilfe der Polizei und den Schüler*innen ein Stück im Fußgängertempo geschoben.
- Mit Hilfe des Ordnungsamtes kann ein Teilstück der Straße im Schulumfeld abgesperrt werden und als Street-Art-Kunstwerk mit Straßenmalkreide gestaltet werden. Im Rahmen der europäischen Mobilitätswoche (EMW) wurden dazu Schablonen mit dem Verkehrszeichen 325 (Spielstraße) erstellt, die mit Sprühkreide aufgesprüht werden. Einige Kommunen können diese Schablonen entleihen oder man fertigt sich diese selbst an.

Bild 82: Schablone Spielstraße

In verkehrsberuhigten Bereichen gelten folgende „Spielregeln“:

- Schrittgeschwindigkeit ist einzuhalten
- Fußgänger dürfen die Straße in ihrer ganzen Breite benutzen
- Kinderspiele sind überall erlaubt
- Parken nur auf gekennzeichneten Flächen
- Besondere Rücksichtnahme aller Verkehrsteilnehmer untereinander erforderlich

Abb. 17: Regeln Spielstraße (Quelle: Broschüre MBWSV 2015, S. 19).

e) Literatur/Internet

Bleyer, Gunter (1996): Kind und Umwelt im Verkehr. Projekttage in der Grundschule. Amt für Schule: Hamburg.

Ludewig, Karl-Heinz (1991): Tempo 30 – Wege zu menschenfreundlichen Städten und Dörfern. (Hrsg.: Arbeitskreis Verkehr und Umwelt –Umkehr e.V.), Berlin.

MBWSV (2015): Mehr Freiraum für Kinder. Ideen und Anregungen für sichere und kinderfreundliche Straßen und Wege. Ministerium für Bauen, Wohnen, Stadtentwicklung und Verkehr NRW. Düsseldorf.

UBA (2016): Wirkung von Tempo 30 an Hauptverkehrsstraßen. Dessau.

VCD (2012): VCD Position: Tempo 30. Berlin.

VCD zu Tempo 30: https://www.vcd.org/themen/verkehrssicherheit/tempo-30.

Vision Zero (Null Verkehrstote): https://www.dvr.de/dvr/vision-zero.

f) Arbeitsblätter/Kopiervorlagen

AB 23:
Bremswege bei Tempo 30 und Tempo 50

3.3.6 Stadtteilplan für Kinder

a) Didaktische Überlegungen/Einordnung in die Mobilitätsbildung

Im 3. oder 4. Schuljahr steht im Sachunterricht im Kontexts des raumbezogenen Lernens die Beschäftigung mit Karten an (vgl. GDSU 2013, S. 50). Dies setzt sich in der Regel im Erdkundeunterricht oder der Gesellschaftslehre in der Sekundarstufe fort (vgl. Adamina et al 2016). Neben den klassischen Wegen der Kartenkunde bietet sich das etwas umfangreichere Projekt an, mit Kindern einen Plan ihrer Schulumgebung (ihres Wohnortes) selbst zu erstellen. Vorrangiges Ziel dieses Vorhabens ist es, dass Kinder den Stadtteil aus ihrer Sicht für sich und andere Klassen ihrer Schule darstellen. Ganz nebenbei kommen dabei Aspekte des Arbeitens mit Karten, die Funktion von Karten-Symbolen, die farbliche Darstellung auf der Karte, der Maßstab und die Ausrichtung der Karte nach Norden mit ins Spiel (vgl. Spitta 2016c).

Für die Mobilitätsbildung ist die Arbeit mit der Karte von Bedeutung, da bei ihrer Erstellung alle Winkel des Stadtteils von den Kindern erkundet werden und somit gefährliche Wegstellen, besondere Treffpunkte, geeignete Spielplätze und andere für die Kinder bedeutungsvolle Orte wahrgenommen und später für alle nachvollziehbar dargestellt werden. Da viele etwas weiter von der eigenen Wohnung befindliche Spielorte den Kindern schon nicht mehr bekannt sind, werden durch die Karte aus Kindersicht neue Treffpunkte aufgezeigt und die Wege zu diesen Orten nebenbei geübt. Der selbst erstellte große Stadtteilplan – am Ende der Reihe im Eingangsbereich der Schule aufgehängt – bietet eine Orientierungsmöglichkeit für alle Kinder. Auf jeden Fall trägt er dazu bei, dass diejenigen, die ihn erstellt haben, in ihrem Wohnort selbstständiger mobil werden und ihren Nahraum intensiver nutzen können.

b) Handlungsanregungen

Das Vorhaben wird mit den Schüler*innen gemeinsam besprochen und geplant. Als Einstieg bietet es sich an, zuerst auf ein großes Plakat oder auf große Fotokartonplatten in Umrissen den Stadtteil mit den wichtigsten Straßen und Wegen zu skizzieren. Zur besseren Orientierung werden Straßennamen und markante Punkte schon eingetragen. Mit Fähnchen oder Klebepunkten werden die Wohnhäuser der einzelnen Schüler*innen markiert und so ihre Verteilung über den Stadtteil hin visualisiert. Anhand dieses

Bild 83: Kinderstadtplan in der Pausenhalle

großen Plans können nun Kleingruppen gebildet werden, die einzelne Bezirke oder Straßenzüge näher unter die Lupe nehmen sollen. Idealerweise sollten sich dabei Kinder aus verschiedenen Ecken des Stadtteils zusammentun. Diejenigen, die sich um ihre Haustür herum auskennen, können die anderen bei der Untersuchung vor Ort dann anleiten. Bei der Untersuchung eines weiteren Abschnitts sind dann jeweils andere Kinder Expert*innen und somit lernen alle Schüler*innen verschiedene Gebiete im Umfeld der Schule intensiver kennen.

Für die Untersuchung vor Ort sollten die Kleingruppen Ausschnitte aus der großen Karte als Notizzettel bekommen. Auf diesen Ausschnitten können die Kinder besondere Geheimwege, gefährliche Stellen, einen Kletterbaum oder andere Dinge vermerken. Im Anschluss an die Erkundung werden die Details dann den anderen Kindern präsentiert und nach Absprache in die große Karte gezeichnet. Damit die große Karte „lesbar" bleibt und nicht an zwei Stellen für die gleichen Sachen verschiedene Darstellungsweisen gewählt werden, entsteht die Notwendigkeit, sich über Kartensymbole zu verständigen.

Natürlich können im Rahmen der Diskussion, wie man die Karte am besten gestaltet, auch andere Stadtpläne oder Freizeitkarten zu Hilfe genommen und die Kartensymbole dort mit den eigenen Ideen verglichen werden. Wichtig bei der Gestaltung der großen Wandkarte ist der Vergleich zwischen der Wirklichkeit und der Abbildung.

Um für eine zusätzliche Dokumentation oder ein Begleitbuch zum Kinder-Stadtteilplan Material zu bekommen, sollten von den für die Kinder wichtigen Orten zusätzlich noch Fotos gemacht werden. Diese können nicht nur im Begleitbuch Verwendung finden, sondern auch an den Rand der großen Wandkarte gehängt und eventuell durch Markierungen oder Bindfäden zu den in der Karte verzeichneten Punkten in Beziehung gesetzt werden. Anstelle eines Begleitbuches können auch Präsentationen mit digitalen Medien eingebunden werden. So kann der Stadtteilplan mit Hilfe der App „Book Creator" kommentiert werden. Alternativ können die Kinder kleine Erklärvideos über die von ihnen auf dem Plan gefundenen Spiel- und Aufenthaltsorte im Stadtteil drehen oder mit Hilfe eines Tiptoi-Stiftes (oder Anybook Reader) und entsprechenden interaktiven Klebepunkten auf der Karte zu den jeweiligen Orten Kommentare aufzeichnen, die dann mit dem Stift durch Antippen abgerufen werden können.

Neben den Kartensymbolen muss die Karte farblich sinnvoll gestaltet sein. Auch dies kann gemeinsam erarbeitet und beschlossen werden. Wichtig ist der Austausch der verschiedenen Gruppen über ihre Entdeckungen in den verschie-

Bild 84: Von den Kindern entworfene Symbole für den Stadtplan

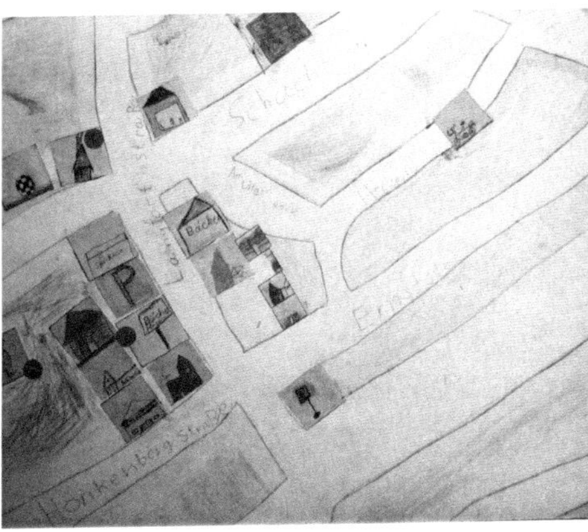
Bild 85: Ausschnitt aus dem Kinderstadtteilplan

denen Teilbereichen des Planes. Es muss begründet werden, welche Elemente aufgenommen werden sollen und welche nicht. Als Unterstützung für diesen Austausch über Spielmöglichkeiten, Gefahrenstellen, Geheimwege oder Verstecke dient das Erstellen des Begleitbuches, das Informationen über Kinder-Orte im Schulumfeld bietet und als Schreibanlass zusätzlich eine Verbindung zum Deutschunterricht darstellt.

Ideen, was alles in die Karte aufgenommen werden kann:

- Kiosk oder Laden für Süßigkeiten
- gefährliche Straßen
- guter Fußballplatz
- ruhige Straße zum Fahrradfahren
- gute Inline-Skater-Stelle
- Treffpunkt der Fußballstraßenmannschaft
- Basketballkorb
- Baum zum Klettern
- altes Haus
- Baumhaus/Kletterbaum
- Treffpunkt zum unbeobachteten Quatschen
- Spielecke mit geeigneter „Puppenstube"
- Park zum Spielen und Verstecken
- schlechter Spielplatz/guter Spielplatz
- schimpfende Anwohner*innen
- Schwimmbad
- Stadtbücherei
- Jugendfreizeittreff
- Bus-Haltestelle

Bild 86: Kartenausschnitt für Eintragungen beim Erkundungsgang

Hanna

Geheimgang

Wir waren am Spielplatz an der Hauptschule. Wir waren eigentlich an den Eisenbahnschienen. Da haben wir einen Geheimgang gefunden zum Spielplatz am Jürgens Hof. Da waren ganz viele Bäume und ich bin dann auf einen Baum geklettert und Herr Spitta hat mich fotografiert.

Hanna

An den Eisenbahnschienen

Dieser Ort ist an den Eisenbahnschienen und wir haben einen Weg gefunden, der führt zur Bramstraße. Und man kann da eigentlich gut spielen, aber man darf da nicht ohne Eltern hingehen.

Bild 87a und 87b: Ausschnitte aus dem Begleitbuch zum Kinder-Stadtplan

c) Material

- Großes Plakat (oder Fotokarton, Papierrolle)
- Beamer oder Dokumentenkamera
  (oder falls noch vorhanden: OHP und Karte auf Folie)
- Stadtpläne/Freizeitkarten (oder im Netz: Open Street Map)
- Digitalkamera, Tablet, Smartphone
- Apps (Book Creator)
- Tiptoi oder Anybook Reader mit interaktiven Klebepunkten

d) Tipps

- Um den Stadtplan auf ein großes Format zu bekommen, kann ein normaler Stadtplan (z.B. vom Katasteramt oder Karten aus dem Internet – z.B. Open Street Map) mit Hilfe eines Beamers oder einer Dokumentenkamera an die Wand projiziert, dort auf ein großes Plakat oder Fotokartonteile übertragen und der Maßstab den eigenen Bedürfnissen angepasst werden.
- Zur besseren Verarbeitung ist es sinnvoll, den großen Stadtplan an der Wand in mehrere Segmente (Papptafeln) zu zerlegen. So können immer mehrere Kindergruppen gleichzeitig am Plan arbeiten, ohne sich ins Gehege zu kommen.
- Karten von Stadtteilen stellt auch das kommunale Katasteramt in großem Format als Vorlage zur Verfügung (es können Gebühren anfallen).
- Das Stadtteilbuch als Begleitbuch zum Kinder-Stadtteilplan kann in kopierter Form oder als PDF allen Kindern zur Verfügung gestellt werden.
- Als weiterführendes Thema im Rahmen der Kartenarbeit kann der Maßstab von Karten näher betrachtet werden: Wie viele Meter draußen entsprechen einem Zentimeter auf der Karte, was hat eine Karte mit den Himmelsrichtungen zu tun und wie orientiere ich mich mit Hilfe einer Karte in unbekanntem Gelände? (Weitere Ideen in Adamina et al 2016 oder Spitta 2016c).

e) Literatur

Adamina, M. /Hemmer, M. / Schubert, J. (Hrsg.) (2016): Die geographische Perspektive konkret. Begleitband 3 zum Perspektivrahmen Sachunterricht, Bad Heilbrunn.

Spitta, Philipp (2016c): Mit Schülerinnen und Schülern Stadtteilpläne und (Schatz-)Karten erstellen. In: Adamina/Hemmer/Schubert (Hrsg.): Die geographische Perspektive konkret. Begleitband 3 zum Perspektivrahmen Sachunterricht. Bad Heilbrunn, S. 187-200.

Spitta, Philipp/ Hallmann, Sylke (2013): Wie Kinder wohnen (wollen). Unterrichtsmaterial „Wohnen". Hrsg. von der LBS-Initiative Junge Familie/proKids. Münster. www.lbs-kinderbarometer.de, PDF auf: www.philipp-spitta.de.

Projekt eigener Stadtplan: Material auf den Seiten des Bundesumweltministeriums: unter https://www.umwelt-im-unterricht.de/unterrichtsvorschlaege/der-eigene-stadtplan.

3.3.7 Stadt-/Stadtteilführer aus Kindersicht

a) Didaktische Überlegungen/Einordnung in die Mobilitätsbildung

Fährt man in den Ferien in ein anderes Land oder eine andere Stadt, besorgt man sich im Vorfeld oft im Buchhandel einen Reiseführer oder schaut auf den diversen Online-Portalen, welche Sehenswürdigkeiten und Ausflugsziele man während der Urlaubstage aufsuchen könnte. Aber was würden wir Reisenden aus anderen Orten bei uns im Wohnumfeld, in unserer Stadt zeigen? Dass es sich dabei nicht immer um die Highlights, wie den von Menschenmassen überrannten Eifelturm, handeln muss, versteht sich von selbst. Was würden wir gerne von unserer Region (aus Kindersicht) zeigen, was halten wir für des Sehens – würdig? Manchmal sind gerade die kleinen, versteckten Sehenswürdigkeiten diejenigen, die einen besonderen Einblick in die Kultur, Landschaft oder Architektur der eigenen Stadt oder Region bieten. Wenn man Kinder (z.B. ab der 3. Klasse) fragt, fallen ihnen einige Ziele ein, die sie Besucher*innen von außerhalb zeigen würden. Etwas erweitert wird die Auswahl, wenn sich der eigene geplante Reiseführer besonders an andere Kinder richten soll, denn die würden sicherlich den Abenteuerspielplatz, die Schleuse am Kanal, den Tierpark, den Wald oder die Eisdiele mit den guten Toppings auf dem Eis als geeignetes Ausflugsziel akzeptieren. Jedenfalls zwingt der eigene Reiseführer dazu, sich mit dem eigenen Ort zu beschäftigen, den Stadtteil mit einem „Blick von außen" anzuschauen, sich mit ihm historisch, kulturell und ggf. ökonomisch auseinanderzusetzen und dazu als Handlungsprodukt etwas zu schreiben.

b) Handlungsanregungen

Der Einstieg in das Vorhaben kann durch einen realen oder fiktiven Besucher, der sein Kommen ankündigt, gelingen. Gemeinsam wird überlegt, welche Ziele im Ort beschrieben werden sollten. Es wird beschlossen, dass arbeitsteilig in 2er-Teams oder Kleingruppen gearbeitet wird und jedes Team Informationen zu dem zugewiesenen Ausflugsziel sammelt und anschließend etwas dazu schreiben und dokumentieren soll. Durch den Blick in vorhandene Stadt- oder Reiseführer kann man sehen, was dort beschrieben wird. Eine Art Checkliste mit Stichworten kann helfen, die Informationen zu dem jeweiligen Ort alle zusammenzubringen (Kopiervorlage AB 24). Zusätzlich kann ein Abschnitt zur Geschichte des Heimatortes verfasst werden. Bei einer Exkursion werden die Orte aufgesucht und Fotos für das eigene Handlungsprodukt angefertigt. Die entstandenen Texte werden überarbeitet und am Computer abgetippt.

Der fertige Stadtteilführer kann dann als Heft oder kleines kopiertes Buch an alle Kinder, Eltern, Großeltern oder Partnerschulen verteilt bzw. verkauft oder auf der schuleigenen Homepage präsentiert werden. Bei einer digitalen Erstellung sind auch weitere Formate möglich wie beispielsweise mit dem Book Creator oder anderen Präsentations-Apps. Ausflugsziele können auch mit kleinen Erklärvideos vorgestellt werden.

c) Material

- Stadtpläne
- Reiseführer/Städteführer
- Computer zum Schreiben der Texte oder Tablets
- Digitalkamera

d) Tipps

- Falls keine reale Person von außerhalb zu Besuch kommt, kann in der Grundschule auch eine Handpuppe diese Rolle übernehmen und die Kinder motivieren, ihr einen Reiseführer zu erstellen. Ab der 5. Klasse kann dies auch anders eingeführt werden, z.B. durch einen Kontakt zu einer Partnerschule, denen so das eigene Umfeld vorgestellt werden kann.
- Bei einer Veröffentlichung des Reiseführers auf der Homerpage der Schule müssen ggf. Fotorechte berücksichtigt werden.
- Zum Thema Reisen siehe auch Kapitel 3.5.12 und AB 51.

e) Literatur/Internet

Unter dem Stichwort „Kinderreiseführer in der Schule selbst erstellen“ finden sich bei den gängigen Suchmaschinen zahlreiche Links zu entsprechenden Unterrichtsprojekten.

f) Kopiervorlagen/Arbeitsblätter

AB 24:
Checkliste Ausflugsziel (Stadtteilführer)

Bild 88:
Autofreie Fläche
zum Radfahren

3.3.8 Fotosafari: Wohlfühl- und Angst-Orte

a) Didaktische Überlegungen/Einordnung in die Mobilitätsbildung

Kinder sind die Expert*innen in ihrem Wohnort. Mehr als Erwachsene halten sie sich draußen auf und kennen durch Schul- und Nachmittagswege zu Fuß oder mit dem Rad verschiedene Stellen im Stadtteil, die sie positiv oder negativ erleben. So gibt es Orte, an denen sie sich gerne mit Freunden treffen, zum Bolzen zusammenkommen oder gefahrlos Radfahren können. Neben diesen (öffentlichen) Orten mit positiver Aufenthaltsqualität, gibt es aber auch Stellen, an denen ein Unwohlsein aufkommt oder Orte, die Angst machen. Das kann der von Jugendlichen okkupierte Spielplatz sein, die dunkle Unterführung und Garagenhofeinfahrt, die Bank, auf der Menschen mit Alkoholproblemen zusammenkommen oder die schöne Spielwiese, auf der aber so viel Hundekot liegt, dass ein Ballspiel unmöglich ist. Solche Wohlfühl- oder Angst-Orte zu ermitteln und angstmachende Stellen ggf. zu beseitigen, ist Ziel dieses Projekts. Gerade auf den Schulwegen sollten Orte, an denen man Angst hat, entschärft werden oder aber Strategien besprochen und geübt werden, mit den Unwägbarkeiten konstruktiv, gestalterisch oder selbstbewusst umzugehen.

b) Handlungsanregungen

Bei einem Rundgang durch den Stadtteil zeigen die Schüler*innen exemplarisch Orte, an denen sie sich gerne aufhalten und spielen. Diese werden, genauso wie die anschließend aufgesuchten „Angst-Orte“, fotografiert und auf einer Stadtteilkarte markiert. Situationen, die Angst gemacht haben, können szenisch nachgespielt oder gestellt und ebenfalls im Film oder per Foto festgehalten werden. Die Kinder schreiben (ggf. mit Hilfe der Fotos) zu den jeweiligen Orten und berichten von ihren Erlebnissen dort. In einem weiteren Schritt können in Zusammenarbeit mit Polizei und Ordnungsamt Wege gefunden werden, die problematischen Stellen zu entschärfen.

Bild 90:
Unangenehmer
Hauseingang

Bild 89: Der Schulweg an der finsteren Tiefgarageneinfahrt verunsichert

c) Material

- Kamera
- Stadtteilplan

Bild 91: Künstlerisch gestaltete Nutzpflanzen in Dosen am Zaun des Schulhofs

d) Tipps

- In der Dortmunder Grundschule Kleine Kielstraße findet regelmäßig zum Thema ein Projekttag statt, an dem sich die Kinder in Workshops mit dem Thema Angst, Gewalt und „Angst-Ecken" im Stadtteil auseinandersetzen. Mit Unterstützung der lokalen Polizei wird überlegt, wer in problematischen Situationen wie helfen kann und wie man sich verhalten sollte. In anderen Workshops werden Rollenbilder (Jungen/Mädchen) reflektiert oder Strategien zum Umgang mit Angst und zur Stressbewältigung geprobt (van der Gathen 2009, S. 44).
- Eine weitere Möglichkeit der positiven Raumaneignung besteht darin, den Stadtteil schöner zu machen und die Aufenthaltsqualität zu verbessern. So können Kinder an der Gestaltung von Spielflächen beteiligt werden (vgl. Kapitel 3.5.9) oder zusammen mit Nachbarschaftsprojekten z.B. an urbaner Gartengestaltung und Stadtbegrünung beteiligt werden (vgl. Leitzgen/Rienermann 2017).

e) Literatur/Internet

Gathen, Jan von der (2009): Angst-Ecken auf dem Schulweg. In: Die Grundschulzeitschrift, Heft 224, S. 43-45.

Leitzgen, Anke/Rienermann, Lisa (2017): Entdecke deine Stadt. Stadtsafari für Kinder. Weinheim/Basel.

f) Kopiervorlagen/Arbeitsblätter

AB 25:
Hier fühle ich mich wohl – hier habe ich Angst!

Bild 92: Lernen von Regeln vor der Schule

3.4. Regeln, Rechte und soziales Lernen im Straßenverkehr

Macht man eine Umfrage, welche wichtigen Verkehrsregeln Erwachsenen als erstes in den Sinn kommen, nennen viele „Rechts vor Links“ als erste Assoziation. Weitere genannte Regeln sind das in den meisten europäischen Ländern geltende Rechtsfahrgebot oder die Regel, an der roten Ampel zu warten. Kinder wachsen mit diesen Regeln implizit auf, wenn sie mit ihren Eltern auf alltäglichen Wegen unterwegs sind. Unterschiedlich nach sozialer Herkunft und räumlichen Gegebenheiten können die Kinder allerdings sehr unterschiedlich mit Anforderungen bei der Verkehrsteilnahme und dem Wahrnehmen erster Verkehrsregeln konfrontiert sein. Kinder in ländlichen Gebieten oder in verkehrsberuhigten Wohnbereichen erleben andere Bedingungen als Kinder, die im städtischen, verdichteten Umfeld aufwachsen. Während viele Stadtkinder im Grundschulalter mit Fußgängerampeln und Zebrastreifen bereits halbwegs vertraut sind, gehören diese Elemente des Straßenverkehrs für Kinder, die am Stadtrand oder in ländlichen Regionen aufwachsen, nicht zum täglichen Erleben und können unter Umständen auch nicht so sicher genutzt werden (Spitta 2014a, S. 30).

Häufig sprechen wir von Verkehrsregeln, die man in der Verkehrserziehung oder in der Fahrschule lernen muss. Gibt es aber einen Unterschied zwischen Gesetz und Regel? Kinder kennen Regeln aus dem schulischen (Klassenregeln) oder familiären Kontext. Hier handelt es sich meist um von Erwachsenen vorgegebene oder gemeinsam ausgehandelte Absprachen, deren Einhaltung situationsbedingt einmal mehr und manchmal weniger eingefordert wird. Solche Regeln können (in der Familie) appellativen Charakter haben („Mit vollem Mund spricht man nicht“) oder in der Klasse das Miteinander regeln („Wir melden uns“; „Wir lassen uns ausreden“). Kinder kennen es, dass über solche Regeln diskutiert werden darf, dass diese interpretierbar sind (vgl. Gläser 2012, S. 32). Im Unterschied dazu sind Gesetze nicht in gleichem Maße verhandelbar. Anders als bei Klassenregeln, die entweder vorgegeben oder im Idealfall gemeinsam verabredet wurden, sind Gesetze in einem genormten demokratischen Verfahren

Bild 93: Wann kann man sicher gehen?

entstanden. Dieses beinhaltet die Anhörung von Expert*innen, eine administrative und juristische Aufbereitung der Texte, ein Festlegen von Maßnahmen, Strafen, Bußgeldern bei Missachtung und vor allem der Beschluss der Gesetze durch eine parlamentarische Mehrheit im Bundestag (oder Landtag) und Bundesrat sowie die anschließende juristische Interpretation durch Gerichtsurteile bei Verstößen gegen das jeweilige Gesetz (Spitta 2014a, S. 30). Im Straßenverkehr ist umgangssprachlich von „Verkehrsregeln" die Rede. Anders als Klassenregeln haben diese im Straßenverkehr den Charakter eines Gesetzes (siehe Kasten 11 zur StVO). Grundlage ist in der Bundesrepublik das Straßenverkehrsgesetz (StVG). In diesem Gesetz sind Vorgaben, Vorschriften, Bußgelder und weitere Verfahren rund um die Teilnahme am Straßenverkehr und die Fahrerlaubnis festgelegt. Die genauere Ausformulierung der einzelnen Vorschriften ist in einer Verordnung (VO) geregelt, die das Gesetz präzisiert und die auch schneller als ein grundlegendes Gesetz an neuere Entwicklungen im Verkehr angepasst werden kann: Die Straßenverkehrsordnung (StVO). Die dort formulierten Regeln haben Gesetzescharakter und sind verbindlich. Sie können nicht, anders als die Klassenregeln, während der Verkehrsteilnahme und dabei entstehenden Konflikten, am Straßenrand verhandelt werden.

Allerdings legen viele Verkehrsteilnehmer*innen die Vorgaben der StVO recht flexibel aus. Geschwindigkeitsübertretungen werden als Kavalierdelikt gedeutet und das Parken im absoluten Halteverbot „nur eben kurz" wird als gerechtfertigt wahrgenommen. Kinder, die gerade im Anfangsunterricht die ersten Verkehrsregeln gelernt haben, sehen, dass diese Regeln anscheinend für Erwachsene z.B. an der roten Ampel nicht im gleichen Maße gelten. Gerade im Straßenverkehr ist das Lernen am Vorbild oft nicht einfach und muss thematisiert werden (siehe Kasten 7). Auch wenn klar sein muss, dass Gesetze für alle gelten und zu befolgen sind, kann gleichzeitig aber auch der Sinn und Zweck von Regeln kritisch analysiert werden. Nicht mit der Intention, daraufhin gegen diese zu verstoßen, sondern sich ggf. in einem politischen Prozess für eine Veränderung einzusetzen. Bei den Verkehrsregeln geht es um ein kritisches Verständnis dafür, warum deren Einhaltung im Straßenverkehr vernünftig ist.

[11] Die Straßenverkehrs-Ordnung (StVO)

Die Straßenverkehrs-Ordnung (StVO) ist ein Teil der gesetzlichen Grundlage, auf der der Straßenverkehr in Deutschland basiert. Bei der StVO handelt es sich um eine Verordnung. Eine solche Verordnung wird durch eine Behörde, in diesem Fall das Bundesverkehrsministerium, erarbeitet und vom Bundesrat bestätigt. Das hat den Vorteil, dass nicht jede Änderung und jede Abschaffung oder Neueinführung beispielsweise eines Verkehrszeichens den parlamentarischen Betrieb im Rahmen eines Gesetzgebungsverfahrens beschäftigen muss. Allerdings können Behörden solche Verordnungen nur dann formulieren, wenn sie zuvor durch ein entsprechendes Gesetz, in dem der Rahmen für die Verordnung festgelegt wurde, dazu befugt werden. Das Straßenverkehrsgesetz (StVG) von 2011 ermöglicht in §6 eine entsprechende Ausformulierung einer gesonderten Verordnung (StVO) für den Straßenverkehr. Durch die Veröffentlichung im Bundesgesetzblatt und durch die Zustimmung des Bundesrates hat die StVO den Status einer Rechtsverordnung und ist damit Teil der Verkehrsgesetze. Die derzeit gültige StVO wurde im April 2020 in Kraft gesetzt. In 53 Paragraphen werden alle Gebote und Verbote, die das Miteinander auf den Straßen regeln, genannt. So wird beispielweise auch die angeführte „Rechts vor Links-Regel" eindeutig geklärt: „An Kreuzungen und Einmündungen hat die Vorfahrt, wer von rechts kommt" (StVO 2020, §8). Von besonderer Bedeutung ist der Paragraf 1, der kein direktes Ge- oder Verbot formuliert, sondern wie eine Präambel folgende Grundregel nennt:

> **„Die Teilnahme am Straßenverkehr erfordert ständige Vorsicht und gegenseitige Rücksicht. Wer am Verkehr teilnimmt, hat sich so zu verhalten, dass kein anderer geschädigt, gefährdet oder mehr, als nach den Umständen unvermeidbar, behindert oder belästigt wird"** (StVO 2020, §1).

Die StVO geht zurück auf das bereits 1909 erlassene „Gesetz über den Verkehr von Kraftfahrzeugen". Anfangs ging es in diesem Gesetz vor allem um technische Details der noch jungen automobilen Mobilität. Viele ausdifferenzierte Regeln kamen im Lauf folgender Jahrzehnte hinzu und wurden entsprechend den Bedingungen der Technik am Auto, den Gegebenheiten im Straßenraum und natürlich vor allem im Rahmen der politischen Vorgaben geändert und angepasst. In der Novelle von 2020 wurde im Ansatz versucht, der Elektromobilität durch Parkplätze an Ladesäulen sowie dem Radverkehr durch neue Regelungen eine verbesserte Stellung einzuräumen.

Bild 94: „Bei Rot bleibe stehen..."

Anders als in der früheren Verkehrserziehung steht das Auswendiglernen der StVO und Regeln nicht mehr im Mittelpunkt des Unterrichts. Dennoch spielen Regeln und Verhaltensweisen weiterhin eine wichtige Rolle. Wer als Fußgänger*in oder später mit dem Fahrrad am Verkehr teilnehmen will, muss wissen, was geht und was verboten ist. Nur wer die Vorfahrtsregeln kennt, kann sich z.B. an der Kreuzung korrekt verhalten. Genauso wichtig ist aber auch das Wissen darum, dass der Straßenverkehr trotz Regeln nicht sicher ist. An der grünen Ampel müssten Fußgänger*innen trotzdem mit Autos rechnen, die beispielweise nach rechts abbiegen wollen und zeitgleich grün haben. Pkw können auch über eine rote Ampel fahren oder das wartende Kind am Zebrastreifen ignorieren.

Es geht also darum, trotz Verkehrsregeln wachsam und aufmerksam zu sein, vorausschauend wahrzunehmen und im Kontakt (z.B. im Blickkontakt zum Autofahrer am Zebrastreifen) zu sein, um sich abzustimmen oder sicher zu sein, dass man gehen kann. Verkehrsteilnahme erfordert also nicht starres Regellernen, sondern flexible Wachsamkeit, das konkrete Kennen der gefährlichen Stellen im eigenen Wohnumfeld und die soziale Interaktion und Kommunikation mit den anderen Verkehrsteilnehmer*innen. Diese reflexive, antizipierende und kommunikative Haltung gilt es auch in der Mobilitätsbildung anzubahnen.

[12] Keine starren Regeln lernen, sondern komplexe Situationen antizipieren

Kinder haben in der ersten Klasse für das Überqueren einer Ampelkreuzung folgenden Regel-Spruch gelernt: „Bei Grün darfst du gehen, bei Rot bleibe stehen!" Das Problem bei einigen Kindern im ersten Schuljahr, die sich diesen Satz sehr zu Herzen nehmen, kann nun sein, dass sie bei Grün losgehen, aber wegen kurzer Beine und kurzer Grünphase die Ampel auf Rot springt, bevor sie auf der anderen Seite angekommen sind – und gemäß der Regel auf der Fahrbahn stehen bleiben. Das Lernen ist also komplexer: Wenn es wieder Rot wird, geht man noch herüber. Und: Grün für Fußgänger ist keine Garantie dafür, dass nicht Fahrzeuge (die z.B. abbiegen wollen) kommen.

3.4.1. Sichere Verkehrsteilnahme durch die Förderung von exekutiven Funktionen und sozialem Lernen

a) Didaktische Überlegungen/Einordnung in die Mobilitätsbildung

Die sichere Teilnahme am Straßenverkehr setzt voraus, dass sich alle an die Regeln halten. Dies ist im sozialen Miteinander in der Familie oder der Klasse nicht anders. Ohne gegenseitige Rücksichtnahme (§1 StVO) und Vertrauen ist der soziale Umgang miteinander nur schwer möglich. So eine Haltung erfordert allerdings zu erlernende Grundkompetenzen, die durch die Entwicklung und Förderung des sozialen Lernens (Steins 2009) und der Ausbildung der exekutiven Funktionen (Walk/Evers 2013) unterstützt werden können.

Kinder erwerben in der Regel über die Beobachtung und die Imitation anderer Menschen (Erwachsene und Peergroup) ein großes Wissen über die impliziten Regeln des Zusammenlebens. Je nach familiärer Aufstellung, nach Wohnumfeld, kulturellem und sozialem Hintergrund können diese impliziten Regeln von Kindern sehr unterschiedlich erlebt und gelernt werden. Leben Kinder in einem Wohnviertel, in dem im Außenbereich oder in den Familien ein rücksichtsvolles und soziales Miteinander verbreitet sind, kann sich dies auf das soziale Lernen in der Schule auswirken und dieses beeinflussen. Erleben Kinder problematische soziale Strukturen und Umgangsformen im Umfeld oder in der Familie, kann es ihnen zumindest schwerer fallen, sich an Regeln in der Klasse oder bei der Verkehrsteilnahme zu halten (vgl. Steins 2009, S. 58).

> *„Wenn man als Lehrer(in) verstehen möchte, welche Normen das Wohnviertel der Kinder für das soziale Miteinander bereithält, sollte man dieses kennen und beobachten, wie die Menschen dort miteinander umgehen. Diese Normen fließen in die alltäglichen Erfahrungen der Schüler(innen) ein; sie können das in der Schule Gelernte unterstützen, werden dem aber auch oft widersprechen“* (ebd. S. 59).

Besonders im Bereich des Straßenverkehrs und der dort geltenden Regeln muss also thematisiert werden, dass das Verhalten von einigen erwachsenen und jugendlichen Verkehrsteilnehmern durchaus von dem abweichen kann, was die Normen und Regeln sind (vgl. Kasten 7, Kapitel 2.8). Welche Fragen dies für das eigene Verhalten aufwirft, muss angesprochen werden. Dazu ist ein ständiges soziales Lernen in der Schule notwendig, das nicht nur für die Verkehrsteilnahme, sondern für alle (Lern)-Aktivitäten in der Klasse notwendig ist. Es ist also keine verschwendete Lernzeit, wenn auf soziales Lernen und die Entwicklung der exekutiven Funktionen (siehe unten) gerade in den ersten Grundschuljahren und in der Sekundarstufe in der (Vor-)Pubertät ein besonderes Gewicht gelegt wird.

Grundvoraussetzungen für soziales Lernen sind u.a. das Erlernen und Erfahren von Empathie, sich also in andere hineinversetzen zu können, zu erkennen, wie unser Gegenüber sich fühlt und eine Situation erlebt. Um eine Perspektivübernahme zu ermöglichen, ist erste Voraussetzung „die Fähigkeit zur Selbst-Fremddifferenzierung, der Erkenntnis, dass mein Ich getrennt von anderen Personen ist" (ebd. S. 59). Diese Perspektivübernahme entwickelt sich im Laufe der Grundschulzeit und kann durch Unterricht gefördert werden. Kleinere Kinder haben ein eher egozentrisches Weltbild, sie gehen meist davon aus, dass das Gegenüber das Gleiche empfindet und wahrnimmt wie man selbst.

Durch Spiele, Reflexionen, Beobachtungen (z.B. im Verkehr) und das Gespräch darüber, durch den Klassenrat, durch Streitschlichtungsgespräche, durch die Einführung und Thematisierung von Schul- und Klassenregeln lassen sich hier soziale Lernprozesse fördern. Wenn Kinder (und Erwachsene) eigene Bedürfnisse immer sofort befriedigen müssen, ist das für das Lernen und Zusammenleben in der Gruppe problematisch. Spontane und egozentrische Bedürfnisbefriedigung ist auch im Straßenverkehr fatal.

Viele Kinder erleben in ihren Familien, dass ihre Wünsche und spontanen Bedürfnisse oft sofort befriedigt werden (ich möchte jetzt den Film sehen, etwas trinken, die Süßigkeit an der Ladenkasse haben, sofort etwas sagen, obwohl die Eltern gerade mit jemand anderem im Gespräch sind und so weiter). Das mag in einem Haushalt mit ein oder zwei Kindern noch funktionieren (obgleich auch hier nicht alle Bedürfnisse sofort gestillt werden müssen), wird aber in der Klasse bei 30 Kindern schwierig, wenn alle gerade sofort etwas sagen wollen, aus ihrer Trinkflasche trinken, ins Brot beißen, der Lehrerin etwas erzählen, herumlaufen müssen, ein Taschentuch besorgen möchten, einen Kommentar zu einer Unterrichtssituation abgeben, kurz, mit ihren momentanen Ansprüchen im Mittelpunkt stehen wollen. Die Fähigkeit, Impulse zu kontrollieren, zu hemmen (= inhibieren), ist damit ein grundlegender Schritt für das soziale Lernen. Ohne diese Impulskontrolle ist auch die Verkehrsteilnahme gefährlich. Kinder müssen lernen, Wünsche und Bedürfnisse (zeitweise) zurückzustellen (ebd. S. 59), beim Melden zu warten, bis sie drangenommen werden, und im Verkehr auf dem Gehweg zu bleiben, obwohl die Freundin auf der anderen Straßenseite kommt oder eben nicht dem klassischen, auf die Straße rollenden Ball hinterher zu laufen.

Impulskontrolle ist durch Spielsituationen und die Reflexion über das eigene Verhalten lernbar. Dieser Prozess ist noch nicht mit der Grundschulzeit abgeschlossen. Man sieht am Verhalten von Erwachsenen, dass diese manchmal auch nur in Grenzen ihre Impulse kontrollieren können. Das ist beim Autofahrenden zu beobachten, der mit Lichthupe hinter demjenigen drängelt, der auf der Autobahn „mit nur 120“ auf der linken Spur fährt oder bei der Fahrer*in, die „eben nur kurz“ auf dem Rad- oder Gehweg parkt, um „schnell etwas Wichtiges“ zu erledigen. Und wie oft erwischen wir uns (hoffentlich) selbst, wenn wir schon wieder über der vorgeschriebenen Geschwindigkeit fahren. Für das vernünftige Zusammenleben in Gruppen, in der Gesellschaft und im Straßenverkehr ist ein ständiges reflektiertes Umgehen und eine Kontrolle (oder Aufschieben) unserer spontanen Impulse jedenfalls unerlässlich. Wenn Kinder beobachten, wie andere Personen Regeln brechen und genau das tun, was sie als Kinder nicht tun sollen, sind das Lern- und Gesprächsanlässe, die man als Lehrkraft nutzen sollte. Kinder müssen lernen, dass man sich auch dann an Regeln halten kann, wenn andere, selbst Erwachsene, das nicht tun. Auch dies ist ein Lernen der Impulskontrolle: Das Kind „lernt, sich nicht abhängig von den Verhaltensweisen der Personen in seiner Umgebung zu machen, sondern von den eigenen Regeln“ (ebd. S. 61).

In ähnlicher Weise wird seit einigen Jahren über die grundlegende Bedeutung der Entwicklung der sogenannten exekutiven Funktionen u.a. am Transfer-Zentrum für Neurowissenschaften und Lernen (ZNL) geforscht. Unter den exekutiven Funktionen versteht man, so Manfred Spitzer,

> *„ die geistigen Fähigkeiten, die unser Denken und Handeln steuern. Man spricht dabei auch von der Selbstregulationsfähigkeit (...). Sie beschreiben, wie gut wir uns „im Griff haben“. Die exekutiven Funktionen ermöglichen es uns, Aufgaben unterschiedlichster Art erfolgreich auszuführen. Wir benötigen sie, um zu organisieren und zu planen, eine Aufgabe zeitig anzufangen und dran zu bleiben, Impulse zu kontrollieren, Emotionen wie Frustration und Wut zu regulieren sowie kreativ zu denken und flexibel nach Lösungen zu suchen “ (Spitzer in Walk/Evers 2013, S. 5).*

Die exekutiven Funktionen, die sich in der gesamten Schulzeit entwickeln, sind Grundlage für das soziale Miteinander, aber auch unerlässlich für die Fähigkeit, sich in einen gelingenden Lernprozess zu begeben. In zahlreichen Veröffentlichungen und Studien geht man inzwischen davon aus, dass die Förderung der exekutiven Funktionen eine Grundvoraussetzung im schulischen Kontext darstellen sollte und soziales Miteinander und erfolgreiches schulisches Lernen überhaupt erst ermöglicht (vgl. Walk/Evers 2013; Stuber-Bartmann 2018).

Als Grundelemente der exekutiven Funktionen werden das **Arbeitsgedächtnis,** die **Inhibition** (die Fähigkeit, Impulse zu kontrollieren und Gefühle zu regulieren, spontane Reize zu hemmen) und die **kognitive Flexibilität** angesehen.

Bild 96: Impulskontrolle auf dem Schulweg

Eine grundlegende Ausbildung dieser Funktionen ist maßgeblich auch für eine sichere und regelkonforme Verkehrsteilnahme von Bedeutung. Bei einem gut entwickelten Arbeitsgedächtnis können nicht nur Arbeitsaufträge in der Schule besser aufgenommen und umgesetzt werden, sondern Handlungspläne und Verhaltensmuster abgerufen werden (Walk/Evers 2013, S. 11), die z.B. in verschiedenen Verkehrssituationen von Bedeutung sind.

Die Inhibition ist, wie oben schon im Kontext des sozialen Lernens ausgeführt, dafür notwendig, die eigenen Gefühle und Impulse angemessen zu kontrollieren und zu reflektieren. Die Aufmerksamkeit kann auf die momentan wichtigen Punkte fokussiert, und Ablenkungen können ignoriert werden (ebd. S. 13). Dies ist sowohl beim Bearbeiten von Aufgaben in der Schule mehr als hilfreich wie auch beim sicheren Bewältigen des Schulweges.

Die kognitive Flexibilität ist die Fähigkeit, sich auf neue Situationen oder Anforderungen einzustellen und ggf. eine Verhaltensänderung vorzunehmen. Durch kognitive Flexibilität sind wir in der Lage, Personen und Situationen aus verschiedenen Perspektiven zu betrachten und zwischen den Perspektiven zu wechseln (ebd. S. 16). Wir können uns in die Absichten eines Autofahrers hineinversetzen und antizipieren, dass er uns in der Parklücke zwischen zwei Autos wahrscheinlich nicht sehen kann, dass er sich evtl. nicht an die Geschwindigkeitsbegrenzung halten könnte oder dass wir, auch wenn die Ampel auf Rot springt, noch sicher zur anderen Seite weitergehen können.

b) Handlungsanregungen

Auch wenn sich die exekutiven Funktionen bis ins Jugendalter, z.T. in Schüben, entwickeln, können sie durch Spiele, Übungen und durch die Reflexion von Alltagssituationen (aus dem Leben in der Klasse, im sozialen Miteinander, bei der Verkehrsbeobachtung und -teilnahme) in ihrer Anlage gefördert werden. Diese fördernden Spiele können oft auch „zwischendurch“ im Unterricht eingesetzt werden und müssen nicht immer in der Sporthalle und auf dem Pausenhof durchgeführt werden. Im Idealfall haben die Kinder schon in der Kita und im Elternhaus erste Grundlagen gelegt, denn auch im Familienleben spielen Arbeitsgedächtnis, Inhibition und flexible Kognition eine Rolle und können im Familienalltag wie auch beim Würfel-, Brett oder Kartenspiel geübt werden. Es müssen die Regeln im Arbeitsgedächtnis gespeichert und umgesetzt werden, man muss warten, bis man an der Reihe ist, mit Rückschlägen umgehen lernen, ertragen, auch zu verlieren und flexibel handeln können, wenn es um Spiele mit strategischen Elementen geht. In der Literatur werden zahlreiche Spiele genannt, die in Elternhaus und Schule zur Förderung der exekutiven Funktionen geeignet sind (siehe Literaturangabe in diesem Abschnitt).[31] Einige Vorschläge finden sich auch bei den Arbeitsblättern AB 26 bis AB 30 und bei den Spielideen in Kapitel 3.8.

Rücksichtnahme

Ein konkretes Thema für den Unterricht könnte die notwendige Rücksichtnahme im Straßenverkehr (und im alltäglichen Miteinander) sein. Dazu werden die Kinder aufgefordert, zunächst einmal zu sammeln, was sie an rücksichtsvollen Verhaltensweisen – nicht nur aus dem Straßenverkehr – bereits kennen. Die gesammelten gegenseitigen Ideen bieten eine mögliche Grundlage für die folgende Schul- und Hausaufgabe. Die von den Kindern genannten Stichworte können von der Lehrkraft an der Tafel oder auf einem Plakat notiert werden. Alternativ können Aspekte zu rücksichtsvollem Verhalten auch an Gruppentischen kooperativ mit Hilfe der Graffiti-Methode gesammelt werden. Dazu werden in der Klasse auf den Tischen Papierbögen (z. B. DIN A3 oder größer) ausgelegt. In der Mitte des jeweiligen Plakates steht ein Teilaspekt der Reflexionsfrage (z. B. rücksichtsvolles Verhalten im Schulbus, - in der Familie, - auf dem Schulhof). An jedem Tisch beginnt nun eine Gruppe damit, die spontanen Einfälle zu der Frage auf dem Plakat zu notieren. Jedes Kind schreibt zunächst für sich allein und achtet noch nicht auf die Ideen der anderen Kinder. Nach einer Zeit von circa drei bis vier Minuten wechseln die Gruppen zum nächsten Tisch und fügen hier auf dem Papierbogen wiederum ihre Ideen hinzu und kommentieren vorhandene Vorschläge. Zurück am Ausgangstisch lesen die Schüler*innen die zu diesem Impuls entstandenen Anmerkungen und Ideen. In einer abschließenden Besprechungsrunde werden einzelne Fragen hervorgehoben oder geordnet, einzelne Aspekte nochmals besprochen und das weitere Vorgehen verabredet. Die in der Graffiti-Methode entstandenen Plakate bleiben als „Lernspur" in der Klasse hängen (vgl. Spitta 2013b).

---

31 Die in Warwitz's Konzept vorgeschlagenen Übungen einer „Verkehrserziehung vom Kinde aus" entsprechen zum Teil diesen Vorschlägen und sind ebenfalls als Förderung geeignet (Warwitz 2005, S. 76-189).

Bild 97: Klare Körpersprache auch beim Abbiegen

Ergänzend kann dazu das Arbeitsblatt AB 26 besprochen und vorbereitet werden. Man sollte gemeinsam überlegen, woran man erkennen kann, dass man selbst rücksichtsvoll, freundlich und zuvorkommend ist. Dazu werden konkrete Verhaltensweisen gesammelt, die das erkennen lassen (vgl. Weidner 2005). Man kann die Schüler*innen vermuten lassen, ob es ihnen gelingen wird, sich lange Zeit rücksichtsvoll zu verhalten und an welchen Stellen es zu Problemen kommen könnte. Wichtig ist, die Kinder zu ermutigen, diese „Hausaufgabe“ ernst zu nehmen und am nächsten Tag offen zu berichten, was sie erlebt haben. Die Fragen auf dem Arbeitsblatt dienen hier als Anregung. Da der Platz auf der Kopiervorlage nicht ausreicht, schreiben die Kinder ihren Bericht ins Schreibheft oder auf ein separates Blatt für die Forschermappe.

Am nächsten Tag sollte im Anschluss an die Erfahrungsberichte der Kinder im Sitzkreis über die Vorteile eines solchen Verhaltens gesprochen werden und was diese rücksichtsvollen Verhaltensweisen im Straßenverkehr bedeuten.

Körpersprache

Unser Körper, unsere Mimik und Gestik spielen auch im Straßenverkehr eine wichtige Rolle. Bei dieser nonverbalen Kommunikation im Verkehr sind nicht nur der gezeigte „Vogel“ oder der Mittelfinger gemeint. Es geht ebenso um die Verständigung an einer Kreuzung bei einer unklaren Vorfahrtssituation, um das Kind am Zebrastreifen, das nonverbal und eindeutig signalisieren muss, dass es diesen überqueren will, um das sichtbare Handzeichen des Radfahrers beim Abbiegen und so weiter. Um die Körpersprache (und Emotionen) anderer Kinder „lesen“ zu lernen, stellt ein Kind ein Gefühl pantomimisch dar. Die Klasse muss raten, welches Gefühl gezeigt wurde. Das vorgestellte Gefühl wird anschließend mit der Digitalkamera festgehalten. Mit den so entstandenen Fotos können weitere Materialien für die Klasse erstellt werden:

Ein Gefühlsmemory mit auf den Pappkarten geklebten Bildern. Zu jedem gezeigten Bild gibt es eine zweite beschriftete Karte mit der Nennung des Gefühls. Bildkarte und Begriffskarte müssen beim Memory als Paar gefunden werden.

Gefühlsplakate: Auf einem Plakat werden alle als positiv erlebten Gefühle geklebt, auf ein anderes alle negativen Gefühle. Wenn man sich in der Klasse nicht einig ist, wo etwas hingehören könnte (und oft ist die Einordnung sehr subjektiv), muss ein drittes Plakat erstellt werden.

Gefühle-Fotoalbum: Die von den Kindern gespielten Gefühle werden in einem Fotobuch der Klasse gesammelt. Jedes Kind gestaltet für das Buch eine Seite, indem es ein Bild (oder mehrere) von sich aussucht und zu den Gefühlen einen Erlebnistext oder eine passende Gefühle-Geschichte schreibt.

Robotersteuerung: Die Kinder bilden Partnerteams. Ein Kind „lenkt" das andere Kind wie einen ferngesteuerten Roboter über den Schulhof oder durch den Klassenraum. In der ersten Stufe geschieht das nur mit Worten. Bei der zweiten Stufe findet die Steuerung über Antippen statt. Ein leichtes Tippen auf die linke Schulter: Der Roboter dreht nach links (auf der rechten Schulter entsprechend). Langsames Geradeausgehen wird durch ein Tippen zwischen den Schulterblättern signalisiert, ein Doppeltippen bedeutet Stopp/Anhalten. Weitere Signale für Rückwärts oder seitwärts können verabredet werden. In der dritten Stufe wird der Roboter durch (eindeutige) Gesten gesteuert. Das führende Kind muss (nun ohne Berühren und ohne Worte) dem Roboter zeigen, wohin er gehen muss. Nach einem Rollenwechsel muss besprochen werden, welche Gesten eindeutig waren und wo es zu Missverständnissen kam (siehe auch die Beschreibung in der Spielsammlung Kapitel 3.8).

Weitere Spielsituationen finden sich auf den Arbeitsblättern und in Kapitel 3.8.

c) Material

Arbeitsblätter AB 26 bis AB 30

Material für Spiele zum sozialen Lernen/Förderung exekutiver Funktionen

d) Tipps

- Verkehrsbeobachtungen (wie in Kapitel 3.3.2 beschrieben) können soziales Lernen und die exekutiven Funktionen fördern. Hier kann bei der Beobachtung an der Kreuzung zusätzlich besonders auf rücksichtsvolles oder rücksichtsloses Verhalten von anderen Verkehrsteilnehmer*innen geachtet und anschließend reflektiert werden.
- Viele Regelverstöße im Straßenverkehr gehen mehrheitlich auf das Konto von Männern. Diese sind im Erwachsenenalter häufiger in Unfälle, Autorennen oder von Punkten im Flensburger Fahrzeugregister betroffen. Zu fragen wäre, ob soziales Lernen und Verkehrserziehung/Mobilitätsbildung sich nicht auch noch stärker dem Thema Jungen und Mädchen und deren Rollenbildern widmen müsste.

e) Literatur/Internet

Pettilon, Hanns (2017): Soziales Lernen in der Grundschule – das Praxisbuch. Weinheim.

Petillon, Hanns (2015): 1000 Spiele für die Grundschule. Von Adlerauge bis Zauberbaum. 4. Auflage. Weinheim.

Steins, Gisela (2009): Mit anderen unterwegs sein. In: Die Grundschulzeitschrift, Heft 224, S. 58-61.

Stuber-Bartmann, Sabine (2018): Besser lernen. Ein Praxisbuch zur Förderung von Selbstregulation und exekutiven Funktionen in der Grundschule. München.

Walk, Laura/ Evers, Wiebke (2013): FEX- Förderung exekutiver Funktionen. ZNL/Wehrfritz, Calbe/Bad Rodach.

Warwitz, Siegbert (2005): Verkehrserziehung vom Kinde aus. (5. Aufl.), Baltmannsweiler.

Weidner, Margit (2005): Soziale Kinder lernen besser. In: Grundschule H.2/05, S. 22-28.

Deutsche Gesetzliche Unfallversicherung: Spiele zum sozialen Lernen: https://www.dguv-lug.de/primarstufe/soziale-kompetenz/ich-und-wir.

Informationen vom Transfer-Zentrum für Neurowissenschaften und Lernen: http://www.znl-fex.de/weiteres/Exekutive-Funktionen/exekutive-funktionen.html.

f) Arbeitsblätter/Kopiervorlagen

AB 26:
Rücksicht

AB 27:
Zeichensprache

AB 28:
Gefühle zeigen

AB 29:
Verantwortung

AB 30:
Schau genau

3.4.2 Streit auf dem Schulweg

a) Didaktische Überlegungen/Einordnung in die Mobilitätsbildung

Zum sozialen Lernen gehört auch der Umgang mit Konflikten. Streit auf dem Schulweg oder Konflikte mit älteren Jugendlichen, anderen Kindern oder Verkehrsteilnehmer*innen gehören zur Erfahrungswelt der Schüler*innen. Diese Situationen lassen sich nicht immer verhindern. Also muss der Umgang mit ihnen gelernt und besprochen werden.

Bild 98: Konflikte auf dem Schulweg

b) Handlungsanregungen

In Rollenspielen können die Kinder üben, mit konflikthaften Situationen umzugehen. In diesem Zusammenhang ist es angebracht, aktuellen Streit aufzugreifen. Die Kinder können die Situation nachspielen und gemeinsam überlegen, wie der Streit verhindert oder gelöst werden könnte (siehe Kopiervorlage AB 31).

In szenischem Spiel können alltägliche Konflikte aufgegriffen werden. Beispiel: Kinder müssen bis zum 8. Lebensjahr - und dürfen bis zum 10. Lebensjahr - auf dem Gehweg Fahrrad fahren. Viele Erwachsene wissen das nicht und schimpfen mit den Kindern. Ein solcher Streit kann nachgespielt werden. Im anschließenden Gespräch sollte geklärt werden, wie sich Rad fahrende Kinder verhalten sollten, damit auch die Fußgänger*innen auf dem Gehweg zu ihrem Recht kommen. Weitere Konfliktsituationen, wenn diese nicht von den Kindern selbst eingebracht werden, finden sich auf dem Arbeitsblatt.

c) Material

- Je nach Konfliktpunkt können Requisiten (z.B. ein Fahrrad, Schultaschen...) eingesetzt werden.

d) Tipps

- Zum Üben von Konfliktsituationen eignen sich neben dem Rollenspiel auch pantomimische Übungen zu Gefühlen oder der Zeichensprache im Verkehr (siehe oben, Kapitel 3.4.1).
- Ein weiteres Thema ergibt sich aus der Angst vieler Eltern vor Übergriffen durch Erwachsene auf dem Schulweg. Tatsache jedoch ist, dass Kinder sexueller oder körperlicher Gewalt eher im engeren familiären Kontext ausgesetzt sind und der „böse Mann auf der Straße" selten ist. Dennoch ist es sinnvoll Kinder zu stärken durch das Absprechen von Verhaltensweisen (nicht zu jemandem ins Auto einsteigen, besser zusammen mit Freunden gehen). Bewährt haben sich Präventionsprogramme, wie beispielsweise zu lernen, „Nein" zu sagen sowie entschieden und selbstbewusst aufzutreten (siehe z.B. die Programme der Osnabrücker Theaterwerkstatt).
- In vielen Schulen sind Streitschlichterprogramme etabliert, die ebenfalls zu Konfliktlösungen eingesetzt werden können.
- Im wöchentlich tagenden Klassenrat können Konflikte und deren Lösungen besprochen werden.

e) Literatur/Internet

Bartoli y Eckart, Petra/Tsalos, Ellen (2010): Geschichten vom Nein-Sagen. Aktive Gefühlsgeschichten zum Vorlesen und Weitermachen. Mühlheim an der Ruhr.

Behnke, Andrea (2014): Die 50 besten Spiele zum Umgang mit Konflikten. Don Bosco, München.

Braun, Gisela/Wolters Dorothee (1991): Das große und das kleine NEIN. Mühlheim an der Ruhr.

Portmann, Rosemarie (1997): Spiele zum Umgang mit Aggressionen. Don Bosco Verlag: München.

Walker, Jamie (1995): Gewaltfreier Umgang mit Konflikten in der Grundschule. Spiele und Übungen für die Klassen 1-4. Cornelsen Scriptor: Frankfurt a.M.

Theaterpädagogische Werkstatt Osnabrück mit Präventionsprogrammen: https://www.tpw-osnabrueck.de/programme.

f) Arbeitsblätter/Kopiervorlagen

AB 31:
Streit auf dem Schulweg (Rollenspiel)

AB 32:
Standbilder

Bild 99: Verkehrsschilder im Stadtteil suchen

3.4.3 Verkehrszeichen im Stadtteil/Schildersafari

a) Didaktische Überlegungen/Einordnung in die Mobilitätsbildung

Das Wissen über Verkehrsschilder gehört ebenso wie die Kenntnis über die wichtigsten Verkehrsregeln zu den Grundlagen einer sicheren Verkehrsteilnahme. Verkehrsschilder regeln den Verkehr. Sie sind die ikonische Darstellung für die an der jeweiligen Stelle geltenden Regeln.

Anstatt die Bedeutung einzelner Verkehrszeichen nur „trocken" auf dem Papier zu lernen, ist es sinnvoll, im Schulumfeld die dort vorhandenen Schilder aufzusuchen und auf ihre Funktion hin zu untersuchen. Vor Ort erschließt sich der Sinn der Zeichen häufig besser als nur abstrakt im Prüfungsbogen bei der Radfahrausbildung oder auf dem Arbeitsblatt.

Bild 100: Manchmal gibt es ungewöhnliche Schilder (dieses kommt allerdings aus England)

b) Handlungsanregungen

Viele Kinder haben einen ausgesprochenen Drang zum Sammeln. Dieser kann genutzt werden, um im Rahmen eines Unterrichtsganges (einer „Schildersafari") oder als Hausaufgabe die Kinder anzuregen, so viele verschiedene Verkehrszeichen wie möglich zu „sammeln", indem sie diese fotografieren, abzeichnen oder auf einem Arbeitsblatt abgedruckte Schilder einkreisen.

Eine Sammlung von Fotos von Verkehrszeichen aus dem Stadtteil kann dazu anregen, über die Funktion und Bedeutung des Schildes an der jeweiligen Stelle zu sprechen. Neben dem Sammeln bietet sich ein Ordnen der Schilder an: nach Farbe oder Form, Geboten oder Verboten, bekannt oder unbekannt, im Stadtteil vorhanden oder nicht, bezogen auf Fußgänger*innen, Rad- und Autofahrer*innen und so weiter.

Häufig stellen die Schüler*innen fest, dass Schilder nicht von allen Verkehrsteilnehmer*innen beachtet werden. Ein von den Kindern verfasster Informationstext zu einzelnen Schildern kann dazu beitragen, dass Erwachsene die Botschaft des Verkehrszeichens verstehen und beachten. Erstaunlich viele Autofahrer*innen wissen beispielsweise nicht, welche Regeln das Verkehrszeichen „Spielstraße" (VZ 325) nach sich zieht (Gleichberechtigung aller Verkehrsteilnehmer, Schrittgeschwindigkeit). Mit Hilfe eines Interviews können Kinder im Stadtteil Erwachsene über die Bedeutung verschiedener Schilder befragen. Wie lange muss man z.B. bei einem Stoppschild anhalten oder darf man hier auch weiterfahren, wenn die Straße frei ist? Wie bindend sind Geschwindigkeitsbegrenzungen? Was bedeutet ein Halteverbotsschild, darf man hier z.B. kurz anhalten, um ein Kind vor der Schule abzusetzen?

Im Anschluss kann dann ausgewertet werden, ob die befragten Personen sich im Schilderwald auskannten. Voraussetzung für die Befragung und Auswertung ist natürlich, dass die Kinder bereits selbst Expert*innen für die verschiedenen Verkehrszeichen geworden sind. Über das Erfassen der Bedeutung der einzelnen Verkehrszeichen hinaus kann in Verbindung mit dem Fach Kunst das Gestalten eigener fantasievoller oder zukunftsweisender Verkehrszeichen

Bild 101: Neben den offiziellen Verkehrszeichen der StVO gibt es auch „freie“ Zeichen, sie sind nicht verbindlich

ausprobiert werden. Neben dem künstlerischen Aspekt können natürlich mit selbst gestalteten Schildern auch andere Ziele verfolgt werden: Durch ungewohnte Zeichen am Straßenrand können Autofahrer*innen zumindest für ein paar Tage auf spielende Kinder, den Schulweg oder auf Tempobeschränkungen aufmerksam gemacht werden.

c) Material

- Pappen
- Farbe für selbst gemalte Schilder
- Verkehrszeichen aus dem Internet zum Erstellen von Arbeitsblättern
- Bei Erkundungen: Kamera, Schreibunterlagen, Arbeitsblätter, Stifte

d) Tipps

- Eine Übersicht über die verschiedenen Verkehrszeichen findet sich nicht nur als Einsteckkarte in vielen Etuis der Kinder, sondern wird auch von Verlagen oder Verkehrssicherheitsinstitutionen meist kostenlos zur Verfügung gestellt.
- Bilder/Bilddateien aller aktuellen Verkehrszeichen finden sich zum Herunterladen u.a. auf den Internetseiten der Bundesanstalt für Straßenwesen (Bast).
- Für eine Sammlung von Verkehrszeichen im Stadtteil können die Kinder ein Arbeitsblatt mit den Umrandungen von Schildern bekommen, so dass sie diese Rahmen nur ausfüllen müssen.
- Zum Aufstellen selbst gemalter Schilder am Straßenrand muss das Ordnungsamt oder die Polizei um Erlaubnis für einige Tage (oder einen Aktionstag) gebeten werden.
- Die bei einem Unterrichtsgang fotografierten Verkehrsschilder können am Rande eines Stadtteilplans aufgeklebt und durch Markierungen ihr Standort auf dem Plan zugeordnet werden.
- Die Schüler*innen gestalten zu einzelnen Verkehrszeichen ein Lapbook.
- Die Fotos der Schildersafari werden für einen selbsterstellten Fragebogen zur Radfahrausbildung genutzt, die Schüler*innen entwickeln selbst Fragen dazu (siehe Kapitel 3.6.6).
- Als kurzweilige Übungsform eignen sich auch Sammlungen mit Fragen zu einzelnen Verkehrszeichen. Zu jedem Schild entwerfen die Kinder in Partnerarbeit vier Bedeutungen, von denen nur eine richtig ist. Als Sammlung von Karteikarten eignen sich diese Fragen für offenen Arbeitsphasen. Als kleines Heft gebunden können die „Schilderfragen“ der Parallelklasse zum Lösen angeboten werden. Sehr beliebt ist es, die Fragen im Rahmen einer nachgestellten TV-Quizshow zu stellen und so den „Schildermillionär“ der Klasse zu ermitteln. Ähnliche Quizfragen können auch mit digitalen Tools erstellt und in der Klasse durchgeführt werden (z.B. kahoot.com oder biparours.de).

Verkehrszeichenquiz

a) Fußgänger dürfen über das Fahrrad laufen.

b) Fußgänger haben Vorfahrt vor Fahrradfahrern.

c) Fußgänger und Fahrradfahrer teilen sich den Weg.

d) Achtung Fußgängerbrücke über den Fahrradweg.

e) Literatur

Repert, Werner/Ewert, Wilhelm (2004): Verkehrszeichen selbst erfinden und gestalten. In: Zeitschrift für Verkehrserziehung. Jg. 54, Heft 4, S. 15-22.

„Sendung mit der Maus"-Film zum Stopp-Schild in aller Welt und in vielen Sprachen https://www.wdrmaus.de/filme/sachgeschichten/stoppschild.php5.

Bast, Verkehrszeichen: https://www.bast.de/BASt_2017/DE/Verkehrstechnik/Fachthemen/v1-verkehrszeichen/vz-start.html.

f) Arbeitsblätter/Kopiervorlagen

AB 33:
Schilder „sammeln" im Stadtteil

AB 34:
Was bedeuten die Verkehrszeichen?

AB 35:
Fragen zu Verkehrszeichen und Regeln

AB 36:
Verkehrszeichen-Quiz (Blanko)

Bild 102: Faszination und Fetisch. Sportwagen in der BMW-Welt in München

3.5 Mobilität: Umwelt, Gesundheit, Nachhaltigkeit (BNE)

Umwelt- und klimapolitische Themen sind in der Gewichtung in der Gesellschaft, aber auch bei vielen Kindern und Jugendlichen, großen Schwankungen unterworfen. Nach Jahren mit einer hohen Aufmerksamkeit für Fragen des Umwelt- und Klimaschutzes gab und gibt es immer wieder Phasen, in denen, wie in der Finanzmarktkrise ab 2008 und in der weltweiten Corona-Pandemie 2020, gesundheitliche Sorgen, wirtschaftliche Abstürze, eine soziale Schieflage in der Gesellschaft und weltweit bankrotte Staatsfinanzen oder Arbeitslosigkeit stärker in den Fokus rücken. Dies kann allerdings nicht darüber hinwegtäuschen, dass der ungebremste Raubbau an der Natur und die Folgen des durch den Menschen verursachten Klimawandels für die Wirtschaft, die Gesundheit, die Migration und das soziale Miteinander weltweit fatale Veränderungen mit sich bringen werden, deren Dimensionen noch kaum abzuschätzen sind. Die zu erwartenden, wirtschaftlichen und finanziellen Belastungen durch eine ungebremste Erderwärmung über das Ziel von zwei Grad hinaus werden nach groben Schätzungen weitaus höher sein als die finanziellen Anstrengungen, die es jetzt bräuchte, um den Klimawandel zu bremsen (IPCC 2015; Plöger 2020).

Angesichts klarer Modellrechnungen von Klimaforschern (IPCC 2015, S. 10ff.) verwundert es, dass das politische Handeln, unter anderem auch im Bereich der Mobilität, so zögerlich ist. Neben der politischen Trägheit, klare Regelungen für einen Ausstieg aus der Kohleverstromung oder für ein geplantes Ende des Verbrennungsmotors als Antrieb im Pkw zu finden, sind es auch unsere eigenen Gewohnheiten, die eine nachhaltige Wende in vielen Lebensbereichen schwer machen. Im Verkehrssektor, der zu knapp einem Fünftel zu den klimaschädlichen CO_2-Emissionen beiträgt und gleichzeitig durch stickoxidhaltige Abgase aus dem Auspuff, durch Unfälle und einen hohen Flächenverbrauch Gesundheit und Umwelt belastet, scheint eine „Verkehrswende“ nur in kleinen Teilbereichen in Sicht. Wir haben uns an große, schwere Pkw für Alltagswege gewöhnt, nutzen selbstverständlich in der Familie den Zweitwagen, um die Kinder zum Sport zu bringen, fliegen über das Wochenende nach Barcelona zum Shoppen und buchen die spannende Fernreise nach Dubai oder Asien.

Alles das kann und soll nicht verboten werden. Nur stellt sich die Frage, wer in Zukunft die Rechnung[32] für unser heutiges komfortables Konsumieren zahlt. Im Preis für die Flugreise mit dem Billigflieger, in den Kosten für unser Auto und im Benzin- und Dieselpreis stecken jedenfalls nicht die wahren Kosten für die Folgen, die diese Mobilität für Mensch, Natur, Gesundheit und Klima mit sich bringt. Vielleicht würden wir eine andere Verkehrsmittelwahl treffen, wenn die wahren Kosten sofort anfallen und in unserem Geldbeutel zu Buche schlagen würden und nicht erst bei der nächsten Generation. Die Entscheidung über eine Kostenwahrheit im Verkehr, z.B. über eine ständig steigende Abgabe (Steuer) für unseren CO_2-Verbrauch, liegt im Feld der Politik.

Im schulischen Kontext gilt es im Rahmen der Bildung für nachhaltige Entwicklung nicht für die eine oder andere Lösung Partei zu ergreifen, sondern die verschiedenen Optionen zu kennen, abzuwägen und Handlungsmöglichkeiten für das Individuum auszuloten. Es geht um die nachhaltige Gestaltung unseres Alltags und die Möglichkeiten und Grenzen, die es dabei in unserem eigenen Umfeld gibt. Insofern kann es auch nicht um eine generelle Stigmatisierung des Autofahrens gehen. Wir alle, die Eltern, die ihre Kinder morgens vor der Schule absetzen, und natürlich auch die Lehrer*innen, sind aus vielfältigen Gründen auf das Auto angewiesen. Nicht jeder kann von heute auf morgen auf umweltfreundliche Verkehrsmittel umsteigen. Die Zwänge und Bequemlichkeiten, warum man mit dem Pkw mobil sein muss oder möchte, sind vielfältig. Es muss in diesem Zusammenhang also vor allem um ein kritisches Nachdenken über die Vor- und Nachteile verschiedener Verkehrsmittel gehen und darüber, wann welches Fahrzeug angemessen ist. Im Rahmen dieser Auseinandersetzung sollte eine reflektierte und verantwortungsvolle Wahl eines Verkehrsmittels erfolgen.

Dabei kann es nicht ausbleiben, den Umweltverbrauch und die Klimawirkung der einzelnen Verkehrsmittel kritisch zu beleuchten. Die Anregungen in diesem Kapitel bieten dazu Reflexions- und Handlungsmöglichkeiten.

---

32 Zum Thema, wer „die Rechnung“ für unseren Lebensstil zahlt, gibt es einen kurzen You Tube-Film von der NGO „Germanwatch“ mit namhaften Schauspieler*innen, der sich für den Einsatz in Lehrkräftefortbildungen oder evtl. ab der 6. Klasse eignet. Die Rechnung: https://www.youtube.com/watch?v=EmirohM3hac (5.6.2020).

[13] Fakten zur Mobilität in Deutschland

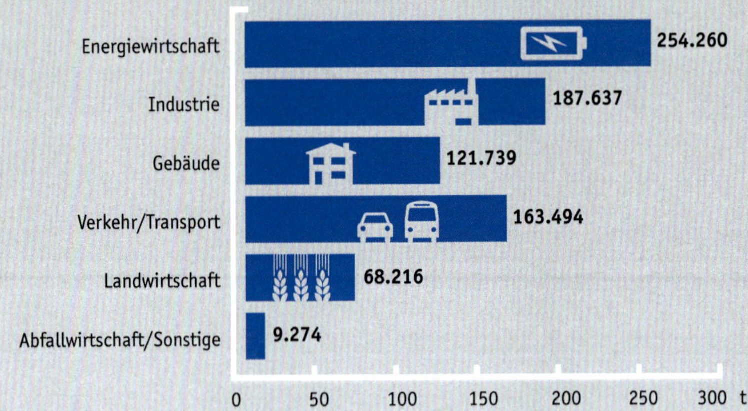

Abb. 19: Quelle: UBA 2020
www.umweltbundesamt.de/galerie/entwicklung-der-treibhausgasemissionen-in-2019

Abb. 20: Mobilität privater Haushalte (2020) Quelle: www.umweltbundesamt.de/daten und tägliche Betriebszeit eines Pkw. Quelle: BMVI (2019) MiD 2017, S. 69 und S. 76.

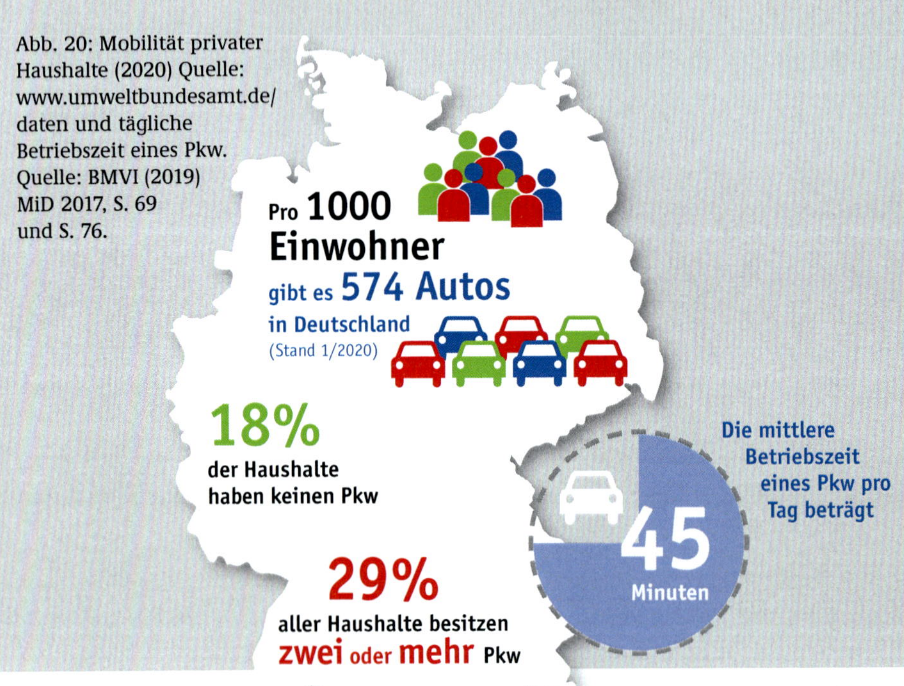

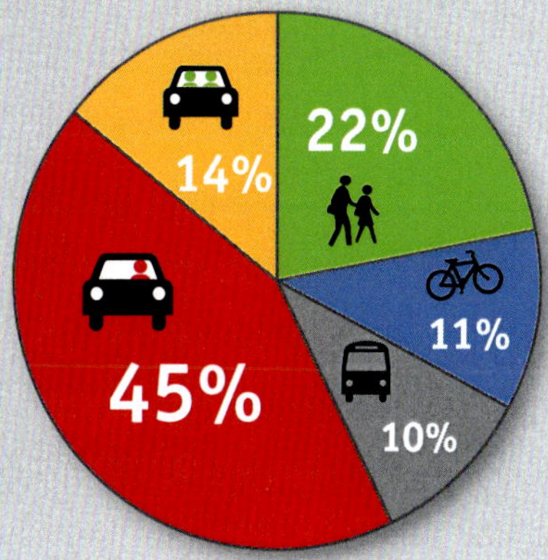

Abb. 21: Modal Split.
Quelle: BMVI (2019)
MiD 2017, S. 45

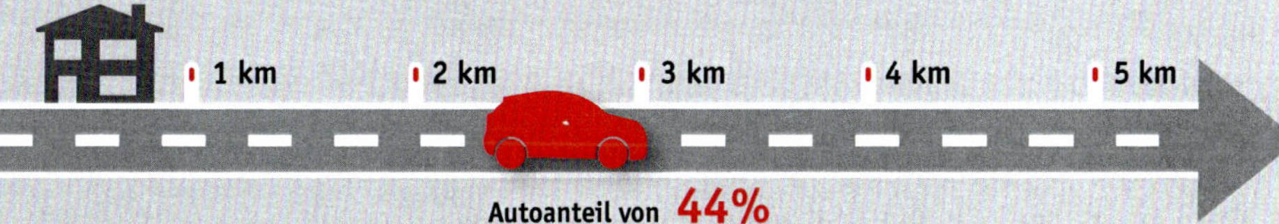

Weglängen im Alltag

61% aller zurückgelegten Wege in Deutschland sind kürzer als fünf Kilometer
Bei den Wegen bis 5 km hat das Auto einen Anteil von 44 %.

Abb. 22: Länge von Wegen. Quelle: Greenpeace/Wuppertal-Institut (2017), S 34:

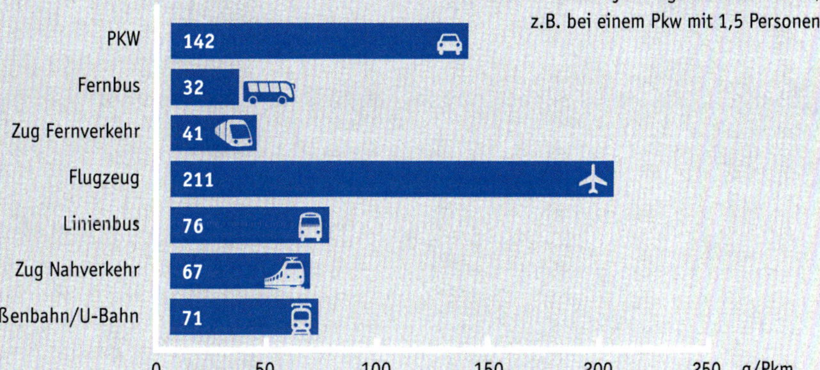

Abb. 23: Spezifische CO_2-Emissionen in Gramm pro Personenkilometer (Pkm).
Quelle: Greenpeace/Wuppertal-Institut (2017), S. 45.

[13] Fakten zur Mobilität in Deutschland

Viele Verkehrstote sterben nicht auf der Straße

Frühzeitige Todesfälle durch Verkehrsbedingte Stickoxide, Lärm, Feinstaub und Ozon sowie bei Unfällen Getötete, Deutschland, Schätzungen für 2014/15

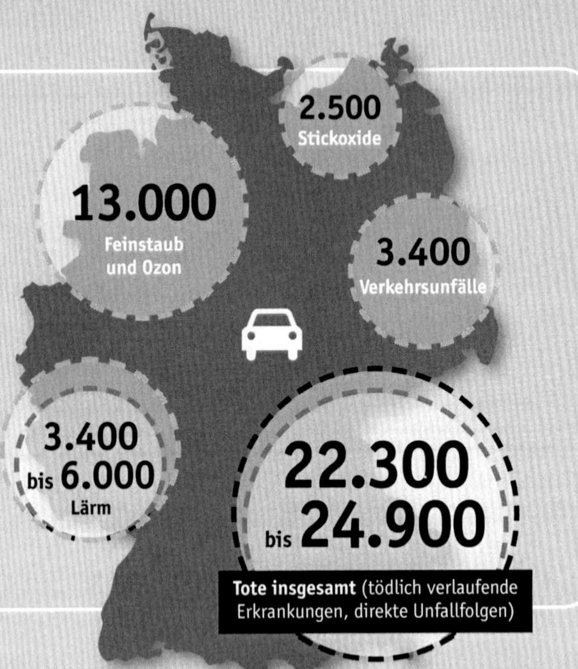

Abb 24: Verkehrstote nicht nur durch Unfälle. Quelle: Böll-St./VCD (2019) Mobilitätsatlas S. 28.

Woher die Stickodide kommen

Bedeutung der Diesel-Pkw im Stadtverkehr, 2015, NO_2-Emissionen in Prozent

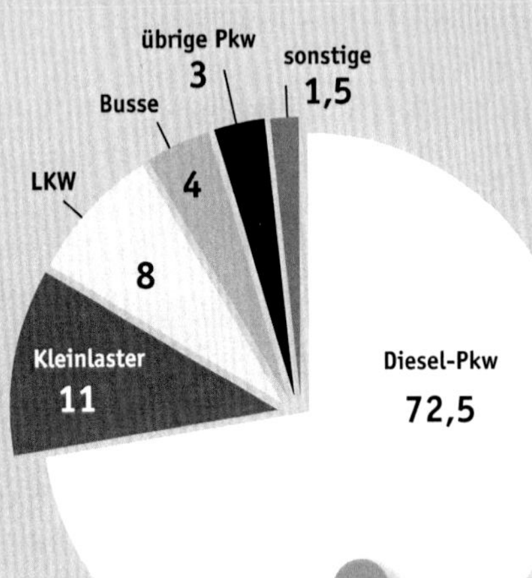

Abb. 25: Stickoxide im Verkehr. Quelle: Böll-St./VCD (2019) Mobilitätsatlas S. 29.

Flächenverbrauch für Siedlungen und Verkehr

Die Siedlungs- und Verkehrsfläche hat sich in Deutschland von 1992 bis 2018 von 40.305 auf 49.819 Quadratkilometer (km) ausgedehnt.

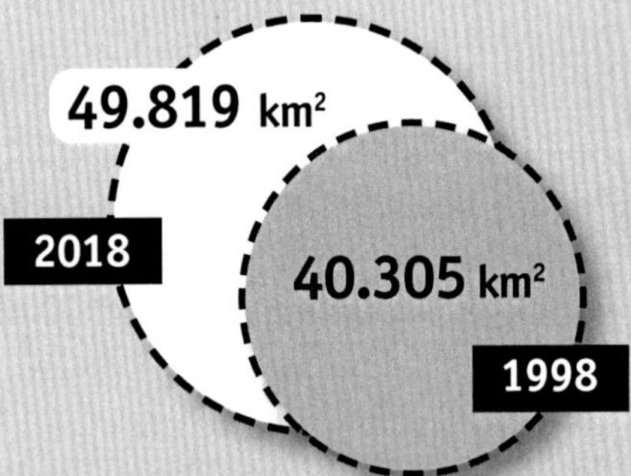

Das entspricht einem Zuwachs von täglich 1 km² pro Tag. 2017 wurden täglich 58 Hektar für Siedlungs- und Verkehrszwecke neu in Anspruch genommen. Ziel ist es, diesen Wert auf 30 ha oder weniger zu senken.

Abb. 26: Flächenverbrauch in Deutschland (Quelle: UBA-Homepage zu Flächenverbrauch)

Bild 103: Schulausflug: Unterwegs mit Bus und Bahn

3.5.1 Mobilitätstagebuch

a) Didaktische Überlegungen/Einordnung in die Mobilitätsbildung

Unsere Mobilität findet meist unbewusst, das heißt unhinterfragt statt. Durch eine Analyse der eigenen Mobilität und der von Freunden, Eltern und der anderer Erwachsener in Form eines Tagebuches, soll dieser Bereich bewusst gemacht werden und somit als Diskussionsgrundlage für eine kritische Bewertung verschiedener Fortbewegungsarten dienen. Generell kann dabei festgehalten werden, dass Mobilität an und für sich nicht gut oder schlecht ist. Ohne Mobilität wären Begegnungen und Erfahrungen an neuen Orten unmöglich oder der Weg zur Schule oder zur Arbeit nicht zu bewältigen. Mobilität ist für das soziale und wirtschaftliche Leben unabdingbar (siehe Kapitel 2.2). Allerdings kann gefragt werden, welche Form der Mobilität in Bezug auf die Wahl der Verkehrsmittel nachhaltig klimafreundlich sein kann.

b) Handlungsanregungen

Neben der Beobachtung und Zählung des Verkehrs (Kapitel 3.3.1 und AB 17) eignet sich das Mobilitätstagebuch als Einstieg in eine kritische Auseinandersetzung mit den Auswirkungen der „automobilen“ Gesellschaft. Nach einer Verkehrszählung vor der Schule stellt sich die Frage, wie es zu der beobachteten Verkehrsmenge kommt und wie jeder Verkehrsteilnehmer dazu beiträgt. Um dies zu untersuchen, werden mit Hilfe von Fragebögen die eigenen Mobilitätsmuster und die von ausgewählten Personen aus der Verwandtschaft oder Nachbarschaft aufgezeichnet. Im Rahmen einer kleineren Untersuchung kann hierzu für einen bestimmten Werktag das Mobilitätsverhalten beziehungsweise die Wahl der Verkehrsmittel abgefragt werden. Für eine genauere Analyse können mehrere Tage oder eine ganze Woche untersucht werden. Hierbei ist zusätzlich besonders die Freizeitmobilität am Wochenende von Interesse, denn im Freizeitbereich sind andere Wege und manchmal deutliche Steigerungen der Mobilität zu verzeichnen.

Mit den Schüler*innen kann ein Fragebogen entworfen oder die entsprechende Kopiervorlage (AB 37) besprochen werden. Nach einer Auswertung der Ergebnisse der Schüler*innen kann nun verglichen werden, ob die Wege und Fortbewegungsmittel von Kindern und Erwachsenen unterschiedlich sind. Diese Fragen können besprochen werden: Welche Fahrten mit dem Auto waren nötig? Welche hätten mit anderen Verkehrsmitteln durchgeführt werden können? Welche Vor- oder Nachteile hätte dies gehabt?

c) Material

- Kopiervorlage AB 37
- Plakat oder Tafel zum Zusammentragen und Auswerten der einzelnen Ergebnisse

d) Tipps

- Für die Auswertung sollten für die Mobilitätsmuster von Kindern und Erwachsenen verschiedene Plakate (oder Tafelseiten) genutzt werden. Die Alltagswege lassen sich auch mit Hilfe von Computerprogrammen und Apps als Diagramm (Säulen- oder Tortendiagramm) darstellen.
- Die Ergebnisse der Fragebögen können von allen Kindern gemeinsam im Stuhlhalbkreis vor der Tafel Schritt für Schritt auf ein Plakat/eine Tabelle übertragen werden. Alternativ werden die Ergebnisse in Kleingruppen zusammengetragen und dort ausgewertet.
- Der Begriff „Verkehrsmittel" sollte in der Grundschule vorab geklärt und das richtige Ausfüllen des Fragebogens geübt werden. (Siehe dazu auch Kapitel 3.5.2).

f) Arbeitsblätter/Kopiervorlage

AB 37:
Viel unterwegs - Mobilitätstagebuch

3.5.2 Vor- und Nachteile der Verkehrsmittel

a) Didaktische Überlegungen/Einordnung in die Mobilitätsbildung

Der im Laufe der letzten Jahrzehnte ständig zunehmende Autoverkehr beeinflusst das Aufwachsen der Kinder (siehe Kapitel 2.5). Sie werden durch fahrende und parkende Pkw in ihrer Bewegungsfreiheit eingeschränkt, durch Unfälle gefährdet und durch Abgase belastet. Gleichzeitig übt das Auto auf Kinder eine große Faszination aus. In den Familien hat es teilweise einen hohen, mitunter auch emotionalen Stellenwert. Kinder sind von Spielzeugautos und (besonders Jungen) auch von schnellen Autos und Formel-1-Rennen fasziniert. Viele haben

Bild 104: Allgegenwärtiges Auto – auch schon zum Spielen für Kinder

den Wunsch, möglichst zum 18. Geburtstag selbst den Führerschein zu erwerben – vielleicht auch, um dann die Freiheit zu erlangen, die vorher genau durch den Autoverkehr eingeschränkt worden war. Im Rahmen der Mobilitätsbildung geht es nicht darum, die Mobilität mit dem Auto abzulehnen. Vielmehr steht die reflektierte Wahl der Verkehrsmittel im Mittelpunkt. Dazu gehört ein kritisches Abwägen der Vor- und Nachteile verschiedener Verkehrsmittel. Tatsächlich wäre es nicht zu vermitteln, dass Eltern beispielsweise auf die Ausübung ihres Berufes verzichten sollten, weil der Arbeitsplatz nur mit dem Auto erreichbar ist. Es geht in der Mobilitätsbildung darum, Alternativen aufzuzeigen und deren Vorteile in den Vordergrund zu stellen und erfahrbar zu machen. Es soll deutlich werden, dass es viele alltägliche Wege gibt, wie den zum Briefkasten oder zum Bäcker, die auch zu Fuß oder mit dem Fahrrad zurückgelegt werden können, und dass es durchaus angenehm sein kann, mit Bus und Bahn in die Stadt zu fahren, da dann zum Beispiel die leidige Parkplatzsuche entfällt. Außerdem ist es schlichtweg gesünder, sich z.B. auf dem Schulweg täglich zu bewegen, als immer nur (im Auto, in der Schule, zu Hause) zu sitzen. Daneben gibt es Zwänge, die eine Autonutzung sinnvoll oder notwendig machen. Das Motto könnte lauten: So viel Auto wie nötig, so wenig Auto wie möglich – und in Zukunft vielleicht auch mit kleineren Autos, die man sich teilt und die elektrisch angetrieben werden...

b) Handlungsanregungen

Zuerst sollte geklärt werden, was mit dem Begriff „Verkehrsmittel" gemeint ist. Dabei kann dieser Begriff weit gefasst werden und auch die Verkehrsmittel untersucht werden, die häufig von Kindern genutzt werden (wie etwa Roller, Rad, Füße, Inliner). Weitere Verkehrsmittel können sein: Pkw, Lkw, Motorrad, Rad, E-Bike, Bus, Straßenbahn, S-Bahn, U-Bahn, Fernbus, ICE, IC, Regionalzug, Flugzeug usw. Die Kinder sammeln in Einzel- oder Partnerarbeit Informationen und notieren diese auf dem Arbeitsblatt AB 38 „Verkehrsmittel-Steckbrief". Anschließend können in Partner- oder Gruppenarbeit gemeinsam Vor- und Nachteile der verschiedenen Verkehrsmittel diskutiert und diese auf dem Arbeitsblatt oder zusätzlich auf größeren Plakaten zu den Verkehrsmitteln notiert werden. Für das

Bild 105: Vor- und Nachteile der Straßenbahn erarbeiten

Plakat können die Schüler*innen selbst eine Skizze des Verkehrsmittels anfertigen oder Fotos (aus Zeitschriften, dem Internet) aufkleben. Abschließend werden die Plakate in der Klasse vorgestellt und diskutiert. Mit Klebepunkten auf den Plakaten kann man visualisieren, wer schon mit welchen der erarbeiteten Verkehrsmittel gefahren ist (jedes Kind klebt unten auf das Plakat einen Punkt, wenn es schon einmal geflogen ist, mit dem Zug unterwegs war usw.).

c) Material

- Kopiervorlage • Plakate, Stifte • Klebepunkte

d) Tipps

- Pro – Contra Diskussion: Kindergruppen vertreten zwei konträre Standpunkte (zum Beispiel für die Nutzung von Bus und Bahn für einen Ausflug beziehungsweise dagegen).
- Mobilitätstagebuch vorher erstellen und analysieren (Kap. 3.5.1, AB 37).
- Das Kinderbuch von Wolfgang Zuckermann „Familie Maus fährt Auto“ wird vorgelesen/gelesen und anschließend kritisch diskutiert. Im Buch geht es um eine Mäusefamilie aus dem Wald, die ihre Verwandten in der Stadt besuchen möchte. Doch leider ist die Zugstrecke stillgelegt worden. Also müssen sie sich ein Auto kaufen. Um mit dem Auto durch den Wald zu kommen, wird von den Bibern eine Straße gebaut; die Familie kann sich endlich auf den Weg zu ihren Verwandten machen. Aber auch andere Tiere kommen auf die Idee, ein Auto zu kaufen, und bald sind die Straßen zu klein und müssen verbreitert werden. Als die Mäuse von ihrem Besuch zurückkehren, hat sich ihr Wald verändert ...

e) Literatur/Internet

Gorbahn, Katja/Heymann, Matthias (2004): Das Auto verändert die Stadt. In: Grundschule H. 7-8, S. 42-45.

Kreuzinger, Steffi/Unger, Harald (1999): Agenda 21. Wir bauen unsere Zukunft. Eine Mitmach-, Ideen- und Werkzeugkiste für Kinder und Jugendliche. Mülheim a.d. Ruhr 1999.

Müller, Jörg (1995): Hier fällt ein Haus, dort steht ein Kran und ewig droht der Baggerzahn oder Die Veränderung der Stadt (8 Aufl.). Frankfurt a.M.

Böll-Stiftung/VCD (2019): Mobilitätsatlas. Daten und Fakten für die Verkehrswende. Berlin.

Zuckermann, Wolfgang (1999): Familie Maus fährt Auto. (Ill. Roger Tweedt). Berlin: Verlag Volk und Wissen. Das Buch kann leider nur noch antiquarisch gekauft werden.

f) Arbeitsblätter/Kopiervorlage

AB 38:
Verkehrsmittel-Steckbrief

3.5.3 Lärm (Hörspaziergang)

a) Didaktische Überlegungen/Einordnung in die Mobilitätsbildung

Die Belastung durch Lärm, auch Verkehrslärm, ist ein Ärgernis, das weite Teile der Bevölkerung betrifft. 70% der Menschen in Deutschland fühlen sich durch Verkehrslärm, 50% besonders durch Fluglärm belästigt (BZgA 2006, S. 7). Neben den direkten Hörschäden wirkt sich permanenter Lärm – wie er etwa von einer stark befahrenen Hauptstraße ausgeht – auf unser Herz-Kreislauf-System aus. Das Risiko für Bluthochdruck mit entsprechenden Folgeerkrankungen (z.B. Herzinfarkt) steigt signifikant an, wenn man an einer befahrenen Straße wohnt oder anderen Lärmquellen dauerhaft ausgesetzt ist. Man geht davon aus, dass an den indirekten Folgen von Lärm inzwischen mehr Menschen sterben als durch direkte Verkehrsunfälle (Spitta 2009b, UBA 2019b, S.16). Rund ein Viertel der Jugendlichen leidet unter Hörschäden, wobei diese meist auf zu laut eingestellte Kopfhörer oder auf Besuche in der Disco oder Konzerten zurückzuführen sind (BZgA 2006, S. 7f). In vielen Schulen sind durch bauliche Mängel Klassenräume und besonders Turnhallen akustisch durch Nachhalleffekte belastet, mit entsprechenden nachteiligen Folgen für das Lernklima und die Gesundheit von Lernenden und Lehrenden.

Der Verkehrslärm stellt besonders für Anwohner*innen größerer Straßen und in der Nachbarschaft von Flughäfen oder Eisenbahnstrecken ein Problem dar. Aber auch in Wohnstraßen kann Lärm „nerven". Gegen Verkehrslärm gibt es nur wenige Schutzmaßnahmen. Neben „passiven" Verbesserungen wie Schallschutzmauern oder Isolierglas sind Maßnahmen beim Straßenbelag, bei den Reifen oder der Kapselung des Motors hilfreich zur Lärmreduzierung. Zusätzlich kann aber neben diesen eher „technischen" Maßnahmen insbesondere das Verhalten der Verkehrsteilnehmer*innen im Straßenverkehr einen Beitrag zur Lärmreduzierung leisten. Hier gilt es im Rahmen der Mobilitätsbildung und des sozialen Lernens zu sensibilisieren: Temporeduzierungen und eine defensive Fahrweise wirken sich stets auch lärmreduzierend aus. Der Verkehr auf einer normal belasteten Straße ist bei Tempo 50 wesentlich lauter als bei Tempo 30 – vorausgesetzt man fährt entsprechend niedertourig. Kavalierstarts oder frisierte Motorräder sind eben keine Kavaliersdelikte, sondern eine krankmachende Belastung für die Anwohner*innen. Um für die Problematik des Verkehrslärms zu sensibilisieren, wird hier als erste Annäherung ein Hörspaziergang vorgeschlagen. Kinder in den ersten Grundschulklassen haben oft noch Probleme zu lokalisieren, aus welcher Richtung ein Geräusch kommt. Durch die Beschäftigung mit dem Thema Lärm im Straßenverkehr können die Kinder zusätzlich in diesem Bereich ihren Hörsinn schulen (vgl. Spitta 2009b).

Geräusche-Liste

Geräusch	dB(A)	Lautstärke
Schneefall	10	sehr leise
Ticken einer Armbanduhr	20	leise
Flüstern	30	leise
Kühlschrank	40	normal laut
normales Gespräch	50	normal laut
ruhige Klasse	60	normal laut
normal sprechende Lehrerin Unterricht	70	laut
Rasenmäher	70-75	laut
moderne Stadtbahn	75	laut
Staubsauger	80	sehr laut
Hauptstraße in 5 bis 10m Entfernung	80-85	sehr laut
Schulhof während der Pause	80	sehr laut
laut schimpfender Lehrer	90	schmerzhaft laut
laute Klasse	85-90	schmerzhaft laut
Lastwagen (in 5m Abstand)	90	schmerzhaft laut
Autohupe (7m Abstand)	100	gefährlich laut
Disco, Konzert, 5m vor Lautsprecher	100	gefährlich laut
Flugzeugtriebwerk 100m Entfernung	120	sehr gefährlich laut

Für Grundschulkinder ist es relevant, über die Gefahren des Lärms informiert zu werden. Da sich unser Gehör nach einer Lärmschädigung nicht regenerieren kann, ist hier besondere Vorsicht geboten. Das Themenfeld Straßenverkehrslärm ist also nur ein Teilaspekt. Gleichzeitig geht es beim Thema Lärm auch um die Achtsamkeit gegenüber dem Geräuschpegel in der eigenen Klasse, um die Gefahren von zu lautem Musikhören mit Kopfhörern – was zudem in öffentlichen Verkehrsmitteln die Mitreisenden belästigen kann – bis hin zur Beschäftigung mit naturwissenschaftlichen Phänomenen des Schalls und der Schallentwicklung (vgl. Jonen et al 2008).

Wissenschaftler*innen messen den Lärm mit der Einheit Dezibel (dB[A]). Das Ticken einer Armbanduhr ist mit 20 Dezibel dB(A) sehr leise. Eine Erhöhung um 10 dB(A) wird als eine Verdoppelung der Lautstärke empfunden. Flüstern wird also mit 30 Dezibel schon als doppelt so laut empfunden. 40 Dezibel ist doppelt so laut wie 30 Dezibel und entspricht ungefähr dem Brummen eines Kühlschranks. Ab einer Lautstärke von 70 Dezibel gilt ein Geräusch als laut. Bei einer Lautstärke in der Wohnung von mehr als 70 dB(A) z.B. durch Straßenlärm, kann man auf Dauer krank werden. Die oben abgebildete Geräusche-Liste (siehe auch Arbeitsblatt AB 39) kann mit den Schüler*innen besprochen werden, wenn es um die Sensibilisierung für Lärm und die Suche nach Lärmquellen in der Schule und im Schulumfeld (Arbeitsblatt AB 40 und 41) geht.

b) Handlungsanregungen

Mit geschlossenen Augen erlebt man die Geräusche der Umwelt viel intensiver. Durch einen Spaziergang mit verbundenen Augen soll den Kindern die Lärmbelästigung durch Straßenverkehr verdeutlicht werden (vgl. BZgA 2006, S. 10). Zusätzlich kann mit ihnen darüber gesprochen werden, dass Verkehrslärm viele Menschen nicht nur stört, sondern ernsthaft krank macht. Um für die Messung und Wahrnehmung von Lärm zu sensibilisieren, wird die Geräusche-Liste mit den Kindern gelesen (AB 39) und geklärt, wie die Lärmskala aufgebaut ist.

Bild 106: Vertrauen auf die Partnerin beim Hörspaziergang

Neben der Lärmproblematik bietet der Hörspaziergang weitere Lernmöglichkeiten, die in der Auswertung des Spaziergangs ebenfalls berücksichtig werden können: Die Kinder müssen sich vertrauensvoll der Führung eines Partners überlassen und können so Erfahrungen von Sehbehinderten machen, die ihren Hörsinn wesentlich stärker zur Orientierung einsetzen müssen (vgl. Kapitel 3.4.1., AB 29). Sie erfahren, wie schwierig es ist, verschiedene Geräusche zu unterscheiden, oder dass zum Beispiel ein herankommendes Fahrrad nicht so leicht zu hören ist wie ein Auto. Für den Hörspaziergang sollte die Lehrkraft oder der/die Erzieher*in sich vorab einen geeigneten Weg aussuchen. Dieser sollte keine „akustische Idylle", sondern vielmehr den „akustischen Alltag" darstellen. Es sollte eine Strecke mit einem ausgewogenem Wechsel zwischen lauten und leisen Geräu-

Bild 107: Hörspaziergang einer 4. Klasse

schen sein, die im langsamen Schritttempo in etwa 10 bis 15 Minuten zurückgelegt werden kann. Mit verbundenen Augen brauchen die Kinder wesentlich mehr Zeit für den Weg.

Immer zwei Kinder arbeiten im Team zusammen. Ein Kind bekommt die Augen verbunden und wird vom anderen Kind geführt. Zuvor sollte gemeinsam besprochen werden, was auf dem Weg von führendem und geführtem Kind beachtet werden muss. Für den Rückweg werden die Rollen getauscht. Man kann auch die Rolle häufiger tauschen, damit die Kinder nicht so lange mit verbundenen Augen laufen müssen. Alternativ werden nur an besonders lauten oder leisen Punkten des Weges die Augen verbunden oder einfach geschlossen.

Zurück in der Klasse soll über das Gehörte gesprochen und gegebenenfalls auf einem vorbereiteten Plakat („Was hast Du gehört?") die Ergebnisse notiert werden. Alternativ schreiben die Schüler*innen ihre Eindrücke auf Karteikarten als Notizen für das folgende Gespräch oder verfassen einen Erlebnisbericht. Die Erfahrungen der Kinder, was es bedeutet, vertrauensvoll zu führen oder geführt zu werden, und des „Blindseins" sollten besprochen werden. Im Anschluss kann eine Lärmuntersuchung von Schule und Umgebung stattfinden. Dazu finden sich Anregungen auf den Arbeitsblättern AB 40 sowie Anregungen für Übungen und Spiele auf AB 41 und AB 42.

c) Material

- Arbeitsblätter
- Augenbinden (Schals, Halstücher)
- Plakat
- Karteikarten

d) Tipps

- Die Durchführung des Hörspaziergangs setzt eine gute Vertrauensbasis der Partner*innen voraus. Dies kann zuvor spielerisch in der Klasse oder Turnhalle geübt werden, indem sich die Kinder wechselseitig durch den Raum führen, auf Hindernisse hinweisen und durch Tische und Bänke (oder Turngeräte) führen.
- Kein Kind sollte gezwungen werden, mit verbundenen Augen teilzunehmen.
- Um Gefahren zu reduzieren, sollte die Gruppe möglichst durch eine weitere erwachsene Betreuungsperson begleitet werden. Die geführte Person sollte immer an der vom Verkehr abgewandten Seite des Gehwegs laufen.

- Augenmasken/Augenbinden werden manchmal von Fluggesellschaften Schulen als Werbegeschenk kostenlos im Klassensatz auf Anfrage zur Verfügung gestellt.
- Mit Hilfe eines Lärmpegelmessgerätes können die Lärmwerte an Straßen oder in Schulräumen gemessen werden. Messgeräte kann man über die Kommune und über Bürgerinitiativen oder Verbraucherverbände ausleihen. Der VCD stellt einen Lärmrechner online zur Verfügung, bei dem anhand der Lkw-Belastung einer Straße (Zählung an der Straße) der durchschnittliche Lärmpegel berechnet werden kann: https://www.vcd.org/themen/verkehrslaerm/online-laerm-rechner.
- Im Sachunterricht kann das Thema Schall vertiefend behandelt werden (siehe dazu die Kint-Kisten aus der Uni Münster vom Spectra-Verlag (Jonen 2008) und das Material der BZgA).
- Ergänzend eignen sich Spiele zur akustischen Wahrnehmung (siehe Kopiervorlage AB 41 und Kapitel 3.8).

e) Literatur

BZgA (2006): Lärm und Gesundheit. Materialien für die Grundschule (1.-4. Klasse). Bundeszentrale für gesundheitliche Aufklärung, Köln. Bezug als PDF unter https://www.bzga.de/infomaterialien/archiv/laerm-und-gesundheit-1-4/

BZgA (2008): Lärm und Gesundheit. Materialien für die Klassen 5 bis 10. Köln. Liegt als PDF vor oder kann auch über die BZgA bezogen werden. www.bzga.de

Jonen, Angela u. a. (2008): Schall – was ist das? Klasse(n)kisten für den Sachunterricht. Ein Projekt des Seminars für Didaktik des Sachunterrichts im Rahmen von KiNT „Kinder lernen Naturwissenschaften und Technik". Spectra-Verlag, Essen.

Spitta, Philipp (2009b): Gesundheitsgefahren im Straßenverkehr. In: Die Grundschulzeitschrift. Jg. 23, H. 224, S. 46-49.

Umweltbundesamt zu Lärm/Verkehrslärm: https://www.umweltbundesamt.de/themen/verkehr-laerm

UBA (2019b): Position: WHO-Leitlinien für Umgebungslärm für die Europäische Region. Umweltbundesamt. Dessau. https://www.umweltbundesamt.de/sites/default/files/medien/1410/publikationen/190805_uba_pos_who_umgebungslarm_bf_0.pdf (7.5.2020).

VCD: Informationen zu Verkehrslärm: https://www.vcd.org/themen/verkehrslaerm/

f) Arbeitsblätter/Kopiervorlagen

AB 29: Hörspaziergang und Vertrauen, Kapitel 3.4.1

AB 39: Lärm kann gefährlich sein/ Geräusche-Liste

AB 40: Lärmuntersuchung (2 Seiten)

AB 41: Übungen zur Lautstärke

AB 42: Spiele zur akustischen Wahrnehmung

Bild 108: Täglicher Stau in Deutschland

3.5.4 Flächenverbrauch

a) Didaktische Überlegungen/Einordnung in die Mobilitätsbildung

Laut Angaben des Kraftfahrtbundesamtes gab es am 1. Januar 2020 in Deutschland insgesamt 65,8 Millionen angemeldete Fahrzeuge, davon über 47,7 Millionen Pkw (Homepage KBA).[33] Stünden alle diese Pkw hintereinander in einem Stau, wäre dieser rund 240.000 km lang (bei 5 m pro Pkw). Dieser Stau aller Pkw aus Deutschland würde knapp sechs Mal um die Erdkugel reichen. Autos brauchen viel Platz. Platz zum Fahren ist vorhanden auf dem 830.000 km langen Straßennetz (BMVI)[34] in Deutschland. Da ein Auto im jährlichen Durchschnitt maximal eine Stunde pro Tag bewegt wird, heißt dies im Umkehrschluss, dass ein Auto 23 Stunden am Tag irgendwo steht (BMVI 2019, S.76). Besonders in den Ballungsräumen und Innenstädten ist somit neben dem rollenden vor allem der ruhende Verkehr ein dominierender Faktor. Dort, wo Autos parken, ist weniger Freiraum für Begegnung und Bewegung, weniger Platz für Kommunikation, dort gibt es weniger Fläche auf dem Gehweg für Fußgänger*innen und spielende Kinder und seltener Möglichkeiten, die Straßen so sicher zu überqueren, dass man insbesondere als Kind gesehen wird und selbst den Autoverkehr sehen kann. Für Siedlungen und Verkehrsflächen werden in Deutschland weite

---

33 https://www.kba.de/DE/Statistik/Fahrzeuge/Bestand/bestand_node.html (9.5.2020).

34 Angabe von der Homepage des BMVI https://www.bmvi.de/SharedDocs/DE/Artikel/G/infrastruktur-statistik.html (9.5.2020).

Landstriche verdichtet. Täglich kommen neue Flächen hinzu. In den Jahren 2014 bis 2017 wurden täglich 58 Hektar für Siedlungs- und Verkehrszwecke neu in Anspruch genommen (Umweltbundesamt).[35] Der Verbrauch von freier Fläche soll nach dem Nachhaltigkeitskonzept der Bundesregierung auf 30 ha pro Tag gesenkt werden. Dies wird derzeit nicht annähernd erreicht. Der Straßenverkehr trägt zu einem bedeutenden Teil zum „Flächenfraß" in Deutschland mit bei. Das Auto ist unter dem Gesichtspunkt des Flächenverbrauchs eines der ungünstigsten Fortbewegungsmittel. Allerdings machen wir uns die Dimensionen häufig nicht bewusst. Folgende Beispielrechnung soll den Platzbedarf verschiedener Verkehrsmittel beleuchten:

Flächenverbrauch verschiedener Verkehrsmittel (mit je 200 Personen)

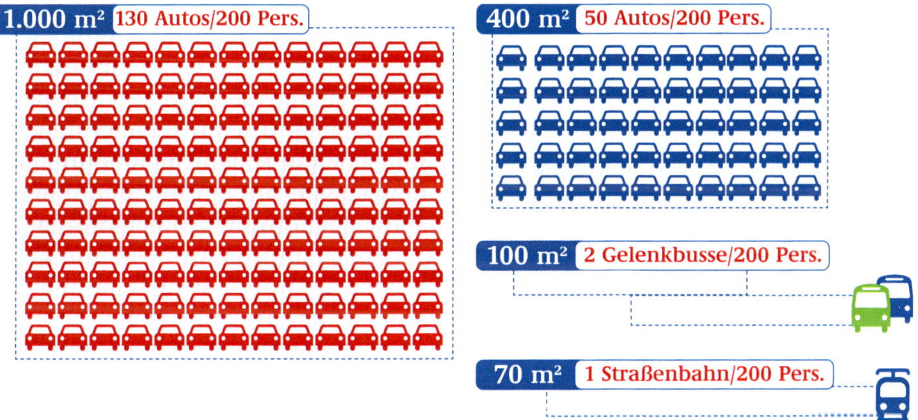

200 Personen passen in eine moderne Stadtbahn. Diese Stadtbahn benötigt eine Fläche von ca. 70 m². 200 Personen passen alternativ in zwei Gelenkbusse. Diese beanspruchen zusammen ungefähr 90 bis 100 m² Boden. Wenn von den 200 Menschen immer vier Personen in einem Pkw sitzen, benötigen wir 50 Autos. Diese 50 Pkw beanspruchen bereits eine Fläche von ca. 400 m². Bei einer durchschnittlichen Pkw-Besetzung von 1,5 Personen werden über 130 Pkw benötigt mit über 1000 m² Fläche (vgl. Spitta 2012a, S. 37, siehe auch AB 44b). Um die Problematik der überproportionalen Raumnutzung durch den Straßenverkehr nachvollziehbar zu machen, sollen die Kinder den Flächenverbrauch durch Pkw mit dem von Bus oder Fahrrad vergleichen.

---

35 https://www.umweltbundesamt.de/daten/flaeche-boden-land-oekosysteme/flaeche/siedlungs-verkehrsflaeche#anhaltender-flachenverbrauch-fur-siedlungs-und-verkehrszwecke- (8.5.2020).

Bild 109: Platzverbrauch durch Pkw in der Stadt

Bild 110: Flächenverbrauch am Einkaufszentrum

b) Handlungsanregungen

Ein Auto nimmt Platz weg. Aber wie groß ein Auto genau ist, weiß man meist nicht genau.[36] Die Kinder messen also die Länge und Breite eines Autos – zum Beispiel auf dem Lehrerparkplatz – aus. Weitere große und kleine Autos können nun vermessen werden. Der Umfang oder Umriss der gemessenen Autos wird auf dem Schulhof mit Straßenmalkreide aufgezeichnet. Zwischen den Autos sollte circa 50cm Abstand gelassen werden, denn wie auf einem Parkplatz ist zwischen den einzelnen Pkw ein Abstand zum Ein- oder Aussteigen nötig. Zusätzlich kann als Hausaufgabe der Pkw der Familie vermessen und am nächsten Tag die entsprechende Fläche auf den Schulhof aufgezeichnet werden. So wird bei einer Klasse mit rund 25 Schüler*innen zusammen mit den Maßen der Autos der Lehrer*innen der Schulhof schnell „zugeparkt" – die Freifläche verschwindet.

Bei gutem Wetter kann in jeden Autoumriss ein Stuhl gestellt und mit einem Kind besetzt werden. So wird deutlich, wie viel Platz die Autos einnehmen, wenn eine Person im Wagen sitzt. (Alternativ können auch mehrere Kinder in einem Auto sitzen und so die Gesamtmenge der Autos etwas reduziert werden). Als Kontrast dazu sollte nun die Grundfläche eines Busses aufgezeichnet werden. In einem modernen Gelenkbus finden ca. 50 Personen einen Sitzplatz, weitere können stehen, so dass in einem großen Bus rund 100 bis 150 Personen transportiert werden können. Die Fläche des Busses nimmt nur einen Bruchteil der vielen Pkw-Umrisse auf dem Schulhof ein. Die einzelnen Stühle aus den aufgemalten Autos bilden nun, auf der Busfläche zusammengerückt, eine kompakte „Sitzgruppe", die wesentlich weniger Platz beansprucht (Maße eines Gelenkbusses

36 Ein Mittelklassewagen, wie ein VW Golf VII, ist 180 cm breit und 420cm lang. Ein SUV hat in der Regel Maße von 200cm zu 480 bis 490cm.

2,55m x 18,50m, normaler Linienbus 2,55m x 12 bis 13m). Ähnlich kann anstelle der Autos die gleiche Anzahl von (Kinder-)Fahrrädern auf den Schulhof gestellt und so deren Platzbedarf mit dem der Autos verglichen werden. Nicht nur in Hinblick auf den Flächenverbrauch ist der Vergleich zwischen Pkw und Bus interessant. Auch die Energiebilanz zeigt deutlich das Verbrauchs- und Schadstoffproblem von vielen einzelnen Pkw-Fahrten. Zwar verbraucht ein Bus wesentlich mehr Dieselkraftstoff auf 100 km (circa 50-60 Liter) als ein Pkw (durchschnittlich 7 bis 10 Liter im Stadtverkehr), aber durch die Beförderung vieler Personen sinkt dieser Verbrauchswert pro Kopf erheblich. Ab sieben oder acht Fahrgästen ist ein Bus energiesparender und klimafreundlicher als ein Pkw. In einigen Städten werden Buslinien inzwischen auf Elektrobetrieb umgestellt.

Mit Hilfe der Aufgaben auf dem Arbeitsblatt (AB 44) können die Schüler*innen im Anschluss an die Aktion auf dem Schulhof diese Bilanz im Rahmen des Mathematikunterrichts nachvollziehen. Nach Beendigung der Malaktion zum Flächenverbrauch können die Ergebnisse dokumentiert und Auswege aus dem Flächenverbrauch des Autoverkehrs besprochen werden. Dabei können Aspekte von der Bildung von Fahrgemeinschaften, der Nutzung von Car Sharing-Angeboten, des Ausbaus von Bus und Bahn oder von Fahrradinfrastruktur diskutiert werden.

c) Material

- Ausreichend viele Maßbänder und Zollstöcke
- Straßenmalkreide
- Fahrräder
- Notizpapier
- Schreibunterlage

d) Tipps

- Voraussetzung für die Umsetzung des Schulhofprojekts ist der Umgang mit den Maßeinheiten Meter und Zentimeter. Daher bietet sich das Vermessen der Autolängen in der Regel ab der (3. oder) 4. Klasse an, da hier ohnehin mit den Längenmaßen (cm, m) gearbeitet werden soll. Der für den Flächenverbrauch interessante Aspekt der Berechnung des Flächeninhalts vieler Autos bietet sich eher in den weiterführenden Schulen an, da innerhalb der Grundschullehrpläne die Flächenberechnung in der Regel noch nicht vorgesehen ist. In der Grundschule reicht es, mit den Außenmaßen – Länge und Breite des Autos – umzugehen. Bei der Umsetzung des Projektes in der Sekundarstufe kann die Flächenberechnung hinzukommen. Um die Vorstellung der Maßeinheit Quadratmeter und Hektar zur Flächenberechnung einzuführen, kann die Kopiervorlage AB 44a eingesetzt werden.
- Um genaue Messergebnisse zu bekommen, sollte der Umgang mit dem Maßband (Zollstock) vorher in der Klasse an Tischen, Stühlen und Bänken geübt werden. Vor allem muss die Messtechnik geübt werden, wenn das Maßband kürzer als das Auto ist und mehrmals angelegt werden muss.

Bild 111:
Sinnbild Car Sharing
(seit 2020 in der StVO)

- Das Umrechnen von Metern in Zentimeter kann in diesem Kontext geübt werden.
- Neben dem Flächenverbrauch, der auf dem Schulhof praktisch dargestellt wird, kann mathematisch in der Klasse errechnet werden, wie lang ein Stau aller Autos der Eltern aus der Klasse wäre. Dazu müssen die Längen der jeweiligen Autos bekannt sein und es sollte ein Sicherheitsabstand zwischen den Autos von jeweils 1 Meter einberechnet werden. Wenn die Schüler*innen die Addition mit Kommastelle noch nicht beherrschen, müssen die Längen der Autos auf ganze Meter auf- oder abgerundet oder in Zentimeter gerechnet werden (AB 43 und AB 45).
- Um deutlich zu machen, wie viele Autos in einer Stadt oder einem Kreis oder im Bundesland unterwegs sind, kann die Länge der Schlange aller dieser Autos errechnet werden. Dazu sollte ein Durchschnittswert pro Auto von beispielsweise 4 bis 5 Metern angesetzt werden sowie zusätzlich ein Abstand zwischen den Pkw (AB 45). Die aktuellen Zulassungszahlen bekommt man beim Rathaus oder über die Statistischen Landesämter. Meist sind ungefähre Pkw-Zulassungszahlen auch im Internet auf den kommunalen Seiten oder bei Wikipedia zu finden.
- Um den Flächenverbrauch von Auto und Bus noch realistischer nachzuvollziehen, kann zum Beispiel im Rahmen einer Umweltwoche das örtliche Verkehrsunternehmen gebeten werden, für die Aktion einen Bus auf den Schulhof zu stellen, um die Relationen zu veranschaulichen (siehe auch AB 44b).
- In England haben Schüler*innen im Rahmen eines Verkehrsprojektes auf den hohen Platzverbrauch für Parkplätze an ihrer Schule aufmerksam gemacht. Daraufhin wurde beschlossen, die (Lehrer-)parkplätze zu bewirtschaften und eine Parkgebühr zu erheben. Die Einnahmen standen der Schule für Umweltzwecke zur Verfügung (Europäische Kommission 2002).
- Platz auf dem Gehweg: Viele Pkw parken auf dem Gehweg und schränken den Raum dort ein. Um die vielen „Platzwegnehmer“ zu markieren und weithin sichtbar zu machen, werden an den Außenspiegeln der so parkenden Autos mit Helium/Ballongas gefüllte Luftballons gebunden. Diese Aktion eignet sich auch im Rahmen von Stadtteilaktionen oder Straßenfesten, um die Öffentlichkeit (Anwohner*innen, Presse und so weiter) auf die Parksituation aufmerksam zu machen. Weitere Ideen finden sich in der Broschüre des Umweltbundesamtes (UBA 2020).
- Neben dem Umsteigen auf umweltfreundliche Verkehrsmittel bietet sich auch das Thema „Auto teilen“ (Car Sharing) als Lösung für Flächenverbrauch und Umweltverschmutzung an. Dazu finden sich zahlreiche Informationen im Internet (siehe unten) und bei Greenpeace/ Wuppertal-Inst. (2017), S. 27-32.

e) Literatur/Internet

BMVI (2019): Mobilität in Deutschland - MiD 2017, Ergebnisbericht. Bundesministerium für Verkehr und digitale Infrastruktur/infas. Bonn. S. 83-89 zu Carsharing.

Greenpeace/Wuppertal Institut (2017): Verkehrswende für Deutschland. Der Weg zu CO_2-freier Mobilität bis 2035. Langfassung. Hamburg. 27-32.

UBA (2020): Quartiersmobilität gestalten. Verkehrsbelastungen reduzieren und Flächen gewinnen. Dessau.

Informationen zu Car Sharing

www.carsharing.de bcs (Bundesverband Car Sharing).
www.carsharing.org ecs Europäischer Dachverband Car Sharing.

f) Arbeitsblätter/Kopiervorlagen

AB 43:
Autos verbrauchen Platz: Das Schulhofprojekt

AB 44a:
Flächenverbrauch: Wie viel ist ein Quadratmeter (ein Hektar)

AB 44b:
Flächenverbrauch: Verschiedene Verkehrsmittel

AB 45:
Knobelaufgaben zum Flächenverbrauch

3.5.5 Wenn ich Verkehrsminister*in wäre...

a) Didaktische Überlegungen/Einordnung in die Mobilitätsbildung

Unter dem Thema „Draußen auf der Straße – was mich ärgert, was ich ändern würde...", nahmen bundesweit rund 10.000 Kinder zwischen sechs und 13 Jahren an einem Wettbewerb des Vereins für verkehrsgeschädigte Kinder, des Verkehrsministeriums und der Bekleidungskette C&A teil. Die Kinder zeichneten ihre Wünsche und Vorstellungen für eine aus ihrer Sicht kindgerechte Gestaltung des Verkehrsraumes auf. Ein Teil der Bilder wurde am inzwischen nicht mehr vorhandenen Lehrstuhl für Verkehrspädagogik (Prof. Dr. Maria Limbourg) in Essen ausgewertet. Die meisten Wünsche der Kinder bezogen sich auf mehr und bessere Überquerungshilfen, also Ampeln oder Zebrastreifen. Schon an zweiter Stelle wurden von den Kindern in ihren Bildern Verbesserungen beim Umweltschutz gefordert, zum Beispiel durch schadstoffarme Autos oder mehr Fahrradverkehr. An dritter Stelle wünschten sich die Kinder sicherere Spielmöglichkeiten, verkehrsberuhigte Zonen und menschenfreundlichere Straßen. Auf den weiteren Plätzen folgten die Forderungen nach Tempo 30 und besseren Fahrradwegen (Limbourg/Reiter 1998). Diese Kinderwünsche decken sich im Wesentlichen mit denen, die in den VCD-Kinderverkehrsgutachten von 1997 und 2002 geäußert wurden (VCD/Klimabündnis 2002). Im Rahmen des Unterrichts sollen nun die Ideen, Fantasien und Wünsche der Kinder angeregt werden, was sie machen würden, wenn sie entscheiden könnten. Der Vorteil dieser Vorgehensweise ist, nicht immer nur auf Mängel hinzuweisen, sondern diesen eine positive Vision entgegenzusetzen. Um die Ideen der Kinder nicht nur als Schreibanlass oder Malaktion enden zu lassen, sollten die so entstandenen Texte und Bilder im Rahmen einer Ausstellung oder einer Projekt- und Umweltwoche einem größeren Publikum präsentiert werden. Unter Umständen können auch Pressevertreter*innen oder Lokalpolitiker*innen zur Ausstellungseröffnung eingeladen und von den Kindern informiert werden.

b) Handlungsanregung

Mit Hilfe der Fragestellung „Wie wünschst du dir die Straßen vor deiner Haustür?“ oder „Was würdest du als Verkehrsminister*in an den Straßen für Kinder besser machen?“ sollen die Kinder im Unterricht nun frei und ohne weitere Vorgaben ihre Wünsche für die Gestaltung ihrer Verkehrsumwelt aufschreiben und/oder malen. Im Anschluss daran werden die entstandenen Bilder und Texte präsentiert und erläutert sowie gegebenenfalls für eine Ausstellung überarbeitet.

c) Material

- Stifte
- Papier für die Texte/Bilder
- Stelltafeln oder Pinnwände für die Ausstellung

d) Tipps

- Zur Motivation kann eine Jury aus Schulleitung, Verkehrsplaner*in und Kunstlehrer*in (oder anderen Jurymitgliedern) die Bilder und Texte bewerten. Eventuell kann sich eine Preisverleihung anschließen (Sponsoren für die Preise durch lokale Unternehmen, Fahrradläden, Verkehrsunternehmen, Sparkasse o.ä.).
- Anstelle einer Ausstellung können die Texte oder Bilder auch als Heft zusammengestellt und den Politiker*innen der Kommune als „Ideen-Buch“ für die weitere örtliche Straßenplanung zur Verfügung gestellt werden.
- Der Malwettbewerb eignet sich besonders für den Einsatz im Rahmen einer Projektwoche oder eines Schulfestes (siehe Kapitel 3.5.7).

e) Literatur/Internet

Limbourg, Maria/Reiter, Karl (1998): „Wenn ich Verkehrsminister wäre...“. In: Zeitschrift für Verkehrserziehung, Jg. 48, Heft 2, S. 34-35 und Heft 3, S. 34.

Bild 112: Versuch, über Tempo 30 Schadstoffe zu senken

3.5.6 Treibhauseffekt und Klimawandel

Das Thema „Klima" ist äußerst komplex und muss für die Grundschule auf wesentliche Elemente reduziert werden. Es ist abzuwägen, inwieweit man schon in der Primarstufe das Szenario eines Klimawandels thematisiert. Mit Hilfe vereinfachter Modelle können allerdings schon die Schüler*innen der 3. oder 4. Klasse die Problematik der Erderwärmung erfassen. Das in den meisten Lehrplänen vorgesehene Sachunterrichtsthema „Wetter" bietet eine gute Verknüpfung zum Thema Klimawandel (vgl. Schomaker et al. 2009). Das Ziel der Beschäftigung mit der Erderwärmung sollte in der Grundschule nicht das Verstehen der komplexen Klimavorgänge sein, sondern die Erkenntnis, dass jede*r durch sein Verhalten und seine Konsumgewohnheiten (lokal) zumindest mittelbar Einfluss auf das globale Klima hat. Das konkrete Handeln vor Ort – zum Beispiel das Vermeiden von unnötigen Autofahrten – hat eine Wirkung und kann ein (kleiner) Beitrag zur Verbesserung der Lage sein.

Die prognostizierte Erwärmung der Erdatmosphäre wird im Wesentlichen durch den vom Menschen verursachten „Treibhauseffekt" beschleunigt[37] (vgl. Plöger 2020, S 91). In der Atmosphäre der Erde befinden sich mehrere Gasschichten. Ohne diese schützende Atmosphäre würden die auf die Erde treffenden Sonnenstrahlen von der Erde reflektiert und die Sonnenwärme ungehindert im Weltall verschwinden. Diese Schutzschicht ist daher nützlich für das Leben und Pflanzenwachstum auf der Erde. Das von Menschen ausgeatmete und bei fossilen Verbrennungsprozessen entstehende CO_2 wird von Pflanzen benötigt und aufgenommen als Grundlage für den Kreislauf der Sauerstoffproduktion. Durch den steigenden Eintrag von Kohlenstoffdioxid und anderen Partikeln aus Industrie, Haushalten und Verkehr in die Atmosphäre, zusätzlich zu den natürlichen Einträgen durch Vulkanausbrüche und Waldbrände, wird allerdings deutlich mehr CO_2 emittiert als von Pflanzen aufgenommen werden kann. So wird eine zunehmend dichtere Schicht um die Erde gelegt, die das frühere Gleichgewicht zwischen Sonneneinstrahlung und Wärmeverlust aus dem Lot gebracht hat. Auf der Erdoberfläche werden die eintreffenden Sonnenstrahlen reflektiert, die damit verbundene Wärmeentwicklung verbleibt durch die

37 Diese Erkenntnis gilt wissenschaftlich derzeit als gesichert und wird von fast allen renommierten Forscher*innen vertreten (ICPP 2015). Weniger als 3% haben eine abweichende Meinung, die allerdings von populistischen Politiker*innen und industriellen Lobbyverbänden favorisiert wird.

Bild 113:
Versuchsaufbau Treibhauseffekt

Eintrübung der Atmosphäre durch die Emissionen in den unteren Luftschichten und wärmt die Erde (besonders auch die Ozeane), vergleichbar mit einem Treibhaus oder einem im Sonnenlicht parkenden Auto, immer mehr auf (vgl. Unglaube 2009, S. 2; Rohen 2020). Durch diverse Folgeeffekte, wie das Schmelzen der Polkappen, die Erwärmung der Meere, das Auftauen der Permafrostböden und damit der Freisetzung von weiteren klimaschädlichen Methan-Gasen, wird dieser Prozess zunehmend beschleunigt. Die meisten Wissenschaftler*innen gehen in ihren Klimaberechnungen davon aus, dass sich dadurch die Durchschnittstemperatur in den nächsten Jahrzehnten um über 5° Grad Celsius erhöhen könnte, wenn nicht gegengesteuert wird. Einige Indikatoren zeigen diese Tendenz bereits auf: Die wärmsten Jahre seit den Wetteraufzeichnungen ab 1880 sind alle seit 2005 gemessen worden (in der Hitze-Reihenfolge 2016, 2019, 2017, 2015, 2018, 2014, 2010, 2013, 2005, 2007, 2009) (Plöger 2020, S. 110). Um die Klimaänderungen beherrschen zu können geht man derzeit davon aus, dass die Erderwärmung auf maximal plus 2, besser nur 1,5 Grad Celsius begrenzt werden muss.

b) Handlungsanregungen

Zum Nachvollziehen des Treibhauseffektes wird mit den Kindern ein Versuch durchgeführt. Zuerst werden zwei gleich große Gläser mit Wasser gefüllt und die Wassertemperatur in beiden Gläsern gemessen. Über eines der Gläser wird eine Glasschüssel gestülpt und der Versuchsaufbau im Freien in das Tageslicht gestellt. Die Schüler*innen vermuten nun, in welchem Glas sich das Wasser schneller erwärmen wird. Nach 30 und 60 Minuten wird die Temperatur des Wassers in beiden Gläsern gemessen und verglichen, welches der beiden Wassergläser sich stärker erwärmt hat. Bei sehr starker Sonneneinstrahlung ist der Unterschied in beiden Gläsern bei der Erwärmung innerhalb einer Unterrichtsstunde noch gering, günstiger sind Wetterlagen mit einer Mischung aus Sonne und Wolken, dann wird es unter der Glashaube signifikant wärmer (vgl. auch Unglaube 2009b, S.20). Die Vermutungen über das zu erwartende Ergebnis werden nun mit der Beobachtung (Messung) verglichen und nach einer Erklärung gesucht. Dazu kann das Arbeitsblatt (AB 46) eingesetzt werden (vgl. Schomaker et al 2009). Falls möglich, kann mit der Klasse im Rahmen eines Unterrichtsganges ein Gewächshaus aufgesucht werden, um die Wärmeentwicklung innerhalb des Glashauses nachvollziehen zu können. Vielleicht können einige Kinder auch aus eigener Erfahrung berichten, dass die Wärmeentwicklung eines in der Sonne geparkten Autos oder in einem Wintergarten ähnlich ist. Mit diesem Vorwissen sollte nun das Problem der Erderwärmung erarbeitet werden. Dazu kann das Arbeitsblatt mit dem entsprechenden Sachtext (Kopiervorlage AB 46 (2) und AB 47) gelesen und besprochen werden. Im Anschluss daran wird überlegt, in welchen Bereichen die für den Klimawandel verantwortlichen fossilen Brennstoffe genutzt werden und wie diese reduziert werden könnten.

c) Material

- Arbeitsblätter
- Wassergläser, Glasschüssel oder Käseglocke
- Thermometer für Flüssigkeiten/Lebensmittel
- (Gewächshaus)

d) Tipps

- Neben einem veränderten Mobilitätsverhalten gibt es noch zahlreiche weitere Maßnahmen, den Energieverbrauch beziehungsweise CO_2-Ausstoß zu senken. In der Schule kann über LED-Lampen, Lichtdienste (alle Lampen in der Pause löschen), Vermeiden von „Stand by-Funktionen“ an technischen Geräten oder Nutzung von regenerativen Energiequellen nachgedacht werden.
- Mit Hilfe eines Klimarechners im Internet kann der eigene CO_2-Verbrauch ermittelt werden.
- An verschiedenen außerschulischen Lernorten werden Aspekte zum Thema Klima/Klimawandel vermittelt (z.B. im Klimahaus in Bremerhaven, Klima-Arena Sinsheim u.a.).
- Weitere Experimente zum Thema Klima/Klimawandel finden sich bei Rohen (2020), Schomaker et al (2009), Berger (2008) und Unglaube (2009).

e) Literatur/Internet

Rohen, Corina (2020): Klimawandel – Ein globales Phänomen im Sachunterricht. In: Wulfmeyer, Meike (Hrsg.): Bildung für nachhaltige Entwicklung im Sachunterricht. Grundlagen und Praxisbeispiele. Basiswissen Grundschule, Bd. 43. Baltmannsweiler, S. 117-130.

Schomaker, Claudia/Pech Detlef/Lux, Janina/Murmann, Lydia/Spitta, Philipp/Wagner, Thorsten (2009): Lernlandschaft Sachunterricht. Wetter und Klima. Teile: 1) Aufgabenbibliothek, 2) Lexikonkartei, 3) Logbuch, 4) Handreichung für Lehrerinnen und Lehrer. Seelze.

Unglaube, Henning (2009a): Klima im Wandel. In: Grundschule Sachunterricht, Heft 41, Friedrich Verlag, S. 2-4.

Unglaube, Henning (2009b): Der Klimawandel und seine Ursachen. In: Grundschule Sachunterricht Heft 41, Friedrich Verlag, S. 19-22.

Für Kinder:

Berger, Ulrike (2008): Die Klima-Werkstatt. Spannende Experimente rund um Klima und Wetter. Velber: Freiburg.

Scharmacher-Schreiber, Kristina/Marian, Stephanie (2019): Wie viel wärmer ist 1 Grad? Was beim Klimawandel passiert. Beltz & Gelber. Weinheim/Basel.

Internet: Umwelt/Nachhaltigkeit/Klima/fairer Handel: (Abrufe der Seiten 29.5.2020)

Bundesumweltministerium: www.bmu.de.

BMU (2012): Umweltfreundlich mobil. Arbeitsheft für Schüler*innen, Sekundarstufe. Berlin. Als PDF: https://www.umwelt-im-unterricht.de/fileadmin/user_upload/Archiv/umwelt-freundlich_mobil_schueler_bf.pdf.

CO_2-Rechner: Auf verschiedenen Internetseiten kann durch die Eingabe von Konsumgewohnheiten, Autofahrten, Flugreisen, Heizungsverhalten, Stromanbieter, Wohnungsgröße usw. berechnet werden, wie groß der eigene CO_2-Verbrach bzw. der eigene ökologische Fußandruck ist. https://uba.CO_2-rechner.de/de_DE oder https://www.quarks.de/umwelt/klimawandel/CO_2-rechner-fuer-auto-flugzeug-und-co.

Deutsche Umwelthilfe (DUH): https://www.duh.de/themen/verkehr.

Faitrade: https://www.fairtrade-deutschland.de.

Germanwatch: www.germanwatch.org Nord-Süd-Initiative zu nachhaltiger Entwicklung, regenerative Energiequellen, Klimaschutz, Entwicklungspolitik und vielem mehr. Auch Downloads von Unterrichtsmaterial (für Sek. I/II) zum Beispiel zum Anstieg der Meeresspiegel.

Globales Lernen/Eine Welt: https://www.globaleslernen.de/de.

Klimabündnis/ Klimaschutz: www.klimabuendnis.org Klimabündnis/Alianza del Clima e.V. Europ. Geschäftsstelle (weitere Links und Infos rund ums Klima und die Kindermeilen.-Kampagne).

Umweltbildung: https://www.lbv.de/umweltbildung/fuer-schulen/umweltschule-in-europa.

Unterrichtsmaterial Umwelt/Klima: www.umwelt-im-unterricht.de (Seiten des Bundesumweltministeriums für Schulen) zu Klimawandel: https://www.umwelt-im-unterricht.de/hintergrund/klimawandel-informationen-bewerten-wissen-aufbauen.

f) Arbeitsblätter/Kopiervorlagen

AB 46:
Wir untersuchen
den Treibhauseffekt (1) und
Erklärung zum Versuch (2)

AB 47:
Info-Text zum Treibhauseffekt
und Klimawandel
(Sachtext)

Bild 114a und 114b: EMW-Kampagnen-Logo und EMW-Maskottchen im Einsatz

EUROPÄISCHE
MOBILITÄTS
WOCHE
16. bis 22. SEPTEMBER

3.5.7 Umwelt- und Mobilitätswoche

a) Überlegungen/Einordnung in die Mobilitätsbildung

An vielen Schulen werden Projektwochen rund um das Thema Umwelt organisiert. Einzelne Schulen nehmen seit Jahren an BNE-Programmen (Umweltschule, Schule der Zukunft, Fairtrade-Schule, Verbraucher-Schule) teil und setzen Aspekte wie Fairtrade, Umweltschutz und Klimafreundlichkeit im Schulprogramm um. Seltener werden Probleme des Straßenverkehrs im Rahmen einer Umweltprojektwoche integriert. Viele der im Praxisbuch aufgeführten Unterrichtsideen eignen sich besonders für eine solche Projektwoche. Möglich sind auch einzelne Projekttage, Schulfeste oder eine längerfristige Beschäftigung im Rahmen von BNE- oder SDG-Projekten. Dabei können die Verkehrsthemen neben anderen Aspekten des Klimaschutzes aufgegriffen werden oder aber auch den Schwerpunkt der Woche bilden. Für Mobilitätsfragen eignet sich besonders eine Beteiligung an der Europäischen Mobilitätswoche (EMW), die jedes Jahr vom 16. bis 22. September europaweit stattfindet.

Die ebenfalls europaweit durchgeführten Aktionstage „I walk to school" können gut mit einer solchen Projektwoche verknüpft werden. Hierzu finden sich Aktionsideen im Internet. Eine schulweite Beteiligung an der Kinder-Meilenkampagne (siehe Kapitel 3.5.8) bietet sich zusätzlich an. Eine Aktionswoche (ggf. mit einem größeren Aktionstag oder Schulfest auf dem Schulhof) motiviert Eltern, Schüler*innen und Lehrer*innen, Alternativen zum Auto auszuprobieren. Im Alltag fällt vielen am Schulleben Beteiligten der Verzicht auf das Auto schwer. Im Rahmen einer Aktionswoche können die Alternativen „spielerisch" erprobt werden. In der warmen Jahreszeit fällt das Umsteigen auf Bus und Bahn oder Fahrrad leichter, und, wer keine Alternative zum Pkw hat, versucht vielleicht über Mitfahrgelegenheiten oder „Park and Ride" die Autonutzung zu variieren. Es sollte nicht um Verbote gehen, sondern um das freiwillige Erproben von verschiedenen Möglichkeiten und ein Abwägen der Vor- und Nachteile.

Bild 115: Umfelderkundung im Rahmen einer Projektwoche

Bild 116: Hindernisparcours beim Aktionstag

Bild 117: Das große Auto (hier gleichzeitig Hüpfburg) kann Eltern zeigen, wie sich Kinder hinter Autos in der Parklücke fühlen

b) Handlungsanregungen

Auf der Elternpflegschafts- bzw. Schulpflegschaftssitzung werden die Eltern über das Vorhaben der Schule informiert. Die Eltern werden gebeten, die Kinder nicht mehr mit dem Auto zur Schule zu bringen. Für die Lehrer*innen werden im Unterricht Alternativen mit dem öffentlichen Nahverkehr, Fahrrad oder Park & Ride ausgearbeitet. In der Aktionswoche können Stadtteilrallyes organisiert, ein Roller- bzw. Fahrradparcours mit Fahrradwerkstatt aufgebaut, eine Untersuchung der Fahrradwege unternommen, Geschwindigkeitsmessungen und Schulhofaktionen zum Flächenverbrauch durchgeführt werden (siehe Anregungen für Stationen auf einem schulischen Aktionstag). Der Lehrer*innenparkplatz wird als Spielplatz umgestaltet. An einem Abschlussnachmittag werden die Ergebnisse den Eltern vorgestellt. Es kann nachgerechnet werden, wie viele Autokilometer vermieden worden sind.

d) Tipps

- Für den Aktionstag oder die Projektwoche werden Polizei, Verkehrsinitiativen (zum Beispiel ADFC, ADAC, VCD, Verkehrswacht) oder die örtlichen Verkehrsbetriebe eingeladen, einen Info-Stand aufzubauen oder Aktionen mit Schüler*innen und Eltern anzubieten (siehe Plan mit Stationen für ein Schulaktionstag).
- Eine besondere Attraktion ist ein „Parcours für die Sinne". An verschiedenen Stationen kann der Tast-, Seh- und Hörsinn geschult werden.
- Es bieten sich auch ein Fahrradparcours und Übungen mit Rollern (vgl. Kapitel 3.6.7) oder Inlinern und Waveboards im Rahmen einer Aktionswoche an.
- Für Aktionswochen eignen sich die Tempo-30- Stoffbahnen des VCD, die bei Bund,- Landes- oder Kreisverbänden entliehen werden können (vgl. Kapitel 3.3.5).
- Für Eltern und Besucher eines Schulfestes ist es eindrucksvoll zu erleben, wenn sie hinter einem vergrößerten Automodell stehen, das Erwachsene in die Situation von Kindern versetzt: Der Blick ist durch das überdimensionierte Auto versperrt, man fühlt sich eingeengt. Solche Automodelle können von Versicherungen entliehen oder selbst mit Hilfe von Tischen, Stühlen, Tüchern, Holzkonstruktionen und Ausstattungsmerkmalen von Pkw von Schülergruppen gebaut werden.

- Verschiedene Organisationen (ADAC, Verkehrswacht, DVR u.a.) bieten Aktionen zum Thema „Toter Winkel" an. Mit einem Lkw oder anderen Fahrzeugen (Pkw, Bus) auf dem Schulhof können die Schüler*innen erleben, dass man am Steuer sitzend große Bereiche neben und am Rand des Lkw nicht einsehen kann. Ganze Kindergruppen können in diesem „toten Winkel" verschwinden. Es wird deutlich, welche Gefahr von abbiegenden Lkw ausgehen kann, wenn man sich als Radfahrer*in oder Fußgänger*in an der Seite befindet. Wenn sich die Kinder auf den Fahrersitz setzen, sollten sie durch eine Sitzerhöhung unterstützt werden, damit sie besser in die Rückspiegel schauen können.

Stationen beim Mobilitätstag für Kinder und Eltern

Station Nr.	Was wird angeboten?	Wer ist verantwortlich?	Kinder / Eltern	Dauer in Min.
1	Straßenmalerei	**NN**	K	20
2	Hüpfkästchen, Gummitwist, Seilchen springen, Hola Hoop	**Lehrer*innen + Schule**	K	20
3	Verkehrserkundung im Schulumfeld (nur 3. & 4. Kl.)	**Polizei + Schule**	K	30
4	Fahrradparcours/Rollerparcours	**ADFC**	K	20
5	Pedalos	**Elternhilfe**	K	20
6	Hüpfburg	**Stadtwerke**	K	20
7	Reflektoren basteln	**Schule Klassenlehrer*innen**	K + E	15
8	Bastelaktion „VZ 325"	**Schule Klassenlehrer*innen**	K + E	15
9	Hindernisparcours Schulhof	**Elternpflegschaft**	K	15
10	Quiz „Verkehrsschilder"	**Ordnungsamt**	K + E	15
11	Feuerwehr-Lkw „toter Winkel"	**Feuerwehr**	K + E	20
12	Fahrrad „Checkliste" + F.-Pflege	**VCD**	K + E	30
13	Spaziergang zur Elternhaltestelle	**Polizei**	K + E	30
14	Busschule am Schulhofrand	**HCR, Bus**	K + E	30
15	Seh-, Hör- und Reaktionstest	**Verkehrswacht**	E (K)	15

e) Literatur/Internet

Bleyer, Gunter (1992): Aktionswoche „Autofreie Schule“. Hintergründe, Zielsetzung, Ablauf, Auswertung. In: Grundschule 24, H. 2, S. 60-62.

Bleyer, Gunter (1996): Kind und Umwelt im Verkehr. Projekttage in der Grundschule. Amt für Schule. Hamburg. Siehe dazu auch die Seiten auf dem Hamburger Bildungsserver.

Europäische Mobilitätswoche (EMW): https://www.umweltbundesamt.de/europaeische-mobilitaetswoche.

Toter Winkel: Sendung mit der Maus: https://www.wdrmaus.de/filme/sachgeschichten/verkehrsschule_toter_winkel.php5.

Zu Fuß zur Schule / I walk to school: Kampagnenseite (auf Englisch): http://www.iwalktoschool.org auf Deutsch: https://www.zu-fuss-zur-schule.de.

Bild 118: Logo der Kampagne

3.5.8 Klimakampagne Kindermeilen

a) Didaktische Überlegungen/Einordnung in die Mobilitätsbildung

Unter dem Motto „Kleine Klimaschützer unterwegs - gemeinsam um die Eine Welt“ engagiert sich das Klimabündnis seit Jahren für einen klimagerechten Umgang mit den Ressourcen und einen Ausgleich zwischen den reichen Volkswirtschaften der Nordhalbkugel und anderen Teilen der Erde (Kooperationspartner des Klimabündnis sind Gemeinden und Initiativen schwerpunktmäßig in Amazonien), bei denen schon jetzt die Auswirkungen des Klimawandels deutlich zu spüren sind. 2002 wurde in Kooperation mit dem VCD eine Klimakampagne für Schulen und Kindertagesstätten gestartet, die darauf abzielt, die alltäglichen Wege klimabewusst zu gestalten. Dabei zählt über eine Aktionswoche hin (vgl. Kapitel 3.5.7) jeder umweltfreundlich (mit Fuß, Roller, Rad, Bus oder Bahn) zurückgelegte Weg als „Grüne Meile für das Weltklima“. Die Kinder treten mit den von ihnen über eine Woche hin gesammelten klimafreundlichen Wegen eine virtuelle Reise um die Welt an (siehe dazu das Material zu Schulwegen in aller Welt beim Klimabündnis und die Anregungen im Kapitel 3.2.6). Das Projekt ist europaweit angelegt. Seit 2002 haben inzwischen (bis 2019) über 200.000 Kinder aus 13 Ländern über 3 Millionen Meilen gesammelt. Auf der Homepage des Klimabündnis lassen sich dazu Berichte aus allen diesen beteiligten Ländern nachlesen. Die von den Kindern gesammelten Meilen werden von jedem Kind über eine Woche in einem Leporello dokumentiert (siehe Material) und für jedes Kind gezählt, dann für die Klasse und die gesamte Schule zusammengerechnet. Die Ergebnisse werden dann an das Klimabündnis gemeldet und dort für alle Kommunen und Länder europaweit summiert und bei den jährlich stattfindenden UN-Klimakonferenzen den Regierenden symbolisch übergeben. Zusätzlich zu diesen von den Kindern gesammelten Meilen können die Schüler*innen ihre Forderungen im Rahmen des Aktionsmaterials formulieren. Auch diese werden auf der Klimakonferenz überreicht.

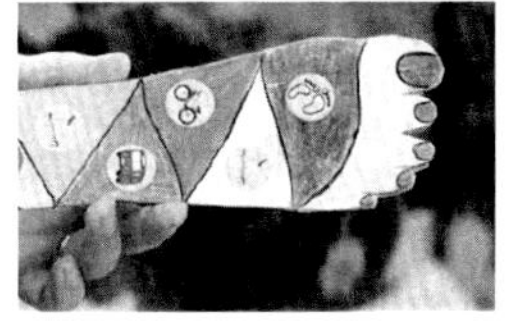
Bild 119: Von Kindern gestaltete Füße mit Klimabotschaften an die Politik

b) Handlungsanregungen

Im Zentrum der „Kindermeilen-Kampagne“ steht das Sammeln und Besprechen der klimafreundlichen Alltagswege. Anregungen dazu finden sich im Begleitmaterial für Lehrkräfte. Diese decken sich zum Teil mit den in diesem Buch aufgeführten Ideen.[38] Zusätzlich zu den Anregungen für eine klimafreundliche Verkehrsbeteiligung finden sich Handlungsmöglichkeiten zu den Themenfeldern Energiesparen und Konsum.

Bild 120: Leporello der Kampagne: Für jeden Weg kann ein entsprechender Sticker (Fuß, Rad, Bus, Auto) eingeklebt werden.

Zur Untersuchung der Alltags- und Schulwege finden sich im Kampagnen-Material (auch als PDF auf der Homepage) Anregungen und Arbeitsblätter unter dem Titel „Verkehrsgutachten - Verkehrsdetektive unterwegs“. Diese eignen sich zur Untersuchung von problematischen Verkehrssituationen im Umfeld. 2002 hat der VCD bundesweit mit diesen Bögen ein „Kinderverkehrsgutachten“ erstellt und ausgewertet (VCD/Klimabündnis 2002). Das Material kann für die Begutachtung der Situation an der eigenen Schule und für die Wege der Kinder vor Ort genutzt werden. Ein Auswertungsbogen (im Materialteil) kann dabei unterstützen.

38 Ich habe für den VCD 2002 Teile der Kampagne mitentwickelt und entsprechende Aufgaben für das Begleitheft der Kampagne formuliert, daher kommt es hier zu Überschneidungen.

Hier trage bitte Deine Adresse ein:

Name: ...

Straße: ...

Wohnort: ...

Alter: ...

Klasse: ...

Schule: ...

Auf diesen Seiten kannst du eintragen, welche Verkehrsmittel du jeden Tag benutzt, mit wem du meistens unterwegs bist und wo du nachmittags spielst. Kreuze an, was für dich richtig ist. Du darfst auch mehrere Sachen ankreuzen.

Auf Kinderfüßen durch die Welt

Verkehrsdetektive unterwegs!

Wie kommst du meistens zur Schule?

☐ alleine ☐ mit Eltern/Erwachsenen ☐ mit Freunden/Geschwistern

☐ zu Fuß ☐ Roller ☐ Fahrrad ☐ Bus & Bahn ☐ Auto

Wie lange brauchst du für den Weg? ... Minuten

Wo spielst du nachmittags draußen?

☐ Wald/Wiese

☐ Spielplatz/Bolzplatz

☐ Sportplatz

☐ Parkplatz

☐ Park

☐ Straße oder Fußwege

☐ Baustelle

☐ Schulhof

☐ Hof/Garten

Wo noch? ...

Was machst du draußen?

☐ Fahrrad fahren

☐ Rollschuh/Inline Skates/ Roller/Skateboard fahren

☐ Ball spielen

☐ einfach rumsitzen

☐ durch die Gegend laufen

Was noch? ...

Mit welchen Verkehrsmitteln macht dir der Schulweg am meisten Spaß?

☐ zu Fuß

☐ Roller

☐ Fahrrad

☐ Bus & Bahn

☐ Auto

Bild 121: Arbeitsmaterial zur Verkehrsuntersuchung im Stadtteil

c) Material

- Leporello für die Schüler*innen
- Stickerbögen
- Arbeitsbogen Verkehrsdetektive (zum Ausdrucken auf der Homepage)
- Begleitheft für Lehrkräfte (mit Kopiervorlagen)

d) Tipps

- Das umfangreiche Material kann von der Internetseite des Klimabündnis heruntergeladen werden oder im Klassensatz für ca. 9 € plus Porto bei der Geschäftsstelle bestellt werden. Eine Teilnahme an der Aktion ist nicht an die Bestellung des Materials gebunden.
- Die Kosten von ca. 9 € pro Klasse können von Sponsoren übernommen werden. Allerdings muss man sich selbst um Kontakte bemühen. Geeignete Ansprechpartner sind vor Ort: VCD, Sparkasse, Verkehrsbetriebe, Agenda-Büro der Kommune, Büro des Kinder- und Jugendparlaments, Tiefbauamt, Kirchen usw.).
- Alternativ zum Sammel-Leporello aus dem Klimabündnismaterial kann man die „Kindermeilen" auch in der Klasse auf einem großen Plakat sammeln, auf das ein Baum mit vielen Ästen gezeichnet wird (siehe Kopiervorlage AB 48). Bei jedem umweltfreundlich (mit Füßen, Rad, Roller, Bus, Bahn) zurückgelegten Weg wird ein grünes Blatt an den Baum gemalt. Eine ähnliche Sammlung wird bei den Verkehrszähmern mit den Zaubersternen durchgeführt (siehe Kapitel 3.2.4).
- Für die weiterführende Schule eignet sich das Sammeln umweltfreundlicher Wegstrecken mit dem Fahrrad im Rahmen der Kampagne „FahrRad!" bzw. „Klimatour": https://www.klima-tour.de oder https://www.vcd.org/themen/mobilitaetsbildung/fahrrad.

e) Literatur/Internet

Klimabündnis (2017): Begleitheft für LehrerInnen und ErzieherInnen. Kleine Klimaschützer unterwegs. Grüne Meilen für das Weltklima. Frankfurt a.M. (Die Broschüre ist zum Herunterladen auf der Seite www.kindermeilen.de vorhanden).

Internetseiten der Kampagne: www.kindermeilen.de oder www.klimabuendnis.org.

Kampagne „FahrRad!"/Klimatour: https://www.klima-tour.de.

f) Kopiervorlage/Arbeitsblätter

AB 48:

Der Klimawege-Baum

3.5.9 Kinderbeteiligung an Planungen

a) Didaktische Überlegungen/Einordnung in die Mobilitätsbildung

Kinder sind Expert*innen für ihre Umgebung. Zwar halten sich Kinder insgesamt seltener im Freien auf als noch vor einigen Jahrzehnten, aber im Vergleich zu Erwachsenen, die, überspitzt, nur den Weg von der Haustür zum Auto laufend erfahren, sind sie viel öfter und länger draußen. Auch wenn ihr Bewegungsradius kleiner geworden ist, nutzen sie doch ihre direkte Wohnumgebung meist intensiv und kennen sich in der Regel gut aus. Der Verkehrsraum in vielen Wohngebieten ist allerdings oft nicht nach den Bedürfnissen der Kinder gestaltet. Es wäre wünschenswert, Kinder verstärkt in die Planung und Gestaltung ihrer räumlichen Umwelt einzubeziehen. In zahlreichen Projekten konnte gezeigt werden, dass Kinder überaus kompetent an den sie betreffenden Planungen mitarbeiteten.

Voraussetzung für eine erfolgreiche Planungsbeteiligung von Kindern sind engagierte Erwachsene, die eine Art „Übersetzungshilfe" der Kinderwünsche übernehmen und das Anliegen langfristig verfolgen. Ebenso entscheidend ist die geeignete Methodenwahl, wie die Vorstellungen der Kinder gesammelt, gebündelt und verarbeitet werden. Für Schulen ist in diesem Zusammenhang die Kooperation mit außerschulischen Partnern sehr hilfreich. Je nach Vorhaben sollte nicht nur ein enger Kontakt zu den zuständigen Stellen der kommunalen Verwaltung bestehen, sondern das Projekt auch durch geübte Moderator*innen, Kinderanwält*innen, das Kinder- und Jugendparlament oder Bürgerinitiativen begleitet werden. Dies ist besonders dann erforderlich, wenn die Grenzen des Schulgrundstücks verlassen werden.

Innerhalb der Schule lassen sich hingegen auch schon mit einfacheren Mitteln die Kinder an den sie betreffenden Belangen beteiligen. Angefangen von der Mitsprache bei der Klassenraumgestaltung bis hin zur kindgerechten Umgestaltung des Schulhofes ist eine Beteiligung von Schüler*innen ausgesprochen sinnvoll. Die Teilhabe an Planungsprozessen bedeutet für Kinder, dass sie in ihren Belangen ernst genommen werden. Bei allen Schwierigkeiten der Umsetzung von Planungen erleben sie, dass sie im Rahmen demokratischer Prozesse zu Veränderungen beitragen können. Somit stellt die Partizipation von Kindern einen elementaren Baustein des politischen Lernens dar. Die von den Kindern mitgestalteten Räume werden von ihnen ganz besonders geschätzt und geschützt. Die durch den Transport im Auto möglicherweise schlechtere Bindung und Identifikation mit der direkten Wohnumgebung könnte u.a. durch die Beteiligung der Kinder an den für sie interessanten Belangen wieder intensiviert werden.

Die Beteiligung von Kindern ist nicht nur unter pädagogischen Gesichtspunkten und im Rahmen politischen Lernens wichtig, sondern auch durch zahlreiche nationale und internationale Vereinbarungen untermauert. Im Rahmen der 1992 auch von Deutschland ratifizierten UN-Charta zu den Kinderrechten ist eine Beteiligung der Kinder und Jugendlichen an politischen Entscheidungsprozessen gefordert. Die Partizipation von Kindern ist auch Teil der Agenda 2030 im Rahmen der Nachhaltigkeitsziele. Die KMK-Empfehlung 2012 fordert dazu auf, dass Schüler*innen Grundlagen erwerben sollen, „um an der Gestaltung einer Verkehrsumwelt mitzuwirken, die zur Gleichberechtigung der Verkehrsteilnehmer, zu besseren Lebensbedingungen und einer zukunftsfähigen Mobilität beiträgt. Sie erwerben Wissen über die städtebaulichen und wirtschaftlichen Aspekte heutiger Verkehrswirklichkeit und ihrer Folgen. Sie werden angeregt, sich an Maßnahmen zur Erhöhung der Sicherheit im Straßenverkehr zu beteiligen und solche zu initiieren“ (KMK 2012, S. 3).

[14] Stichpunkte zur Kinderbeteiligung an Planungen

- Ermittlung der spezifischen Interessen der Kinder (je nach Altersstufe gibt es unterschiedliche Interessen für die Gestaltung des öffentlichen Raumes)
- Entsprechende Methodenwahl unter Berücksichtigung des Entwicklungsstandes (Modelle, Karten, Zeichnungen, Interviews)
- Arbeit vor Ort (es ist günstiger, mit der Planung zu den Kindern zu gehen, als sie zum Beispiel in das Rathaus zu holen)
- Transparenz des Verfahrens (alle Schritte müssen nachvollziehbar sein)
- Verbindlichkeit (Verantwortung der Erwachsenen, das Vorhaben tatsächlich zu realisieren; die Kinderbeteiligung darf keine Alibiveranstaltung sein)
- kindgerechte Planung und Begrenzung des zeitlichen Aufwandes
- Die Planungsbeteiligung soll den Kindern und Erwachsenen Spaß machen.
- Die Aufgabe der Erwachsenen ist es in erster Linie, den Planungsprozess zu moderieren und „Übersetzungshilfe“ zu leisten (vgl. Schröder 1995, S. 19).

An einem Beispiel soll die Möglichkeit einer Beteiligung von Kindern im schulischen Bereich skizziert werden.

b) Handlungsanregungen

Im Zusammenhang mit einer Verbesserung des verkehrssicheren Verhaltens kommt der täglichen Bewegungszeit für Kinder eine große Bedeutung zu. Neben einem bewegungsintensiven Unterricht spielt dabei auch die Gestaltung der Pausen- und Freiflächen auf dem Schulgelände eine entscheidende Rolle. Im folgenden Beispiel machte sich das Kollegium einer Grundschule in Herne Gedanken über eine Verbesserung des Schulhofes. Dessen Gestaltung stammte noch aus der Bauzeit der Schule in den 1960er Jahren und verfügte vor allem über eine große, versiegelte Pflasterfläche, die sich höchstens zum Fußballspielen eignete. Aufgemalte Hüpfspiele und einige Pausenspielgeräte wie Seile, Pedalos oder Stelzen boten immerhin einige weitere Bewegungsanlässe.

Bild 122: Schulhof vor dem Umbau

Bild 123: Ausstellung der Modelle für den Umbau des Schulhofes

Durch eine Finanzierungszusage seitens der Stadtverwaltung ließ sich mit der Planung für eine umwelt- und bewegungsgerechte Umgestaltung des Geländes beginnen. Da der Pausenhof vor allem Spielort der Kinder in den Pausen ist, aber auch am Nachmittag außerhalb der Unterrichtszeiten von ihnen genutzt wird, sollten diese von Anfang an mit in die Planung der Umgestaltung eingebunden werden. Unterstützung fand die Schule bei der Herner Kinderanwältin „Bibi Buntstrumpf“, die zusammen mit Lehrer*innen der Schule anfangs mit allen Klassen, später dann mit einer Arbeitsgruppe interessierter Kinder und Lehrkräfte, die Planungsideen sammelte, bündelte und schließlich gemeinsam mit dem Planungsamt der Stadtverwaltung in einen Entwurf für den Umbau überführte. Zur besseren Planung wurden die Spielplätze der Umgebung untersucht und überprüft, was dort vorhanden war und was man davon auch auf dem Schulhof haben wollte. Anschließend malten die Schüler*innen Entwürfe, bauten in Gruppenarbeit Modelle des neuen Schulhofes nach ihren Wünschen, schauten in Prospekten nach Spielplatzgeräten und versuchten durch Umfragen in allen Klassen, die beliebtesten Spielgeräte zu ermitteln.

Bild 124:
Schulhof nach
dem Umbau

Bild 125:
Schulhofumgestaltung mit
Kletterburg

Die Entwürfe wurden im Rahmen eines Projekttages präsentiert und begutachtet. Eine Arbeitsgemeinschaft interessierter Kinder traf sich nun am Nachmittag, um aus den vielen, zum Teil auch utopischen Vorschlägen einen für alle tragbaren Entwurf zu destillieren.

Dazu mussten bestimmte Kriterien beachtet werden:

- Ein Teil der Schulhoffläche sollte gepflastert bleiben, um dort auch weiterhin Fußball spielen oder mit dem Fahrrad üben zu können (und als Zufahrt für die Feuerwehr).
- Der Umbau durfte einen bestimmten Kostenrahmen nicht überschreiten.
- Es sollten Spielgeräte zum Einsatz kommen, die möglichst vielen Kindern gleichzeitig Bewegungsmöglichkeiten bieten.

Der so entstandene Entwurf des Planungsamtes wurde schließlich allen Schüler*innen vorgestellt. Viele der gewünschten Spielgeräte, wie eine Tunnelrutsche, ein Schwimmbad oder Röhren zum Krabbeln konnten nicht umgesetzt werden. Allerdings war ein großes, burgähnliches Klettergerüst in vielen Vorschlägen schon enthalten gewesen. Zusätzlich zu dem Klettergerüst mit Brücke, Kletterseilen und Stangen konnten ein Bodentrampolin, mehrere Balancierbalken und Bänke, eine große Korbschaukel und einige andere Schaukelmöglichkeiten realisiert werden. Dazu wurde der Boden entsiegelt und mit Hügeln und Tälern bewegt gestaltet. Zusätzlich wurde im weiteren Verlauf ein Container mit Material für eine Bewegungsbaustelle auf dem Schulhof aufgestellt. Nach einer Vorbereitungsphase mit Wartezeiten konnte der Umbau dann endlich starten und abschließend der neue, von den Schüler*innen mitgeplante Schulhof feierlich eingeweiht werden.

Eine anspruchsvollere Variante der Kinderbeteiligung bezieht sich auf den öffentlichen Verkehrsraum. Hier kann es schnell zu Zielkonflikten der verschiedenen am Straßenverkehr beteiligten Gruppen kommen. In zahlreichen Kommunen oder Stadtteilen haben Umgestaltungen mit Kinderbeteiligung jedoch großen Erfolg gehabt. Als Faustregel kann gelten, dass das, was für Kinder gut ist, in der Regel positive Effekte auf die Lebensqualität aller Anwohner*innen hat.

c) Material

- Stadtteil-Modelle oder Spielplatz-/Schulhof-Modelle
- Karten
- Fotos/Bilder
- Kataloge oder Internetseiten mit Spielgeräten
- Interview-Fragebögen
- Bilder/Zeichnungen mit Wünschen

d) Tipps

- Mögliche Kooperationspartner/Institutionen: Planungsbüros, Landschaftsgärtner*innen, Architekt*innen, Bürgerinitiativen, Stadtverwaltung, Jugendamt, Kinderbeauftragte*r der Kommune, Presse.
- Günstig ist es, in der Stadtverwaltung einen „Verbündeten" zu finden, der als Vermittler zu den verschiedenen Ämtern dient. In einigen Kommunen bietet sich hierfür der/die Kinderbeauftragte an.
- Die in einigen Bundesländern beziehungsweise Städten etablierten Kinder- und Jugendparlamente können eine wichtige Funktion einnehmen, um die örtlichen Anliegen zu bearbeiten oder weiter zu verfolgen.

e) Literatur/Internet

Becher, Andrea (2012): Kinder reden mit – nicht nur in der Schule. In: Grundschule Sachunterricht, Heft 55, Friedrich Verlag, S. 11-13.

Beutel, Wolfgang (2017): Demokratiepädagogik in der Grundschule. In: Die Grundschulzeitschrift, Heft 302, Friedrich Verlag, S. 6-9.

Blanke, Hedwig u.a. (Hrsg.) (1993): Handbuch kommunale Kinderpolitik. Münster.

Burk, Karlheinz u.a. (Hrsg.) (2003): Kinder beteiligen – Demokratie lernen? Grundschulverband: Beiträge zur Reform der Grundschule, Bd. 116. Frankfurt a.M.

Gryl, Inga (2016): Der Schulhof – Erleben, Teilhaben und Gestalten zwischen pädagogischem Schutzraum und Öffentlichkeit. In: Adamina, M. /Hemmer, M. / Schubert, J. (Hrsg.): Die geographische Perspektive konkret. Begleitband 3 zum Perspektivrahmen Sachunterricht, Bad Heilbrunn, S. 147-160.

Kaiser, Astrid/Carle, Ursula (Hrsg.) (1998): Rechte der Kinder. Baltmannsweiler.

Otten, Michael (2018): Partizipation in der Gemeinde fördern. In: Grundschule Sachunterricht, Heft 77, Friedrich Verlag, S. 34-35.

Praxis Grundschule (2013): Kinderrechte – Menschenrechte. Heft 6/13. Westermann.

ProKids/LBS (2001): Kinder haben Rechte. Unterrichtsmaterial zum LBS Kinderbarometer. Münster.

Reeken, Dietmar von (2001): Politisches Lernen im Sachunterricht. Didaktische Grundlegung und unterrichtspraktische Hinweise. Baltmannsweiler.

Schröder, Richard (1995): Kinder reden mit! Beteiligung an Politik, Stadtplanung und -gestaltung. Weinheim/Basel.

Bundeszentgrale politische Bildung: https://www.bpb.de Infos der BPB für Grundschulen zum politischen Lernen: https://www.hanisauland.de.

Infos zu Partizipation:
https://www.familienhandbuch.de/babys-kinder/bildungsbereiche/kinderbeteiligung/Kinderbeteiligung.php.

Deutsches Kinderhilfswerk:
https://www.kinderpolitik.de/bausteine/aktionsfelder/stadtplanung.

3.5.10 Mobilität der Zukunft

a) Didaktische Überlegungen/Einordnung in die Mobilitätsbildung

Auch in den Zeiten des Klimawandels wird die Mobilität von Menschen und Waren eine große Bedeutung haben. Niemand weiß aber derzeit genau, wie unsere Mobilität in den nächsten Jahrzehnten aussehen wird und welche technischen Innovationen sich durchsetzen können. Klar ist, dass die derzeit (im Jahr 2020) noch favorisierten, geförderten und produzierten Verkehrsmittel mit Verbrennungsmotor schon mittelfristig durch Alternativen ersetzt werden müssen, wenn die Klimaziele auch nur annähernd erreicht werden sollen.

Bild 126 und 127: Tankstelle E-Auto

Die folgenden Ebenen wären für eine zukünftige Mobilitätsgestaltung von Bedeutung:

1. **Vermeidung:** Unnötiger Verkehr sollte vermieden werden. Ein eigener Autobesitz kann ersetzt werden durch gute Nahverkehrsangebote, ein dichtes Fuß- und Radwegenetz sowie Car Sharing-Angebote oder Fahrgemeinschaften.
2. **Verlagerung:** Viele Wege lassen sich jeweils mit einem anderen, klimafreundlicheren, Transportmittel bewältigen: Der Weg zur Schule kann zu Fuß erfolgen, Strecken bis 5km sind hervorragend mit dem Fahrrad (längere Strecken mit dem E-Bike) zu bewältigen, Inlandsflüge werden ersetzt durch Bahnfahrten usw.
3. **Verkürzung:** Transportwege z.B. zwischen produzierter Ware und Verbraucher sollten verkürzt werden; die Bereiche Wohnen, Arbeit, Freizeit sollten räumlich wieder enger zusammenrücken (hier ist u.a. die Stadtplanung gefordert).
4. **Veränderung der Antriebstechnik:** Bei den durch Motoren angetriebenen Verkehrsmitteln werden die Verbrennungsmotoren sukzessive ersetzt durch umweltfreundliche Antriebsarten (die z.T. auch noch entwickelt werden müssen. Für die derzeit favorisierte E-Mobilität muss der Strom klimafreundlich, also regenerativ erzeugt sein, ähnlich bei der Wasserstofftechnologie).

In diesem Themenfeld sollen sich die Schüler*innen nach vorne schauend Gedanken über die zukünftige Mobilität machen und Visionen formulieren.

b) Handlungsanregungen

Die Schüler*innen werden aufgefordert, ihre Vision einer zukünftigen Mobilität und des Straßenverkehrs der Zukunft zu entwickeln. Dazu können sie auf einem großen DIN A3-Blatt oder einem Plakat diese Wünsche und Ideen aufmalen und durch erläuternde Textfenster am Rand genauer erklären. Anschließend stellen die Schüler*innen sich ihre Ergebnisse in 4er Gruppen (oder im Plenum) gegenseitig vor und beantworten Fragen zu ihren Visionen. Die entstandenen Produkte werden in der Klasse (im Flur, in der Schule, in der Stadtbücherei etc.) ausgestellt.

In einem nächsten Schritt können die Schüler*innen sich nun in Einzel- oder Partnerarbeit ein Verkehrsmittel bzw. eine (neue) Antriebstechnik oder (geplante) Innovation im Verkehrs- oder Transportsektor vornehmen, dazu recherchieren und die so gesammelten Informationen für ein Lernplakat, ein Referat oder eine andere Art der Präsentation aufbereiten.

Mögliche Themen/Inhalte könnten sein:

- E-Motoren
- Wasserstoffantriebe
- E-Bikes (auch für Lasten)
- fahrerlose E-Busse
- Hyperloop-Technik (Idee von E. Musk zum Hochgeschwindigkeitstransport in Röhren)
- Luftfrachtschiffe
- Frachtschiffe mit Segel (und E-Motor)
- neue Eisenbahntechnik
- Magnetschwebebahnen
- Nahverkehr in ländlichen Regionen
- Car-Sharing
- Drohnen für Frachtlogistik
- Seilbahnen als Transportmittel in Großstädten
- virtuell mobil, unterwegs auf der Datenautobahn
- Verkehrsreduktion durch einen Tag pro Woche im „Homeoffice"
- ...

c) Material

- Computer für die Recherche im Internet
- Bilder von innovativer Mobilitätstechnik

d) Tipps

- Vor der Beschäftigung mit einer Zukunft der Mobilität sollte man sich in der Lerngruppe mit der „Ist"-Situation auseinandersetzen (z.B. über ein Mobilitätstagebuch, Kapitel 3.5.1, AB 37 und eine Verkehrszählung Kapitel 3.3.1, AB 17). Ebenso bietet sich die Beschäftigung mit den (bisherigen) Verkehrsmitteln, z.B. in Form des Verkehrsmittelsteckbriefes, (Kapitel 3.5.2, AB 38) an.
- Zusätzlich zum Blick in die Zukunft kann man die Entwicklung der Verkehrsmittel und -technik in der Vergangenheit analysieren. Dazu können an einer Zeitleiste (z.B. ab 1850 bis heute) durch Fotos oder kurze Infos die Entwicklung von Bahn, Rad und Auto historisch dokumentiert werden (Entsprechende Bilder und eine Anleitung für die Zeitleiste finden sich bei Spitta 2012a, auf der Homepage www.philipp.spitta.de).

e) Literatur/Internet

Brot für die Welt/Misereor (2019): Weniger Autos, mehr globale Gerechtigkeit. Diesel, Benzin, Elektro: Die Antriebstechnik allein macht noch keine Verkehrswende. PowerShift: Berlin.

Greenpeace/Wuppertal Institut (2017): Verkehrswende für Deutschland.
Der Weg zu CO_2-freier Mobilität bis 2035. Langfassung. Hamburg.

Hyperloop: https://de.wikipedia.org/wiki/Hyperloop.

E-Mobilität: https://www.e-deutschland.de.

Zukunft der Mobilität: https://www.zukunft-mobilitaet.net Mobilität 2035:
https://www.deutschland-mobil-2030.de Zukunftsnetz Mobilität NRW:
https://www.zukunftsnetz-mobilitaet.nrw.de.

Bild 128: Zunehmender Lkw-Verkehr

3.5.11 Mobilität von Waren

a) Didaktische Überlegungen/Einordnung in die Mobilitätsbildung

Nicht nur die Bewegung von Personen ist ein wichtiger Faktor der Mobilität, sondern auch der (weltweite) Transport von Waren. Durch günstige Transportkosten und niedrige Löhne in verschiedenen Ländern ist es üblich, Produktionen aus dem eigenen Land auszulagern. Durch Handelsabkommen und weltweite Lieferketten sind seit der Industrialisierung vielfältige globale Verbindungen und Abhängigkeiten entstanden. Diese Globalisierung bietet viele Vorteile (zumindest für einige Länder und Menschen) und wirtschaftlichen Wohlstand. Allerdings profitieren nicht alle im gleichen Maße von den Vorteilen eines weltweiten Handels. Neben den sozialen und wirtschaftlichen Problemen durch niedrige Löhne und schlechten Lebensstandard sind auch die Produktionsbedingungen in Bezug auf Gesundheit, Umwelt und Klima in vielen Ländern problematisch. Durch lange Transportwege werden fossile, klimaschädliche Brennstoffe verbraucht. Große Containerschiffe, die giftiges Schweröl als Treibstoff verbrennen, verbinden die Kontinente. Viele Waren werden in Frachtflugzeugen mit schlechter Klimabilanz transportiert und in Europa hat der Transport von Waren per Lkw in den letzten Jahrzehnten rasant zugenommen, während der Warentransport mit der Bahn zurückgegangen ist. Allein in den Jahren von 1990 bis 2014 stieg die CO_2-Emission durch Warentransport in Deutschland von 37 Millionen Tonnen pro Jahr auf 59 Millionen Tonnen,[39] Tendenz steigend. Hinzu kommen vor Ort weitere Warentransporte durch den florierenden Internethandel mit zahlreichen Logistikdienstleistern.

Für unsere konsumfreudige Gesellschaft – in die unsere Kinder hinein sozialisiert werden – ist es inzwischen selbstverständlich, sofern es die eigenen finanziellen Ressourcen zulassen, jederzeit Waren zu kaufen. Das neueste Handy (hergestellt

39 Quelle https://www.agora-verkehrswende.de/12-thesen/beim-gueterverkehr-gilt-schiene-staerken-strasse-dekarbonisieren/ (12.5.2020).

Bild 129:
Obst aus aller Welt
im Supermarkt

in Asien), die schicke neue Jeans (hergestellt in Bangladesch), das lebensnotwendige Medikament (hergestellt in China) oder die tropischen Früchte (gewachsen in Südamerika) tragen zu einem insgesamt komfortablen Lebensstil bei. Bei den Lebensmitteln ist die globale Vernetzung und der Vorteil von günstigen Transportwegen deutlich zu sehen: So bekommt man auch in den Monaten, in denen bei uns nicht viel in der Landwirtschaft geerntet werden kann, Obst und Gemüse aus den riesigen Gewächshäusern aus Spanien oder Übersee. Die Fülle an Auswahlmöglichkeiten über das ganze Jahr hinweg wird von den meisten von uns genossen. Der Austausch und der Transport von Waren ist ein wichtiges Rückgrat unserer Wirtschaft und unseres Wohlstandes. Gleichzeitig kann man sich fragen, ob tatsächlich im Winter per Flugzeug gelieferte Erdbeeren aus Südafrika oder im März Melonen aus Brasilien unbedingt notwendig sind. Zum Teil hat man im Supermarkt die Wahl zwischen Produkten, die kostengünstig erzeugt und transportiert wurden und Lebensmitteln aus der Region, die kurze Wege hatten, aber oft teurer sind, da es (zum Vorteil für die Arbeitnehmer*innen) hier zum Teil einen Mindestlohn für Feldarbeiter*innen gibt.

Gleiches kann für technische Produkte oder Kleidung gelten, die bei besseren Sozial- und Umweltstandards in der Produktion teurer werden. Analog zur reflektierten Wahl der Verkehrsmittel sind also ebenso Konsumentscheidungen zu reflektieren. Dazu ist eine kritische Verbraucherbildung eine wichtige Grundlage. Diese ist für Schulen in einer Empfehlung der Kultusminister-Konferenz festgeschrieben worden (KMK 2013). Besonders durch die problematischen und klimaschädlichen Transportketten haben Mobilitäts- und Verbraucherbildung Berührungspunkte. Im Kontext von BNE und der Agenda 2030 sollten auch Fragen hinzukommen, die mit der Umweltbelastung sowie den sozialen Lebens- und Arbeitsbedingen bei der Herstellung eines Produktes zu tun haben. Ist der Gesundheitsschutz in den Fabriken gewahrt, ist der Lohn fair, die Arbeitszeit human, die Umweltbelastung überschaubar und der Einsatz von Kindern im Herstellungsprozess ausgeschlossen? Durch zahlreiche Untersuchungen wissen wir, dass dies bei vielen von uns benutzen Produkten nicht immer der Fall ist. Für die Herstellung von Handys oder der Batterien für E-Mobilität werden wertvolle

Rohstoffe in Kriegs- und Krisengebieten von Kindern oder abhängigen Arbeitern in sklavenähnlichen Verhältnissen gewonnen, in den engen Nähfabriken Asiens wird immer noch zu selten der Gesundheits- und Arbeitsschutz eingehalten (Schreier 2010), damit wir das T-Shirt oder die Jeans kostengünstig kaufen können. Auf die vergifteten Flüsse Asiens und die Umstände der Gewinnung seltener Erden in Afrika schaut kaum jemand, wenn wir versuchen, ganze Schulklassen mit Tablets ausstatten. Das Problem der klimaschädlichen Transportwege ist also nur ein kleiner Teil der Konsequenzen unserer Konsumgewohnheiten. Wie bei der Mobilität geht es auch hier nicht um eine Ablehnung des Konsums solcher Produkte, sondern um bewusste Entscheidungen und Abwägungsprozesse beim Kauf und Umgang damit.

Die Kultusministerkonferenz gibt in ihrer Empfehlung dazu vor:

> „*Die Verbraucherbildung hat die Entwicklung eines verantwortungsbewussten Verhaltens als Verbraucherinnen und Verbraucher zum Ziel, indem über konsumbezogene Inhalte informiert wird und Kompetenzen im Sinne eines reflektierten und selbstbestimmten Konsumverhaltens erworben werden. Dabei geht es vor allem um den Aufbau einer Haltung, die erworbenen Kompetenzen im Zusammenhang mit Konsumentscheidungen als mündige Verbraucherinnen und Verbraucher heranzuziehen und zu nutzen*“ *(KMK 2013, S. 2).*

Im Sinne der Gestaltungskompetenz im Rahmen der BNE könnte man sich bewusst entscheiden, ein Handy zu nutzen, dann aber möglichst lange und es (wenn das denn ginge) reparieren zu lassen und nicht jedes Jahr ein neues Modell zu kaufen. Ebenso könnte man beim Kauf von Kleidung auf Langlebigkeit oder Prüfsiegel achten, die dann hoffentlich auch gesichert faire Produktionsbedingungen garantieren. Beim Lebensmitteleinkauf könnte man (zumindest teilweise) auf regionale oder klimafreundliche Produkte zurückgreifen. Diese Entscheidungsprozesse erfordern Informationen (und eine entsprechende finanzielle Ausstattung), die zu einem Nachdenken und Abwägen führen sollten.

b) Handlungsanregungen

Um die Transportwege von Waren zu untersuchen, bietet es sich an, mit der Klasse die Herkunft von Obst und Gemüse zu untersuchen (siehe dazu auch Böse/Seidel/Hauenschild 2020). Zuerst erstellen die Schüler*innen eine Collage ihrer jeweils drei liebsten Obst- und Gemüsesorten. Sie schreiben dazu, was ihnen besonders schmeckt und warum. Anschließend besuchen die Schüler*innen in Absprache mit dem Filialleiter eines Supermarktes den Obst- und Gemüsebereich und ermitteln anhand der Etiketten oder der Beschriftung an den Körben, die

Ökologischer Fußabdruck verschiedener Obstsorten und Tomaten
(Ifeu 2020, S. 8f).

Obst/Frucht	Kg-CO2-Äquivalenz pro Kilo Frucht (Kilogramm-CO2-Ausstoß pro Kilo)
Ananas per Schiff	0,9
Ananas per Flugzeug	15,1
Apfel aus der Region im Herbst	0,3
Apfel aus der Region im April (Lagerung)	0,4
Apfel aus Neuseeland (Schiff)	0,8
Banane (Schiff)	0,6
Erdbeeren (frisch im Juni) Region	0,3
Erdbeeren (frisch im Juni) aus Spanien (Lkw)	0,4
Erdbeeren (frisch im Winter) Flugzeug	3,1
Erdbeeren, tiefgekühlt	0,7
Tomaten Freiland Saison aus D	0,3
Tomaten aus Südeuropa	0,4
Bio-Tomaten (frisch, Saison)	1,1
Tomaten (D oder NL, Winter, Gewächshaus)	2,9
Tomaten in der Dose	1,8
Tomatenmark	4,3

Herkunftsländer einzelner Obst- und Gemüsesorten. Zurück in der Klasse werden auf einer Weltkarte mit Punkten oder kleinen Stecknadeln die Herkunftsländer einzelner Obst- und Gemüsesorten markiert. In Zweier-Teams können die Schüler*innen nun zu einer Frucht ihrer Wahl (oder zu einer Gemüsesorte) genauer im Internet oder durch Befragen von Erwachsenen recherchieren und dazu einen Steckbrief anfertigen (Kopiervorlage AB 49). Wie sieht die Frucht (bzw. das Gemüse) aus, was ist besonders, woher kommt die Frucht, wie wächst sie, in welchen Ländern wächst sie noch, wie wird sie angebaut, mit welchen Transportmitteln wird sie angeliefert, wie teuer ist sie?

Diese Steckbriefe werden in einer Ausstellung von den Partnerteams präsentiert. Anschließend kann eine Diskussion angeregt werden, bei der die Problematik langer Transportwege beleuchtet wird. Interessant könnte der Aspekt sein, ob die Früchte beispielsweise mit dem Schiff (wie z.B. bei Bananen) angeliefert werden oder mit dem Flugzeug (wie bei Erdbeeren im Winter) (Ifeu 2020). Man wird feststellen, dass zumindest vom Großlager alle Produkte mit dem Lkw bis zum Laden angeliefert werden müssen (weil es dazu bisher kaum eine Alternative gibt). Gemeinsam kann man überlegen, ob man immer zu jeder Jahreszeit alle Angebote besonders beim Obst haben muss und welche Produkte auch in der eigenen Region angebaut werden. Hier könnte sich eine Exkursion zu einem Obst- oder Gemüsebauernhof sowie zu Gemeinschaftsgärten oder ähnlichen urbanen Lebensmittelinitiativen in der Nähe anbieten.

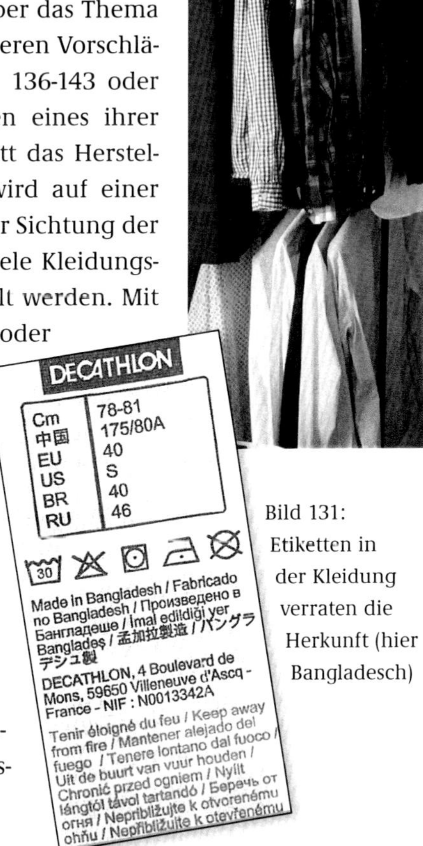

Bild 130: Kleidung untersuchen

Eine weitere Reflexion über die weltweiten Transportketten und die weite Reise vieler Produkte lässt sich über das Thema Kleidung realisieren (siehe dazu die ausführlicheren Vorschläge z.B. von Marco Adamina in GDSU 2013, S. 136-143 oder Schmidt 2011). Die Schüler*innen untersuchen eines ihrer Kleidungsstücke und versuchen über das Etikett das Herstellungsland herauszubekommen. Dieses Land wird auf einer Weltkarte markiert. Hier kann sich schon bei der Sichtung der Ergebnisse die Frage anschließen, warum so viele Kleidungsstücke in Asien oder in Südosteuropa hergestellt werden. Mit Hilfe eines Lineals und des Kartenmaßstabes oder über Karten im Internet können die Transportentfernungen zwischen den Herstellungsorten und Deutschland ermittelt werden (siehe auch Kopiervorlage AB 50).

Bild 131: Etiketten in der Kleidung verraten die Herkunft (hier Bangladesch)

Über kleine Filme (im Internet über You Tube, Sendung mit der Maus, siehe unten) können die Transportwege eines Kleidungsstückes von den Kindern nachvollzogen werden. Meist werden Teile eines Kleidungstückes, die Rohstoffe, Färbemittel, Knöpfe usw. in verschiedenen Erdteilen produziert, und insofern sind die Transportwege eines Produktes noch länger.

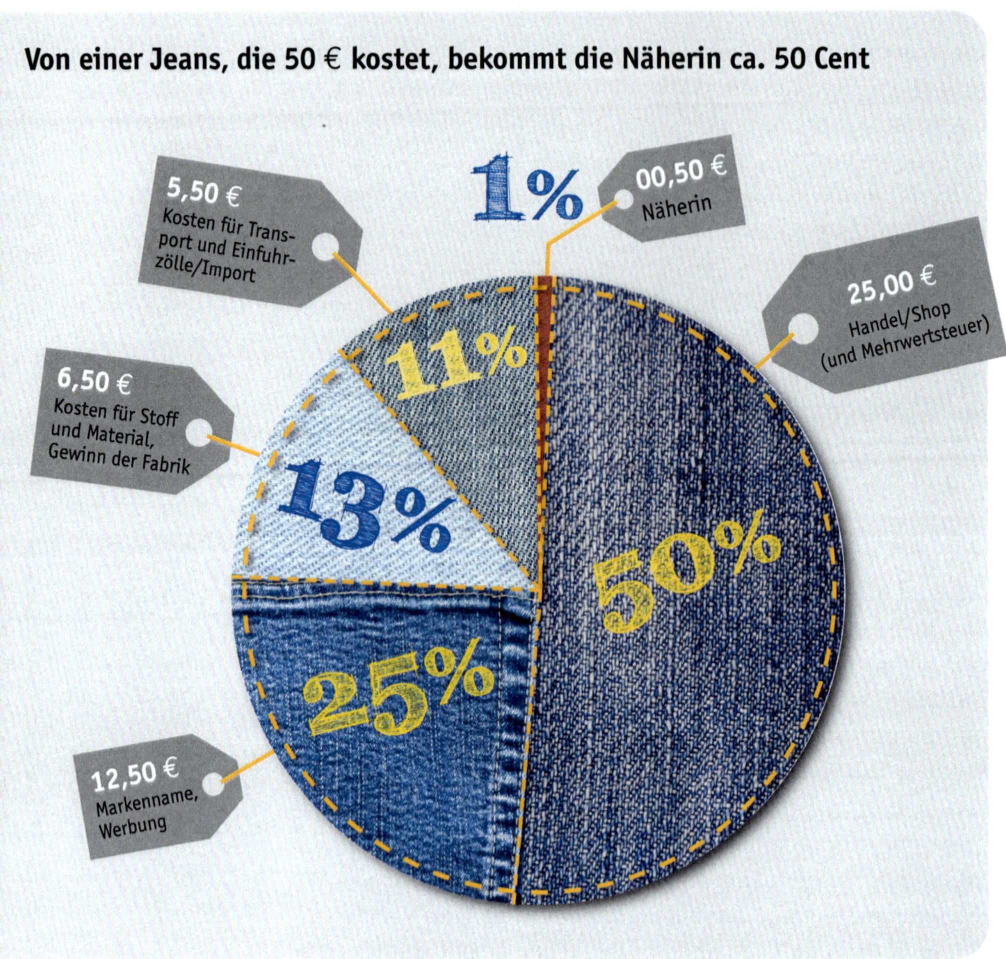

Abb. 28: Kosten einer Jeans (Quelle: MUKE / BW 2017, S. 8)

Häufig werden die Kleidungsstücke in Bangladesch oder anderen Schwellenländern unter ungünstigen Arbeitsbedingungen erstellt. Dazu kann man, mit entsprechender Vorsicht, ggf. Bilder (aus dem Internet) zeigen und auf die nicht fairen Bedingungen hinweisen. Die Schüler*innen können anhand einer Aufteilung der Kosten einer Jeans sehen, dass bei den Näherinnen nur ein sehr kleiner Teil des Geldes ankommt.

Gemeinsam kann überlegt werden, wie achtsamer mit Kleidung umgegangen werden kann (siehe dazu die Anregungen GDSU 2013, S.140; MUKE 2017) und ob der Tausch von Kleidern, der Second-Hand-Verkauf von benutzter aber noch guter Kleidung und das Achten auf Siegel (z.B. Fairtrade) eine sinnvolle Umgangsweise mit den Ressourcen darstellen könnte.

Weitere Inhalte der Beschäftigung mit dem Thema Kleidung könnten die Materialen sein, aus welchen natürlichen oder synthetisch erzeugten Stoffen das Kleidungsstück besteht und welche Auswirkungen diese verschiedenen Materialien auf die Umwelt haben (siehe dazu verschiedene Beiträge in Weltwissen Sachunterricht 2010).

c) Material

- Weltkarte(n) (analog oder digital)
- Obst/Gemüse
- eigene Kleidung
- Etiketten aus der Kleidung
- verschiedene Materialien für Stoffe
- Internetzugang/Lehrfilme, You Tube
- Zahlreiche Materialien und Arbeitsblätter zum Thema Kleidung/BNE finden sich auf den BNE-Portalen.

d) Tipps

- Neben den Energiedetektiven, die in der Schule Möglichkeiten zum Stromsparen erkunden und Werbung dafür machen, können sich Schüler*innen, Lehrkräfte, Eltern und weitere an der Schule Beschäftigte für nachhaltige Einkäufe einsetzen. Das kann sowohl die Schulmensa oder den Schulkiosk betreffen als auch den Einkauf umweltfreundlicher Büro- und Schulmaterialien (z.B. mit dem „Blauen Engel" als Siegel).
- Der Anbau von Obst oder Gemüse in einem Schulgarten (und/oder in Hochbeeten auf dem Schulhof) könnte das Bewusstsein für die Schwierigkeiten der Lebensmittelproduktion stärken und eine Verbindung zu natürlichen Wachstumsprozessen der belebten Natur ermöglichen.
- Karten (Deutschland-, Europa-, Weltkarten), sofern nicht im Materialraum der Schule vorhanden, können z.B. im DIN A 3 Format über die Bundeszentrale für politische Bildung bezogen werden (meist geringe Kosten + Versand). Ebenso finden sich zahlreiche digitale Karten im Internet. Diese können z.B. bei Tablets mit diversen Programmen als Bild gespeichert und mit einem entsprechenden Stift beschriftet und markiert werden.

e) Literatur/Internet

(Prüfung sämtlicher hier angegebener Internetadressen Juni 2020)

Albers, Katharina u.a. (2010): Von den Problemen des Baumwollanbaus zum Verständnis von „Fair Trade". In: Weltwissen Sachunterricht, H. 3, S. 18-22.

BMU (2012): Umweltfreundlich mobil. Arbeitsheft für Schüler*innen, Sekundarstufe. Berlin. Als PDF: https://www.umwelt-im-unterricht.de/fileadmin/user_upload/Archiv/umweltfreundlich_mobil_schueler_bf.pdf.

BMU (2013): Umweltfreundlich konsumieren. Arbeitsheft für Schüler*innen, Sekundarstufe. Berlin. Als PDF: https://www.umwelt-im-unterricht.de/fileadmin/user_upload/Archiv/umweltfreundlich_konsumieren_schueler_bf.pdf.

BMZ (o.J.): Ein T-Shirt auf Reisen. Wo kommt unsere Kleidung her. Broschüre des Bundesministeriums für wirtschaftliche Zusammenarbeit und Entwicklung. Berlin. Kann im Klassensatz beim www.bmz.de bezogen werden oder als PDF: https://www.bmz.de/de/mediathek/publikationen/reihen/infobroschueren_flyer/flyer/kinderheft_textil.pdf.

Böse, Sarah/Seidel, Vanessa/Hauenschild, Katrin (2020): Nachhaltige Ernährung – Tomate. In: Wulfmeyer, Meike (Hrsg.): Bildung für nachhaltige Entwicklung im Sachunterricht. Grundlagen und Praxisbeispiele. Basiswissen Grundschule, Bd. 43. Baltmannsweiler, S.49-76.

Eine Welt in der Schule (2011): Kleidung und Globalisierung. Heft 4. (Material online vorhanden: https://www.weltinderschule.uni-bremen.de/unterrichtsmaterial.html).

Grundschule Sachunterricht (2011): Kleidung. Heft Nr. 50, Friedrich Verlag.

HdkF (2018): Tür auf! Mein Einstieg in Bildung für nachhaltige Entwicklung. Stiftung Haus der kleinen Forscher, Berlin.

Ifeu (2020): Ökologische Fußabdrücke von Lebensmitteln und Gerichten in Deutschland (Autoren: Guido Reinhardt, Sven Gärtner, Tobias Wagner). ifeu. Heidelberg https://www.ifeu.de/wp-content/uploads/Reinhardt-Gaertner-Wagner-2020-Oekologische-Fu%C3%9Fabdruecke-von-Lebensmitteln-und-Gerichten-in-Deutschland-ifeu-2020.pdf (12.6.2020).

KMK (2013): Verbraucherbildung an Schulen (Beschluss der Kultusministerkonferenz vom 12.09.2013). https://www.kmk.org/fileadmin/pdf/PresseUndAktuelles/2013/Verbraucherbildung.pdf.

MUKE in BW 2017: Nachhaltig handeln in Baden-Württemberg: Mode und Textil. Ministerium für Umwelt, Klima und Energiewirtschaft Baden-Württemberg. Stuttgart. https://www.bne-bw.de/fileadmin/downloads/service/publikationen/themenhefte/Themenheft_Textil_Neuauflage2017_web.pdf.

Rempe, Karin (2014:) Pimp up your shirt. In: Eine Welt, Heft 135, S. 3-9.

Schmidt, Bärbel (2011): Die Jeans. Ein globales Kleidungsstück aus Baumwolle. In: Grundschule Sachunterricht, Heft 50, S. 23-28.

Schreier, Helmut (2010): Der (faire) Preis der Dinge. In: Weltwissen Sachunterricht, Heft 3, S. 40-45.

Spitta, Philipp (2016b): Immer unterwegs – Mobilität von Menschen und Waren untersuchen. In: Adamina, M. /Hemmer, M. / Schubert, J. (Hrsg.): Die geographische Perspektive konkret. Begleitband 3 zum Perspektivrahmen Sachunterricht. Bad Heilbrunn, S. 62-75.

Weltwissen Sachunterricht (2010): Wo die Dinge herkommen. Raumbezogenes Lernen: Globaler Handel. Heft 3, Westermann.

Internetadresse zu Eine Welt, Fairtrade und BNE (Abruf der folgenden Seiten 25.5.2020)

BNE Portal Deutschland: https://www.bne-portal.de/de/einstieg/bildungsbereiche/schule oder NRW: https://www.schule-der-zukunft.nrw.de BW https://www.bne-bw.de/startseite.html.

BNE-Portal Österreich: https://bildung2030.at.

BNE-Portal Schweiz: https://www.education21.ch/de.

Eine Welt (Unterrichtsmaterial): https://www.weltinderschule.uni-bremen.de.

Faitrade: https://www.fairtrade-deutschland.de.

Germanwatch: www.germanwatch.org Nord-Süd-Initiative zu nachhaltiger Entwicklung, regenerative Energiequellen, Klimaschutz, Entwicklungspolitik und vielem mehr. Auch Downloads von Unterrichtsmaterial (für Sek. I/II) zum Beispiel zum Anstieg der Meeresspiegel.

Globales Lernen/Eine Welt: https://www.globaleslernen.de/de oder http://www.globales-lernen-schule-nrw.de.

Güterverkehr: https://www.umwelt-im-unterricht.de/unterrichtsvorschlaege/gueterverkehr-und-die-umwelt.

Klimabündnis/ Klimaschutz: www.klimabuendnis.org Klimabündnis/
Alianza del Clima e.V. Europ. Geschäftsstelle
(weitere Links und Infos rund ums Klima und die Kindermeilen.-Kampagne).

Schulstart mit dem blauen Engel: www.blauer-engel.de bzw.:
https://www.blauer-engel.de/de/aktionen/secondhand-verliebt-schulstart-mit-dem-blauen-engel-100-recyclingpapier-fuer-unsere-umwelt.

Umweltbildung: https://www.lbv.de/umweltbildung/fuer-schulen/umweltschule-in-europa/

Unterrichtsmaterial Umwelt/Klima: www.umwelt-im-unterricht.de (Seiten des Bundesumweltministeriums für Schulen) zu Klimawandel: https://www.umwelt-im-unterricht.de/hintergrund/klimawandel-informationen-bewerten-wissen-aufbauen.

Verbraucherbildung/Verbraucherzentrale: www.verbraucherbildung.de oder https://www.verbraucherbildung.de/unsere-themen/nachhaltiger-konsum-globalisierung.

Filme

Jeans: Kritische ARD-Doku über die Herstellungsbedingungen von Jeans (für Lehrkräfte und ältere Schüler*innen ab Sek I geeignet): https://www.youtube.com/watch?v=nNQnVjlmaMQ.

Die globale Jeans: Transportwege der Jeans für Klasse 3-5 (Tigerentenclub), 3 Minuten https://www.youtube.com/watch?v=iriL2MimVaA.

Die Jeans: Sendung mit der Maus Teil 1: https://www.youtube.com/watch?v=vcY6PtSXxWQ Teil 2 https://www.youtube.com/watch?v=wR6d5DtcK2c.

f) Arbeitsblätter/Kopiervorlagen

AB 49:
Steckbrief – Obst (Gemüse)

AB 50:
Wo kommt die Kleidung her?

3.5.12 Tourismus, Fliegen und der ökologische Fußabdruck

a) Didaktische Überlegungen/Einordnung in die Mobilitätsbildung

Reisen, besonders die seit Jahren zunehmenden Flugreisen (2018 wurden von der Flugsicherung 3,34 Millionen Flüge im deutschen Luftraum gezählt), tragen maßgeblich zur Klimaerwärmung bei. Ebenso sind große Kreuzfahrtschiffe zunehmend in der Kritik (NABU 2019). Tourismus ist in vielen Ländern ein wichtiger Wirtschaftszweig, der Wohlstand und Entwicklung mit sich bringen kann. Gleichzeitig zerstört aber der (massenhafte) Tourismus auch die Orte, die wir als sehenswerte Ziele auserkoren haben. Städte wie Dubrovnik oder Venedig werden regelrecht von den touristischen Massen überrannt und gehen in Lärm und Müll unter. Einheimische können sich Lebenshaltungskosten und Wohnungen in den Hotspots des Tourismus nicht mehr leisten. Ein großer Teil des Gewinns aus diesem Milliardengeschäft verbleibt nicht bei den einheimischen Dienstleistern, sondern landet bei großen Konzernen und Fluggesellschaften. Trotzdem ist das Reisen faszinierend und ermöglicht Abstand vom Alltag, Erholung und im Idealfall neue Erfahrungen unterwegs.

Auch in diesem thematischen Abschnitt geht es nicht um einen Verzicht oder gar das Verbot von Reisen, sondern um eine abwägende Auseinandersetzung mit der Art und Weise des Reisens, der Wahl des Verkehrsmittels, der Analyse der Nachhaltigkeit der Angebote am Urlaubsziel und das Erproben von möglichen, weniger klimaschädlichen Alternativen. Bei der kritischen Auseinandersetzung könnten Fragen eine Rolle spielen, ob es z.B. jedes Jahr eine Flugreise oder eine Kreuzfahrt sein muss (so würde bereits viel CO_2 eingespart, wenn jede zweite Flugreise entfiele), ob die Ziele immer exotischer werden müssen und welche alternativen Verkehrsmittel es anstelle einer (jährlichen oder häufigen) Flugreise gibt.

Ist es nicht möglich, die Lust am Unterwegssein, die Erholung, das Abenteuer oder das Entdecken anderer Landschaften und Kulturen zum Beispiel jedes zweite Jahr im eigenen Land oder in Europa zu genießen und dabei Ziele zu wählen, die durch Fahrrad, Zug, Pkw oder Fernbus erreichbar sind?

Im Sinne von BNE und einer kritischen Verbraucherbildung (KMK 2013) geht es auch hier um ein Abwägen, ein Auswählen und reflektiertes Entscheiden. Die CO_2-Emmissionen einzelner Verkehrsmittel machen deutlich, dass es Unterschiede gibt.

Bei durchschnittlicher Auslastung ergeben sich je Person und Kilometer folgende CO_2- Emissionen:

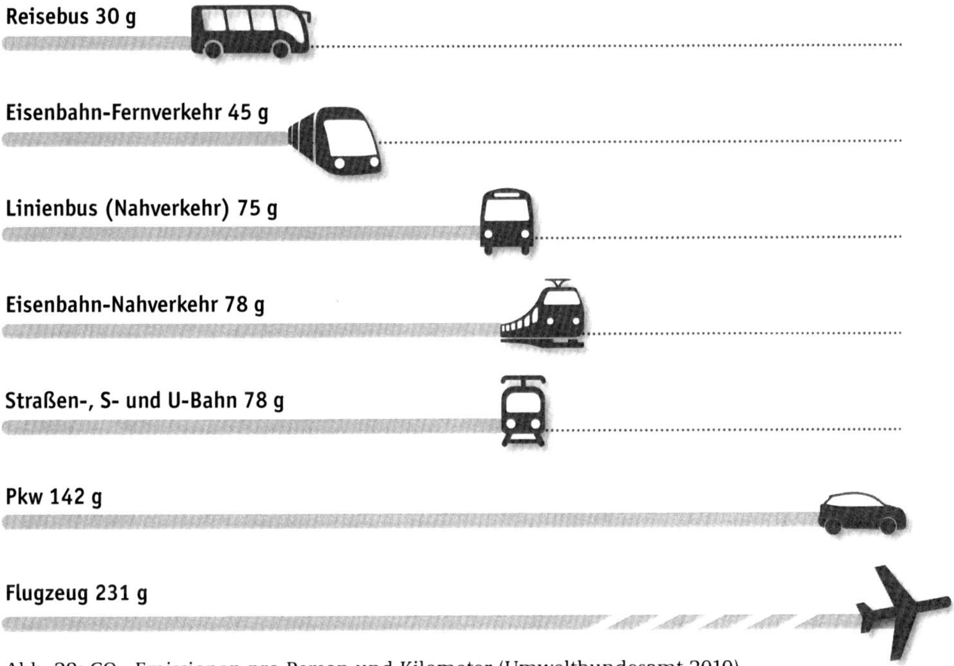

Reisebus 30 g
Eisenbahn-Fernverkehr 45 g
Linienbus (Nahverkehr) 75 g
Eisenbahn-Nahverkehr 78 g
Straßen-, S- und U-Bahn 78 g
Pkw 142 g
Flugzeug 231 g

Abb. 29: CO_2- Emissionen pro Person und Kilometer (Umweltbundesamt 2010)

Eine Flugreise (Hin- und Rückflug) von Deutschland zu verschiedenen Reisezielen verursacht (berechnet pro Person bei durchschnittlicher Auslastung) erhebliche CO_2-Emissionen, die sich allerdings je nach Flugzeugtyp unterscheiden können. Im Schnitt wird pro Person für einen Flug von Deutschland nach ...

Mallorca
700kg
Dubai
2600kg
New York
3000kg
Südafrika
5000kg

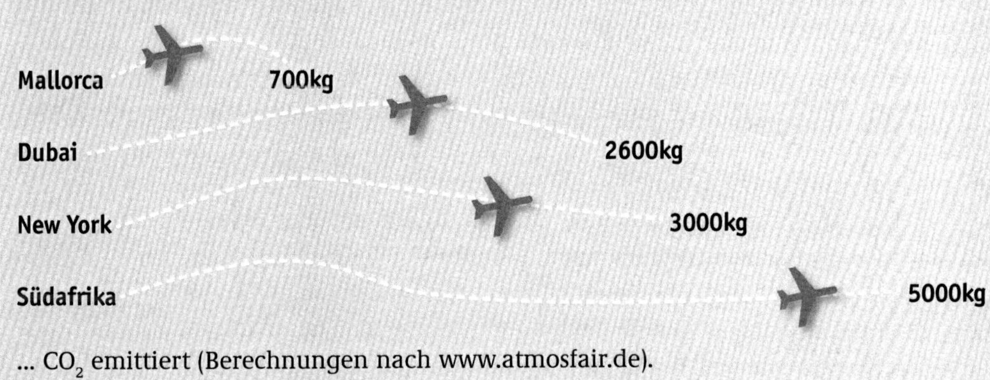

... CO_2 emittiert (Berechnungen nach www.atmosfair.de).

Bild 132: Mit dem Billigflieger durch Europa

Für eine einwöchige Kreuzfahrt werden (ohne An- und Abreise) pro Person durchschnittlich 2700kg CO_2 fällig (berechnet nach www.myclimate.org). Verglichen damit ist eine Familienreise mit dem Pkw mit vier Personen zwar keineswegs klimaneutral, verursacht aber deutlich weniger Emissionen. Für einen Mittelklassewagen fallen bei einer Reisestrecke von 3000km ca. 500kg CO_2 an, aufgeteilt auf vier Passagiere also vergleichsweise wenig. Nur Zug und Fernbus sind hier CO_2-sparsamere Verkehrsmittel - und natürlich das fast CO_2-freie Fahrrad. Verschiedene Prognosen gehen davon aus, dass jeder Mensch pro Jahr ein CO_2-Budget von 2300 kg zur Verfügung hätte, wenn das 1,5 Grad Ziel erreicht werden soll. Mit einer Flugreise nach Mallorca wäre demnach schon fast ein Drittel des Jahresbudgets verbraucht.

Aber auch andere Lebensbereiche sind CO_2-intensiv, und allein durch den normalen Alltagskonsum und die vorhandene Infrastruktur in Deutschland ist dieses vorgeschlagene Budget schnell aufgebraucht. Neben der Nutzung des Autos (für einen Mittelklassewagen mit einer jährlichen Fahrleistung von 12.000km fallen immerhin rund 2000 kg CO^2 an) schlagen auch weitere Bereiche wie unser Energiebedarf in der Wohnung (Strom, Heizung), die Konsumgewohnheiten und der Kauf von Lebensmitteln nicht unerheblich zu Buche. So ist unter anderem ein hoher Fleischkonsum (ebenso Butter und Käse) besonders belastend für das Klima sowie die Stromproduktion in (Braun-)Kohlekraftwerken. Das Verhalten als „kleine*r" Verbraucher*in und Konsument*in ist zwar von Bedeutung, stößt angesichts der Dimensionen und der alltäglichen Zwänge, in denen wir uns bewegen (müssen), an deutliche Grenzen. Gefordert wäre also ein globales, steuerndes politisches Handeln sowie ein stärkere Kostenwahrheit in Bezug auf die Klima- und Umweltfolgen bei Mobilität, Stromverbrauch und Konsum. Dann wären die Ticketpreise für die klimafreundliche Bahn eben nicht - wie derzeit häufig der Fall – teurer als die Kosten für den Billigflieger.

Neben der Notwendigkeit einer politischen Steuerung des Ressourcenverbrauchs sind allerdings auch die Verbraucher*innen in der Pflicht, sich verantwortungsvoll und reflektiert mit den Folgen ihrer Konsum- und Mobilitätsentscheidungen auseinanderzusetzen. Hilfreich bei solchen Entscheidungsprozessen kann die Visualisierung unseres Konsums oder unserer Mobilität (auf Reisen und im Alltag) durch einen „ökologischen Fußabdruck“ sein. Dieser Fußabdruck ist umso größer, je mehr Ressourcen wir benötigen.

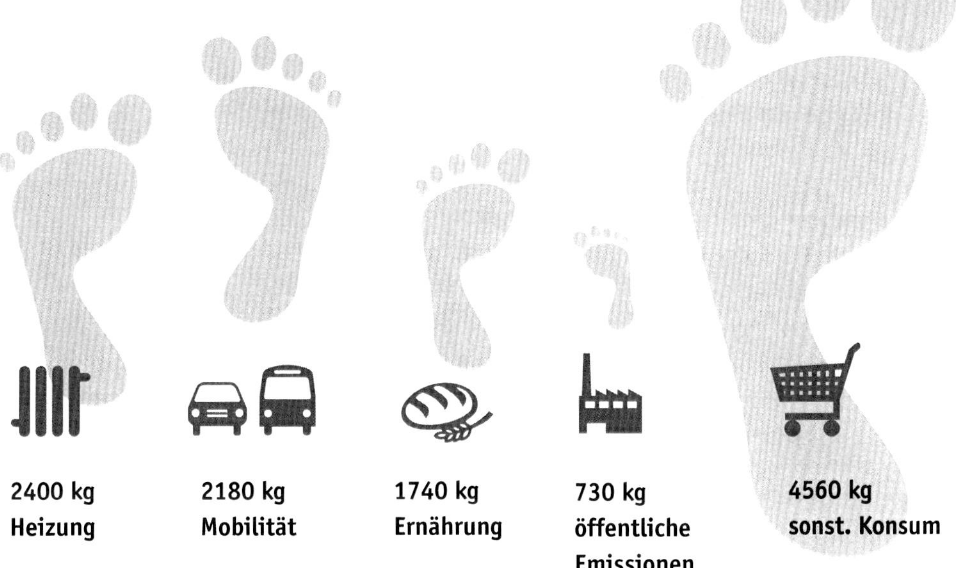

Abb. 30: Durchschnittlicher CO_2-Ausstoß zum Teil pro Person in Deutschland 2020

Quelle: https://uba.CO_2-rechner.de/de_DE.

Im Internet gibt es auf diversen Plattformen sogenannte CO_2-Rechner, bei denen Angaben zu Wohnungsgröße, Mobilität, Stromanbieter, Konsumgewohnheiten und Lebensmittelherkunft gemacht werden können, um damit einen ungefähren „Fußabdruck“ zu berechnen. Berechnet wird dann der ungefähre CO_2-Verbrauch eines Jahres und wie viele Ressourcen auf der Erde dafür verbraucht werden. Bei dem derzeitigen durchschnittlichen CO_2-Ressourcenverbrauch in Deutschland, bräuchte man die Erde fünf Mal, um die Bedürfnisse zu decken. Unter den derzeitigen ökonomischen Bedingungen, Bequemlichkeiten und Abhängigkeiten ist es schwer, eine deutliche Reduktion des eigenen ökologischen Fußabdrucks zu erreichen. Dennoch können über solche Berechnungen mögliche Stellschrauben im Alltag gefunden werden, um eine erste Reduktion zu erreichen.

Mögliche Stellschrauben zur Reduktion des ökologischen Fußabdrucks:

- mehr Fahrradfahren und zu Fuß gehen,
- Car-Sharing nutzen anstelle eines eigenen Autos,
- kleineres Auto (mit E-Antrieb) fahren,
- seltener mit dem Flugzeug verreisen, vor allem keine Inlandsflüge machen,
- Urlaub in Deutschland (oder Europa) machen und per Zug/Auto anreisen,
- Einkauf regionaler und ökologisch erzeugter Lebensmittel,
- Fleischkonsum reduzieren oder vegetarisch/vegan leben,
- Plastik (Plastikverpackungen) zu reduzieren,
- Strom sparen (Verzicht auf Stand-by-Geräte, nutzen von LED-Lampen),
- Wechsel des Stromanbieters (100% Ökostrom ohne Atom- und Kohlestrom),
- Dämmung von Fenstern und Fassade,
- Geräte (z.B. Smartphone) lange nutzen (und reparieren),
- bei Kleidung auf Langlebigkeit und Fairtrade achten.

b) Handlungsanregungen

Viele Schüler*innen waren mit ihren Eltern schon auf Reisen und Tagesausflügen unterwegs und haben unterschiedliche Erfahrungen sammeln können, von denen sie berichten können. Allerdings machen auch knapp 17% der Deutschen, darunter auch Familien mit Kindern, keine aufwändigen Reisen, sondern bleiben zu Hause.

Zum Einstieg können die Schüler*innen, angeregt durch Bilder, Postkarten oder Gegenstände wie Reiseführer, Kamera, Taucherbrille, Badetuch oder Sonnencreme in der Kreismitte, über Ferien, Tagesausflüge und Reisen berichten. Impulsfragen der Lehrkraft können sein:

- Was ist das Besondere an einer Reise (einem Ausflug)?
- Was ist im Urlaub anders als zu Hause?
- Was ist dir wichtig im Urlaub, auf einer Reise?
- Warum machen wir überhaupt eine Reise (einen Ausflug)?
- Was sind schöne Erlebnisse im Urlaub? Gibt es auch nicht so schöne Erfahrungen?

Die Lehrkraft notiert auf Karten stichwortartig die Antworten der Schüler*innen zu den Impulsen. Anschließend schreiben die Schüler*innen einen kurzen Bericht über eine Reise oder einen Ausflug, den sie in den Ferien oder am Wochenende unternommen haben. Gegebenenfalls können diese Berichte in einer weiteren Stunde vorgestellt und vorgelesen werden. Optional können Kinder, die mit ihren Texten schon fertig sind, auf einer Karte (Bundesland, Deutschland oder Europa) mit Klebepunkten markieren, an welchen Orten und Ländern sie auf einer Reise schon einmal waren.

In einer weiteren Unterrichtseinheit kann die (Europa)-Karte mit den verschiedenen Reisezielen angeschaut werden. Gemeinsam wird nun überlegt, mit welchen Verkehrsmitteln die Reiseziele erreicht werden können. Alternativ, um die Reiseziele der Familien nicht zu werten, können auch ausgesuchte Reiseziele von der Lehrkraft vorgegeben werden. Dazu liegen in der Kreismitte Karten auf denen unterschiedliche Verkehrsmittel stehen (ggf. mit Bild).

mögliche Verkehrsmittel-Karten: Füße, Fahrrad, Auto, Taxi, Bus, Fernbus, Zug, Flugzeug, Fähre/Schiff, Kreuzfahrtschiff...

Zu ausgesuchten Reisezielen werden Muggelsteine (oder Klebepunkte, Muscheln o.ä.) auf die für das Reiseziel benötigten Verkehrsmittel gelegt. Gibt es Reiseziele, bei der man eine Wahl der Verkehrsmittel hat? Gibt es Reiseziele, die nur mit dem Flugzeug zu erreichen sind? Wie lange dauert die Reise mit unterschiedlichen Verkehrsmitteln? Welche Verkehrsmittel benutzt du besonders gerne? Welche Verkehrsmittel sind teuer oder umweltfreundlich? Anschließend untersuchen die Schülerinnen in Partnerteams oder Kleingruppen mit Hilfe der Kopiervorlage AB 51 die Vor- und Nachteile verschiedener Verkehrsmittel für eine Reise. Dabei sollen sie für ausgewählte Verkehrsmittel in ihrer Gruppe eine Pro- und Contra-Liste führen, also z.B. die Vorteile einer schnellen Flugreise zu einem fernen Ziel auflisten aber auch mögliche Nachteile benennen.

Die Auswertungen werden im Anschluss in der Klasse besprochen. Anhand der CO_2-Emission wird deutlich, dass einige Verkehrsmittel stärker zum Klimawandel beitragen. Andererseits sind verschiedene Reiseziele kaum CO_2-arm zu erreichen. Die Fahrt mit dem Auto z.B. in die Türkei würde mehr als drei Tage dauern, oder viele Urlaubsinseln wären ohne Flugzeug nur schwer erreichbar, ein Besuch der Verwandten in einem anderen Land kaum möglich usw. Es gilt also zwischen Vor- und Nachteilen abzuwägen und zu überlegen, ob nicht einige Reiseziele auch anders erreichbar wären und wie häufig man fliegen sollte. So ist beispielsweise London hervorragend mit dem Zug angebunden, und viele Städte in Europa sind auch ohne Flugreise zu erreichen. In einem weiteren Schritt tauschen sich die Schüler*innen aus, was für sie (oder die ganze Familie) im Urlaub, bei einer Reise wichtig ist (Was gehört zu einer „schönen" Reise? Was ist mir im Urlaub wichtig? Was möchte ich im Urlaub gerne machen und erleben?). Anstelle einer Gesprächsrunde bietet sich dafür alternativ ein Schreibgespräch oder die Graffiti-Methode oder das Erstellen eines Clusters an. Dazu schreiben die Schüler*innen auf ein Poster ihre Gedanken zu den Impulsfragen auf und kommentieren ggf. die Gedanken der anderen Schüler*innen im Rahmen der Graffiti-Methode. Häufig wird dabei deutlich, dass die gewünschten Erlebnisse und

Elemente einer „schönen“, entspannten Reise nicht unbedingt an exotische oder weit entfernte Orte gebunden sind, sondern (zumindest aus der Sicht von Kindern und Jugendlichen) an vielen Orten erfahrbar sind. Wichtig ist, dass die Bedürfnisse und Erfahrungen, wie auch die tatsächlich unternommenen Reisen, nicht gewertet oder als besser oder schlechter hingestellt werden. Vielmehr geht es um ein Abwägen von Optionen, die auch zu einer bewussten Entscheidung für eine weniger klimafreundliche Fortbewegungsart führen können, die man dann aber entsprechend auch als besonderes Privileg wahrnehmen kann und vielleicht an anderer Stelle im Alltags- und Konsumleben durch klimafreundlichere Verhaltensweisen oder durch Spenden für Klimaschutzprogramme kompensieren könnte.

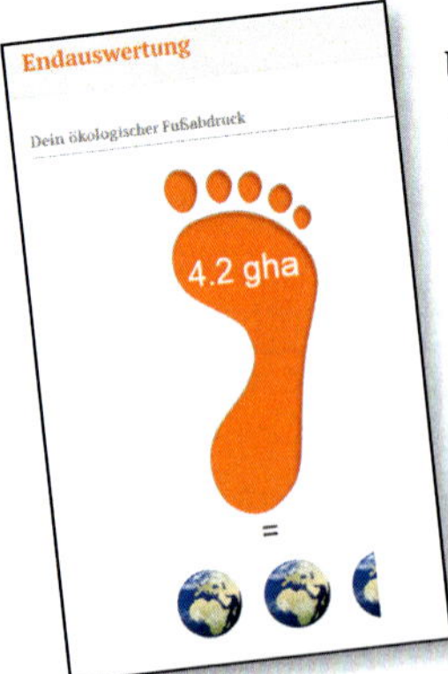

Um einen Einblick in den Ressourcenverbrauch zu bekommen, können schon Kinder ab der 4. Klasse (ggf. mit Hilfe der Eltern) über CO_2-Rechner im Internet einen ungefähren Überblick über den Verbrauch bei bestimmten Konsumgewohnheiten bekommen. Geeignet ist hier unter anderen die Seite von „Brot für die Welt“, bei der die Ergebnisse eindrücklich visualisiert werden. Als Handlungsprodukt können die Schüler*innen einen Reiseführer mit Tipps zu Urlaubszielen in Deutschland, im eigenen Bundesland oder in der direkten Umgebung erstellen (siehe dazu auch Kapitel 3.3.7, AB 24).

Bild 133a und 133b: Auswertung individueller Fußabdruck mit einem Ressourcenverbrauch von 4,2 Erden[40] (Quelle: Screenshot Brot für die Welt: www.fussabdruck.de)

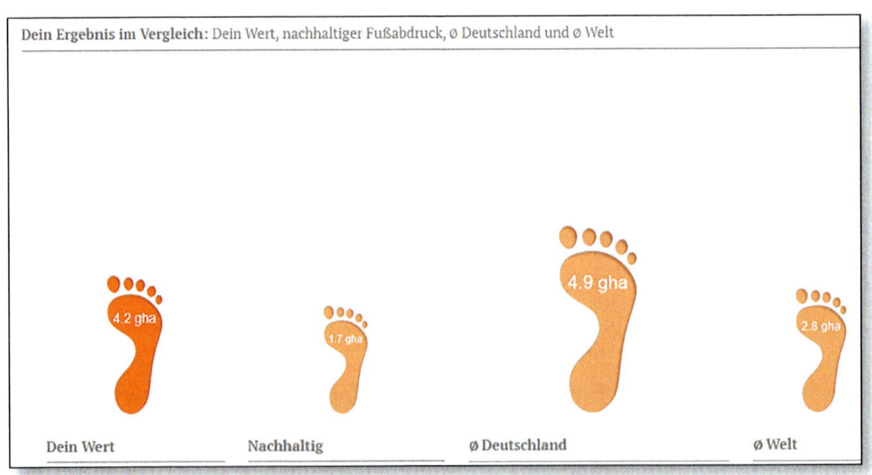

40 Rechnerisch können die Ressourcen auf der Erde nur einmal verbraucht werden. Der Lebensstil der industrialisierten Länder führt dazu, dass deutlich mehr als nur eine Erde notwendig wäre, um die Konsumbedürfnisse und die dafür benötigten Ressourcen zu befriedigen.

c) Material

- Karten (Deutschland, Europa, Welt)
- Plakate für Cluster oder Graffiti-Methode
- Bilder der Verkehrsmittel (ggf. freie Bilder aus dem Internet verwenden)
- Internetzugang für Berechnungen zum ökologischen Fußabdruck
- Apps oder Internet für Reiseplanungen (Flug, Bahn)

d) Tipps

- Weitere Inhalte einer kritischen Auseinandersetzung mit Tourismus und Reisen könnten sein: Die Schüler*innen untersuchen, wie sich touristische Orte von anderen „normalen" Orten unterscheiden. Wie sehen touristische Orte in Bezug auf die Geschäfte aus? Wie sind sie gestaltet oder gebaut? Was ist „schön" an diesen Orten? Wie gehen die Menschen dort miteinander um? Wie gehen die Gäste mit den Einheimischen um? Wer spricht welche Sprache, wie ist die Verständigung?
- Die Schüler*innen recherchieren zum Stichwort „nachhaltiger Tourismus", was diesen ausmacht und wer ihn sich leisten kann. In vielen Sachunterrichtslehrplänen wird eine Beschäftigung mit dem eigenen Bundesland und Deutschland gefordert. In diesem Zusammenhang können nachhaltig erreichbare Reiseziele in einem Deutschlandreiseführer (bzw. Urlaubtipps im eigenen Bundesland) zusammengestellt werden.
- Über die Bahn-App (www.bahn.de) und Portale für Flugreisen werden Kosten und Reiseverbindungen zu europäischen Städten (z.B. Paris, London) vom Heimatort aus recherchiert und für (Fern-)Bus, Zug und Flugzeug verglichen (Preis, Reisezeit, Komfort). Diskutiert werden muss, warum Flüge (durch Billiganbieter und diverse Steuererleichterungen) oft viel günstiger sind als die Fahrt mit der Bahn.
- Kann man die CO_2-Emissionen für eine Reise kompensieren? Möglichkeiten und Probleme von Ausgleichzahlungen und Spenden über entsprechende Organisationen können besprochen werden.
- Planung einer Klassenreise als Tagesausflug oder für die Klassenfahrt u.a. auch in Bezug auf die Verkehrsmittelwahl (vgl. Spitta 2012c).
- Besonders im Erdkundeunterricht der Sekundarstufe 1 ist das Thema Tourismus und Reisen in vielen Lehrplänen und Lehrwerken als Inhalt verankert und sollte verknüpft mit BNE- und Mobilitätsaspekten aufgegriffen werden. Das niedersächsische Curriculum Mobilität bietet hier für alle Schulstufen Anregungen und Material.

e) Literatur/Internet

BMU (2012): Umweltfreundlich mobil. Arbeitsheft für Schüler*innen, Sekundarstufe. Berlin. Als PDF: https://www.umwelt-im-unterricht.de/fileadmin/user_upload/Archiv/umweltfreundlich_mobil_schueler_bf.pdf.

Curriculum Mobilität: https://www.nibis.de/mobilitaet_8255.

Klima-/CO_2-Rechner:

Umweltbundesamt: https://uba.CO_2-rechner.de/de_DE.
WWF: https://www.wwf.de/themen-projekte/klima-energie/wwf-klimarechner.

Kompensation: CO_2-Berechnung von Flügen, Kreuzfahrten usw. und deren Kompensation:

https://www.myclimate.org/de.
https://www.atmosfair.de/de.

NABU 2019: Kreuzfahrt-Ranking 2019. Natur- und Umweltbund. https://www.nabu.de/umwelt-und-ressourcen/verkehr/schifffahrt/kreuzschifffahrt/index.html (4.5.2020).

Ökologischer Fußabdruck (Brot für die Welt):

https://www.fussabdruck.de/ Hier können (siehe CO_2-Rechner) Fragen zum Konsum und zur Mobilität beantwortet werden und somit der Fußabdruck berechnet werden (geeignet ab 3. oder 4. Klasse, ggf. mit Hilfe durch Eltern).

Sanfter (nachhaltiger) Tourismus:

- Bahnreisen und nachhaltig Reisen: https://www.wirsindanderswo.de/anreise.
- Fahrtziel Natur: Reiseziele mit Bus und Bahn in Deutschland, Österreich, Schweiz:

  Bahn und Naturschutzverbände: https://www.fahrtziel-natur.de.
- Umweltbundesamt: https://www.umweltbundesamt.de/themen/wirtschaft-konsum/nachhaltiger-tourismus (20.5.2020).
- VCD: https://www.vcd.org/themen/tourismus.

Spitta, Philipp (2012c): Abenteuer-Reise. In: Zeitschrift für Verkehrserziehung. Jg. 62, Heft 3, Vogel Verlag München, S. 18-23.

Unterrichtsmaterial zum Thema Reisen:
https://www.umwelt-im-unterricht.de/unterrichtsvorschlaege/guter-urlaub-fuer-alle.

Unterrichtsmaterial Reisen und andere Themen:
http://www.globales-lernen-schule-nrw.de/grundschule.

f) Arbeitsblätter/Kopiervorlagen

AB 51:
Klimabelastung durch
verschiedene Verkehrsmittel

Bild 134: Über 90% der Fünfjährigen nutzen ein Rad als Spielgerät

3.6. Rund um das Rad – Das Fahrrad im Unterricht

Über 1 Milliarde Fahrräder sind weltweit unterwegs, circa 77 Millionen Fahrräder gibt es in Deutschland und - mit zunehmender Tendenz - 4 Millionen Pedelecs (oder E-Bikes) (BMVI/Infas 2019, S. 39). Das Fahrrad ist, neben dem Zufußgehen, eines der kostengünstigsten, gesündesten und umweltfreundlichsten Fortbewegungsmittel. Für Kinder stellt das eigene Rad eines der zentralen Spielgeräte dar. Über 90 Prozent der Fünfjährigen besitzen ein eigenes Fahrrad (Basner/de Marées 1993).

Für Erwachsene ist das Rad meist ein beliebtes Freizeit- und Sportgefährt. Vergleichsweise wenig wird das Rad allerdings im Alltagsverkehr von Erwachsenen genutzt. Nur 18% der Deutschen nutzen das Fahrrad täglich oder fast täglich, 50% selten oder nie (BMVI/Infas 2019, S. 92). Der Anteil von Fahrradfahrer*innen am Gesamtverkehr (Modal Split) liegt bundesweit bei unter 11 Prozent (ebd., S. 45). Städte mit guten topografischen Gegebenheiten und einer entsprechenden Fahrradförderung erreichen jedoch schnell wesentlich höhere Nutzungsraten des Fahrrades. Rund die Hälfte aller Autofahrten sind kürzer als fünf Kilometer. Innerhalb dieser Entfernung stellt das Fahrrad – wenn der Straßenverkehr fahrradfreundlich gestaltet wird - eine ernstzunehmende Alternative dar. Beispiele aus den Niederlanden oder Kopenhagen zeigen, dass das Potential des Fahrrades durch intelligente Steuerungen und eine vorrangige Infrastruktur erfolgreich ausgebaut werden kann. Gemessen an dem Ziel, das Fahrrad als Verkehrsmittel langfristig auch über die Schulzeit hinaus attraktiv zu machen, ist das bisherige Konzept der Radfahrausbildung zu schmalspurig angelegt und mit der Beschränkung auf die Grundschule nicht nachhaltig genug. Bis auf einige Ausnahmen steht im Mittelpunkt des Fahrradunterrichts das Trainieren von Fertigkeiten sowie das Einüben von Regeln. Dies ist als Grundlage zur sicheren Verkehrsteilnahme nötig, denn obwohl viele Kinder schon mit fünf Jahren aktive Fahrradfahrer im Spielbereich sind, ist ihr motorisches Können und ihr Regelwissen noch nicht stark entwickelt. Daher ist ein systematisches Üben auch schon in der 1. oder 2. Klasse zu fördern (siehe Kapitel 3.6.6 und Kapitel 3.6.7). Allerdings sollte es im Unterricht nicht nur bei den trainierenden Elementen bleiben, sondern darüber hinaus das Thema Fahrrad – wie in den folgenden Abschnitten dargestellt – in einen fächerübergreifenden Unterricht eingebunden werden (vgl. dazu Kasten 15). In der Sekundarstufe müsste in diesem Sinne eine verlässliche Fortsetzung der Radfahrausbildung stattfinden.

[15] Das Thema Fahrrad und der GDSU-Perspektivrahmen für den Sachunterricht

Das Fahrrad spielt in allen Perspektiven des Sachunterrichts eine Rolle. Exemplarisch sollen hier einige Verknüpfungspunkte zwischen dem Themenfeld Mobilität und den Perspektiven des Sachunterrichts (siehe GDSU 2013) am Beispiel „Fahrrad" aufgezeigt werden. Analog ist das Thema Fahrrad in der Sekundarstufe in den natur- und sozialwissenschaftlichen Fächern sowie der Geographie zu verorten:

Sozial- und kulturwissenschaftliche Perspektive

- gesellschaftliche Bedeutung der Mobilität
- Beteiligung und Mitsprache an Planungen
- Fahrrad, Verkehr und BNE – Klimapolitik und Fahrrad
- Fahrrad fahren macht fit - Gesundheitsaspekte
- Verkehrsregeln und Verkehrszeichen sowie ihre Bedeutung
- Miteinander, Gegeneinander – Aggression, Konflikte und Verhaltensweisen gegenüber anderen Verkehrsteilnehmern
- Bedeutung des Fahrrades in anderen Ländern als Transport- und Fortbewegungsmittel
- ökonomische Bezüge: Fahrradhändler (Vergleich zum Fahrradkauf im Supermarkt)

Historische Perspektive

- Geschichte des Fahrrades (und der Mobilität)
- Straßenverkehr früher und heute
- Frauen als Fahrradfahrerinnen früher
- Verkehrsregeln früher

Raumbezogene Perspektive

- Planung einer Fahrradtour
- Untersuchung von Karten und Plänen für Fahrradfahrer*innen
- Erstellen eines Fahrradstadtplans für Kinder
- Erkundung der Verkehrsumwelt (Infrastruktur) und der Fahrradwege
- Planen einer fahrradfreundlichen Stadt

Naturwissenschaftliche Perspektive

- Beschäftigung mit Fliehkraft, Hebel, Bremskräften beim Fahrrad
- Umweltaspekte: Ökosystem, Klimawandel
- fit durch Radfahren, Gesundheitsaspekte

Technische Perspektive

- technische Funktionszeichnung des Fahrrades
- Beschleunigung, Bremsen
- Fahrradtypen, Antriebsarten
- Stromkreis, Dynamo
- Funktionsweisen von Klingel und Luftpumpe
- Wartung, Pflege, Reparatur des Fahrrads
- Teile eines verkehrssicheren Rades
- Vergleich mit anderen Verkehrsmitteln und Antriebsarten

Zusätzlich kann das Fahrrad (bzw. das Thema Mobilität) in fast allen Fächern der Primar- und Sekundarstufe aufgegriffen werden.

Mathematik Berechnungen rund um das Fahrrad (Kosten beim Kauf, Radgröße, Übersetzungen bei der Gangschaltung berechnen), Sachrechenaufgaben zur Geschwindigkeit.

Deutsch Fahrradwörter, Wortspeicher (siehe Kapitel 3.6.2), Brief zur Verbesserung der Verkehrssituation schreiben, Leseaufgaben, Berichte über Erlebnisse im Straßenverkehr verfassen.

Musik/Kunst Klingelkonzert, Fahrräder zeichnen, künstlerische Gestaltung eines Fahrrades, Erfinden kreativer Verkehrszeichen.

Religion Aspekte der Schöpfung, Schöpfung bewahren durch klimafreundliches Verhalten; Tod (im Straßenverkehr) und Trauer.

Sport Bewegungsübungen auf dem Rad (und Roller), Schulung der motorischen Geschicklichkeit, Reaktionsvermögen, Grundlegung exekutiver Funktionen.

Englisch Das Wortfeld Schulweg und Verkehr im Englischunterricht erarbeiten, Straßenverkehr in anderen (englischsprachigen) Ländern; nach dem Weg fragen lernen; Bus und Bahn, z.B. in London; Wortfeld Reisen und Verkehrsmittel.

Bild 135a und 135b: Fahrradzeichnung von Schüler*innen der 4. Klasse

3.6.1 Fahrradbilder

a) Didaktische Überlegungen/Einordnung in die Mobilitätsbildung

Malen und Zeichnen stößt bei Kindern meist auf Interesse. Im Rahmen der Mobilitätsbildung soll diese Freude nicht nur als Verbindung zum Kunstunterricht dienen, sondern auch den technischen Gegenstand „Fahrrad" genauer beleuchten. Durch das Zeichnen eines Fahrrades soll dessen Funktionsweise bewusster wahrgenommen werden.

b) Handlungsanregungen

Als Einstieg in die Beschäftigung mit dem Fahrrad bietet sich eine zeichnerische Übung an, bei der die Schüler*innen aufgefordert werden, ein Fahrrad „aus dem Kopf" großflächig auf Papier zu zeichnen, ohne dass sie eine Vorlage benutzen. Zwar kennen alle Kinder ein Fahrrad, aber die Konstruktion, die sie nun erinnern sollen, ist ihnen meist nicht bewusst. Viele Kinder (und Erwachsene) tun sich recht schwer und müssen überlegen, wie die Kette genau verläuft und wie der Sattel am Rad gezeichnet werden muss. Diese Verunsicherung ist intendiert und soll in einem zweiten Schritt die tatsächliche Konstruktion bewusst machen. Nach einiger Zeit können die Schüler*innen ihre Zeichnung mit einem später in der Klasse aufgestellten Fahrrad abgleichen. Nun fallen bestimmte Details genauer ins Auge, diese können besprochen und so besser verstanden werden. Zusätzlich kann jetzt oder später als Hausaufgabe das eigene Fahrrad skizziert und somit das genaue Hinschauen weiter geübt werden.

c) Material

- Papier
- Stifte
- Fahrrad im Klassenraum (zuerst abgedeckt)
- Baumaterial für Fahrradmodelle

d) Tipps

- Die „technischen Zeichnungen" der Kinder können zu einem späteren Zeitpunkt auch als Gesprächsgrundlage dienen, wenn es um die Funktion des Rades geht, also den Antrieb oder die Wirkung der Bremsen.

- In einem weiteren Schritt können in die verbesserten Zeichnungen der Schüler*innen die von der StVZO (siehe Kasten 17, Kapitel 3.6.4.3 „Das verkehrssichere Fahrrad“) vorgeschriebenen, sicherheitsrelevanten Ausstattungen eines Fahrrades (Reflektoren, Beleuchtung, Klingel) hinzugezeichnet werden.
- Kreative Kräfte können die Kinder freisetzen, wenn sie im Kunstunterricht ihr „Fahrrad der Zukunft“ malen oder als Modell bauen können. Hier sind der Phantasie keine Grenzen gesetzt. Das „Fahrrad der Zukunft“ kann zum Abschluss einer Fahrradunterrichtseinheit kreiert (gemalt, gezeichnet, gebaut) werden, wenn die Schüler*innen verschiedene ausgefallene Fahrradtypen kennengelernt haben.

e) Literatur/Internet

Grundschule Sachunterricht (2013): Fahrräder. Heft 58. Friedrich Verlag.

Gutjahr, Sabine (2011): Verkehrserziehung in Kunst und Musik. Klasse 3 und 4. In: Sicher zum Fahrradführerschein. AOL-Vlg. Buxtehude.

Ullrich, Heinz (1994): Mein Fahrrad – zur Entwicklung des technischen Denkens beim Kind. In: Grundschule, Heft 9, S. 16-19.

Zolg, Monika (2001): Das Fahrrad – Ein integratives Thema für den Sachunterricht. In: Grundschulunterricht Sachunterricht, H. 2, S. 1-16.

Infos und Unterrichtsideen zum Fahrrad:
http://www.radschlag-info.de/radschlag_schule.html.

3.6.2 Das Fahrrad im Deutschunterricht

a) Didaktische Überlegungen/Einordnung in die Mobilitätsbildung

Jeder Unterricht, egal ob Fachunterricht oder Mobilitätsbildung, ist auch Deutschunterricht. So ist zum Verstehen von Texten rund um den Straßenverkehr eine grundlegende Lesekompetenz ebenso nötig wie die Fähigkeit, selbst Texte verfassen zu können. Die Fächer stehen dabei in einer Wechselwirkung. Zum einen sind der Sachunterricht und die Mobilitätsbildung darauf angewiesen, dass die Schüler*innen im Deutschunterricht diese Grundfertigkeiten erworben haben, zum anderen liefert der Sach- oder Mobilitätsunterricht aber auch Themen und Inhalte, über die es sich lohnt, etwas zu lesen oder zu schreiben (vgl. Spitta 2013i). Durch Projekte rund um den Straßenverkehr ergeben sich Schreibanlässe wie beispielsweise das Formulieren eines Briefes an die Stadtverwaltung zur Verbesserung der Fuß- und Radwege rund um die Schule. Die erworbenen Lese- und Schreibfertigkeiten lassen sich also hervorragend im Rahmen der Mobilitätsbildung üben und anwenden. Für Kinder mit anderer Herkunftssprache ist es von Bedeutung, in neue Wortfelder eingeführt zu werden und durch Unterstützungsmaßnahmen wie Wortspeicher oder Satz- und Redehilfen eine entsprechende sprachsensible Förderung zu bekommen.

b) Handlungsanregungen

Fahrradwörter (Wortspeicher Fahrrad)

Fast alle Kinder nutzen zwar das Fahrrad, aber nicht alle kennen die Bezeichnungen der einzelnen Teile des Rades. Nicht nur Kinder mit Zuwanderungsgeschichte haben hier zum Teil Schwierigkeiten, die Begrifflichkeiten zu lernen. Um eine gemeinsame Sprachgrundlage für die „Fahrradexpert*innen“ der Klasse zu haben, steht am Anfang der Unterrichtsreihe eine Beschäftigung mit „Fahrradwörtern“ – also dem Wortfeld Fahrrad. Dazu bieten sich verschiedene Vorgehensweisen an. Einmal kann ein gemeinsames Cluster erstellt werden, das sich im Laufe der Unterrichtseinheit ständig vergrößern kann, wenn man wieder einen neues Fahrradwort entdeckt hat.

Abb. 31: Cluster Fahrradwörter

Eine andere Möglichkeit der Erarbeitung der Fahrradwörter besteht darin, ein Fahrrad (oder eine große Abbildung) zum Einstieg in die Mitte der Klasse zu stellen (oder jeder Kleingruppe eines zuzuteilen). Die Kinder benennen nun mit Hilfe kleiner Notizzettel die ihnen bekannten Teile des Fahrrades, in dem sie die Post-its ankleben. Im Austausch untereinander wird versucht, die noch fehlenden Bezeichnungen für möglichst viele Bestandteile zu finden. Noch nicht bekannte Fahrradteile werden recherchiert, indem Erwachsene, Fahrradhändler*innen oder andere Expert*innen befragt werden (auch als Hausaufgabe möglich, ebenso Recherche im Internet). Neben den Begriffen für diverse Fahrradteile werden auch Adjektive, Verben oder Satzteile in einem Wortspeicher dargestellt, die für die Beschäftigung mit dem Thema sinnvoll sind.

Beispiel für Wortspeicher/ Kernlexik zum Thema Fahrrad

NOMEN		
der / ein	**die / eine**	**das / ein**
• **der Fahrradweg** (die Fahrradwege)	• **die Reparatur** (die Reparaturen)	• **das Fahrrad** (die Fahrräder)
• **der Sattel** (die Sättel)	• **die Bremse** (die Bremsen)	• **das Rad** (die Räder)
• **der Gepäckträger** (die Gepäckträger)	• **die Gangschaltung**	• **das Pedal** (die Pedale)
• **der Rahmen** (die Rahmen)	• **die Straßen** (die Straßen)	• **das Verkehrsschild** (die Verkehrsschilder)
• **der Schlauch** (die Schläuche)	• **die Felge** (die Felgen)	• **das Verkehrsmittel** (die Verkehrsmittel)
• **der Rückstrahler** (die Rückstrahler)	• **die Speiche** (die Speichen)	• **das Auto** (die Autos)
• **der Reflektor** (die Reflektoren)	• **die Ampel** (die Ampeln)	• **das Ventil** (die Ventile)
• **der Verkehr** (die Verkehre)	• **die Fahrradbeleuchtung** (die Fahrradbeleuchtungen)	
• **der Unfall** (die Unfälle)	• **die Luftpumpe** (die Luftpumpen)	
	• **die Gesundheit**	

Besonderheit: Dehnungs- h bei Fahrrad, fahren

zusammengesetzte Wörter: (Nomen+Nomen)
der Fahrradweg, Straßenverkehr, die Gangschaltung, der Gepäckträger, der Fahrradständer aber auch Nomen und Verb (das Rad und fahren),

Interferenzen: Fahrradwörter wie der Mantel, die Gabel, der Schlauch, der Rahmen sind in anderen Kontexten besetzt und können verwirren und sollten daher thematisiert werden.

Umlautveränderung bei Einzahl und Mehrzahl: Rad/Räder, Schlauch/Schläuche, Sattel/Sättel

Tipp: Nomen immer mit Artikel einführen. Ggf. für der/die/das jeweils eigene Farbe wählen und diese immer hervorheben.

Verben
fahren, anfahren, umfahren, lenken, bremsen, abbiegen, reparieren, fit sein, strampeln, radeln
Besonderheit: abbiegen (Verbklammer: ich biege ab, ich biege mit dem Fahrrad ab)

Adjektive
schnell, langsam, umweltfreundlich, gesund, gefährlich, sicher, verkehrssicher, bequem, gemütlich, günstig, teuer, anstrengend

Satzmuster ... (passend für eigenen Unterricht auswählen)

Kramkiste

Für offene Unterrichtsformen eignet sich auch eine „Kramkiste", in der alte Fahrradteile gesammelt werden (zum Beispiel ein Rücklicht, eine Speiche, eine Gabel (die vom Fahrrad!), eine Felge, ein Bremszug, eine Klingel, eine Nabe, ein Teil einer Gangschaltung und so weiter). In einem Umschlag in der Kiste sind Wortkarten mit der Bezeichnung des jeweiligen Fahrradteils (mit Artikel, in Einzahl und Mehrzahl, ggf. mit Bild auf der Rückseite) aufbewahrt. Im Rahmen von offenen Arbeitsphasen oder im Wochenplan bzw. im DaZ-Förderunterricht sollen nun in Einzel- oder Partnerarbeit die Wortkarten zu den Objekten zugeordnet und im Anschluss im Schreibheft notiert werden. Ein solche Fahrradteile-Kiste kann von den Schüler*innen auch selbst erstellt und ergänzt werden.

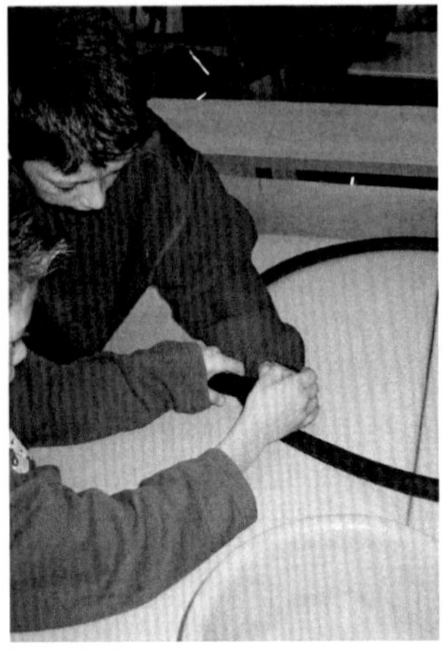

Bild 136: Flicken eines Fahrradschlauches

Schreibanlässe rund ums Rad

Für den Deutschunterricht bietet das Fahrrad einige Schreibanlässe, die hier nur knapp skizziert werden sollen:

- **Reparaturanleitung:** Für die Reparatur eines defekten Rücklichtes oder einen Reifenwechsel schreiben die Kinder eine Handlungsanweisung. Zuvor wird die entsprechende Reparatur selbst ausgeführt und zu jedem Schritt Notizen angefertigt, aus denen im Anschluss dann der Text entsteht. Zur Kontrolle können andere Kinder anhand der Anleitung die Reparatur durchführen, bei Unklarheiten muss der Text nochmals überarbeitet werden.
- **Vorgangsbeschreibung:** Ähnlich wie bei der Reparaturanleitung sollen bei der Beschreibung eines Vorganges (zum Beispiel: Schlauch flicken) möglichst genau alle Handlungsschritte in Schriftform festgehalten werden. Auch hier ist die Verbindung mit dem eigenen Handeln besonders ergiebig.
- **Erlebnisbericht:** Viele Kinder haben schon gefährliche oder spannende Situationen im Verkehr und mit dem Fahrrad erlebt: Einen Unfall, eine Panne weit weg von zu Hause, der Verlust eines Fahrrades durch Diebstahl, das neue Fahrrad zum Geburtstag, die Radfahrübung im Stadtteil, die Fahrradtour am Wochenende und so weiter. Die Schüler*innen schreiben ihr „Fahrraderlebnis" auf. Aus allen überarbeiteten und verbesserten Erzählungen wird ein Buch mit den „Fahrradgeschichten der Klasse" gebunden oder die Texte auf der Schul-Homepage veröffentlicht.

- **Zeitungsbericht:** Für die Klassen- oder Schulzeitung bzw. Homepage der Schule schreiben die Schüler*innen einen Bericht über ihre Fahrradübungen, die Zustände der Fahrradwege im Schulumfeld, über die Tour de France oder den Sinn eines Fahrradhelmes. Dabei werden die Schreibregeln für Berichtstexte beachtet.
- **Brief:** Wenn Mängel an den Fahrradwegen im Stadtteil festgestellt wurden, Abstellanlagen an Freizeiteinrichtungen fehlen oder der Autoverkehr an Spielstraßen zu schnell ist, können die Kinder an die Verwaltung oder den Bürgermeister/die Bürgermeisterin Briefe verfassen. Dabei müssen selbstverständlich nicht nur die Regeln der Rechtschreibung beachtet (und dabei geübt), sondern auch die Gestaltung eines Briefkopfs, die Adressangaben, die Anredeformen und die Höflichkeitsfloskeln gelernt und beachtet werden.
- **Werbung:** Für Autos wird allerorten auf Plakaten und in Zeitschriften geworben. Fahrradwerbung sieht man dagegen selten. Nach der Untersuchung von Autowerbung (siehe AB 72) entwerfen die Kinder nun Werbung für Fahrräder (zum Beispiel ihre eigenen Räder). Dabei müssen sie unter anderem auf die vielen Adjektive in der Werbesprache achten. Die in Gruppenarbeit erstellten und gestalteten Werbeplakate können später von einer Jury begutachtet werden.
- **Schreiben zu Bildern:** Die Kinder malen ihr Fahrrad der Zukunft (siehe Kapitel 3.6.1) und verfassen dazu einen Fahrbericht (analog zu Testberichten aus Automobilzeitschriften) oder eine Zukunftsgeschichte, in der das futuristische Rad eine Rolle spielt. In Fahrradbüchern oder im Internet (Adressen siehe unten) finden sich viele Fahrradbilder von beladenen Fahrrädern, Rikschas, alten Rädern oder bunt bemalten Drahteseln. Die kopierten und ausgedruckten Bilder dienen als Schreibanlass.
- **Antizipieren:** Unter den Kopiervorlagen (AB 52) findet sich eine Fahrradgeschichte mit offenem Ende. Dieser Text kann zuerst gelesen, wenn nötig besprochen und anschließend mündlich oder schriftlich fortgesetzt werden.

Lesen

In Sachunterrichts- und Schulbüchern finden sich in einigen Veröffentlichungen Lesetexte rund um das Fahrradfahren. In Übungsheften zur Vorbereitung auf die Radfahrausbildung oder Broschüren für die Verkehrserziehung finden sich weitere Sachtexte, die den Unterricht rund um das Fahrrad ergänzen können. Eine knappe Sammlung geeigneter Kinderbücher rund um das Fahrrad ist unten aufgeführt.

Bild 137: Fahrradtaxi

c) Material

- Reparaturbücher
- Sachbücher
- Fahrradbilder

d) Tipps

- Als Material für Collagen oder Fahrradwerbung und für das Schreiben zu Fahrradbildern eignen sich Werbebroschüren aus dem Fahrradladen oder Bilder aus dem Internet.
- Für die Fahrradteilekiste (Kramkiste) verschenken Fahrradhändler oft nicht mehr brauchbare Fahrradteile an Schulen.
- Bilder von Fahrrädern aus aller Welt finden sich unter www.fahrrad.de oder per Bildsuche über eine Suchmaschine. Weitere Internetadressen siehe unter Kapitel 3.6.4.1. (Fahrradtypen).

e) Literatur/Internet

Fahrradbücher für Kinder:

Farell, Alison (2018): Das große Fahrrad-Fest. Gerstenberg Verlag.

Gernhäuser, Susanne (2017): Alles über das Fahrrad. Reihe: Wieso? Weshalb? Warum? Bd. 63, Ravensburg.

Haseop, Jeong/Seunyeon, Cho (2016): Das Fahrrad. Vom Hochrad bis zum E-Bike. Gerstenberg Verlag.

Jakobs, Günther (2018): Klingeling. Fahrradfahren ist entenleicht. Carlsen Verlag.

Janosch (2019): Der kleine Tiger braucht ein Fahrrad. Beltz & Gelberg.

Lindgren, Astrid (1972): Na klar, Lotta kann Rad fahren. Oetinger Verlag.

Schneider, Liane/Wenzel-Bürger, Eva (1999): Conni lernt Rad fahren. Lesemaus Band 71, Carlsen Verlag.

Literatur:

Spitta, Philipp (2013i): Straßenverkehr und Kommunikation. In: Praxis Grundschule, Jg. 36, H. 4, S. 22-26.

f) Arbeitsblätter/Kopiervorlagen

AB 52:
Fahrradgeschichte: Sachunterrichtsgeschichte zum Lesen und Fortsetzen.

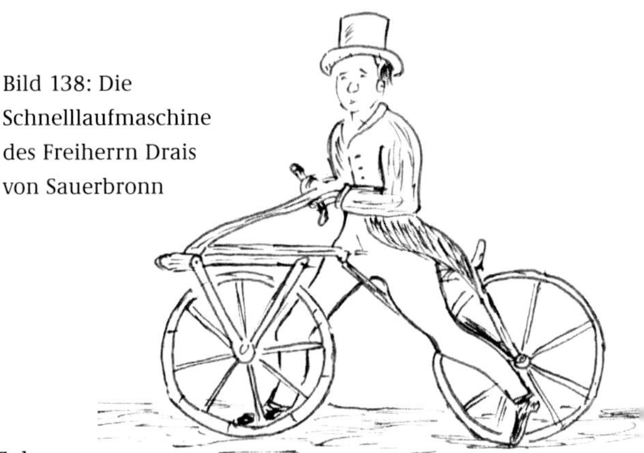

Bild 138: Die Schnelllaufmaschine des Freiherrn Drais von Sauerbronn

3.6.3 Fahrräder früher

a) Didaktische Überlegungen/ Einordnung in die Mobilitätsbildung

Der Blick auf die Entwicklung des Fahrrades ist nicht nur wegen des aus heutiger Sicht kurios aussehenden Hochrades interessant, sondern auch, weil sich an diesen alten Fahrzeugen für Kinder einsichtig die ständige Optimierung der Antriebsmechanik nachvollziehen lässt. Wenn Kinder heute ihre Räder mit allen möglichen technischen Raffinessen nutzen können, ist dies nicht zuletzt einer über 200-jährigen technischen Verbesserung des Fahrrades zu verdanken. Als ein Vorläufer des Fahrrades wird die Erfindung des Freiherrn Drais von Sauerbronn gesehen, der 1817 eine erste sogenannte „Schnelllaufmaschine", ein Laufrad aus Holz mit beweglichem Lenker, entwickelt hatte. Der Antrieb war noch nicht technisch vermittelt, sondern erfolgte durch das Abstoßen, also das normale Laufen auf dem Boden.

Seit circa 20 Jahren werden solche „Laufräder" für Kinder angeboten, als geeignete motorische Vorübung zum späteren Fahren mit dem pedalbetriebenen Rad. Als Fortentwicklung der Laufräder gab es ab circa 1860 Fahrräder mit einer Tretkurbel am Vorderrad. Um eine schnellere Fortbewegung zu erzielen, wurde ab den 1870er Jahren das sogenannte Hochrad gebaut. Auch dieses wurde mit einer Tretkurbel am Vorderrad angetrieben. Durch das große Vorderrad war die Strecke, die bei einer Pedalumdrehung zurückgelegt wurde, viel größer als beim Vorgänger. Die harten Vollgummireifen und vor allem der schwere Aufstieg und das Balancieren in luftiger Höhe müssen die Fahrt auf diesen Rädern zu einem nicht ungefährlichen Abenteuer mit möglicherweise schmerzlichen Folgen gemacht haben. Wegen der schlechten Federung wurde diese ersten Fahrradtypen als „Knochenschüttler" tituliert. In vielen Heimatmuseen sind die alten Hochräder heute noch zu bewundern.

Bild 139: Laufrad für Kinder

Bild 140: Hochrad im Museum

Schon ab 1869 wurde über die Möglichkeit eines Kettenantriebes beim Fahrrad diskutiert. Nachzuweisen sind erste Niederräder mit einer das Hinterrad antreibenden Kette ab 1879. Mitte der 1880er Jahre setzte sich der Kettenantrieb zunehmend durch und stellte damit eine entscheidende Verbesserung der Antriebstechnik dar (vgl. Briese 1999, S. 32). In späteren Jahren wurden auf dieser Grundlage weitere Verbesserungen erzielt. Für die Zeit seit der Jahrhundertwende um 1900 sind die Einführung von Reifen, die mit Luft gefüllt sind, und Innovationen bei Gangschaltung und Bremstechnik zu nennen (vgl. Spitta 2002b, siehe AB 54).

Fahrräder waren früher nicht billig: So kostete 1890 ein Fahrrad den halben Jahreslohn eines Arbeiters (also heute vergleichbar mit den Kosten eines neuen Mittelklassewagens). 1922 wurden durch Optimierungen bei der Produktion die Kosten gesenkt, und ein Fahrrad war schon für einen durchschnittlichen halben Monatslohn eines Arbeiters zu bekommen, und um 1970 kostete es schließlich nicht mehr als einen Wochenlohn eines Arbeiters (Zolg 2001, S. 6). Frauen hatten mit dem ersten Aufkommen der Fahrräder vor 1900 das Nachsehen. Gesellschaftlich wurde ihnen eine solche Fortbewegungsart oft nicht zugestanden. Darüber hinaus machten es die Konstruktion des Rades und die obligatorischen Röcke für Frauen nicht leicht, auf einem Fahrrad zu fahren. Später wurde die Mittelstange bei Rädern für Damen abgesenkt und noch später durch weniger strenge Konventionen bei der Kleiderwahl die Fahrradmobilität von Frauen erleichtert (vgl. Pleitner 2013). Auf der Technik des 19. Jahrhunderts aufbauend sind bis heute unterschiedliche Fahrradtypen entstanden, deren technische Ausstattung bis hin zur elektronischen Antriebsunterstützung kontinuierlich verbessert wurde.

b) Handlungsanregungen

Nachdem die Schüler*innen das Getriebe ihres Rades untersucht haben, ist ein Vergleich mit alten Fahrrädern angemessen, denn nur so kann deutlich werden, welche technische Entwicklung zu den heute raffiniert ausgestatteten Rädern geführt hat. Eine Beschränkung auf wesentliche Entwicklungsstufen (Laufrad, Tretkurbelrad, Hochrad, Niederrad mit Kette, modernes Rad, E-Bike) ist dabei sinnvoll. Auf dem Arbeitsblatt sollen die Kinder die Reihenfolge der historischen Fahrradmodelle bestimmen und den damaligen Entwicklungsstand mit ihrem eigenen Fahrrad beziehungsweise verschiedenen Fahrradtypen heute (Liegerad, Faltrad, Tandem, Kabinenrad, E-Bike) vergleichen. Interessant für das Unterrichtsgespräch sind außerdem die Kosten für ein Fahrrad früher sowie dessen soziale Bedeutung. Alte Bilder und Filme zeigen, dass das Fahrrad früher in Europa einen ähnlichen Stellenwert für den Alltagsverkehr hatte wie heute in einigen Schwellenländern.

Bild 141: Einrad

c) Material

- Kopiervorlagen
- Bilder alter Räder aus Büchern oder dem Internet

d) Tipps

- Kinder können das Gefühl des Hochradfahrens auf den (meist allerdings niedrigeren) Einrädern nachempfinden, die nicht nur für einen Zirkusauftritt, sondern auch zur motorischen Schulung sehr geeignet sind.
- Zur Einordnung der Fahrradentwicklung empfiehlt sich das Erstellen einer Zeitleiste von 1800 in 10-Jahresschritten bis heute. An der Zeitleiste können Bilder der entsprechenden Fahrradentwicklungen (und sonstiger Meilensteine in der Mobilitätsentwicklung) mit Kurzinfo angebracht werden.
- Material zum Thema Frauen und Radfahren im 19. Jahrhundert findet sich bei Pleitner 2013.

e) Literatur/Internet

Blümer, Heike (2013): Von der Laufmaschine zum Kettenantrieb. In: Grundschule Sachunterricht, Heft. 58, S. 12-18.

Briese, Volker (1999): Sachlich richtig? Neue Unterrichtswerke für den Sachunterricht zum Thema Fahrrad. In: Zeitschrift für Verkehrserziehung, Jg. 49, H. 1, S. 32-34.

Dölle, Swantje (2014): Vom Laufrad zum Kettenantrieb. In: Weltwissen Sachunterricht, Heft 1/14, S. 14-21. (Zu diesem Artikel kann man online viele Arbeitsblätter kaufen: Westermann-Verlag).

Goldbach, Petra (2014): Fahrradlampen vor 100 Jahren. In: Weltwissen Sachunterricht, H. 1/14, S. 24-27.

Herresthal, Albert (2011): Geschichte und Entwicklung des Fahrrades. Aurich.

Pleitner, Berrit (2013): Vom Glück auf zwei Rädern. Emanzipation von Frauen und Mädchen durch das Fahrrad? In: Grundschule Sachunterricht, H. 58, S. 31-35.

Spitta, Philipp (2002b): Mein super tolles Rad – Gebrauchen und Beherrschen von Fahrzeugen am Beispiel Fahrrad. In: Sache-Wort-Zahl, Jg. 30, Heft 50, S. 16-23.

Zolg, Monika (2001): Das Fahrrad. Ein integratives Thema für den Sachunterricht. In: Material: Grundschulunterricht Jg. 48, H. 2.

Internet (geprüft 12.6 2020): **Fahrradbilder**

Alte Fahrradtypen: https://www.fahrrad.de/info/entwicklung-des-fahrrads.
Bilder von Hochrädern (Hochradverein): https://hochrad.wuk.at.
Bilder alter Fahrräder, Hinweise auf Fahrradmuseen: www.fahrradsammler.de.

Filme (Schulfernsehen) zum Rad fahren (heute und früher): https://www.planet-wissen.de/sendungen/sendung-radfahren-100.html.

Galileo: Zur Fahrradgeschichte von früher bis heute https://www.youtube.com/watch?v=iraPora7x0I.

Geschichte des Fahrrades mit Bildern: Planet Wissen: https://www.planet-wissen.de/technik/verkehr/geschichte_des_fahrrads/pwiemeilensteinederfahrradentwicklung100.html.

Kindermagazin Geolino zum Fahrrad: https://www.geo.de/geolino/14262-thma-fahrrad.

Sendung mit der Maus und das Fahrrad: https://www.wdrmaus.de/extras/mausthemen/fahrrad/index.php5.

Unterrichtsreihe zur Geschichte des Fahrrads mit Arbeitsblättern: https://www.sonnentaler.net/aktivitaeten/mechanik/bewegung/oekomobil/teil1/ue3/fahrrad-geschichte.html.

f) Arbeitsblätter/Kopiervorlagen

AB 53:
Die Entwicklung des Fahrrades

AB 54:
Sachtext: Die Geschichte des Fahrrades (2 Seiten)

3.6.4 Fahrradwerkstatt

Eine eigene Fahrradwerkstatt an der Schule ist nicht immer realisierbar. Aber im Rahmen einer intensiveren Unterrichtseinheit kann es schnell etwas werkstattähnlich hergehen, wenn man sich mit den Schüler*innen auf die Untersuchung verschiedener Fahrradtypen (3.6.4.1), die Technik des Fahrradantriebs, der Bremsen und der Beleuchtung (3.6.4.2) sowie auf kleine Reparaturen und die Pflege des Fahrrades (3.6.4.3) einlässt.

3.6.4.1 Fahrradtypen

a) Didaktische Überlegungen/Einordnung in die Mobilitätsbildung

Die Entwicklung vom Laufrad, Tretkurbelrad über das Hochrad bis hin zum Niederrad mit Kettenantrieb ist über 200 Jahre alt. Nach der Erfindung des Kettenantriebs ist bis auf kleine technische Verbesserungen wie Luftbereifung und bessere Bremsen viele Jahrzehnte das Fahrrad nicht grundlegend verändert worden. Das „klassische“ Modell ist auch heute noch weltweit dominierend. Allerdings hat sich mit der zunehmenden Bedeutung des Freizeitsektors in den letzten Jahrzehnten das Angebot an spezialisierten Fahrrädern immer weiter ausdifferenziert. Wenn auch das Prinzip der zwei Räder und des Kettenantriebs bei (fast) allen Typen die Grundlage bildet, haben einige Varianten kaum noch eine Ähnlichkeit mit dem Urtypus des Niederrades. Die neuesten Entwicklungen durch batteriebasierte Antriebe verbreiten sich seit den 2010er Jahren rasant und eröffnen dem Fahrradmarkt neue Dimensionen. Hinzu kommen diverse Lasten- und Transporträder, die mit zwei oder drei Rädern ausgestattet die technischen Möglichkeiten ausweiten.

Bild 142: Schülerinnen in der Fahrradwerkstatt

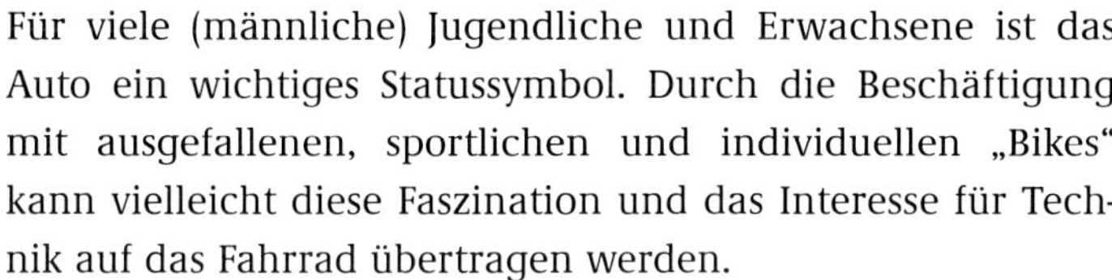

Für viele (männliche) Jugendliche und Erwachsene ist das Auto ein wichtiges Statussymbol. Durch die Beschäftigung mit ausgefallenen, sportlichen und individuellen „Bikes“ kann vielleicht diese Faszination und das Interesse für Technik auf das Fahrrad übertragen werden.

Eine (unvollständige) Liste von Fahrradtypen zeigt, welche Variationen es heute gibt:

- Cityrad
- Trekkingrad
- Sportrad
- Rennrad
- Mountainbike
- Crossrad
- BMX-Rad
- Liegerad (unterschiedliche Varianten)
- Faltrad
- Cruiser
- Hollandrad
- Kabinenrad
- Lastenrad
- Rikscha
- Tandem
- Pedelec
- E-Bike

Bild 143: Umweltverbund: Leihräder an der U-Bahn-Station

b) Handlungsanregungen

Viele Kinder kennen schon unterschiedliche Fahrradtypen. Für eine Collage oder Liste sollen die Schüler*innen nun möglichst viele verschiedene Fahrradtypen aufspüren und mit Namen aufschreiben oder zeichnen. Mit einer besonderen „Sammelleidenschaft“ kann man dafür Fahrradhändler aufsuchen oder auf den entsprechenden Internetseiten auf die Suche gehen. Bei einer Kooperation mit einem Fahrradclub können dessen Mitglieder häufig schon ausgefallene Fahrrad-Modelle präsentieren.

Bild 144: Kabinenfahrrad Leitra aus Dänemark

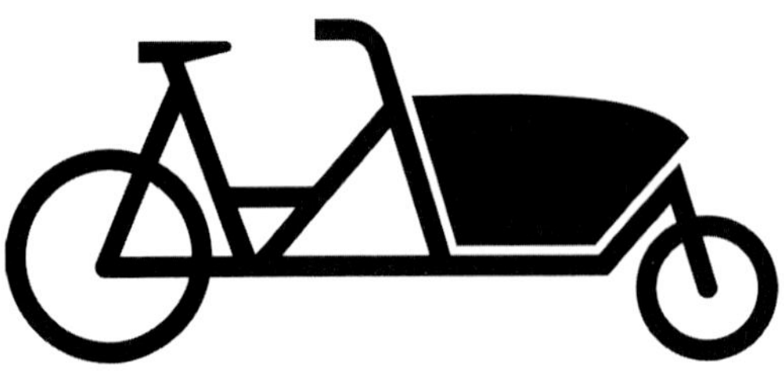

Bild 145: Sinnbild Lastenrad aus der StVO 2020

Die ausgefallenen Fahrräder können unter den Aspekten der Alltagstauglichkeit, der Schnelligkeit, der technischen Ausstattung, dem „Spaßfaktor“ und der Sicherheit einer genaueren Untersuchung und einem Vergleich zu „normalen“ Fahrrädern unterzogen werden. Es lohnt sich in diesem Zusammenhang, mit Kindern über die Frage der Konstruktion nachzudenken: Warum ist der Rahmen aus runden Metallstangen hergestellt, warum gibt es für Frauen und Männer unterschiedliche Rahmen (was weniger technisch als vielmehr mit den Kleidungsgewohnheiten früherer Generationen zu begründen ist), was ist der Vorteil von Liegerädern und warum fällt es auf ihnen schwerer, das Gleichgewicht zu halten, und warum haben Fahrräder in der Regel nur zwei Räder und nicht immer drei oder vier? Wie viel Lasten kann ein Transportrad mitnehmen und wie wird ein Lastenrad angetrieben? Ein Blick ins Internet zeigt, dass in vielen Ländern das Fahrrad stärker als bei uns für Alltagswege auch mit großen Lasten genutzt wird (siehe auch Landwehr 2013). In einigen Ländern Asiens werden Rikschas zum Personentransport eingesetzt, meist werden die sehr armen Fahrer dort nicht wie bei uns durch einen E-Motor unterstützt.

c) Material

- Internetanschluss
- Fahrradprospekte
- ausgefallene Fahrradtypen für eine Modellschau auf dem Schulhof (zum Beispiel im Rahmen eines Projekttages)

d) Tipps

- In vielen Ländern ist das Fahrrad ein zentrales Transportmittel. Es ist erstaunlich, welche Lasten auf einem Fahrrad transportiert werden können. Ein Vergleich des Verkehrs in Asien oder Afrika mit unseren durch den Autoverkehr geprägten Straßenverhältnissen zeigt die deutlichen Unterschiede in den Lebens- und Wirtschaftsverhältnissen. Allerdings bleibt für viele Kinder in den armen Ländern ein Fahrrad unerschwinglich (Landwehr 2013).
- Bei Eingabe der Stichworte „Fahrrad" und „Reise" finden sich in den einschlägigen Suchmaschinen zahlreiche www-Adressen zu Reiseberichten aus aller Welt zum Teil mit Bildern von Fahrrädern rund um den Globus.

Bild 146: Fahrradrikscha in Deutschland

e) Literatur/Internet

Fahrradtypen:

Koutek, Wolfgang (2002): Der Fahrradmarkt in Deutschland. In: Praxis Geographie Heft 5, S. 33-35.

Human Powered Vehicles: www.hpv.org. Von Menschenkraft angetriebene Fahrzeuge im weitesten Sinne (auch Bilder und Links).

Kabinenräder: www.leitra.de oder http://leitra.dk.

Fahrräder in aller Welt:

Brot für die Welt (Hrsg.) (1998): Rund ums Fahrrad – rund um die Welt. Unterrichtsmaterial für die Klassen 4 bis 7. Stuttgart.

Landwehr, Brunhild (2013): Fahrräder in und aus aller Welt. In Grundschule Sachunterricht, H. 58, S. 25-30.

Praxis Geographie (2002): Fahrräder weltweit. Heft 5/2002. Westermann, Braunschweig

Rikscha-Infos: http://pro-rikscha.de/wissenswertes/rikscha-geschichte.

Zahn, Barbara (1999): Oh, diese Radfahrer. In: Schmitt, Rudolf (Hrsg.): Eine Welt in der Schule. Frankfurt a.M., S. 156-161.

3.6.4.2 Fahrradtechnik

a) Didaktische Überlegungen/Einordnung in die Mobilitätsbildung

Für das Fahren eines Fahrrades ist es nicht zwingend notwendig zu wissen, wie es im Detail funktioniert. Aber das Wissen über einige technische Funktionsweisen kann mitunter helfen, das Fahrrad besser zu beherrschen und sicherer zu fahren. So ist es nicht unbedeutend, etwas über die Wirkungsweise der Bremsen am Rad zu wissen. Sich bei nasser Straße auf seine Felgenbremse zu verlassen, kann genauso fatale Folgen haben, wie bei hoher Geschwindigkeit nur per

Bild 147: Fahrradpflege auf dem Schulhof

Handbremse das Vorderrad zu blockieren. Ebenso sollte es zum Alltagswissen gehören, wie kleine Reparaturen am Rad ausgeführt werden können oder wie die Lichtanlage funktioniert. In knapper Form soll im Folgenden eine kurze Übersicht über die Funktion von Antrieb und Bremse gegeben werden. Für eine ausführlichere Sachanalyse sei auf die einschlägige Literatur zur Fahrradreparatur verwiesen.

Antrieb

Durch Muskelkraft bewegt der Radfahrende die Tretkurbel. Diese ist an einem Zahnrad befestigt (auch Kettenkranz genannt), welches mit Hilfe einer Kette die Kraft auf ein (kleineres) Zahnrad (Ritzel) am Hinterrad überträgt. Bei der Übertragung der Bewegung vom Kettenkranz auf das Hinterrad wird ein klassisches Zugmittelgetriebe mit Hilfe einer Kette eingesetzt. Durch die unterschiedlich großen Zahnräder erreicht man eine Leistungsoptimierung von eingesetzter Kraft beim Treten in Bezug auf die Übersetzung der Bewegung auf das Hinterrad. Eine Gangschaltung kann hier zu einer weiteren Differenzierung, also einer flexibel einsetzbaren Veränderung des Übersetzungsverhältnisses zwischen Kettenkranz und Ritzel beitragen. Bei einer höheren Geschwindigkeit kann das Verhältnis zwischen Kettenkranz und Ritzel möglichst groß gewählt werden. Bei einer Umdrehung der Pedale wird das Hinterrad stark angetrieben, das heißt schneller bewegt. Beim Anfahren oder bei Steigungen hilft eine kleine Übersetzung. So muss man zwar mehr treten, bis das Hinterrad „einmal herum“ ist, aber der Krafteinsatz ist wesentlich besser zu dosieren, das Gleichgewicht beim Anfahren einfacher zu halten und es kann entsprechend Tempo aufgenommen werden. Der Antrieb beim Fahrrad ist exemplarisch für alle ähnlichen Getriebearten. An dem für alle Kinder bekannten Alltagsgegenstand Rad lassen sich also grundlegende technische Erfahrungen vermitteln (vgl. Zolg 2001).

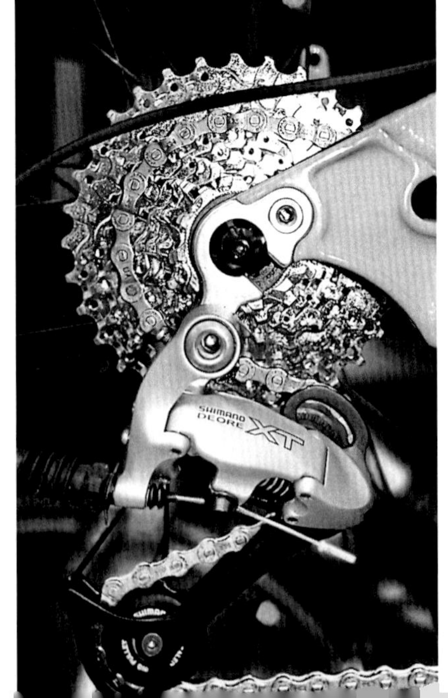

Bild 148: Fahrradtechnik untersuchen: Kettenschaltung

b) Handlungsanregungen

Die Kinder untersuchen in Kleingruppen jeweils ein Fahrrad und versuchen dabei herauszufinden, wie der Antrieb funktioniert. Ihre Ergebnisse notieren und zeichnen sie auf Plakate und stellen diese den anderen Kindern vor. Dabei sollen sie die Funktion so erklären, dass ein Zuhörer (z.B. ein fiktiver Außerirdischer), der noch nie ein Fahrrad gesehen hat, im Ansatz verstehen kann, wie es funktioniert. Als hilfreich hat sich dabei herausgestellt, ein Fahrrad so aufzustellen (oder aufzuhängen), dass das Hinterrad knapp über dem Boden schwebt und so die Drehung an der Tretkurbel und dem Hinterrad gut zu verfolgen ist.

Bild 149: Fahrradwerkstatt im Klassenraum

Da es verhältnismäßig schwer ist, die unterschiedlichen Geschwindigkeiten der verschieden großen Zahnräder (Tretkurbel und Hinterrad) am Fahrrad wahrzunehmen, kann mit Hilfsmitteln wie Lego, Fischertechnik oder aus Papprollen ein Kettenzuggetriebe als Modell gebaut werden, an dem dies deutlich wird (vgl. Zolg 2001, S. 4; Blümer 2013, S. 13). Zuletzt bieten sich verschiedene Versuche mit dem Fahrrad auf dem Schulhof an. Hierbei kommt es vor allem auf die Erfahrungen an, die die Kinder täglich sammeln und die durch gezielte Übungen bewusst gemacht werden sollen. Vorschläge für Übungen können mit den Kindern gemeinsam erarbeitet werden: Was für Probleme ergeben sich beim Anfahren mit einem hohen Gang? Was macht das Anfahren am Berg so schwer und was muss man da beachten? Wie ist es mit dem Gleichgewicht? Welche Unterschiede gibt es zwischen einem Fahrrad mit und ohne Gangschaltung? Sind Räder mit großem Reifendurchmesser schneller? Wie kann man am besten starten und dabei den Kettenantrieb sinnvoll einsetzen?

c) Material

- Zeichenpapier
- Fahrräder
- Lego/Fischertechnik/Papprollen

Bremsen

Wer Kinder am Nachmittag auf der Straße beim Fahrradfahren beobachtet, sieht schnell, dass das Lernen der richtigen Betätigung der Bremsen noch vor dem eigentlichen Einsatz des Fahrrads im Straßenverkehr geübt werden sollte. Eine eingehende Beschäftigung mit der „Technik“ der Fahrradbremse ist eine zusätzliche Möglichkeit, eine bessere Fahrzeugbeherrschung zu erreichen. Heutige Fahrräder bieten unterschiedliche Bremstechniken an. So gibt es neben der Felgenbremse inzwischen durch Hydraulik verstärkte Bremsen, außerdem sogenannte „Brake Booster", die ein gleichmäßiges Andrücken der Bremspunkte bewirken, sowie Scheiben-, Naben- und Trommelbremsen, wie sie zum Teil auch beim Auto verwendet werden. Bei Kinderrädern sind neben dem zuverlässigen Rücktritt meist verschiedene Typen der Felgenbremse anzutreffen. Vorgeschrieben sind an jedem Rad zwei funktionstüchtige Bremsen. Bei einer Kettenschaltung, die keinen Rücktritt hat, muss also auch das Hinterrad per Handbremse gestoppt werden können. Vorgegeben ist, dass mit der rechten Hand immer das Vorderrad gebremst werden muss. Die klassischen Felgenbremsen werden per Hebelkraft betätigt. Mit Hilfe eines Bowdenzuges, der durch den Hebel am Lenker angezogen wird, werden zwei Bremsklötze an die Felgen des Rades gedrückt. Die so entstehende Reibung bremst das Rad ab. Unter dem Aspekt der Hebelgesetze können die verschiedenen Felgenbremsen (Seitenzugbremse, Mittelzugbremse, Cantilever-Bremse) weiter untersucht werden. Dies gehört allerdings eher zum Physikunterricht der Sekundarstufe, für die Grundschule reicht eine einfache Betrachtung der Funktion der Bremse mit der Reibungswirkung der Bremsklötze an der Felge.

b) Handlungsanregungen

Untersuchung der Fahrradbremsen

In kleinen Gruppen können die Schüler*innen als Einstieg an verschiedenen Fahrrädern die Funktion der Bremsen untersuchen und anschließend den anderen Kindern der Klasse erklären. Zur weiteren Veranschaulichung der Bremswirkung der Felgenbremse können am umgedrehten Fahrrad Versuche unternommen werden (Vorsicht mit den Speichen!): Was bremst an der Felge besser? Ein Radiergummi, ein Stück Holz oder ein Metallblock? Wird der Bremsklotz warm und wenn ja, warum?

Interessant sind Bremsversuche auf dem Schulhof. Diese sollten ohnehin Bestandteil der Übungen im Rahmen der Radfahrausbildung sein. Hierbei sollten unbedingt besondere Sicherheitsmaßnahmen beachtet werden, um Unfällen vorzubeugen. Es verbietet sich, eine Manipulation an den Bremsen vorzunehmen. Es sollten auch keine Extremsituationen simuliert und nur rücksichtsvolle Testfahrer*innen eingesetzt werden. Als Versuchsaufbau bietet sich eine markierte Beschleunigungsstrecke an. Ab einer bestimmten Stelle wird nun unter verschiedenen Bedingungen gebremst: Nur mit der Vorderbremse, dann gleichzeitig mit dem Rücktritt. Ist der Bremsweg bei nassen Felgen (Regen) länger und wenn ja, warum? Mit besonderer Vorsicht können verschiedene Bodenverhältnisse getestet werden.

Wenn nötig, sollte die Lehrerin oder der Lehrer einen Test vormachen und die Schüler*innen vorher vermuten lassen, wie der Bremsweg aussehen könnte. Die Längen der Bremswege können auf dem Schulhof mit Kreide markiert werden; sie bieten zahlreiche Anlässe für das Sachrechnen im Mathematikunterricht. Wichtig ist die gemeinsame Aufarbeitung der Bremsversuche im Gespräch.

Als Trainingsaufgaben zum Bremsen bieten sich Übungen an, bei denen die Kinder ihr Fahrzeug an einer vorher bestimmten Stelle punktgenau anhalten müssen oder eine „Langsamfahrstaffel", bei der über eine Strecke von 20 Metern die/der langsamste Fahrer*in durch gutes Abbremsen des Rades (ohne dabei den Boden zu berühren) gewinnt.

Bild 150: Langsam fahren: Mit Bremsen ans Ziel

c) Material

- Fahrräder
- Kreide
- Absperrband
- Zentimetermaß

d) Tipps

- Neben den oben skizzierten Untersuchungsmöglichkeiten bietet das Fahrrad weitere interessante Inhalte zum Thema Stromkreis und Stromerzeugung im Dynamo. Der Stromkreis wird dabei meist über das leitende Metall des Fahrradrahmens zurückgeführt. In der Fachliteratur finden sich hierzu Unterrichtsanregungen. Da die Beleuchtungsanlagen an vielen Kinderfahrrädern häufig defekt sind, ist es eine sinnvolle Übung, sich mit den Schüler*innen die klassischen Defekte der Lichtanlage (Stromkreis nicht geschlossen, Glühdraht in der Lampe durchgebrannt, Kontakte am Rahmen ab oder korrodiert, Stromkabel abgeknickt, Kabel an der Klemmbüchse am Dynamo ab und so weiter) anzuschauen. Im Sachunterricht sollte zuvor das Thema Stromkreis thematisiert worden sein.
- Fahrradzubehör wie eine alte Luftpumpe oder eine gebrauchte Fahrradklingel lassen sich hervorragend für Untersuchungszwecke demontieren, um so deren technische Funktionsweise zu verstehen.

e) Literatur/Internet

Blümer, Heike (2013): Von der Laufmaschine zum Kettenantrieb.
In: Grundschule Sachunterricht, Heft 58, S. 12-18.

Kaiser, Astrid (1998): Fahrradkunststücke.
In: Praxisbuch handelnder Sachunterricht. Band 2 Baltmannsweiler, S. 21-28.

Schomaker, Claudia (2000): Rollt das Rad? In: Kaiser, Astrid:
Praxisbuch handelnder Sachunterricht, Band 3. Baltmannsweiler, S. 138-146.

Spitta, Philipp (2013c): Mobil auf dem Fahrrad. In: Grundschule Sachunterricht, Heft 58, S. 5-11 und Materialteil zum Heft (CD mit Karteikarten zur Reparatur- und Pflege des Fahrrades).

Spitta, Philipp (2002): Mein super tolles Rad – Gebrauchen und Beherrschen von Fahrzeugen am Beispiel Fahrrad. In: Sache-Wort-Zahl, Fahrzeuge, Jg. 30, H. 50; S. 16-23.

Zolg, Monika (2014): Das Fahrrad. Geschichte und Technik. In: Weltwissen Sachunterricht, Heft 1/14, S. 48-53.

Zolg, Monika (2006): Das Rätsel der Luftpumpe. Problemlösendes technisches Lernen rund um die Luftpumpe. In: Weltwissen Sachunterricht, Heft 1/06, S. 32-33

Zolg, Monika (2001): Das Fahrrad. Ein integratives Thema für den Sachunterricht. In: Grundschulunterricht 48/2.

Sendung mit der Maus: Fahrradbau (4 kurze Filme): https://www.wdrmaus.de/filme/sachgeschichten/fahrradbau_teil1.php5.

3.6.4.3 Fahrradreparaturen und Pflege

a) Didaktische Überlegungen/Einordnung in die Mobilitätsbildung

Bild 151: Putzen kann auch Spaß machen

Kinder und Jugendliche sollten kleine Reparaturen am Rad selbst ausführen zu können. Das Fahrrad bietet für die Schüler*innen die Möglichkeit, an einem alltäglichen Gebrauchsgegenstand ganz grundlegende technische Erfahrungen zu machen. Beim Aus- und Einbau eines Hinterrades muss man sich zwangsläufig mit der Konstruktion des Antriebs vertraut machen, wie die Naben- oder Kettenschaltung wieder richtig einzusetzen ist, wie die Kette verläuft oder wie Mantel und Schlauch auf der Felge liegen. Bei großen Lerngruppen kann eine solche Fahrradwerkstatt Schüler*innen und Lehrkräfte überfordern. In einer kleineren Gruppe oder als AG (besonders auch im Rahmen von Ganztagsangeboten) können allerdings so manche Erfolgserlebnisse verbucht werden, wenn ein platter Reifen wieder richtig läuft. An Sekundarschulen bietet sich ebenfalls die Einrichtungen solcher Technik- oder Fahrrad-AGs an.

Komplizierte Reparaturen – beispielsweise an den Bremsen – sollten nicht von den Kindern ausgeführt, sondern von dem Fachmann/der Fachfrau begleitet und ggf. im Fachgeschäft vorgenommen werden. Über kleine Reparaturen hinaus geht es in der Grundschule vor allem um eine angemessene Pflege und Reinigung sowie einen Sicherheitscheck, um den Wert und die Funktionstüchtigkeit eines Rades zu erhalten.

Bild 152: Fahrradpflege beim Schulfest

[16] Fahrradpflege auf dem Schulfest

Bei der Einladung zum nächsten Schulfest oder Tag der offenen Tür wird schon auf dem Einladungsschreiben oder Plakat vermerkt, dass die 4. Klassen anbieten, mitgebrachte Fahrräder einem Sicherheitscheck und einer gründlichen Reinigung zu unterziehen. Die aufgestellte Spendendose ist eine gute Möglichkeit, die Klassenkasse aufzubessern. So kommen viele Besucher (klimafreundlich) mit dem Rad zur Schule. Die Schüler*innen müssen sich natürlich vorher im Unterricht auf eine solche Pflegeaktion gut vorbereiten, Grundwissen aneignen und die sicherheitsrelevanten Aspekte an den Rädern kennen.

b) Handlungsanregungen

Das Putzen auf Hochglanz, das Ölen der entsprechenden Teile und das Überprüfen der Verkehrssicherheit macht den Schüler*innen Freude und stellt neben den anderen Elementen der Radfahrausbildung einen wichtigen Baustein zur „Fahrradkompetenz" dar (Spitta 2013c). Somit ist es sinnvoll, mit Kindern einige Aspekte der Fahrradpflege und der Kontrolle der Funktionstüchtigkeit und Verkehrssicherheit mit Hilfe einer Checkliste (siehe Kopiervorlage AB 55) durchzuführen. Werden dabei grobe technische Mängel zum Beispiel an Bremsen oder am Rahmen festgestellt, ist dieses Problem an professionelle Hände weiter zu geben.

Bei der Fahrradpflege geht es vor allem darum, Felgen, Speichen, Kettenschutz, Achsen und Rahmen „auf Glanz" zu bringen und von grobem Dreck zu befreien. Zum Putzen bieten sich hierbei Lappen (z.B. alte zerschnittene T-Shirts oder Handtücher) an. Bei hartnäckigem Schmutz kann etwas Neutralseife in das Putzwasser gegeben werden (siehe Schritte zur Reinigung des Rades, AB 56). Zur kleinen Fahrradpflege gehört es außerdem, wohldosiert die Kette mit Öl zu versorgen. Das richtige Dosieren sollte gemeinsam besprochen werden, da manche Kinder dazu neigen, das Öl zu reichlich zu portionieren. Für das Putzen und Pflegen hat es sich bewährt, die Fahrräder umzudrehen und auf einer Unterlage (alte Decke, große Pappen) auf Lenker und Sattel zu stellen, falls eine professionelle Aufhängung nicht möglich ist. Im Vorfeld muss besprochen werden, welche Gefahren für Finger und Hände bestehen, wenn sich Räder und Zahnkränze bei Reparatur und Kontrolle bewegen.

Das Flicken eines Fahrradreifens gehört zu den Grundfertigkeiten des kleinen Reparatur-Einmaleins. Auf der Kopiervorlage (AB 57) sind die einzelnen Arbeitsschritte knapp beschrieben. Zusätzlich kann man diverse You Tube-Tutorials sinnvoll nutzen. Die Kinder sollten in 2er- oder 3er-Gruppen zusammenarbeiten und jeweils ein Vorderrad ausbauen. Nur bei kleinen Lerngruppen kann man auch das Hinterrad nehmen, da später beim Einbau oft Fragen auftauchen, bei denen die Lehrkraft Hilfestellung geben muss. Als einfachere Variante kann man sich alte Fahrradschläuche aus dem Fahrradladen besorgen (falls nötig noch ein Loch hinzufügen) und die Schüler*innen dann in Kleingruppen das Loch aufspüren und flicken lassen. Bei dieser Vorgehensweise entfällt allerdings das Demontieren des Rades sowie die Mühe beim Ab- und Aufziehen des Mantels.

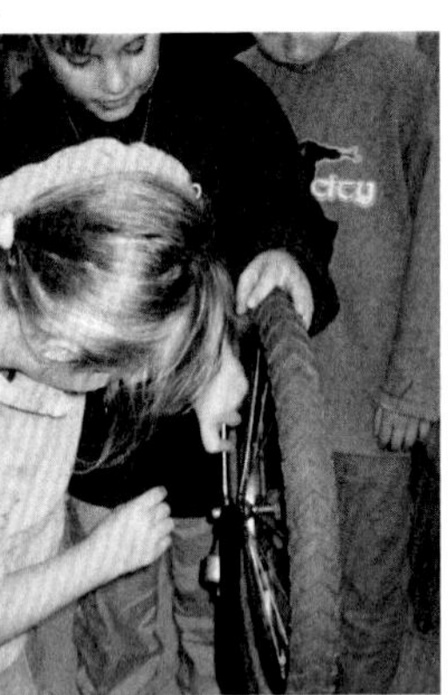

c) Material

- Werkzeug für Fahrradreparaturen
- Flickzeug und Gummikleber
- Wasserschüssel
- Ersatzventile
- Putzlappen
- Öl
- Checkliste

Bild 153: Fahrradreparatur in der Schule

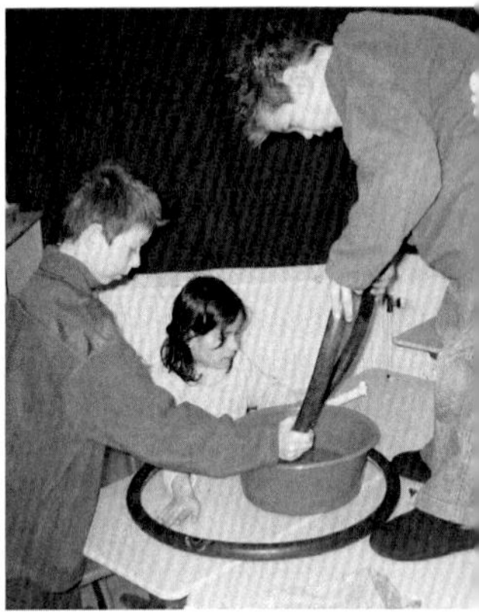

Bild 154: Schüler*innen auf der Suche nach dem Loch im Schlauch

d) Tipps

- Falls zeitlich und organisatorisch möglich, hat es sich für die Reparaturstunden bewährt, Jungen und Mädchen zu trennen. Obwohl die Jungen sich meist nicht geschickter anstellen als die Mädchen, dominieren sie schnell die Arbeit. Mädchengruppen unter sich haben dieses Problem nicht, sondern sind oft wesentlich ausdauernder bei der Reparatur dabei.
- Im Rahmen der Fahrradpflege und des Sicherheitschecks wird oft deutlich, dass die bei Discountern gekauften Kinderräder schon nach kurzer Zeit Defekte aufweisen können. Viele sind nur teilweise verkehrssicher. Oft fehlt eine Beleuchtungsanlage oder Schutzbleche sind lose. Es ist den Eltern (zum Beispiel beim Elternabend) zu raten, besser in ein verkehrssicheres Rad zu investieren. Der höhere Preis eines Kinderrades vom Fahrradhändler rentiert sich schon nach den ersten Reparaturen eines Billigrades (siehe Kopiervorlage AB 65, Tipps zum Fahrradkauf).
- Schulen sollten sich einen eigenen Bestand an Kinderrädern aufbauen. Dazu kann man Eltern bitten, zu klein gewordene Kinderräder der Schule zu spenden (eventuell gegen eine Spendenquittung vom Förderverein). Solche Schulräder können als Anschauungsobjekt, Werkstattrad oder auch Leihrad für Kinder ohne eigenes Rad wertvolle Dienste leisten.
- Im Rahmen der (offenen) Ganztagsangebote an den Grundschulen sollten die dort vorhandenen zeitlichen Ressourcen für den Bereich Fahrrad eingesetzt werden. Zusätzliche Übungen oder Touren mit dem Rad wären möglich oder eine Fahrradreparatur-AG.

- Als offene Lernaufgabe im problemlösenden, technischen Sachunterricht bekommen die Schüler*innen in kleinen Teams einen Fahrradschlauch mit unsichtbarem Loch. Aufgabe ist es nun, den Schlauch (ohne direkte Vorgaben) zu flicken. Dafür steht auf einer Lerntheke Material bereit: Ventile, Luftpumpen, Gaffa-Tape, Tesafilm, Pflaster, Flickzeug, Klebestifte, Flüssigkleber, Bindfäden, Füllmaterial, Schüsseln mit Wasser. Mit diesen Hilfsmitteln versuchen die Schüler*innen nun, das Loch möglichst gut abzudichten. Anschließend präsentieren sie ihre Problemlösungen und besprechen die Vor- und Nachteile ihres Vorgehens.

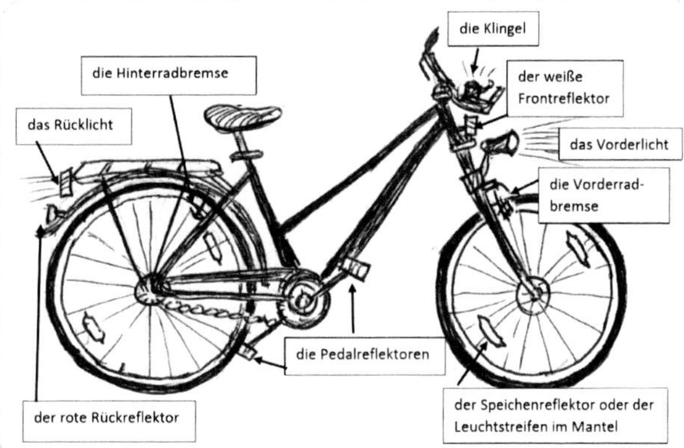

Bild 155: Fahrrad mit den Sicherheitsteilen (siehe auch AB 58)

[17] Das verkehrssichere Fahrrad

Ein verkehrssicheres Fahrrad muss nach der StVZO (Straßenverkehrszulassungsordnung) folgende Bestandteile aufweisen:

- zwei voneinander unabhängige Bremsen (Vorderrad und Hinterradbremse) (§ 65 Abs. 1 S. 2 StVZO)
- eine helltönende Klingel (§ 64a StVZO)
- rutschfeste und festgeschraubte Pedale, die mit je zwei nach vorn und hinten wirkenden gelben Rückstrahlern ausgestattet sind (§ 67 StVZO)
- eine Lichtmaschine mit einer Nennleistung von mindestens 3 Watt, deren Nennspannung 6 Volt beträgt, oder eine Batterie mit einer Nennspannung von 6 Volt (Batteriedauerbeleuchtung) oder ein wiederaufladbarer Energiespeicher als Energiequelle (Scheinwerfer und Schlussleuchte müssen nicht zusammen einschaltbar sein)
- zwei um 180 Grad versetzte gelbe Speichenreflektoren je Laufrad oder ein zusammenhängender weißer retroreflektierender Streifen im Reifen oder in den Speichen für jedes Laufrad (§ 67 StVZO)
- ein nach vorn wirkender weißer Rückstrahler (Frontreflektor) (§ 67 StVZO)
- ein roter Rückstrahler und ein roter Großflächenrückstrahler, von denen einer auch mit einer Schlussleuchte zu einem Gerät zusammengefasst sein darf und die nach hinten strahlen (§ 67 StVZO)
- einwandfreie Bereifung (Maße und Bauart der Reifen von Fahrrädern müssen den Betriebsbedingungen, besonders der Belastung und der durch die Bauart bestimmten Höchstgeschwindigkeit entsprechen), wobei für Fahrräder kein Profil vorgeschrieben ist (§ 36 StVZO) (Zolg 2014).

e) Literatur/Internet

Smolik, Christian/Etzel, Stefan (2014): Das neue Fahrradreparaturbuch. BVA-Verlag, Bielefeld. Fahrradreparaturen (für Erwachsene).

Zolg, Monika (2014): Das Fahrrad. Geschichte und Technik. In Weltwissen Sachunterricht, Heft 1/14, S. 48-53.

Fahrradwerkstatt mit Kindern:

https://www.haus-der-kleinen-forscher.de/de/praxisanregungen/praxisbeispiele/fahrradwerkstatt.

Fahrradwerkstatt ab 5. Klasse

https://www.dguv-lug.de/sekundarstufe-i/verkehrserziehung-mobilitaetsbildung/fahrradwerkstatt.

https://www.verkehrswacht-medien-service.de/sekundarstufe/radschulweg-klasse-5-6/projekt-fahrradwerkstatt.

https://www.aktionfahrrad.de/news.asp.

Sendung mit der Maus zum Fahrradreifen:
https://www.wdrmaus.de/filme/sachgeschichten/fahrradreifen.php5
Sachgeschichten von der Sendung mit der Maus zur Herstellung von Fahrradreifen mit Fotos und kindgerechtem Text.

Tipps und Infos zur Fahrradpflege und Reparatur: https://www.fahrradreparatur.net.

f) Arbeitsblätter/Kopiervorlagen

AB 55:
Checkliste

AB 56:
Tipps zur Fahrradpflege

AB 57:
Anleitung zum Flicken eines Reifens

AB 58:
Das verkehrssichere Fahrrad

AB 65:
Tipps zum Fahrradkauf

Bild 156: Ende des Fahrradweges im Schulumfeld

3.6.5 Untersuchung der Fahrradwege

a) Didaktische Überlegungen/Einordnung in die Mobilitätsbildung

Wie schon bei der Untersuchung der Schulumgebung und Schulwege (siehe Kapitel. 3.3.3 und 3.3.4) können sich die Schüler*innen im Rahmen der Radfahrausbildung in ihrem Stadtteil umschauen und die Mängel- und Gefahrenstellen in Bezug auf das Fahrradfahren untersuchen (vgl. Pez 2013). Neben den schulischen Fahrradwegen können dabei auch alle weiteren, für die Kinder im Alltag relevanten Fahrradstrecken begutachtet werden. Ziel der Untersuchung kann einerseits das Erreichen von Verbesserungen sein, indem durch einen Kontakt zur Stadtverwaltung Änderungen vorgeschlagen werden, andererseits soll durch die Untersuchung vor Ort den Schüler*innen die Gefahrenlage an verschiedenen Stellen im Wohnumfeld bewusst und somit ihr Verhalten als Radfahrer*in (an diesen und ähnlichen Stellen) positiv beeinflusst werden.

b) Handlungsanregungen

Die Schüler*innen berichten von ihren Erfahrungen vom Fahrradfahren am Nachmittag. Vielleicht kommt schon an dieser Stelle das Gespräch auf gefährliche Orte für Kinder auf dem Fahrrad. Gemeinsam wird überlegt, was alles wichtig für einen sicheren Weg für Fahrräder ist. Diese Punkte (gute Sichtbarkeit der Radfahrenden auf dem Weg, farbliche Markierung, Abtrennung von Fußgängerbereichen, Verkehrsführung an Kreuzungen, Ampeln für Fahrräder, parkende Autos auf dem Radweg, Gefahr durch sich öffnende Autotüren, Glasscherben am Glascontainer neben dem Radweg, plötzliches Ende des Radweges und Einfädeln in den Verkehr) werden gesammelt und bei der späteren Begehung berücksichtigt. Mit der Klasse oder in kleineren Gruppen werden im Anschluss an die Vorbesprechung die Problemstellen in der Umgebung untersucht und durch Fotos die jeweilige Gefahrenstelle dokumentiert. In einem Brief an die Kommune (Politik, Verwaltung, Ordnungsamt oder Tiefbauamt) werden die Gefahrenstellen beschrieben und ggf. Vorschläge für Verbesserungen gemacht.

Bild 157: Gefahrenstelle Ende des Radwegs

Bild 158: Sicherer Fahrradstreifen

c) Material

- Notizblätter/Kopiervorlage
- Klemmbretter/Schreibunterlage
- Maßband
- Kamera

d) Tipps

- Die Untersuchung der Radwege im Schulumfeld sollte in der Grundschule aus Sicherheitsgründen zu Fuß stattfinden.
- Wie im ersten Schuljahr beim Laufbus (siehe Kapitel 3.1.6) können sich nach einer Untersuchung von sicheren Fahrradwegen im Ort Schülergruppen für eine gemeinsame Bewältigung des Schulwegs mit dem Fahrrad treffen. Dieses Vorgehen bietet sich vor allem für die Schulwege ab der 5. Klasse zur weiterführenden Schule an. In der Anfangszeit sollten Eltern oder Lehrer*innen den Weg mit dem Rad begleiten. Die Gruppen sollten nicht zu groß werden, da durch die Fahrt in der Gruppe Sicherheitsaspekte aus dem Blick geraten könnten.

e) Literatur/Internet

Pez, Peter (2013): Mit dem Rad zur Schule, aber wo und wie? Von der Regelkunde zur Verkehrsraumanalyse. In: Grundschule Sachunterricht, Heft 58, S. 19-24.

Pohlmann, Barbara/ Quant, Rolf (1992): Kinder wünschen sich einen fahrradfreundlichen Stadtteil. In: Grundschule, H. 2, S. 66-68.

f) Kopiervorlagen/Arbeitsblätter

AB 59:
Untersuchung der Fahrradwege

[18] Klima-Tour oder FahrRad! – Für's Klima auf Tour...

...heißt die Kampagne, die Jugendliche zwischen 10 und 18 Jahren bzw. Schulklassen und Jugendgruppen (ab Sekundarstufe 1) ansprechen soll. Die Aktion des Verkehrsclub Deutschland läuft jährlich seit 2006. Die Teilnehmer*innen „erradeln" auf ihren täglichen Wegen Kilometer. Diese gesammelten Kilometer bringen sie parallel in einer virtuellen Radtour im Internet voran. Auf den Internetseiten der Kampagne bekommen die Teilnehmenden Infos rund um die Themen Radfahren und Klima. Weiterhin gibt es Spiele und teilnehmende Schulklassen können bei einem Gewinnspiel mitmachen.

https://www.klima-tour.de.
https://www.vcd.org/themen/mobilitaetsbildung/fahrrad.
Ein ähnliches Programm für Lehrkräfte und Schüler*innen findet sich beim jährlichen „Stadtradeln": www.stadtradeln.de

FahrRad!
Fürs Klima auf Tour
VCD

3.6.6 Neue Wege in der Radfahrausbildung: Alternativen zur Prüfung

Die Förderung des Fahrradfahrens ist für eine gesunde, klimafreundliche und selbstständige Mobilität von grundlegender Bedeutung. Die Bewegung mit dem Fahrrad kann, bei einer entsprechenden Infrastruktur, große Freude bereiten. Das Thema Fahrrad in der Grundschule und die entsprechende Verankerung in den Lehrplänen (leider noch viel zu selten in der Sekundarstufe) ist daher zu begrüßen. Allerdings ist der Weg zu einer sicheren Verkehrsteilnahme auf dem Rad lang und bedarf stetiger Übung. Ein Beginn der Radfahrausbildung erst zum Ende der Grundschulzeit - im Rahmen der von vielen fälschlicherweise so genannten „Fahrradprüfung" - wäre daher viel zu spät. Im nationalen Radverkehrsplan der Bundesregierung heißt es dazu sogar: „Dabei ist es wenig hilfreich und zugleich rechtlich nicht erforderlich, wenn Kindern von der Schule verboten wird, vor der Radfahrprüfung mit dem Fahrrad zur Schule zu kommen. Denn bekanntermaßen fördert gerade eine regelmäßige Fahrpraxis die sichere Beherrschung des Fahrrades." (NRVP 2012, S. 56).

Damit Kinder das Fahren mit dem Rad sicher beherrschen, ist eine Gemengelage von psychomotorischen Kompetenzen erforderlich. Neben der motorischen Sicherheit erfordert die Verkehrsteilnahme eine Reihe von kognitiven Anforderungen, die es zu bewältigen gilt. Eine Verbesserung der im folgenden skizzierten Defizite ist nicht durch ein Verhindern oder Verzögern der Radfahrausbildung zu beseitigen, sondern nur durch häufiges Üben mit dem Rad (und dem Roller) ab der 1. Klasse.

Auf psychomotorischer Ebene müssen Kinder auf dem Rad unter anderem folgende Teilleistungen beherrschen (vgl. Spitta 2013c, S. 5):

- Auf- und Absteigen, ohne mit dem Rad dabei umzufallen.
- Gleichgewicht halten und gleichzeitig die Kraft auf den Pedalen so verteilen, dass eine kontrollierte Vorwärtsfahrt möglich wird.
- Wirkung der Bremsen richtig einschätzen und Handbremse oder Rücktritt richtig dosiert betätigen.
- Spurhalten, besonders im unteren Geschwindigkeitsbereich bzw. beim Anfahren und Bremsen.
- Weiter geradeaus fahren, wenn man sich kurz nach hinten (Schulterblick) umschauen muss.
- Fahren von Kurven, unter Umständen in Verbindung mit einem Handzeichen.
- Schnell reagieren können auch bei höheren Geschwindigkeiten.

Diese motorischen Aspekte können durch regelmäßige und vielfältige Übungen auf dem Schulhof verbessert werden (siehe www.radfahreninderschule.de). Die neben den motorischen Abläufen nötigen, kognitiven Leistungen beim vorausschauenden Fahren fallen besonders kleineren Kindern schwer. Situationen im Verkehr müssen sehr kurzfristig antizipiert und Reaktionen eingeleitet werden: „Wird der Fußgänger dort vorne gleich nach rechts über die Gehweg laufen, was muss ich machen, um eine Kollision zu vermeiden; welche Folgen hat ein Ausweichen auf die befahrene Straße und warum steht rechts am Weg nur dieser Zaun...?“ (Spitta 2013c, S. 5). Zur kognitiven Bewältigung der Verkehrssituation müssen Kenntnisse über die wichtigsten Verkehrsregeln hinzukommen und wie diese, auch bei unklaren Situationen, zu interpretieren sind. Dieses Wissen muss in Sekundenbruchteilen angewandt werden. Auch wenn man die Regel „Rechts vor Links“ zwar kennt, kommt bei manchem Kind in der konkreten Situation die Frage auf: Wo war nochmal rechts? Beobachtungen von Grundschulkindern auf dem Fahrrad und entsprechende Untersuchungen haben gezeigt, dass gerade am Schulanfang viele Kinder, obwohl sie das Fahrrad in seinen Grundfunktionen motorisch anfänglich beherrschen, mit den komplexen psychomotorischen und gleichzeitig kognitiven Anforderungen des Straßenverkehrs in Teilbereichen überfordert sind (vgl. Limbourg 2010, S. 56-65).

Von einigen Expert*innen wird daher von einem zu frühen Schulweg mit dem Fahrrad abgeraten (vgl. Warwitz 2005, S. 73). Andere empfehlen das Fahrrad für den Schulweg erst ab der weiterführenden Schule. Wie hier zu entscheiden ist, wird mit Sicherheit auch von der Verkehrssituation im jeweiligen Schulumfeld abhängen. Am Ende liegt es in der Verantwortung der Eltern, mit welchem Verkehrsmittel die Kinder zur Schule kommen. Die Schule kann hier Empfehlungen aussprechen, aber keine Verbote. Über die Unfallkassen der Ländern sind die Schulwege versichert, unabhängig davon, ob die Kinder mit dem Rad fahren, mit dem Roller kommen oder zu Fuß gehen (vgl. Kasten 8, Kapitel 3.1).

Bild 159: Vorbereitung für die Prüfungsfahrt

Fahren auf dem Gehweg

Gesetzlich ist festgelegt, dass Kinder bis zum achten Lebensjahr auf dem Gehweg fahren müssen. Kinder zwischen acht und zehn Jahren dürfen auf dem Gehweg fahren, müssen dies allerdings nicht. Eltern, die ein Kind bis acht Jahren auf dem Rad begleiten, dürfen dann auch auf dem Gehweg fahren (StVO § 2, Abs. 5).

Die Prüfung

Der „Prüfungsteil“ der Radfahrausbildung soll im Folgenden kritisch beleuchtet werden:

Der Abschluss der Radfahrausbildung wird in der Regel im Verlauf des vierten Grundschuljahres angesetzt. Die Polizei kommt hierfür meist mit einer Beamtin/einem Beamten an die Schule, um die Prüfung zu organisieren und abzunehmen. Bei günstiger Personalausstattung unterstützen die Kolleg*innen von der Polizei im Vorfeld Übungsfahrten mit der Klasse im Realverkehr.

Bild 160: Fahrradübung im Straßenverkehr

Bild 161a/161b: Fahrradpass oder Ausweis

Weitere Übungseinheiten (ggf. im Schonraum) und die Vorbereitung des Theorieteils fallen in den Aufgabenbereich der Grundschule. Die „Prüfungsstrecke“ wird mit der Polizei abgestimmt. Dort stehen dann Eltern an Kreuzungen und beobachten das richtige Verhalten der vorbeifahrenden Kinder und machen sich einen Vermerk, ob zum Beispiel das Handzeichen richtig gegeben wurde. Wenn Theorie und Praxis erfolgreich absolviert wurden, bekommen die Kinder einen kleinen Führerschein oder Fahrradpass. Auf der schriftlichen Lernzielkontrolle besteht die Möglichkeit, knapp zu vermerken, was das jeweilige Kind noch nicht gut konnte. Auch wenn in den Handreichungen von „Abschlussfahrt“ und „Lernzielkontrolle“ die Rede ist, hat sich in den Schulen der Prüfungscharakter stark gehalten. Kinder, Eltern und viele Lehrer*innen sprechen von „Prüfung“ und „Fahrrad-Führerschein“ (siehe auch Gutjahr 2011).

Untersuchungen zeigen, dass Kinder auch nach der Fahrradprüfung mitnichten bessere Fahrer*innen als vorher sind, auch wenn der bestandene „Führerschein“ hier etwas anderes suggeriert. Und was ist mit den Kindern, die die Prüfung nicht bestehen? Haben sie die Gelegenheit, diese nachzuholen? Werden nach dem „Durchfallen“ entsprechende Förderangebote in Gang gesetzt? Meist nicht. In der Regel bleibt nur die demotivierende Erfahrung ohne anschließende individuelle Förderung. Häufig trifft es Kinder aus bildungsfernen Schichten oder Kinder aus geflüchteten Familien, die sich kein Rad für ihre Kinder leisten können oder sich aus diversen beklagenswerten Gründen, nicht um eine Ausstattung ihrer Kinder kümmern (können). Bestraft werden allerdings die Kinder mit der Schmach, nicht bestanden zu haben.

Es liegt in der Entscheidung der Lehrkräfte, ob sie den Prüfungscharakter aus der Radfahrausbildung herausnehmen und ggf. mit den entsprechenden begleitenden Kommentaren für Eltern und Kinder die Fahrpraxis ins rechte Licht rücken. Ein Argument für einen Prüfungscharakter könnte die damit einhergehende aufgeladene Bedeutung und der damit verbundene Ernst sein, der durch Führerschein und Polizeipräsenz noch unterstrichen wird. Im Endeffekt muss eine pädagogische Entscheidung getroffen werden, die zur jeweiligen Lerngruppe passt. Sinnvoll wäre aus meiner Sicht ein Mittelweg, bei dem nach zahlreichen Praxis-

Bild 162: Schieben auf dem Weg zur Prüfungsfahrt

phasen zum Abschluss eine besondere, kontrollierte, fahrpraktische Übungszeit ohne Prüfungscharakter durchgeführt wird. Wichtig bleibt aber, dass durch die Kooperation mit der Polizei[41] die Durchführung der Radfahrausbildung gewährleistet ist. Ausgehend von dem verpflichtenden Thema Fahrrad besteht die Möglichkeit, diesen Inhalt zusätzlich mit Aspekten einer nachhaltigen Mobilitätsbildung (mit Ideen aus diesem Buch) zu erweitern.

Material zur Radfahrausbildung

Zur Vorbereitung der Radfahrausbildung in Theorie und Praxis bieten Schulbuchverlage zahlreiche Hefte und Kopiervorlagen an. In vielen Bundesländern stellt die Verkehrswacht - bzw. die gewinnorientierte Service und Medien GmbH der Verkehrswacht – die Prüfungsbögen mit Geldern aus den Landesministerien den Schulen zur Verfügung. Das Übungsmaterial zur Radfahrausbildung, mit zahlreichen praktischen und sinnvollen Anregungen, müssen sich die Schulen allerdings selbst kaufen bzw. durch die Eltern finanzieren lassen. Zusätzlich können Eltern, zusammen mit dem Übungsheft der Verkehrswacht, einen Online-Zugang zu einer Übungsplattform erwerben. Hier werden Fragen zur Vorbereitung des Prüfungsbogens, der Verkehrsschilder sowie Quizfragen und Bilder von Verkehrssituationen gezeigt, mit der Möglichkeit, richtige Antworten anzuklicken oder bei Fehlern eine direkte Rückmeldung und Verbesserung zu bekommen. Für viele Schüler*innen hilfreich sind kleine Videosequenzen von Verkehrssituationen aus der Perspektive eines Rad fahrenden Kindes, bei denen der Film an einer bestimmten Stelle anhält, um verschiedene Entscheidungsoptionen abzufragen, bevor es weitergeht.

41 Es ist zu vermuten (vgl. Funk et al 2013), dass insbesondere durch die verbindliche Kooperation mit der Polizei an den Grundschulen verlässlich ein Verkehrsunterricht und das Üben mit dem Rad stattfindet. Ohne diese Kooperation bestünde die Gefahr, dass an einigen Schulen das Thema Fahrrad – wie auch andere im Lehrplan eigentlich vorgeschriebene Inhalte – einfach entfallen würde.

[19] Material zur Radfahrausbildung

Für viele Schüler*innen ist diese internetbasierte Übungsform motivierend und hilfreich. Allerdings besteht die Gefahr, dass Kinder, ohne eine entsprechende Unterstützung und digitale Ausstattung im Elternhaus, abgehängt werden und von solchen digitalen Tools nicht profitieren können. Schulen müssten dann solche Anwendungen im Klassenraum und im Ganztagsbereich anbieten, um Chancengleichheit zu gewähren.

Bild 164: Material zur Radfahrausbildung der Verkehrswacht

Bild 165: Testbogen Radfahrausbildung (Ausschnitt)

Lernzielkontrolle/theoretische Prüfung

Im Zusammenhang mit einer kritischen Analyse von Materialien zur Rad- und Verkehrserziehung (siehe Kasten 20) kann auch der Lernzielkontrollbogen (Testbogen der Verkehrswacht) zur Radfahrausbildung kritisch begutachtet werden. Dieser ist für viele Kinder sprachlich nicht einfach zu bewältigen. Manche Fragen und Bilder sind nicht eindeutig oder für die Kinder nicht interpretierbar. Eine Differenzierung ist nicht vorhanden. Ebenso wie bei der praktischen Prüfungsfahrt ist auch mit dem Prüfungsbogen ein flexibler und pädagogischer Umgang möglich. In den Vorgaben, Lehrplänen und Erlassen der meisten Bundesländer ist die Radfahrausbildung in Kooperation mit der Polizei verbindlich vorgeschrieben. Dort ist aber nicht exakt festgelegt, mit welchen Instrumenten, welchen Arbeitsblättern und welchen Testbögen das Ziel der sicheren Verkehrsteilnahme mit dem Fahrrad praktisch und theoretisch erreicht werden soll. Eine Lernzielkontrolle[42] (praktisch und theoretisch), kann also pädagogisch gestaltet werden. Es ist also die Expertise der Lehrkräfte gefragt, hier eigene Wege zu gehen, die unter Umständen auch von starren Prüfungsritualen abweichen können.

42 Eine Lernzielkontrolle ist beispielsweise im Erlass zur Verkehrserziehung/Mobilitätsbildung in NRW vom 14.12.2009 vorgesehen, es ist aber nicht ausgeführt, wie diese aussehen muss.

Bild 166: Theorieteil: Übungen zu Fahrrad-Verkehrszeichen

[20] Kriterien für Materialauswahl Rad- und Mobilitätsbildung

Wichtig bei der Materialauswahl zum Thema Fahrrad und Mobilität sind folgende Kriterien (Spitta 2013c, S. 38, siehe auch Kompetenzerwartungen für den Sachunterricht, GDSU 2013):

- Werden die Kinder zum Nachdenken angeregt oder müssen sie nur ankreuzen, ausmalen oder Lückentexte ausfüllen?
- Wird zu konkretem Handeln und dem Sprechen darüber aufgefordert oder wird eher Wissen abgefragt beziehungsweise werden Regeln unreflektiert vorgegeben?
- Wie ist die bildliche Darstellung? Ist die Situation aus Sicht und Augenhöhe der Kinder gezeigt oder aus der Vogelperspektive? Manche Kinder können diese nur schwer auf die eigene Situation in der Realität beziehen (siehe das Beispiel unten).
- Gibt es Differenzierungsmöglichkeiten?
- Wie ist das sprachliche Niveau, werden Aspekte von „Deutsch als Zweitsprache" berücksichtigt? Gibt es sprachliche Unterstützung?
- Gibt es Verbindungspunkte zu anderen Fächern (Deutsch, Mathematik, Sachunterricht, Kunst etc.) oder wird nur isoliert auf Regeln und Verhaltensweisen im Verkehr eingegangen?
- Sind in den Materialien die Vorgaben der KMK-Empfehlung von 2012 mit allen Teilbereichen der Verkehrserziehung und Mobilitätsbildung abgedeckt oder dominiert ausschließlich der Sicherheitsaspekt?
- Wer steckt hinter den Materialien? Wer ist der Sponsor und welche Interessen verfolgt dieser möglicherweise?

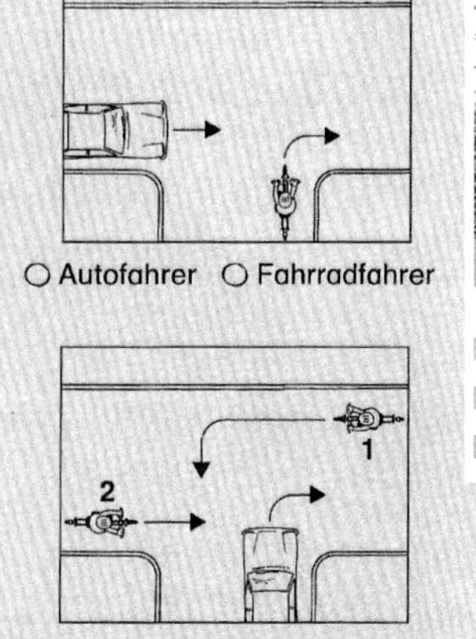

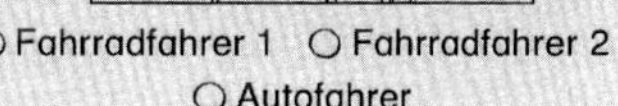

Für Kinder ist es bei Darstellungen aus der Vogelperspektive oft schwer, diese im Transfer auf die eigene Situationen und das richtige Verhalten im Verkehr vor Ort zu beziehen. Links die Darstellung zu der Frage, wer von den Verkehrsteilnehmern zuerst fahren darf (Zeichnung aus Willmeroth u.a. 2001, S. 42) und rechts Fragen zum „Toten Winkel", Frage Nr. 14 aus dem Testbogen zur Radfahrausbildung (Verkehrswacht) (Bild 167).

b) Handlungsanregungen:

Fahrrad-Übungen im Schonraum zur Steigerung der psychomotorischen Kompetenz und zur Vorbereitung auf die Radfahrprüfung (Auswahl):

- Übungen von der Plattform „Radfahren in der Schule“ (www.radfahreninderschule.de)
- Pedalstellung beim Start (rechtes Pedal 2/3 oben)
- Abfahren/Anhalten mit Handzeichen
- Spurhalten (Beherrschung des Rades allgemein)
- Bremsen/Bremsübungen
- Umschauen nach hinten/zur Seite
- langsam fahren
- Slalom fahren
- einhändig fahren/Handzeichen links und rechts
- Umfahren eines Hindernisses (parkendes Auto)
- Rechtsabbiegen auf nachgestellter Kreuzung im Schonraum
- Linksabbiegen im Schonraum (Kreuzung aufgemalt, Jugendverkehrsschule)
- Verkehrsregeln/Schilder beachten
- Üben im Rahmen eines Parcours mit Roller und Rad (siehe Kapitel 3.6.7)

Übungen im Straßenraum (mit Hilfe der Polizei oder anderen Helfer*innen):

- Schieben und Aufsteigen
- Anfahren vom Bordstein aus mit Handzeichen
- rechts fahren/Spur halten/Abstand beachten
- Radwegbenutzung/Gehwegbenutzung
- Umfahren eines Hindernisses (z.B. parkendes Auto) mit Handzeichen
- Beachten der Vorfahrtsregeln/Verkehrszeichen an Kreuzungen und Straßen
- Rechtsabbiegen
- Linksabbiegen/indirektes Linksabbiegen
- Anhalten und Absteigen

Alternativen zur „Radfahrprüfung“ zugunsten einer Radfahrbildung von Anfang an

Folgende Punkte (oder Mischformen dieser Ideen) könnten den bisherigen Prüfungscharakter verändern oder abmildern (vgl. Spitta 2013c, S. 7):

- Die Radfahrausbildung sollte die gesamte Grundschulzeit eine Rolle spielen und nicht erst im 4. Schuljahr, dann entfällt die Wahrnehmung eines Schnellkurses mit Abschlussprüfung zugunsten einer sich langfristig vollziehenden Entwicklung der Fahrkompetenz, die am Ende der Grundschulzeit noch nicht abgeschlossen ist und dringend in der Sekundarstufe fortgesetzt werden muss.

Bild 168: Übungen auf dem Schulhof

- Mit dem Lernzielkontrollbogen sollte kreativ umgegangen werden. Anstelle einer Prüfungsatmosphäre kann dieser auch in einem offenen Arbeitsprozess gemeinsam oder mit individueller Unterstützung erarbeitet und ausgefüllt werden.
- Neben dem normalen Prüfungsbogen der Verkehrswacht gibt es auch eigene regionale Entwicklungen, die den Prüfungsbogen ersetzen oder ergänzen können (siehe Tipps).
- Anstelle des Prüfungsbogens ist es im Sinne eines kompetenzorientierten Unterrichts denkbar, dass die Schüler*innen für ihre eigene Klasse oder die anderen Klassen der Schule einen schulspezifischen Fragebogen selbst entwickeln. Dazu müssen sie sich mit den notwendigen Verkehrsregeln und Verhaltensweisen auseinandersetzen. Im Stadtteil müssen sie für Radfahrende gefährliche Stellen ausfindig machen, diese per Digitalfoto dokumentieren und – verbunden mit entsprechenden Fragen und Lösungsmöglichkeiten – für den eigenen Prüfungsbogen formulieren. Ein solches Handlungsprodukt, das die örtlichen Gegebenheiten und die Alltagserfahrungen der Kinder auf dem Fahrrad in ihrem Wohnumfeld aufgreift, ist zwar in der Erstellung zeitintensiver, im Rahmen einer Sensibilisierung für Gefahren vor Ort allerdings wesentlich nachhaltiger als ortsunspezifische Fragebögen. Die vorhandenen Testbögen der Verkehrswacht können dabei als Anregung für den schuleigenen Bogen dienen. Die Aufgaben müssen dann in die eigenen Bedingungen vor Ort „übersetzt“ werden.
- Anstelle einer „Praxisprüfung“ könnten Übungen an vorher untersuchten alltäglichen Fahrradwegen der Schüler*innen gezielt durchgeführt werden. Als Vorbereitung dafür sollten die Schüler*innen auf einem Plan die von ihnen in der Freizeit mit dem Rad genutzten Routen und Wege markieren und Gefahrenpunkte, an denen man besonders achtsam sein muss, markieren. In der Klasse werden diese Punkte besprochen, das richtige und regelhafte Verhalten geklärt und ggf. in der eigenen Forschermappe dokumentiert. Anschließend werden ausgewählte Stellen bei einem Unterrichtsgang aufgesucht. Die Schüler*innen beobachten dort das Verhalten der anderen Verkehrsteilnehmer*innen, werten die Beobachtungen später in der Klasse aus und formulieren Rückschlüsse für ihr eigenes Verhalten auf dem Fahrrad in diesen Situationen.
- Als Abschluss könnte es anstelle eines „Führerscheins“ ein kleines „Zertifikat“ geben, auf dem bestätigt wird, dass das Kind erste Regeln und Verhaltensweisen im Verkehr der Schulumgebung als Radfahrer*in kennengelernt hat.

c) Material

- Straßenmalkreide
- Kegel, Hütchen, halbe Tennisbälle
- Tafeln mit Ziffern
- Bretter oder Seile zum Spurhalten
- Verkehrsschilder

d) Tipps

- Straßenmarkierungen auf dem Schulhof können die Übungen im realen Verkehr unterstützen (aber nicht ersetzen).
- Eine wichtige Ergänzung zum Verkehrsunterricht stellen Übungen zur Ersten Hilfe dar.
- Die Radfahrausbildung kann motivierend durch das (kostenpflichtige) Online-Angebot der Verkehrswacht ergänzt werden.
- Als Vorbereitung zum Fahrradfahren dienen Übungen mit dem Roller, die schon ab dem 1. Schuljahr sinnvoll sind (Jackel 1998).

- Als Alternative zum Testbogen der Verkehrswacht bietet sich der Übungsbogen „Mit dem Fahrrad, ist doch klar!" an, den Renate und Gunter Bleyer entwickelt haben (ebenfalls über die Verkehrswacht zu beziehen). Dort werden Fragen zu Verkehrssituationen, Regeln, Verkehrszeichen und Verhaltensweisen im Rahmen einer mit Fotos dokumentierten Bildergeschichte bearbeitet. Durch die Handlungen der Protagonisten nehmen die Schüler*innen den Blickwinkel der Kinder auf dem Übungsbogen ein und können, etwas alltagstauglicher als beim üblichen Testbogen, ihr Wissen einbringen.

Bild 170: Alternative zum Testbogen:
Mit dem Fahrrad - ist doch klar!

- In Hamburg wurden von der Schulbehörde (u.a. von Renate und Gunther Bleyer) zahlreiche Mobilitäts-Materialien entwickelt, unter anderem zum Thema Fahrrad, die im Internet abzurufen sind: http://bildungsserver.hamburg.de/fahrradtagebuch.

e) Literatur/Internetadressen

Bleyer, Gunter und Renate (1997): Mit dem Fahrrad - ist doch klar! Hamburg. Dieser Bogen ist in leicht veränderter Form inzwischen auch über die Verkehrswacht Medien und Service GmbH zu beziehen: www.verkehrswacht-medien-service.de.

Fahrradmaterial für 5.- 7. Klasse vom Hamburger Bildungsserver:

https://bildungsserver.hamburg.de/fahr-rad-mobil/ Broschüre und weitere Materialien zum Herunterladen zu Technik, Sicherheit usw.

Gutjahr, Sabine (2011): Sicher zum Fahrradführerschein. Auszug. AOL-Verlag, Buxtehude.

Jackel, Birgit (1998): Rollen auf zwei Rädern. Braunschweig: rrg-Verlag 1998.

Limbourg, Maria (2010): Kinder im Straßenverkehr. Prävention in NRW. Unfallkasse NRW. Düsseldorf.

Mein Fahrradtagebuch: https://bildungsserver.hamburg.de/fahrradtagebuch.

NRVP (2012): Nationaler Radverkehrsplan 2020. Bundesministerium für Verkehr. Berlin.

Radfahrausbildung: Online-Übungs-Portal: Material der Verkehrswacht digitaler Zugang: https://www.die-radfahrausbildung.de.

Sicher unterwegs. Übungsheft vom Hamburger Bildungsserver als PDF https://bildungsserver.hamburg.de/sicher-unterwegs-mit-meinem-fahrrad.

Spitta, Philipp (2013c): Mobil auf dem Fahrrad. In: Grundschule Sachunterricht, Jg. 13, Heft 58, S. 5-10.

Willmeroth, Sabine/Rösgen, Anja/Moll, Brigitte (2001): Verkehrserziehung. Eine Werkstatt. Mülheim a.d.Ruhr.

Internet: Interaktive Fahrradinfos mit „Lerntouren“: https://beiki.de/ (Spiele, Animationen).

[21] Mit dem Rad zur Schule?

Die Unfallstatistik zeigt deutlich, dass Fahrrad fahrende Kinder einem höheren Unfallrisiko ausgesetzt sind als Fußgänger. Viele Grundschulen erlauben daher nicht, den Schulweg mit dem Fahrrad zurückzulegen. Andererseits lernen die Kinder auf dem Rad schon früh auf ihrem täglichen Schulweg dieses umweltfreundliche Verkehrsmittel zu schätzen. Folgende Punkte sollten für den Schulweg mit dem Rad bedacht werden:

- Bei (städtischen) Grundschulen mit gefährlichen Straßen im Einzugsbereich sollte das Fahrrad für den Schulweg nicht pauschal empfohlen werden. Bei Schulwegen unter zwei Kilometern kann Kindern das Zufußgehen zugemutet werden.
- Schulen in verkehrsarmen, fahrradfreundlichen Städten oder ländlichen Gebieten können unter Vorgaben die Fahrradnutzung empfehlen,

a. wenn die Kinder vorher Übungseinheiten absolviert haben,
b. die Regeln und Verhaltensweisen bekannt sind,
c. gefährliche Kreuzungen und Wegabschnitte hinlänglich bekannt sind und das entsprechende Verhalten dort geübt bzw. besprochen wurde,
d. Abstellplätze auf dem Schulgelände vorhanden sind,
e. die Fahrräder regelmäßig auf ihre Verkehrssicherheit hin untersucht werden,
f. die Kinder einen Helm tragen.

Für die ersten Schulwochen, meist sogar das gesamte erste Schuljahr, ist aufgrund der psycho-motorischen Voraussetzungen von der Fahrradnutzung auf dem Weg zur Schule abzuraten. Für die Sekundarstufe I sollte hingegen in jedem Fall die Fahrt mit dem Rad ermöglicht werden. Die Schüler*innen haben bis dahin ihre motorische Kompetenz erweitert und können die oft weiteren Wege besser meistern als am Schulanfang. Für diese Altersstufe kann das Rad zu einer größeren Unabhängigkeit von den Transportdiensten der Eltern beitragen und damit die Selbstständigkeit fördern.

3.6.7 Fahrrad-Parcours oder Übungen auf dem Rad für alle

Bild 171: Onlineportal zum Radfahren in der Schule für Grundschule und Sekundarstufe 1

An vielen Schulen werden regelmäßig umfangreiche Fahrrad-Parcours praktiziert. Ebenso bietet seit vielen Jahren der ADAC auf Kreis-, Stadt- und Landesebene Hindernisparcours unter dem Titel „Wer wird Meister auf zwei Rädern" als Wettbewerb an. Wie die Fahrradprüfung sind diese Übungsformen nicht unumstritten, besonders wenn der Wettbewerbscharakter im Vordergrund steht. So vermutet Volker Briese vom ADFC, dass der Ertrag für eine bessere Verkehrssicherheit von Kindern auf dem Fahrrad durch das ADAC-Programm eher unbedeutend sei (Briese 1988). Vielmehr würden einige realitätsferne Geschicklichkeitsübungen im Rahmen des Parcours eher zu falschem Verhalten im Verkehr animieren, wenn zum Beispiel über eine Wippe gefahren werden muss. Auf der anderen Seite kann darauf verwiesen werden, dass jede psychomotorische Verbesserung bei der Fahrradbeherrschung auch ein Beitrag zur Sicherheitserziehung sein kann. So kann man sich bei der Durchführung eines Parcours für einen Mittelweg entscheiden, auf realitätsnahe Übungen bauen und „artistischen Wildwuchs" (vgl. Jackel 1995) vermeiden.

Einen Nachteil eines aufwändig aufgebauten Parcours auf dem Schulhof kann die zu geringe reale Fahrzeit der Schüler*innen darstellen. Da die Schüler*innen den Parcours meist mit einem gewissen Abstand hintereinander absolvieren, können maximal drei bis vier Kinder zeitgleich für ein bis zwei Minuten fahren. Danach stehen sie für eine weitere Runde länger wieder in der Warteschlange und können bei guter Umsetzung vielleicht auf maximal 10 Minuten Fahrzeit in einer Unterrichtsstunde kommen. Daher bieten sich anstelle eines Parcours auch andere Übungsformate an, bei denen möglichst alle Kinder fast die ganze Unterrichtsstunde auf dem Schulhof mit dem Fahrrad in motorischer Bewegung sind. Diese spielerischen Übungen sind ausführlich vom Kölner Sportwissenschaftler Achim Schmidt auf der vom Zukunftsnetz Mobilität in NRW unterstützten Seite www.radfahreninderschule.de beschrieben.

Bild 172: Alle Schüler*innen fahren und üben zugleich

Diese Übungen mit einer hohen Fahrbeteiligung und Bewegungszeit für alle Schüler*innen der Primar- und Sekundarstufe sollten zum festen Bestandteil der Radfahrausbildung werden. Darüber hinaus können hin und wieder auch Roller- und Rad-Parcours angeboten werden. Allerdings sollten Aufwand und Nutzen abgewogen und auf einen Wettbewerb verzichtet werden. Einen zusätzlichen Wert kann ein Parcours bekommen, wenn dieser von den Schüler*innen selbst geplant und entwickelt wird (vgl. Spitta 2013c, S. 8).

b) Handlungsanregungen

Ein Fahrrad-Parcours kann an verschiedenen Stellen der Radfahrausbildung zum Einsatz kommen. Da es sich bei den Parcours ausschließlich um Übungen im Schonraum handelt, können auch schon Kinder der 1. und 2. Klasse beteiligt werden und beispielsweise auch mit dem Roller mitmachen. Anlässlich von Verkehrssicherheitstagen oder Schulfesten werden an vielen Schulen Fahrrad-Parcours angeboten. Sehr gerne beteiligen sich auch Kinder beim Erfinden, Aufbauen und Betreuen von Geschicklichkeitsstationen. Aufgeteilt in Kleingruppen kann eine Klasse einen solchen Parcours vorbereiten, selbst erproben und dann für andere Klassen anbieten und kontrollieren.

Als Einstieg wird mit den Kindern besprochen, was man alles beim Beherrschen des Fahrrades beachten muss und an welchen Stellen Unsicherheiten vorhanden sind. Durch eine einfache Fahrübung auf dem Schulhof können die Kinder für weitere Schwierigkeiten sensibilisiert werden. Zur Selbstbeobachtung kann man nach den Problemen beim Anfahren, dem punktgenauen Bremsen, Abbiegen, mit einer Hand fahren oder dem Umschauen fragen. Mit Hilfe der gemeinsam in der Klasse erstellten Liste möglicher Übungsbereiche werden nun Gruppen eingeteilt, die sich für die einzelnen Bereiche Übungen (Stationen) überlegen. Als Anregung steht eine Materialkiste mit Seilen, Absperrbändern, Brettern, Hütchen, Straßenmalkreide oder ähnlichem in der Klasse bereit. Nach einigen Vorüberlegungen in der Gruppe unter Einbeziehung der Gegebenheiten auf dem Schulhof und dem Material fertigen die Kinder ein Planungsplakat mit dem Aufbau ihrer Station an und stellen diese anschließend im Plenum vor. Ggf. wird noch benötigtes Material besorgt. Nach der Einarbeitung von Verbesserungsvorschlägen und einer Kontrolle durch die Lehrkraft in Bezug auf allgemeine Sicherheitsaspekte können die Stationen in einer Folgestunde auf dem Schulhof aufgebaut und erprobt werden. Wichtig ist dabei, dass keine „Übungen" gefahren werden, die Unfallrisiken bergen oder Verhaltensweisen erfordern, die im Straßenverkehr kontraproduktiv wären (z.B. freihändig fahren, die Füße auf den Gepäckträger legen o.ä.). Falls notwendig, können noch zusätzliche Stationen durch die Lehrkraft eingerichtet werden. Die Kinder fertigen zu den gefahrenen Stationen Rückmeldungen an („Das hat mir gut gefallen; das kann man noch verbessern; das habe ich an der Station gelernt"). Nach der Überarbeitung und Optimierung der Stationen kann der Parcours nun „richtig" gefahren werden. Später können andere Klassen der Schule eingeladen werden, die Stationen ebenfalls mit ihrem Rad (oder Roller) zu erproben. Die Stationsexperten können den anderen Schüler*innen Rückmeldungen zu ihrer Fahrsicherheit geben. Eine Fortführung des Parcours ist möglich, indem einzelne Stationen näher an die Realsituationen im Verkehr angepasst werden (z.B. Handzeichen geben; rechts vor links beachten; Anfahren am Bordstein üben). Auch hier können die Schüler*innen in die Planung und Durchführung eingebunden werden (Spitta 2013, S. 9).

Bild 173: Station 1: Spurhalten. Fahrradparcours auf dem Schulhof

Folgende Übungen oder Stationen, die auch zur motorischen Vorbereitung der Fahrradprüfung geeignet sind, bieten sich dabei an:

- Spur halten (zwischen dünnen Brettern oder Kreidestrichen),
- Slalom fahren (Hütchen, halbe Tennisbälle),
- Anhalten/Bremsen an einem bestimmten Punkt (Seil, Kreide),
- Reagieren auf ein Signal (Klatschen, Klingel, Glocke),
- Handzeichen geben,
- Hügel/Berg fahren (abhängig von den örtlichen Gegebenheiten),
- auf verschiedenem Untergrund fahren (Kies, Schotter, Sand),
- sich umschauen und ein Symbol/eine Ziffer auf einer Tafel hinter sich ablesen (große Ziffern auf einer Pappe, es können auch die Finger einer Hand gezeigt werden),
- Reagieren auf Verkehrszeichen (zum Beispiel Stopp-Schild) (Verkehrsschilder),
- ein Stück absteigen und schieben (mit Kreide und Hütchen markieren).

Übungen und Spiele, bei denen alle Kinder auf dem Rad in Bewegung sind (genaue Beschreibungen und das dafür benötigte Alltagsmaterial finden sich für Grundschule und Sekundarstufe auf www.radfahreninderschule.de) (siehe auch Kapitel 3.8):

- Gänsemarsch
- Schattenfahren
- Linienfahren
- Abklatschen
- Hand in Hand fahren
- Bremsen, (Spiel „Brems und Stopp")
- Zahlen vorfahren
- Zeitungsfahren
- Feuer, Wasser, Sturm
- Fahrrad-Pferdchen
- Atome-Spiel
- Herr und Hund
- Slalom

c) Material

- Straßenmalkreide
- Stangen
- Bretter, Seile
- Hütchen, halbe Tennisbälle oder Klötze für Markierungen
- Ggf. Verkehrszeichen

d) Tipps

- Um bei einem Parcours möglichst viel Bewegungs- und Übungszeit zu erreichen, fahren die Kinder in Kleingruppen drei bis vier Minuten immer an einer Station und wechseln dann auf ein Zeichen zusammen an die nächste Station. Alternativ wird festgelegt, dass alle gleichzeitig die Stationen fahren. Man darf sich aber nur an einer Station anstellen, wenn weniger als drei Kinder dort warten. Zwischen den Stationen muss geschoben werden oder auf einer sicheren Route in einer Fahrtrichtung außerhalb um die Stationen herumgefahren werden.
- Als Alternative zum Parcours können Übungen im Schonraum auch auf dem Gelände der Jugendverkehrsschulen der Verkehrswacht mit Straßen und nachgebildeten Kreuzungen und Ampeln durchgeführt werden.
- An vielen Schulen kann auch, wenn Platz vorhanden ist, mit Spezialfarbe ein kleines Straßennetz oder eine Kreuzung zu Übungszwecken auf dem Schulhof aufgemalt werden. Diese Elemente lassen sich gut in einen Parcours integrieren.
- Bei einem Fahrrad-Parcours kommt es auf die Geschicklichkeit an und nicht auf Tempo und Zeit.
- Anstelle von Hütchen eignen sich als Markierungen auch halbierte Tennisbälle. Diese können problemlos auch „überfahren" werden und sind robust. Man kann bei Tennisvereinen nach ausrangierten Tennisbällen fragen.

e) Literatur/Internetadressen

Briese, Volker (1988): Werden „Meister auf zwei Rädern“ auch Meister im Straßenverkehr? ADAC-Fahrradturniere allenfalls unbedeutend. In: Zeitschrift für Verkehrserziehung, Jg. 38, H. 3, S. 81-83.

DGUV (2019): Vom Durcheinanderlaufen zum Miteinanderfahren. Ein Beitrag des Sports zur Verkehrserziehung. 6. überarbeitete Aufl., DGUV Information 202-049. Berlin. Bezug über: DGUV (Dt. gesetzliche Unfallversicherung). https://publikationen.dguv.de/widgets/pdf/download/article/1411.

Jackel, Birgit (1995): Ein Schulfestparcours. In: Zeitschrift für Verkehrserziehung. Jg. 45, H. 1, S. 12-13.

Radfahren in der Schule: https://staging.radfahreninderschule.de/ oder direkt zur Grundschule mit Fahrrad-Parcours: https://grundschule.radfahreninderschule.de/unterrichtsprogramme/fahrradparcours.

f) Arbeitsblätter/Kopiervorlagen

AB 60:
Station Fahrrad-Parcours

[22] Helmpflicht? Generell nein – in der Schule ja!

Bild 174: Fahrradhelm

An der Helmfrage scheiden sich die Geister. Eine generelle Helmpflicht wird von vielen Fahrradorganisationen - wie beispielsweise dem ADFC – abgelehnt, sehr wohl aber die individuelle Entscheidung für einen Helm unterstützt. Mehr als die Hälfte aller Radfahrer*innen trägt nie einen Helm. Immerhin rund 34% aller Erwachsenen geben an, dass sie fast immer einen Helm tragen. Bei Kindern im Grundschulalter tragen fast 95% einen Helm, diese Quote nimmt mit zunehmendem Alter ab (BMVI/Infas 2019, S. 97). Untersuchungen zeigen, dass Fahrer*innen mit Helm zu risikoreicherem Fahrstil neigen können und somit unterm Strich einer ähnlichen Unfallgefahr ausgesetzt sind wie Radfahrende ohne Helm. Die Schutzwirkung eines Helms ist eingeschränkt, wenn er nicht exakt passt oder falsch eingestellt ist. Insgesamt ist erwiesen, dass ein Helm vor allem bei Kopfverletzungen und den dabei entstehenden langfristigen Folgen schützen kann.

Bild 175: Testhelm mit Ei

Gegen eine generelle Helmflicht spricht, dass viele Radfahrende dadurch von der spontanen Nutzung des Fahrrades abgehalten werden könnten. Solche Erfahrungen konnten zum Beispiel in Australien gemacht werden, wo eine Helmpflicht in den 1990er Jahren eingeführt wurde. Diese für den Bereich der erwachsenen Radfahrer*innen geführte Diskussion gilt allerdings nicht in gleichem Maße für die Schule und für Kinder. Im Rahmen der privaten Nutzung des Fahrrades durch Kinder obliegt es der Erziehungsverantwortung der Eltern, ob sie ihre Kinder mit oder ohne Helm fahren lassen. Für den schulischen Bereich sollte der Helm obligatorisch sein. Nicht zuletzt aus versicherungstechnischen Gründen ist es für die Grundschule ratsam, den Schüler*innen bei Übungseinheiten mit dem Rad – aber auch auf dem Weg zur Schule – das Tragen des Helms vorzuschreiben. Kinder ohne Helm dürfen nicht an der Radfahrausbildung und an Übungen auf dem Schulhof und im Verkehr teilnehmen. Zur Not sollte die Schule durch einen Vorrat an Fahrradhelmen aushelfen, wenn einzelne Kinder keinen eigenen Helm mitbringen. Zusätzliche Informationen unterstützen die Einsicht in das Tragen eines Helms. Dazu gibt es vom Deutschen Verkehrssicherheitsrat (DVR) und der Verkehrswacht entsprechende Infobroschüren und Filme. Die dabei gezeigten Bilder von Verletzungsfolgen bei Fahrradunfällen ohne Helm sind teilweise umstritten. Man sollte sich das Material vorher gut anschauen und abwägen, bevor man die Kinder damit konfrontiert. Nicht immer kann durch Abschreckung eine positive Verhaltensänderung erreicht werden.

Sehr eindrucksvolle Demonstrationsobjekte sind kleine Fahrradhelme, in die ein Ei passt. Das aus 1,50 Meter Höhe fallengelassene Ei im Helm wird geschützt. Als Vorbild sollten bei Übungsfahrten mit dem Fahrrad die beteiligten Lehrkräfte und Polizist*innen einen Helm tragen. Gleiches gilt für die Eltern, die ihre Kinder besser zum Tragen eines Helms animieren können, wenn sie mit gutem Beispiel voran gehen.

Tipps zum Fahrradhelm:

- Ein guter Fahrradhelm gehört zur Fahrradausrüstung dazu. Beim Kauf eines Helms muss das Kind mit dabei sein, um einen Helm auszusuchen, der wirklich passt und dem Kind gefällt.
- Ein Helm, der über die Augen oder in den Nacken rutscht, ist gefährlich und kann bei einem Sturz zu zusätzlichen Verletzungen führen. Daher muss die Riemeneinstellung stimmen (im Fachhandel demonstrieren lassen, inzwischen gibt es dazu auch viele Tutorials auf You Tube). Optimal sitzt der Helm, wenn sich die Unterkante circa zwei Fingerbreit über den Augenbrauen des Kindes befindet.
- Nach circa 6 Jahren sollte ein Helm wegen Materialermüdung ausgetauscht werden. Nach einem Sturz muss ein Helm ersetzt werden, da ihn schon kleinste Haarrisse nicht mehr sicher machen.

Kopiervorlage:

AB 63:
Checkliste: Helm

Literatur, Material und Infos zum Thema Fahrradhelm:

Grigo, Linda (2012): Nur mit Helm. In: Zeitschrift für Verkehrserziehung, Jg. 62, H. 1, S. 12-17.

Lieber, Kerstin (2019): Kopfverletzungen sind die gefährlichsten. In: Zeitschrift für Verkehrserziehung, Jg. 69, Heft 4, S. 10-13.

Rauser, Tobias (2017): Helmpflicht für Kinder. Pflicht oder freiwillig? In: Zeitschrift für Verkehrserziehung, Jg. 67, H. 2, S. 22-25.

ADFC: www.adfc.de Allgemeiner Deutscher Fahrrad-Club. https://www.adfc.de/artikel/fahrradhelm-fuer-kinder.
https://www.adfc.de/artikel/fahrradhelme.

Deutsche Verkehrswacht https://deutsche-verkehrswacht.de oder https://ich-trag-helm.de.
www.fahrradwochen.de/helm.htm weitere Infos der Verkehrswacht:
https://www.verkehrswacht-medien-service.de/kindergarten/laufrad-roller-kinderfahrrad/tipps-zum-fahrradhelm.

DVR: www.dvr.de Deutscher Verkehrssicherheitsrat mit Informationen zur Verkehrssicherheit und Helm.

Radfahren in der Schule: https://www.radfahreninderschule.de.

Ratgeber Helm

https://www.fahrradhelm-ratgeber.de.

http://www.radschlag-info.de/helm0.html.

https://www.fahrradhelm-macht-schule.de.

Sendung mit der Maus: Film zum Helm:
https://www.wdrmaus.de/filme/sachgeschichten/fahrradhelm.php5.

Bild 176: Messen des Radumfangs

3.6.8 Rechnen mit dem Rad

a) Didaktische Überlegungen/Einordnung in die Mobilitätsbildung

Im Mathematikunterricht lässt sich das Fahrrad besonders im Bereich des Sachrechnens hervorragend integrieren. In einigen Mathematiklehrwerken finden sich Rechenaufgaben, die mit dem Fahrrad oder dem Verkehr zusammenhängen. Neben Übungsaufgaben, die in Sachzusammenhängen zum Fahrrad eingebettet sind (siehe Kopiervorlage), lassen sich auch weitere Inhalte der Mobilitätsbildung mathematisch erarbeiten (Spitta 2013j). Bei diesen anwendungsbezogenen Aufgaben aus dem Feld der Mobilität werden vor allem die prozessbezogenen Kompetenzen des Mathematikunterrichts gefördert: Das Modellieren, die Argumentation, das Problemlösen, das kreative Umgehen mit Lösungswegen sowie das Darstellen und Kommunizieren. Es geht im Unterricht um eine Verbindung von Inhalten und mathematischen Fertigkeiten mit diesen prozessbezogenen Kompetenzen. Der Mathematikdidaktiker Christoph Selter stellt in diesem Zusammenhang fest, „dass dieses umso besser gelingt, je mehr sich auch im Mathematikunterricht eine Kultur des Erforschens, Entdeckens und Erklärens entwickeln kann, je mehr das Beschreiben und Begründen zu einem natürlichen Bestandteil des Unterrichts geworden ist bzw. diese Grundhaltung der Kinder erhalten wird“ (Selter 2004, S. 34). Die forschen de Haltung des Sach- und Mobilitätsunterrichts verbindet sich hier mit dem Anspruch eines modernen Mathematikunterrichts.

b) Handlungsanregungen

Die folgenden Inhalte der Mobilitätsbildung haben einen Bezug zum Mathematikunterricht:

- Verkehrszählung durchführen (Anteil der Fahrradfahrenden ermitteln und grafisch darstellen, Säulendiagramme aller gezählten Verkehrsmittel darstellen),
- Tabellen der Verkehrszählung auswerten (Kapitel 3.3.1),
- Schulwege zählen, klimafreundliche Wege zählen (Zaubersterne der Verkehrszähmer, Kapitel 3.2.4, Kinder-Meilen, Kapitel 3.5.8.),
- Kilometer berechnen, die beim Transport von Waren und Menschen auf Reisen zurückgelegt werden; Berechnung des ökologischen Fußabdrucks (Kapitel 3.5.11 und 3.5.12),

- Breite von Fahrradwegen/Gehwegen messen (Kapitel 3.6.5),
- Schulweg vermessen, wie weit sind die Wege, 1000m vermessen (Kapitel 3.2.3),
- Lärmmessungen (Messung durchführen, Lärmskala erkunden) (Kapitel 3.5.3),
- Platzverbrauch von Fahrrädern (und anderen Verkehrsmitteln) messen (Kapitel 3.5.4),
- Ampelzeiten stoppen (Stoppuhr) (Kapitel 3.3.2, AB 18),
- Bremswege vermessen (siehe auch Kapitel 3.3.5),
- Berechnen von Fahrzeiten mit verschiedenen Verkehrsmitteln, Berechnen von Fahrzeiten beim Klassenausflug (Kapitel 3.7.1),
- Reifenumfang berechnen und damit arbeiten (Arbeitsblatt AB 61),
- Fahrradaufgaben (Sachaufgaben) erfinden (Arbeitsblatt AB 62).

c) Material

- Karteikarten
- Fahrrad in der Klasse
- Bindfaden
- Zentimetermaß/biegsames Maßband

d) Tipps

- Eine Sachrechenaufgabenkartei rund um das Fahrrad lässt sich in freien Arbeitsphasen einsetzen. Zuerst denken sich die Schüler*innen in Einzel- oder Partnerarbeit Fahrradrechenaufgaben aus und schreiben diese dann auf Karteikarten. Auf der Rückseite oder einer Extrakarte wird die Lösung beziehungsweise der Lösungsweg genannt. Die fertigen Aufgaben können nun von den Mitschüler*innen gelöst und damit gleichzeitig überprüft werden, ob Formulierungen und Aufbau schlüssig sind.
- Test auf dem Schulhof: Wie lang ist der Bremsweg eines Fahrrades, wenn nur die Hinterradbremse (Rücktritt) betätigt wird. Im Vergleich dazu kann untersucht werden was passiert, wenn beide Bremsen betätigt werden.
- Mit Hilfe von Routenplanern aus dem Internet können die Fahrzeiten für unterschiedliche Verkehrsmittel berechnet werden. Diese Zeitangabe kann in der Realität bei einer kleinen Fahrradtour oder bei einem Ausflug mit Bus und Bahn überprüft werden.

e) Literatur/Internet

Ewert, Wilhelm (2005): Wie sich Verkehrserziehung neue Entwicklungen zu Nutze machen kann. Ein Beispiel aus dem Fach Mathematik.
In: Zeitschrift für Verkehrserziehung, Jg. 55, Heft 2, S. 7-9.

Selter, Christoph (2004): Mehr als Kenntnisse und Fertigkeiten. Basispapier zum Modul 2: Erforschen, entdecken und erklären im Mathematikunterricht der Grundschule. Document: http://www.sinus-grundschule.de/fileadmin/Materialien/Modul2.pdf oder https://kira.dzlm.de/probleml%C3%B6sen-co/kompetenzen-im-mathematikunterricht.

Spitta, Philipp (2013j): Mit dem Straßenverkehr muss man rechnen... Sachrechnen im Rahmen der Mobilitätsbildung. In: Praxis Grundschule, Jg. 36, H. 4, S. 28-36.

Fahrradmaterial (Hamburg). Fahrradtagebuch und Arbeitsblätter: https://bildungsserver.hamburg.de/fahrradtagebuch.

Forschung zum entdeckenden Lernen im Mathematikunterricht am Beispiel der Lernaufgabe „Wer fuhr mit dem Fahrrad am schnellsten?" https://kira.dzlm.de/lernen-wie-kinder-denken/entdeckendes-lernen-im-mathematikunterricht (1.6.2020).

f) Arbeitsblätter/Kopiervorlagen

AB 61:
Reifenumfang

AB 62:
Sachaufgaben rund ums Rad

Tipps für Eltern zum Thema Fahrrad

Bei den Kopiervorlagen finden sich noch:

AB 63
Informationen zum Fahrradhelm (Checkliste)

AB 64
Tipps zum Fahrradfahren lernen mit Kindern

AB 65
Tipps zum Fahrradkauf

Bild 177: Ein Ausbau moderner öffentlicher Verkehrsmittel ist dringend nötig.

3.7 Unterwegs mit Bus und Bahn

Der öffentliche Personennahverkehr (ÖPNV) ist ein wichtiger Bestandteil des Umweltverbundes, also derjenigen Verkehrsmittel, die für eine nachhaltige Mobilität sorgen. Im Vergleich mit dem Autoverkehr oder dem Radfahren sind öffentliche Verkehrsmittel in Bezug auf Unfallgefahren besonders sicher. Je nach Wohnort, ob in der Stadt oder auf dem Land, sind die Nahverkehrsangebote in ihrer Qualität und Fahrthäufigkeit jedoch sehr unterschiedlich. Während in den Ballungsräumen und Städten in der Regel ein dichtes Liniennetz von Bussen und Bahnen zur Verfügung steht, sind ländliche Gebiete meist sehr schlecht angebunden und nur mit Abstrichen zu erreichen. Kinder und Jugendliche aus ländlichen Gebieten, die ihre Schule nicht zu Fuß oder mit dem Rad erreichen können, sind auf dem Schulweg auf den Schulbusverkehr oder den öffentlichen Verkehr angewiesen. Die Erfahrungen in entweder überfüllten Schulbussen oder in selten und lange fahrenden öffentlichen Buslinien sind leider nicht immer positiv. Neben einem deutlichen Ausbau von öffentlichen Verkehrsmitteln im Ballungsraum wird eine Verkehrswende nur dann gelingen, wenn auch tragfähige Verkehrskonzepte für ländliche Regionen gefunden werden.

Die in den folgenden Beispielen beschriebenen Unterrichtsvorhaben richten sich im Schwerpunkt an Schüler*innen aus dem urbanen Umfeld. Dort sind viele Familien und somit auch die Kinder, trotz akzeptabler Nahverkehrsangebote, den Umgang mit Bus und Bahn kaum gewohnt. Aus Bequemlichkeit, Gewohnheit oder Unkenntnis nutzen viele ihr Auto auch für kurze Fahrten in die Innenstadt

Bild 178: Erfahrungen mit Bus und Bahn

Bild 179: Klassenausflug mit Bus und Bahn

oder für Freizeitzwecke. Vielfach existieren berechtigte, z.T. aber auch unberechtigte Vorurteile gegenüber der Fahrt mit den öffentlichen Verkehrsmitteln. Oft wird der Zeitfaktor als Hinderungsgrund genannt oder die hohen Kosten für die Tickets.[43] Als Gegenargument könnte man anmerken, dass der Zeitfaktor bei Bus und Bahn häufig schlechter eingeschätzt wird, als die reale Fahrtzeit tatsächlich wäre. Die im öffentlichen Verkehrsmittel verbrachte Zeit kann unter Umständen, anders als am Pkw-Steuer, mit Lesen verbracht werden.

In Bezug auf die Preise bieten Zeitkarten, Monatstickets, Abos oder Gruppenfahrscheine wesentlich günstigere Konditionen als Einzeltickets. In einigen Städten wird zur Förderung des öffentlichen Verkehrs auch über deutliche Preissenkungen diskutiert. So konnte der Anteil der ÖPNV-Kund*innen in Wien beispielsweise durch die Einführung eines 365 €-Tickets (als Jahresticket = 1 Euro pro Tag) deutlich gesteigert werden. Von einer gelegentlichen oder regelmäßigen Nutzung des ÖPNV halten neben den Kosten aber vor allem tiefsitzende Gewohnheiten ab. Wer schon als Kind jeden Weg mit dem Auto gefahren worden ist, wird es später schwerer haben, auch Alternativen in das eigene Handlungsrepertoire aufzunehmen. Daher ist es eine Aufgabe der Schule, die manchmal einseitigen Erfahrungen aus dem Elternhaus durch weitere Perspektiven und praktische Erprobungen mit Verkehrsmitteln des Umweltverbundes zu erweitern (vgl. Siller 2003).

43 Vielfach wird beim Vergleich zwischen Ticketpreisen und den Kosten für die Autofahrt nur der Spritpreis einbezogen. Tatsächlich liegen die individuellen Kosten pro Pkw-Kilometer wesentlich höher, wenn man in die Kalkulation die Abschreibung des Autos, die Versicherungen, die regelmäßigen Wartungs- und Werkstattkosten oder die Parkgebühren mit einbezieht. Wer schon ein Auto besitzt, muss diese Fixkosten ohnehin tragen und ist unter Umständen nicht bereit, zusätzlich in ÖPNV-Tickets zu investieren.

Im Kontext von BNE und Mobilitätsbildung ist es das Ziel, positive Erfahrungen mit Bus und Bahn zu vermitteln und dieses Verkehrsmittel als Handlungsoption für eine klimafreundliche Fortbewegung kennenzulernen. Nur wer sich mit Bus und Bahn auskennt, die Vor- und Nachteile abwägen kann, ist zu einer reflektierten Wahl der Verkehrsmittel fähig. Wer die Alternativen nicht kennt, wählt das Bekannte, und das ist meist das Auto. Für ein entdeckendes Lernen, Beobachten, Diskutieren und Abwägen ist es notwendig, den Klassenraum zu verlassen, Haltestellen aufzusuchen, mit Bus und Bahn zu fahren und hinter die Kulissen der Verkehrsbetriebe zu schauen. Im Folgenden sollen in diesem Sinne einige Vorschläge für eine Beschäftigung mit dem Thema im Unterricht gemacht werden.

Bild 180:
Auf dem Schulweg
mit Bus und Bahn

3.7.1 Ausflüge mit Bus und Bahn

a) Didaktische Überlegungen/Einordnung in die Mobilitätsbildung

Was wäre die Schule ohne Ausflüge? Häufig muss ein Bus gechartert oder, entgegen den Sicherheitsbestimmungen, der Ausflug mit den Pkw der Eltern durchgeführt werden. Als Alternative bietet es sich an, wenn die Schule einigermaßen an ein öffentliches Liniennetz angeschlossen ist, den Ausflug der Klasse gemeinsam mit Bus und Bahn zu unternehmen.

b) Handlungsanregungen

Nachdem ein passendes Ausflugsziel in der Nähe gewählt wurde, versuchen die Kinder mit Hilfe von Liniennetzplänen oder einer meist gut bedienbaren Nahverkehrs-App auf dem Handy (oder alternativ im Internet) eine Fahrtroute, Abfahrtszeiten und Wege zu ermitteln. Durch unterstützendes Material wie den Haltestellenfahrplan, den Liniennetzplan und Informationen zu Start- und Zielhaltestelle (siehe Kopiervorlagen AB 67 bis 69) kann eine entsprechende Ausflugsplanung gelingen.

Eine Verbindung zum Mathematikunterricht ergibt sich, wenn Aspekte zur Ausflugsvorbereitung berechnet werden müssen (siehe AB 70): Neben der Ermittlung der Eintrittspreise für das Ausflugsziel (z.B. Zoo, Theater, Museum) muss auch die passende Fahrkarte ausgesucht werden: Unter Umständen ist ein Einzelticket für Kinder teurer als eine Tages-Gruppenkarte, die in vielen Verkehrsverbünden angeboten wird. Vielleicht haben einige Schüler*innen auch ein Schülermonatsticket. Berechnet werden müssen auch Zeiten beim Fahren, Umsteigen und Aufenthalt: Wie lange dauert die Fahrtzeit? Wann muss die Rückfahrt angetreten werden? Wie lange können wir im Zoo bleiben? Natürlich kann auch die Lehrkraft die Planung übernehmen und gezielt Sachaufgaben rund um die konkreten Fahrtzeiten und Preise mit Bezug auf den Ausflug für den Mathematikunterricht vorgeben. Bei der Durchführung des Ausflugs ist, wie bei allen Unterrichtsgängen, zuvor das richtige Verhalten an Haltestellen und in Bus und Bahn zu klären und ggf. zu üben. Der Ausflug mit Bus und Bahn ist ein besonderes Erlebnis. Für manche Kinder ist es sogar das erste Mal, dass sie in einem Zug sitzen oder mit einem Linienbus fahren.

Mögliche Ausflugsziele:

- Zoo/Tierpark
- Museum
- Theater
- Planetarium
- Wald
- Schwimmbad/Spaßbad
- Freizeitpark
- Stadt/Rathaus

c) Material

- Fahrpläne
- Stadtplan/Liniennetzplan
- Internetanschluss/Handy-App

d) Tipps

- Im Berufsverkehr sind viele Busse und Bahnen sehr voll. Etwas mehr Platz ist im Bus, wenn man nicht gleich zu Schulbeginn in der so genannten „Verkehrsspitze“ startet, sondern erst gegen 8.30 oder 9.00 Uhr. Große Gruppen (mehr als eine Klasse) sollte man zuvor telefonisch bei den örtlichen Verkehrsbetrieben anmelden.
- Das Ausflugsziel kann auch eine Einrichtung der Verkehrsbetriebe sein wie der Bahnhof oder der Betriebshof (siehe Busschule).
- Eine weitere Möglichkeit der ÖPNV-Erfahrung bieten Stadtrallyes, die die Benutzung der öffentlichen Verkehrsmittel einschließen oder Spiele, bei denen das Liniennetz das Spielbrett in Originalgröße ist (siehe Kasten 24).
- Neben Klassenausflügen mit Bus und Bahn kann man auch mit öffentlichen Verkehrsmitteln auf Klassenfahrt gehen (vgl. Spitta 2012). Gerade für die Bahn gibt es sehr günstige Gruppentarife. Ggf. kann das Gepäck mit Elternhilfe zum Aufenthaltsort transportiert werden, um das Schleppen schwerer Koffer in Bus und Bahn zu umgehen.

[23] Beispiel für eine Ausflugsplanung mit einer 4. Klasse

Fahrplan Hinfahrt:		
7:41	ab Langforthstr.	mit dem Bus 333
7:49	an Herne Bf	
7:57	ab Herne Bf	mit der U-Bahn U35
8:12	an Bochum Hauptbahnhof	
8:23	ab Bochum Hauptbahnhof	mit dem Zug (RegionalBahn RB)
8:47	an Hagen Hauptbahnhof	
09:02	ab Hagen Hauptbahnhof	mit dem Doppeldecker-Zug (RegionalExpress RE)
09:17	an Wuppertal-Oberbarmen	
09:27	ab Oberbarmen	mit der Schwebebahn
09:51	an Zoo-Wuppertal	

Bild 181: Ausflug nach Wuppertal: Klassenfoto unter der Schwebebahn

Unser Ausflug von Herne nach Wuppertal und in das Bergische Land

Wir treffen uns am 3. Juni (pünktlich!) um 07.30 Uhr in der Schule. Mit dem HCR-Linienbus 333 fahren wir zum Bahnhof Herne. Von dort mit der U-Bahn U35 nach Bochum.

Am Bochumer Hauptbahnhof steigen wir in den Zug nach Hagen. Der Zug fährt entlang der Ruhr durch Witten und Wetter. Ab Hagen fahren wir in einem Doppeldecker-Zug durch das Bergische Land bis zum Bahnhof Oberbarmen am Stadtrand von Wuppertal. Dort befindet sich die Endhaltestelle der Wuppertaler Schwebebahn.

Die Schwebebahn wurde schon vor über 100 Jahren gebaut. Sie „schwebt" über dem Fluss – der Wupper – weil schon damals durch Wohnhäuser und Fabriken wenig Platz im Tal der Wupper war. Mit der Schwebebahn gleiten wir an Hinterhöfen und Fabriken vorbei bis zur Schwebebahnstation Zoo/Stadion. Von dort sind es nur etwa 200 Meter bis zum Eingang des Zoologischen Gartens.

Bild 182: Warten an der Haltestelle beim Ausflug

e) Literatur:

Spitta, Philipp (2012): Abenteuer-Reise. In: Zeitschrift für Verkehrserziehung. Jg. 62, Heft 3, Vogel Verlag München, S. 18-23.

[24] Bus- und Bahn-Rallye (geeignet ab 5. Klasse)

Im Rahmen einer Bus- und Bahn-Rallye können Schüler*innen das städtische ÖPNV-Netz kennen lernen. In Anlehnung an das Brettspiel „Scotland Yard" macht sich eine Gruppe von Spionen mit öffentlichen Verkehrsmitteln auf den Weg, um geheime Unterlagen zu überbringen. Mehrere Detektiv-Gruppen heften sich den Spionen an die Fersen, um die Geheimdokumente zu ergattern. Die Spieler*innen sind mit Tickets, Fahrplan-App, Liniennetzplan und Handy ausgestattet. In regelmäßigen Abständen müssen sich Verfolgte und Verfolger telefonisch per Handy bei der Zentrale melden und ihren Standort verraten. Dabei erfahren die einzelnen Gruppen auch den Standort der anderen Spieler*innen im Liniennetz.
Nun gilt es herauszufinden, welchen Bus oder welche Straßenbahnlinie die Spione wohl nehmen und wo sie gestellt werden könnten. Spielerisch übt sich der Umgang mit Liniennetz und Fahrplan-App. Sind die Spione bis zu einer verabredeten Zeit nicht gefunden worden, haben sie gewonnen. Bei Grundschulklassen (ab 4. Schuljahr) sollten die Gruppen durch jeweils eine erwachsene Person begleitet und unterstützt werden.

3.7.2 Haltestellenerkundung

a) Didaktische Überlegungen/Einordnung in die Mobilitätsbildung

Die Haltestelle von Bus oder Bahn in der Nachbarschaft der Schule ist der nächstmögliche Berührungspunkt mit dem öffentlichen Verkehr. Sie sollte daher mit den Kindern im Rahmen der Mobilitätsbildung bei einem Unterrichtsgang aufgesucht und unter die Lupe genommen werden. An einer Haltestelle finden sich wichtige Informationen zum Nahverkehr in der Region, zu Linien, Liniennummern, Fahrplänen und Tarifen.

Bild 183: Übungs-Haltestelle auf dem Betriebshof

b) Handlungsanregungen

Im Rahmen eines Unterrichtsganges bieten sich folgende Beobachtungen an der Haltestelle an:

- Welche Informationen enthält das Haltestellenschild (Haltestellennamen, Liniennummer, Zielhaltestelle, Linienweg, Tarifgebiet oder ähnliches)?
- Wie ist der Abfahrtsplan gestaltet (wann und wie oft fahren die Busse/Bahnen)?
- Welche Informationen gibt es noch (Stadtplan, Liniennetzplan, Tarifinformationen)?
- Schließlich kann man untersuchen, wie die Haltestelle gestaltet ist (mit Wartehaus, Regenschutz, Beleuchtung oder ähnlichem) (siehe Kopiervorlage AB 66).

Bild 184a/184b: Haltestellenschild untersuchen

Die gesammelten Informationen können vor Ort oder später in der Klasse ausgewertet und interpretiert werden. Wenn die Schüler*innen Klemmbretter und Papier dabeihaben, sollte das Haltestellenschild abgezeichnet werden, um später die einzelnen Symbole, Zeichen und Hinweise auf dem Schild besser besprechen zu können. Zusätzlich können Fotos gemacht werden.

c) Material

- Klemmbretter/Schreibunterlage
- Kopiervorlage/Papier
- Stifte
- falls vorhanden: Informationsmaterial der Verkehrsbetriebe
- Kamera
- Stoppuhr für die Zeit-/Schrittmessung bis zur Haltestelle

d) Tipps

- Da in jedem Verkehrsverbund die Haltestellenschilder etwas anders gestaltet sind, empfiehlt es sich für die Lehrkraft, vorher die Schilder selbst zu studieren und sich ggf. bei den Verkehrsbetrieben/Verbünden Material und Informationen zur Entschlüsselung der Symbole zu besorgen.
- In einigen Städten übernehmen benachbarte Schulen die Patenschaft für eine Haltestelle. Die Schüler*innen haben die Möglichkeit, die Haltestelle individuell zu gestalten, und sind gleichzeitig verantwortlich für die Sauberkeit und Ordnung sowie das Vermeiden von Vandalismusschäden an der Haltestelle.
- Der Fahrplanaushang an der Haltestelle kann in den meisten

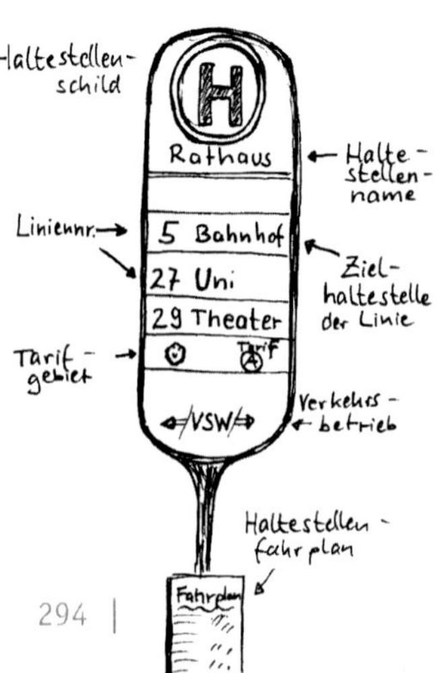

Fahrplan

Gültig ab 13.05.2020 Alle Angaben ohne Gewähr

Bild 185.
Haltestellenfahrplan

349 Richtung: Haarstr.

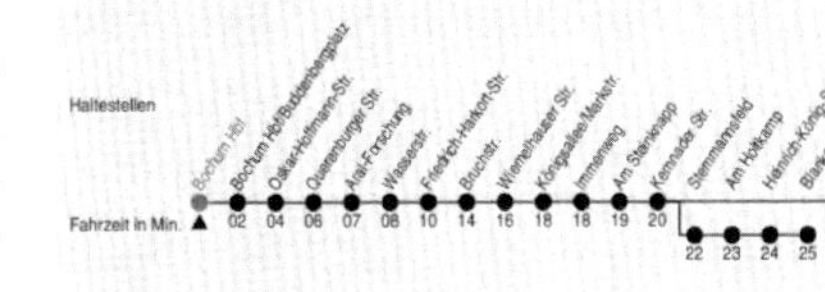

Uhr	montags - freitags	Uhr	samstags	Uhr	sonn- und feiertags
5	00 30[A]	5		5	
6	00 30[A]	6	00 30[A]	6	
7	00 30[A]	7	00 30[A]	7	
8	00 30[A]	8	00 30[A]	8	00 30[A]
9	00 30[A]	9	00 30[A]	9	00 30[A]
10	00 30[A]	10	00 30[A]	10	00 30[A]
11	00 30[A]	11	00 30[A]	11	00 30[A]
12	00 30[A]	12	00 30[A]	12	00 30[A]
13	00 30[A]	13	00 30[A]	13	00 30[A]
14	00 30[A]	14	00 30[A]	14	00 30[A]
15	00 30[A]	15	00 30[A]	15	00 30[A]
16	00 30[A]	16	00 30[A]	16	00 30[A]
17	00 30[A]	17	00 30[A]	17	00 30[A]
18	00 30[A]	18	00 30[A]	18	00 30[A]
19	00 30[A]	19	00 30[A]	19	00 30[A]
20	00 30[A]	20	00 30[A]	20	00 30[A]
21	00 30[A]	21	00 30[A]	21	00 30[A]
22	00 30[A]	22	00 30[A]	22	00 30[A]
23	00 30[A]	23	00 30[A]	23	

A=bis Blankensteiner Str.

Verkehrsverbünden punktgenau für jede Haltstelle als PDF-Datei ausgedruckt werden. Der ausgedruckte Haltestellenfahrplan bietet in der Klasse weitere Möglichkeiten der Bearbeitung.

- Der Haltestellenfahrplan ist eine typische Tabelle, wie man sie im Mathematikunterricht in verschiedenen Formen ohnehin kennen und lesen lernen muss. Neben der Liniennummer informiert der Haltestellenfahrplan über die Endhaltestelle. Darunter sind wie auf einer Perlenkette alle Haltestellen der Linien aufgeführt mit der Fahrzeit, die der Bus von der Einstiegshaltestelle bis dorthin in Minuten benötigt. Erst jetzt erfolgt die eigentliche Tabelle, die in Spalten (die Wochentage sowie Samstag und Sonntag) aufgeteilt sind. In den Zeilen drunter sind für jede Stunde am Tag die Abfahrtzeiten in Minuten angegeben. So fährt dieser Bus Linie 349 (siehe Bild 185, Haltestellenfahrplan und AB 67) beispielsweise Montag bis Freitag um 10.00 Uhr und 10.30 Uhr, also genau alle 30 Minuten. Ebenso am Samstag und Sonntag. Mit Hilfe der Kopiervorlage AB 67 können die Schüler*innen vor oder nach der Haltestellenerkundung üben, den Plan zu lesen. Mit diesen Plänen können auch Rechenaufgaben selbst erstellt werden.

e) Literatur

Spitta, Philipp (2019): Bus- und Bahn-Detektive. Begleitheft für Lehrerinnen und Lehrer. Unterrichtsmaterial für die Klasse 3 und 4 an Grundschulen. Überarbeitete Neuauflage. Verkehrsverbund Rhein-Sieg, Köln (Das Material ist auf den Seiten des Verkehrsverbundes VRS als PDF hinterlegt, siehe auch www.philipp-spitta.de).

Spitta, Philipp (2019): Bus- und Bahn-Detektive. Forscherheft für Schülerinnen und Schüler. Überarbeitete Neuauflage. Verkehrsverbund Rhein-Sieg. Köln.

Spitta, Philipp (2013m): Kinder unterwegs mit Bus und Bahn – Rechnen mit Fahrplan und Fahrpreisen. In: Sache-Wort-Zahl, Jg. 41, Heft 137, S. 47-52.

f) Arbeitsblätter/Kopiervorlage

AB 66:
Haltestellen-erkundung

AB 67:
Haltestellen-fahrplan

3.7.3 Fahrplan, Linien, Liniennetz und Tarife

a) Didaktische Überlegungen/Einordnung in die Mobilitätsbildung
Um sich mit Bus und Bahn fortbewegen zu können, muss man nicht nur wissen, wo die nächste Haltestelle ist, sondern auch wie man möglichst schnell vom Startpunkt zum Zielort kommt, wann und wo man gegebenenfalls umsteigen muss und was für die Fahrt zu bezahlen ist. Hilfreich ist dabei die Kompetenz, Karten lesen zu können und die abstrakten Liniennetzpläne zu verstehen, auf der alle Linien der Bahnen oder Busse mit ihren Haltestellen einer Stadt in einer Karte dargestellt sind (siehe AB 68). Bei der Beschäftigung mit diesen Plänen wird konkret an den im Rahmen des Sach- bzw. Erdkundeunterrichts geforderten Kompetenzen zum Erschließen von Karten gearbeitet (Hemmer/Wrenger 2016).

Noch vor einigen Jahren musste man für die Planung einer Fahrt Fahrplanhefte lesen lernen. Mit der Etablierung von internetbasierten Seiten zur Reiseplanung und vor allem durch einfach zu bedienende Apps auf dem Smartphone ist die Reiseplanung erheblich vereinfacht worden. Kinder und Jugendliche haben bei der Bedienung solcher Apps in der Regel keine Probleme. Man benötigt nur Start- und Zielhaltestelle oder, wenn man diese nicht kennt, kann man alternativ die Adresse und Hausnummer von Start- und Zielort eingeben und erhält dazu, neben der Bus- und Bahn-Verbindung, auch die günstigste in der Nähe gelegene Haltestelle genannt. Zusätzlich werden Tarife und Ticketpreise angezeigt. Falls gewünscht, kann die Fahrkarte als Handyticket gleich mitgekauft werden. Auch wenn die „digitalen Tools“ per App oder Internet die Vorbereitung einer Fahrt mit öffentlichen Verkehrsmitteln und Reisen mit der Bahn erheblich erleichtert haben, sollte man im Unterricht zusätzlich neben dem Anwenden solcher digitaler Fahrtenplanungen auch die reale Seite mit einbeziehen, also die vorgeschlagene Route und die anvisierten Verkehrsmittel auf dem Stadt- oder Liniennetzplan nachvollziehen und anschließend im Rahmen eines Ausflugs auch tatsächlich nutzen. Die von der App angegebenen Reisezeiten können dann in der Realität überprüft und mit Anwendungs- und Alltagsbezug berechnet werden (Spitta 2013m).

b) Handlungsanregungen
Beim Umgang mit dem Liniennetzplan bietet es sich an, mit der oder den Linien in der Nachbarschaft der Schule zu beginnen und diese auf dem Netzplan zu suchen. Dabei sollte die „eigene“ Haltestelle bei der Schule (und die vor der Wohnung der Schüler*innen) markiert werden. Die benötigten Liniennetzpläne finden sich im Internet oder können in ausgedruckter Variante beim örtlichen Verkehrsunternehmen oder Verkehrsverbund bestellt werden. Mit den Schüler*innen ist der Sachverhalt zu klären, dass die Bus- oder Bahnlinie vor der Schule immer auf

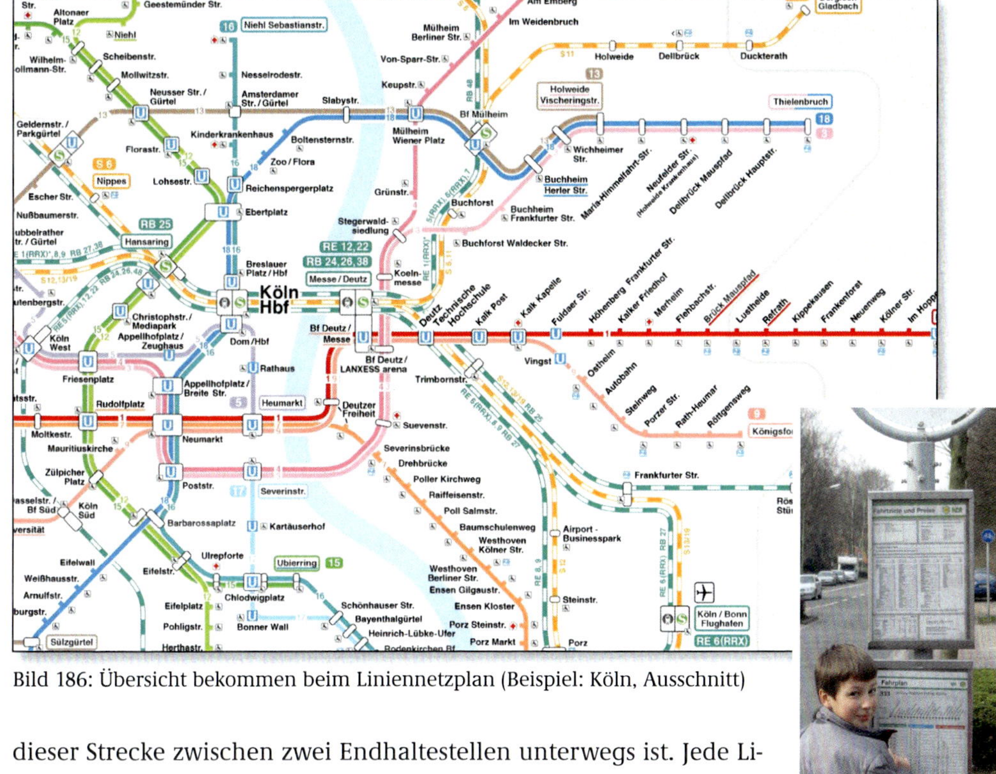

Bild 186: Übersicht bekommen beim Liniennetzplan (Beispiel: Köln, Ausschnitt)

dieser Strecke zwischen zwei Endhaltestellen unterwegs ist. Jede Linie in der Region hat eine eigene Nummer, der wie ein Name diese Linie fest bezeichnet. Neben der Liniennummer steht immer das Fahrtziel, also die Endhaltestelle am Bus und an der Haltestelle, so dass man sieht, in welcher Richtung sich dieser Bus auf der Linie bewegt. Zwischendurch hält der Bus (die Bahn) an verschiedenen Haltestellen, die auf dem Netzplan als Punkte dargestellt sind. Am Haltestellenplan sind diese Haltestellen einer Linie meist wie eine Perlenkette dargestellt. Kreuzen sich eine oder mehrere Linien an den Haltestellen, kann man dort umsteigen. Durch die Darstellung der Linienbänder oder „Perlenketten" auf einem gemeinsamen Plan, entstehen die typischen Netzkarten mit sich kreuzenden oder parallel verlaufenden Liniensträngen. Diese Liniennetzpläne sind grob an normalen Karten orientiert (z.B. ist Norden oben und Flüsse oder markante Punkte sind verzeichnet), allerdings sind Entfernungen und Maßstäbe nicht direkt auf eine normale Karte übertragbar, sondern geben nur eine abstrakte Form der städtischen Infrastruktur wieder. Solche Netzpläne dienen als Orientierung bei der Reiseplanung und beim Umsteigen und müssen, so wie normale Stadtpläne auch, lesen gelernt werden (siehe auch Kopiervorlagen AB 68 und AB 69). Ein Abgleich von Stadtplan und Liniennetzplan kann Kindern bei diesem Lernprozess unterstützen. Dazu können die Haltestellen einer Buslinie vom Liniennetzplan im normalen Stadtplan gesucht und markiert werden.

Bild 187: Haltestellenfahrplan untersuchen

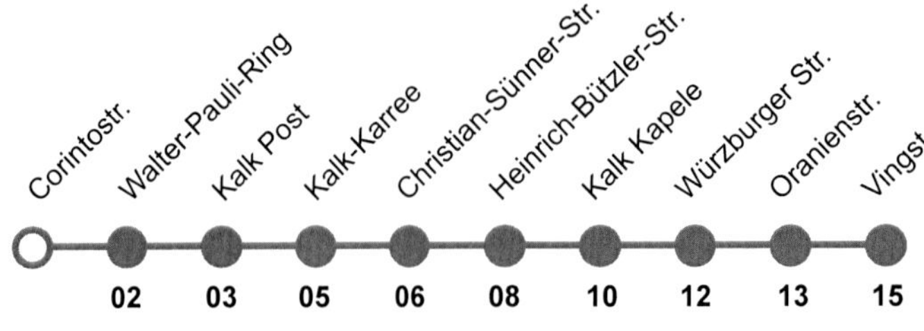

Bild 188: Perlenkette einer Buslinie am Haltestellenplan (mit Fahrzeiten ab der Starthaltestelle)

Es ist sinnvoll, das Ermitteln von Fahrtmöglichkeiten mit einer App oder im Internet in konkrete Situationen einzubetten. Es bietet sich besonders bei der Planung eines Klassenausfluges (vgl. Kapitel 3.7.1) an, gemeinsam mit den Schüler*innen auch die ÖPNV-Verbindungen, die Fahrzeiten und Umsteigemöglichkeiten herauszufinden. Die auf der Kopiervorlage (AB 70) vorgeschlagenen (Sach-)Rechenaufgaben stellen eine Ergänzung und zusätzliche Übung dar. Als Abschluss des Themas bietet sich ein selbst erstelltes Bus- und Bahn-Quiz an, in dessen Rahmen von den Schüler*innen erarbeitete Knobelaufgaben rund um den örtlichen Fahrplan gelöst werden müssen.

c) Material

- Fahrpläne von der örtlichen Haltestelle in der Nähe der Schule
- Liniennetzpläne und ergänzend dazu Stadtpläne
- Karteikarten (für das Quiz)
- Kopiervorlagen zum Notieren der Fahrtzeiten
- Computer mit Internetzugang in der Klasse
- Smartphone mit Nahverkehrs-App des örtlichen Verkehrsbetriebes oder des Verbundes

d) Tipps

- Einige Verkehrsbetriebe stellen Schulen aktuelle Fahrpläne als Arbeitsmaterial sowie Liniennetzpläne zur Verfügung.
- Haltestellenpläne von der schulnahen Haltestelle sind in vielen Verkehrsverbünden als PDF aus dem Netz herunterzuladen.
- Manchmal muss man die von der App berechneten Fahrten kritisch hinterfragen. Dazu muss man sich allerdings im Liniennetz (und auf den Plänen) auskennen. So kann es z.B. sinnvoll sein, anstatt nur eine Haltestelle weit zu fahren, um dann umzusteigen, gleich ein paar Meter weiter zu laufen und dann z.B. bessere Abfahrzeiten an der nächsten Haltestelle zu bekommen.
- Man kann die Fahrtangebote verschiedener Apps vergleichen. Über die App der Deutschen Bahn (www.bahn.de) können beispielsweise auch Nahverkehrsangebote angefragt werden.
- Die Quiz-Aufgaben können in einer Klassen-Quizshow eingebunden oder zum Rechnen in anderen und offenen Unterrichtsphasen genutzt werden.
- Das Ausfüllen der Raster zum Planen einer Fahrt (siehe Kopiervorlage), in das die Verbindungen eingetragen werden können, sollte gemeinsam geübt werden.

e) Literatur

Hemmer, Michael / Wrenger, Katja (2016): Förderung der Kartenkompetenz im Sachunterricht. In: Adamina, M. /Hemmer, M. / Schubert, J. (Hrsg.): Die geographische Perspektive konkret. Begleitband 3 zum Perspektivrahmen Sachunterricht, Bad Heilbrunn, S. 179-186.

Siller, Rolf (Hrsg.) (2003): Kinder unterwegs – Schule macht mobil. Verkehrs- und Mobilitätserziehung in der Schule. Donauwörth.

Spitta, Philipp (2013m): Kinder unterwegs mit Bus und Bahn – Rechnen mit Fahrplan und Fahrpreisen. In: Sache-Wort-Zahl, Jg. 41, Heft 137, S. 47-52.

Spitta, Philipp (2016): Immer unterwegs – Mobilität von Menschen und Waren untersuchen. In: Adamina, M. /Hemmer, M. / Schubert, J. (Hrsg.): Die geographische Perspektive konkret. Begleitband 3 zum Perspektivrahmen Sachunterricht, Bad Heilbrunn, S. 62-75.

f) Arbeitsblätter/Kopiervorlagen

AB 67:
Haltestellenfahrplan

AB 68:
Linien und Liniennetz (2 Seiten)

AB 69:
Planung einer Fahrt

AB 70:
Fahrplan-Quiz / Rechnen mit Bus und Bahn (2 Seiten)

3.7.4 In die neue Schule mit Bus und Bahn

a) Didaktische Überlegungen/Einordnung in die Mobilitätsbildung

Erfahrungen mit öffentlichen Verkehrsmitteln auf dem Schulweg sind für Kinder in der Grundschulzeit selten. Auch wenn Kinder mit dem Schulbus fahren, ist dies nicht unbedingt mit den Erfahrungen der Verkehrsteilnahme mit öffentlichen Verkehrsmitteln gleichzusetzen, da Schulbusse als „Spezialverkehre" nach anderen Regeln unterwegs sind als ein Linienbus oder eine Straßenbahn.

Mit dem Schulwechsel ab der 5. Klasse und den damit einhergehenden weiteren Wegen zur Schule bekommen öffentliche Verkehrsmittel häufig einen anderen Stellenwert. Daher bietet es sich im Rahmen der Übergangsentscheidungen zu den Schulformen der weiterführenden Schulen an, auch die weiteren Wege dorthin zu thematisieren. Wenn im Frühjahr feststeht, an welche Schule ein Kind wechselt, können die Wege dahin untersucht werden, es kann eine Wahl der Verkehrsmittel überlegt und ggf. die Erreichbarkeit von der Wohnung zur neuen Schule mit Bus und Bahn ermittelt werden.

Bild 189: Freizeitverkehr:
Straßenbahnfahrt nach dem Baden

b) Handlungsanregungen

Im Mobilitätsunterricht untersuchen die Schüler*innen mit Hilfe von Liniennetzplänen oder Stadtplänen den Weg von ihrem Wohnort zur neuen Schule. Wenn die Start- und Ziel-Haltestellen bekannt sind, können nun mit der Fahrplan-App oder im Internet Verbindungsmöglichkeiten gesucht werden. Folgende Fragen stehen dabei im Mittelpunkt:

- Welchen Bus/welche Bahn muss ich morgens nehmen, um rechtzeitig in der neuen Schule anzukommen?
- Wo muss ich umsteigen?
- Wie lange ist die gesamte Fahrtzeit?
- Mit welchem Ticket (zum Beispiel Schülermonatsticket) kann ich fahren?

Als Hilfe zum Eintragen der Abfahrtszeiten dient die Kopiervorlage **AB 71** (und weitere Kopiervorlagen zum Eintragen weiterer Verbindungen).

c) Material

- Kopiervorlage
- Stadt-/Linienpläne
- Fahrplanhefte
- Handy-App der Verkehrsbetriebe oder Verkehrsverbünde (oder DB-Bahn-App)
- Internetanschluss

d) Tipps

- In manchen Verkehrsverbünden stellen die Verkehrsbetriebe für die Schüler*innen der zukünftigen 5. Klasse und deren Eltern ein kostenloses Sonderticket (Gutschein) zur Verfügung, damit Eltern und Jugendliche den Weg zur neuen Schule einmal mit Bus und Bahn gemeinsam erproben können.
- Ältere ehemalige Schüler*innen, die bereits an einer weiterführenden Schule sind, können eingeladen werden und von ihren Erfahrungen in der Schule und vom Weg dorthin berichten.
- Für die Sekundarstufe liegen im Internet zahlreiche Arbeitsblätter und Materialien vor, die das Thema Bus und Bahn ab der 5. Klasse aufwärts altersgemäß thematisieren (vgl. Kapitel 3.7.6.).

e) Literatur

Spitta, Philipp (2019): Bus und Bahn Detektive. Begleitheft für Lehrerinnen und Lehrer. Unterrichtsmaterial für die Klasse 3 und 4 an Grundschulen. Überarbeitete Neuauflage. Verkehrsverbund Rhein-Sieg, Köln.

Spitta, Philipp (2019): Bus und Bahn-Detektive. Forscherheft für Schülerinnen und Schüler. Überarbeitete Neuauflage. Verkehrsverbund Rhein-Sieg. Köln.

f) Kopiervorlagen/Arbeitsblätter

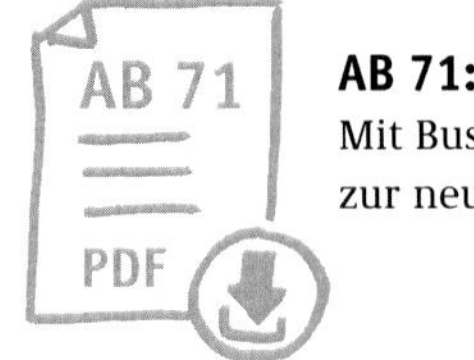

AB 71:
Mit Bus und Bahn zur neuen Schule

Bild 190: Der Blick hinter die Kulissen auf dem Betriebshof

Bild 191: VRR-Material zur Busschule

3.7.5 Busschule und Besuch des Betriebshofs

a) Didaktische Überlegungen/Einordnung in die Mobilitätsbildung

Die Erkundung der Lebens- und Arbeitsbedingungen am Heimatort, das Kennenlernen von Berufen und Betrieben ist in allen Bundesländern in den Sachunterrichtslehrplänen verankert. Der Besuch der örtlichen Verkehrsbetriebe oder des Bahnhofs hat den gleichen Stellenwert wie die Sachunterrichtsthemen Post, Feuerwehr oder Polizei. In vielen größeren Verkehrsbetrieben und Verkehrsverbünden besteht die Möglichkeit, mit der Klasse an einer Besichtigung des Betriebshofes teilzunehmen. Damit in Verbindung oder auch als separates Angebot werden vielerorts sogenannte „Busschulen" angeboten, bei denen die Schüler*innen von einem Bus an der Schule abgeholt werden und unterwegs oder auf dem Betriebshof verschiedene Aspekte der Benutzung des Busses, der Sicherheit (Festhalten, Ein- und Aussteigen, Abstand vom Bordstein an der Haltestelle) und weiteren Besonderheiten vertraut gemacht werden (Siller 2009).

Ebenso versucht man die Schüler*innen auf die hohen Kosten durch Vandalismusschäden, wie beispielsweise beschmierte Sitze, hinzuweisen. Weitere Lernangebote bestehen in der Demonstration des „Toten Winkels". Zur Busschule gibt es häufig auch begleitendes Material zur Vor- und Nachbereitung (vgl. VRR 2015: Wir werden Bus-Profis).

Bild 192: Toter Winkel (entnommen VRR 2015: Wir werden Bus-Profis, S. 15).

Bild 193: Test mit Kindern zum toten Winkel auch vor dem Bus

b) Handlungsanregungen

Besondere Höhepunkte sind der Blick unter einen Bus, das Gespräch mit einer Straßenbahnfahrerin über ihre Arbeit, die Fahrt mit einem Bus durch die Waschanlage, ein Bremstest im Bus, um zu zeigen, warum man sich immer festhalten muss, oder vielleicht einmal selbst für ein paar Meter eine Straßenbahn steuern zu dürfen.

Untersuchungsfragen bei der Busschule können sein (vgl. Siller 2009, S. 56):

- Wie viele Menschen passen in einen Bus?
- Wie viel wiegt ein Bus?
- Was kostet ein Bus?
- Nach welcher Zeit wird er ausrangiert?
- Was kostet ein Ticket?
- Wie kommen Kinderwagen und Rollstuhlfahrer in den Bus?
- Wie viel Kraftstoff (Diesel) verbraucht ein Bus?
- Wie hoch ist der Schadstoffausstoß?
- Gibt es auch E-Busse?
- Was passiert, wenn jemand bei Schmierereien oder ohne Ticket erwischt wird?

Eine besondere Form der Betriebsbesichtigung ist die Erkundung des lokalen Bahnhofes oder eines Hauptbahnhofes in einer größeren Stadt. Der Bahnhof ist zumindest in mittleren und größeren Städten ein wichtiger Verkehrsknotenpunkt und damit ein lohnender Ort für einen Besuch. Interessant ist der Blick hinter die Kulissen in die Sozialräume, die Bahnhofsmission, die Bahnhofspolizei (Bundesgrenzschutz), den alten Gepäcktunnel, das Fahrradparkhaus, den Fahrkartenverkauf und ähnliches. In einigen Städten bietet die Deutsche Bahn professionelle Bahnhofsführungen an, ansonsten können über den örtlichen Bahnhofsmanager die Bedingungen für eine Führung und einen Blick hinter die Kulissen vereinbart werden.

c) Material

- Unterrichtsmaterial von Nahverkehrsunternehmen (Filme, Hefte).
- Kamera

d) Tipps

- Wenn bei der Betriebsbesichtigung Fotos gemacht werden, können die Schüler*innen im Anschluss zu den einzelnen Bildern schreiben und so die verschiedenen Erlebnisse bei der Besichtigung dokumentieren und diese als Buch oder Heft zusammenstellen. Ebenso kann der Besuch in einer PowerPoint oder mit Präsentationsprogrammen (z.B. Book Creator) dokumentiert werden.

Bild 194: Gefahrendemonstration an der Haltestelle

- Falls Schulführungen über den Betriebshof nicht regelmäßig angeboten werden, sollte man den Kontakt über die Marketingabteilung des Verkehrsbetriebes herstellen.
- Im Rahmen einer Bahnhofsbesichtigung kann die „Sprache" der vielen Schilder, Piktogramme und Symbole näher untersucht werden (dazu gibt es in den Materialien der Verkehrsverbünde entsprechende Kopiervorlagen, vgl. Spitta 2019).
- Das Thema Bus und Verkehr kann in einem vielperspektivischen Sachunterricht aufgegriffen werden. Eine Rolle spielen neben Fragen der Sicherheit und des Verhaltens soziale, wirtschaftliche (was kostet ein Bus?; wie viel verdient ein*e Fahrer*in?), technische Aspekte (E-Bus, Hybridbus), geographische Bezüge (Busse in aller Welt) oder politische Elemente (hilft Busfahren dem Klima?) (vgl. Gröger/Schauenberg 2014).
- Wenn viele Schüler*innen überfüllte Busse benutzen müssen, kann es schnell beim Ein- und Aussteigen oder bei der Sitzplatzsuche zu Konflikten kommen. An zahlreichen Schulen finden dazu mit Unterstützung von Verkehrsunternehmen Streitschlichter-Schulungen oder eine Ausbildung zu Busbegleiter*innen statt (siehe www.schulbusprojekte.de). So ausgebildete Jugendliche sind dann im Bus Ansprechpartner*in und können bei Konflikten vermitteln.
- Um herauszufinden, ob die örtlichen Verkehrsbetriebe oder Busunternehmen Busschul-Programme anbieten reicht meist ein Blick auf die Internetseiten oder ein Anruf. Oft sind die Termine begehrt und es empfiehlt sich eine rechtzeitige Anmeldung.

Bild 195: Erinnerungsfoto am Steuer eines Linienbusses

e) Literatur/Internetadressen

Gröger, Dörte/ Schauenberg, Eva-Maria (2014): Rund um den Bus – Perspektiven in Vernetzung. In: Goll, Thomas/Schauenberg, Eva-Maria (Hrsg.): „Mobilität - Verkehr" als Thema des Sachunterrichts. Baltmannsweiler, S. 107-127.

Siller, Rolf (2009): Mit dem Bus zur Schule – (k)ein Kinderspiel? In: die Grundschulzeitschrift, Heft 224, S. 54-57.

Siller, Rolf (Hrsg.) (2003): Kinder unterwegs – Schule macht mobil. Verkehrs- und Mobilitätserziehung in der Schule. Donauwörth.

Spitta, Philipp (2019): Bus und Bahn-Detektive. Forscherheft für Schülerinnen und Schüler. Überarbeitete Neuauflage. Verkehrsverbund Rhein-Sieg. Köln.

VRR (2015): Wir werden Bus-Profis. Clever einsteigen und immer gut fahren. Unterrichtsmaterial und Lehrerbegleitheft Verkehrsverbund Rhein Ruhr (VRR) (Text und Konzeption Philipp Spitta). Gelsenkirchen. https://www.vrr.de/de/magazin/fit-fuer-bus-und-bahn.

Internetadressen zur Busschule
Infos zu Busschule in NRW: https://infoportal.mobil.nrw/projekte/busschule.html.

Busschulprojekte und Busbegleitung bundesweit:
https://www.schulbusprojekte.de/aktiv-werden/busschulen/index.html.

DB: Infos der Deutschen Bahn: www.bahn.de oder www.bahn.de/kids.

HVV: Filme und Infos zur Busschule im HVV (Hamburg) https://www.hvv-schulprojekte.de/busschule.

Toter Winkel: Sendung mit der Maus:
https://www.wdrmaus.de/filme/sachgeschichten/verkehrsschule_toter_winkel.php5.

3.7.6 Unterrichtsmaterial von Verkehrsverbünden und Verkehrsbetrieben

a) Didaktische Überlegungen/Einordnung in die Mobilitätsbildung

Viele Verkehrsunternehmen und Verkehrsverbünde haben in den letzten Jahren Material für Schulen ausgearbeitet. Neben allgemeinen Aspekten der Mobilität sowie der Vor- und Nachteile verschiedener Verkehrsmittel geht es in den meisten Materialpaketen um die konkreten Verkehrsmittel vor Ort, um Fahrpläne, Liniennetze und Tarife, die in Form von Texten, Arbeitsblättern oder auch begleitenden Filmen den Schüler*innen präsentiert werden.

Das Material liegt meist für die dritten und vierten Klassen der Grundschule vor. Einige Verkehrsverbünde (z.B. HVV Hamburg) haben speziell ausgearbeitetes Material für die Sekundarstufe 1 im Angebot, häufig kombiniert mit einem interaktiven Internetangebot (siehe VVOWL Bielefeld/Ostwestfalen). Etwas seltener werden auch dezidiert Aufgabenpakete für die Oberstufe angeboten (siehe u.a. HVV Hamburg und auch im Rahmen des Curriculum Mobilität in Niedersachsen). Das Unterrichtsmaterial kann fast immer im Internet als PDF heruntergeladen werden oder kostenfrei als Klassensatz bei den regionalen Betrieben oder Verkehrsverbünden bestellt werden. Exemplarisch sei hier neben den zahlreichen Angeboten aus Hamburg (HVV) auf den Materialordner des Verkehrsverbundes Ostwestfalen-Lippe verwiesen (VVOWL 2019), der in gelungener Weise die Kopiervorlagen im Ordner mit Aufgaben auf der zugehörigen Internetplattform verbindet. Hier finden sich zu folgenden Teilbereichen motivierende Aufgaben und Übungen:

- Mobilitätsverhalten,
- Sicherheit,
- faires Verhalten,
- Reiseplanung,
- Umwelt und Gesundheit

(Infos unter https://www.vvowl.de/de/projekte/Unterrichtsmaterialien.php oder https://www.schule-macht-mobil.de).

c) Material

Viele Verkehrsbetriebe und besonders die großen Verkehrsverbünde bieten Material für Schulen an. Durch ständig wechselnde Angebote kann hier keine vollständige Übersicht geboten werden. Im Folgenden findet sich eine Liste großer Verkehrsverbünde und Verkehrsunternehmen, die in der Regel auch Material oder Schulprogramme anbieten:

- AVV Aachener Verkehrsverbund www.avv.de.
- AVV Augsburger Verkehrsverbund www.avv-augsburg.de.
- BVG Berliner Verkehrsbetriebe www.bvg.de.
- DB Deutsche Bahn www.bahn.de.
- DVB Dresdner Verkehrsbetriebe www.dvbag.de.
- GVH Region Hannover www.uestra.de, www.gvh.de.
- HVV Hamburger Verkehrsverbund www.hvv.de.
- KVV Karlsruher Verkehrsverbund www.karlsruhe.de/KVV.
- LVB Leipziger Verkehrsbetriebe www.lvb.de.
- MDV Mitteldeutscher Verkehrsverbund www.mdv.de.
- MVV Münchener Verkehrsverbund www.mvv-muenchen.de.
- NAH.SH Nahverkehrsverbund Schleswig-Holstein www.nah.sh.
- NVV Nordhessischer Verkehrsverbund www.nvv.de.
- RMV Rhein-Main Verkehrsverbund (Region Frankfurt) www.rmv.de.
- saarVV Saarländischer Verkehrsverbund www.saarvv.de.
- RVF Regio-Verkehrsverbund Freiburg www.rvf.de.
- SWM Stadtwerke Münster www.stadtwerke-muenster.de/fahrgaeste.
- VBB Verkehrsverbund Berlin-Brandenburg www.vbb.de
- VBN Verkehrsverbund Bremen-Niedersachsen www.vbn.de.
- VDV Verband der Verkehrsunternehmen www.vdv.de.
- VGN Verkehrsverbund Großraum Nürnberg www.vgn.de.
- VRN Verkehrsverbund Rhein-Neckar (Heidelberg) www.vrn.de.
- VRS Verkehrsverbund Rhein-Sieg (Köln/Bonn) www.vrsinfo.de.
- VRR Verkehrsverbund Rhein-Ruhr (Ruhrgebiet/Düsseldorf) www.vvr.de.
- VVOWL Verkehrsverbund Ostwestfalen-Lippe www.vvowl.de.
- VVS Verkehrs- und Tarifverbund Stuttgart www.vvs.de.

d) Tipps

- Ergänzend zu den Materialien bieten einige Verkehrsunternehmen eine „Busschule“ für Schüler*innen an, in der praktisch und theoretisch zum Thema Sicherheit, Vor- und Nachteile des ÖPNV, Tarife und Liniennetz gearbeitet wird (siehe Kapitel 3.7.5).
- Für neue Autos wird in vielen Zeitungen und auf Plakatwänden Werbung gemacht. Die Schüler*innen sollen nun anstelle von Autowerbung Ideen sammeln, wie für Bus und Bahn geworben werden könnte. In Partner- oder Gruppenarbeit entwerfen sie, nachdem sie sich mit Werbebotschaften und der Gestaltung von Werbung auseinandergesetzt haben, eigene Werbeplakate und Sprüche für den öffentlichen Verkehr (siehe dazu auch die Kopiervorlage AB 72).
- Die Schüler*innen entwerfen ein Plakat (oder eine Collage) wie sie sich den Bus- und Bahnverkehr der Zukunft vorstellen.

Bild 198: Kinderfahrschule auf dem Betriebshof

Bild 199: Schulklasse auf dem Betriebshof

- Berufe bei Bus und Bahn: Der öffentliche Nahverkehr und die Bahn sind große Arbeitgeber in Deutschland und viele Berufszweige von Technik, Fahrdienst, Werkstatt, Verkehrsplanung, Verwaltung usw. sind in diesem Bereich angesiedelt (Anregungen zum Thema Berufe im ÖV siehe auch VVOWL-Ordner (VVOWL 2019) und unter https://www.schule-macht-mobil.de).

e) Literatur/Internetadressen

Bleyer, Renate/Bleyer, Gunter (2001): Mobil mit Bus und Bahn – Umsteigen bitte! Zur Verankerung der Mobilitätsbildung in der Grundschule. In: Sache-Wort-Zahl, Jg. 29. H. 38, S. 22-27.

Bleyer, Gunter (1995): „Wir fahren mit dem HVV". In: Zeitschrift für Verkehrserziehung ZfVE, Heft 2/95, S.7ff.

Bleyer, Gunter (1993): Kinder benutzen Bus und Bahn. In: Grundschule 6/1993, S.51.

HVV-Material Kita bis Sek 2: https://www.hvv-schulprojekte.de/unterwegs-im-hvv.

Siller, Rolf (2003): Öffentlicher Personennahverkehr. In: Siller, R. (Hrsg.): Kinder unterwegs – Schule macht mobil. Donauwörth, S. 82-99.

Spitta, Philipp (2019a): Bus und Bahn Detektive. Begleitheft für Lehrerinnen und Lehrer. Unterrichtsmaterial für die Klasse 3 und 4 an Grundschulen. Überarbeitete Neuauflage. Verkehrsverbund Rhein-Sieg, Köln.

Spitta, Philipp (2019b): Bus und Bahn-Detektive. Forscherheft für Schülerinnen und Schüler. Überarbeitete Neuauflage. Verkehrsverbund Rhein-Sieg. Köln.

Spitta, Philipp (2017): Mobilitätsbildung. In: Hartinger, A./Lange-Schubert, K. (Hrsg.): Sachunterricht – Didaktik für die Grundschule. Berlin, S. 157-166.

Spitta, Philipp (2015b): Wir werden Bus-Profis. Clever einsteigen und immer gut fahren. Unterrichtsmaterial Verkehrsverbund Rhein Ruhr (VRR) (Text und Konzeption). Gelsenkirchen.

Spitta, Philipp (2013h): Unterwegs mit Fahrrad, Bus, Bahn oder Auto. In: Praxis Grundschule, Jg. 36, H. 4, S. 14-20.

VVOWL (2019): Schule macht mobil. Mobilitätsbildung in der Schule. Unterrichtsmaterialien für die Jahrgangsstufen 5 und 6 in Ostwestfalen-Lippe. (Verkehrsverbund OWL) Bielefeld.

Zolg, Monika (2000): Thema: Öffentlicher Nahverkehr. In: Grundschulunterricht, H. 2, S. 14-22.

HVV-Material Kita bis Sek 2: https://www.hvv-schulprojekte.de/unterwegs-im-hvv.

[25] Sprachsensibler Mobilitäts- und Fachunterricht

Neben einer Beschäftigung mit der Inhaltsebene ist bei der Unterrichtsplanung eine Analyse von sprachlichen Elementen des jeweiligen Themas unter Beachtung besonderer sprachlicher „Stolpersteine" für Kinder wichtig. Im Bereich der Mobilitätsbildung (Thema Bus und Bahn) könnte man beispielsweise die Verbtrennung (Verbklammer) thematisieren. Viele Verben aus dem Verkehrsbereich lassen eine Untersuchung von Vorsilben zu, besonders wenn diese die Bedeutung des Verbs bei gleichem Stamm ändern (um-, ein-, aussteigen oder ab-, weg-, er-, umfahren).

Kindern mit anderer Herkunftssprache bereiten in diesem Zusammenhang auch Passivkonstruktionen („Am Bahnhof wird umgestiegen") Probleme. Diese Konstruktionen sollten besprochen und geklärt werden.

Ein weiteres Phänomen sind zusammengesetzte Nomen in diesem Themengebiet, die zu Verwirrungen führen können: (Z.B. bedeutet „Bahn" bei den folgenden Begriffen jeweils etwas anderes: Straßenbahn, Autobahn, Busbahnhof, Hauptbahnhof, Fahrbahn usw.). Die Zusammensetzung von Nomen und die unterschiedlichen Bedeutungen der Begriffe können entsprechend thematisiert werden.

Folgende Elemente unterstützen einen sprachsensiblen Sachunterricht:

- Die Kinder stellen Fragen zum Thema, die in der Klasse gesammelt und ausgestellt werden. Die Sammlung der Fragen ist während der Reihe nicht abgeschlossen. Zwei Plakate mit einer Stichwortsammlung „Das weiß ich schon" und „Das möchte ich noch wissen" können die Fragewand ergänzen. Diese Fragen der Schüler*innen können im Laufe einer Unterrichtsreihe beantwortet werden.
- In einem Wortspeicher werden für den Unterricht benötigte Begriffe und Fachwörter gesammelt. Durch Bilder, Zeichnungen und Lernplakate mit entsprechender Beschriftung kann das Fachvokabular verdeutlicht werden. Zur Unterrichtsreihe wird von der Lehrkraft eine Kernlexik erarbeitet. In dieser Sammlung werden nicht nur die Fachbegriffe aufgenommen, sondern alle Wortarten berücksichtigt, die zu dem entsprechenden Inhalt Unterstützung bieten (siehe das Beispiel für eine Kernlexik bei den Kopiervorlagen AB 73).

- Der Wortspeicher kann ergänzt werden durch ein Glossar oder ein Lexikon zum jeweiligen Sachunterrichtsthema. Das Glossar ist als Plakat, in Buchform oder als Teil des eigenen Forscherheftes allen Kindern zugänglich.
- Für Reflexionsphasen oder das Unterrichtsgespräch können zur sprachlichen Unterstützung Redeweisen oder Satzanfänge vorgegeben werden, um sprachliche Muster und präzise Ausdrucksweisen zu üben.
- Zur Unterstützung der Kommunikation über die Inhalte erstellen die Schüler*innen zu dem jeweiligen Thema ein begleitendes Forscherheft. Dieses kann differenziert angelegt sein. Neben freien und offenen Aufgabenstellungen und Dokumentationsmöglichkeiten kann für Kinder mit sprachlichem Unterstützungsbedarf die Vorgabe enger sein und durch Formulierungshilfen eine entsprechende Förderung stattfinden.
- Um Sachtexte erschließen zu können, werden Methoden der Texterschließung im Sach- und Deutschunterricht eingeführt (vgl. Spitta 2013i, S. 23).

f) Kopiervorlage/Arbeitsblätter

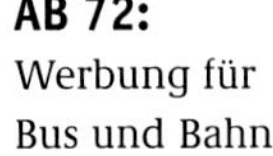
AB 72:
Werbung für
Bus und Bahn

Bild 200: Bewegungseinschränkungen im Wohnumfeld

3.8 Bewegung und Spiel

a) Didaktische Überlegungen/Einordnung in die Mobilitätsbildung

Kinder leiden zunehmend an Bewegungsdefiziten. Die Veränderung der räumlichen Umwelt, der Transport im Auto, die zahlreichen medialen Angebote, die Ernährungsweise und die bewegungsarme Gestaltung des Schulunterrichts tragen maßgeblich dazu bei, dass bei Grundschulkindern immer öfter mangelnde Bewegungserfahrungen diagnostiziert werden (siehe Kapitel 2.5). Dabei ist Bewegung und die Entwicklung der exekutiven Funktionen (Walk/Evers 2013, siehe dazu ausführlich Kapitel 3.4.1) für den ganzheitlichen Entwicklungsprozess von Kindern von fundamentaler Bedeutung (vgl. Zimmer 2014; Balster 1998). Neben der grundsätzlichen Bedeutung von Bewegung für die Auseinandersetzung des Kindes mit sich selbst und seiner Umwelt gehört auch die Steigerung der motorischen Kompetenz in Bezug auf die Teilnahme im Straßenverkehr zu dem Hintergrund, warum die Bewegungsförderung an Grundschulen einen höheren Stellenwert bekommen sollte.

Die in der Regel zwei bis drei Sportstunden in der Schulwoche reichen keinesfalls aus, um Kinder in diesem Bereich angemessen zu fördern. Vielmehr gilt es in allen Unterrichtsfächern, das Konzept der „Bewegten Schule" umzusetzen. Dazu gehört unter anderem eine Umgestaltung des Schulhofes als Bewegungslandschaft, bewegungsfördernde Pausenspiele, ein zu Fuß zurückgelegter Schulweg und eine Unterrichtskonzeption, die zwischen ruhigen Phasen und belebteren Formen wechselt und somit auch während der Unterrichtszeiten zu Bewegungen einlädt. Bewegung kann durch gezielte spielerische Elemente eingebracht werden, durch einen häufigen Methodenwechsel, das Aufsuchen eines anderen Lernortes, Unterrichtsgänge sowie Arbeitsformen, innerhalb derer Kinder eigene Schwerpunkte setzen und sich in Gruppen oder mit einem Partner frei bewegen können.

Bild 201: Bewegungsspiele beim Schul- und Sportfest

Insgesamt ist eine umfassende Bewegungsförderung notwendige Grundlage aller schulischen Bemühungen, die nicht zuletzt auch dem sicheren Verhalten der Kinder im Straßenverkehr zugutekommt.

b) Handlungsanregungen

Zum Thema Bewegung und Bewegungsspiele gibt es für die Praxis in der Schule und im Ganztagsbereich zahlreiche Veröffentlichungen. Verkehrssicherheitsverbände, Unfallkassen oder Krankenversicherungen haben in den letzten Jahrzehnten Materialpakete und Unterrichtsvorschläge an die Schulen gebracht, um die Bewegung im Unterricht oder in der Pause zu fördern. So wurden viele Klassen mit „Move it-Boxen" ausgestattet - Materialkisten mit Seilen, Bällen, Jongliertüchern oder Frisbees. Viele Schulen haben ihre Pausenhöfe umgestaltet und bieten Bälle, Seile und andere bewegungsanregende Materialien an. Weitere geeignete Spielideen, sortiert nach verschiedenen Bereichen wie auditive Wahrnehmung, visuelle Übungen, Umgang mit Gefühlen, Einschätzen von Geschwindigkeiten, Reaktionsspielen und vieles andere mehr, finden sich bei Warwitz (2005, S. 76 bis 251).

Die im Folgenden dargestellten Spiele verstehen sich als unvollständige Ideensammlung von Bewegungsanlässen und Übungen, die direkt oder indirekt einen Bezug zu Aspekten der Mobilitätsbildung aufweisen. Beschrieben werden einfache Spielvorschläge, die knapp über die Spielidee, den Ablauf, den

Bezug zur Mobilitätsbildung, die ungefähre Altersstufe und das benötigte Material informieren. Die Übungen im Kontext der Entwicklung der exekutiven Funktionen mit einer Förderung des Arbeitsgedächtnisses, der kognitiven Flexibilität und der Inhibition (vgl. Walk/Evers 2013, S. 17) lassen sich in vielen Fällen direkt auf die für eine aufmerksame und sichere Verkehrsteilnahme nötigen Kompetenzen übertragen.

c) Material (siehe auch bei den Spielvorschlägen)

- Move it Box
- Velo-Fit
- Jongliertücher, Bälle, Frisbees, Seile
- Pappdeckel (Bieruntersetzer)
- Musikanlage bzw. Box mit Bluetooth
- Murmeln
- Straßenmalkreide
- Bälle

d) Tipps

- Die „Move it-Box“ ist über die Verkehrswacht für knapp 300 € zu beziehen. Die Materialien der „Move it-Box“ lassen sich zum Teil auch selbst für die Klasse kostengünstiger zusammenstellen. So können Bälle, Jongliertücher, Frisbees, Springseile, Straßenmalkreide oder ähnliches beim Großhandel in größerer Anzahl besorgt und in sämtlichen Klassen einer Schule verteilt oder für die Pause zur Verfügung gestellt werden.
- Ähnliches Material wie die Move-it-Boxen bietet die Tasche “Velofit-Bag“, ebenfalls über die Verkehrswacht zu beziehen. Die Kosten (ca. 190 € pro Bag) werden häufig durch lokale Sponsoren übernommen. Hier kann man sich an die örtliche Verkehrswacht wenden. Alternativ können die Materialien (Bälle, Frisbees, Pappkarten, Tücher, Seile, große Schaumgummiwürfel, Augenbinden, Sandsäckchen usw.) auch kostengünstiger bei Sportanbietern besorgt werden.
- Begleitend zum „Velofit-Bag“ ist ein Handbuch erschienen mit sinnvollen Übungsanregungen zum Material und einem motorischen Screening für den Anfangsunterricht.
- Zur Förderung von Menschen mit Mobilitätseinschränkungen hat die Gießener Erziehungswissenschaftlerin Reinhilde Stöppler, Professorin für Geistigbehindertenpädagogik, zusammen mit dem Deutschen Verkehrssicherheitsrat (DVR) und den Unfallkassen ein umfangreiches Materialpaket zur Teilhabe und Verkehrssicherheit entwickelt (Stöppler 2015). Neben einem ausführlichen Theorieteil und der Beschreibung verschiedener Mobilitätseinschränkungen werden viele Übungen und Spiele vorgestellt, die für alle Altersstufen und Klassen geeignet sind, besonders (aber nicht nur) für inklusive Lerngruppen.
- Die Förderung der exekutiven Funktionen durch Spiele und Übungen (siehe ausführlich Kapitel 3.4.1) ist mittelbar auch für eine sicherere Verkehrsteilnahme von großer Bedeutung. Die in verschiedenen Praxisbüchern vorgeschlagenen Spiele und Übungen sind daher auch unbedingt im Rahmen der Mobilitätsbildung zu empfehlen (vgl. Walk/Evers 2013, Stuber-Bartmann 2018).

e) Literatur/Internetadressen

Baer, Ulrich (2009): 666 Spiele – für jede Gruppe für alle Situationen. Vollständig überarbeitete 25. Auflage. Klett/Kallmeyer: Seelze.

Balster, Klaus (1998): Kinder mit mangelnden Bewegungserfahrungen. Teil 1 bis 3. NRW-Sportjugend, (Teil 3 1999). Duisburg.

Petillon, Hanns/Valtin, Renate (Hrsg.) (1999): Spielen in der Grundschule. Grundlagen - Anregungen – Beispiele. Grundschulverband, Band 106. Frankfurt a.M.

Petillon, Hanns (2015): 1000 Spiele für die Grundschule. Von Adlerauge bis Zauberbaum. 4. Auflage. Weinheim.

Stöppler, Reinhilde (2015): Menschen mit (Mobilitäts-) Behinderung. Teilhabe und Verkehrssicherheit. Schriftenreihe Verkehrssicherheit Bd. 18, DVR, Deutscher Verkehrssicherheitsrat. Bonn.

Stuber-Bartmann, Sabine (2018): Besser lernen. Ein Praxisbuch zur Förderung von Selbstregulation und exekutiven Funktionen in der Grundschule. München.

VCD (2017): 50 Spiele für mobile Kinder. Praxisnahe Anregungen für eine nachhaltige Mobilitätsbildung im Elementarbereich. Baltmannsweiler.

Walk, Laura/ Evers, Wiebke (2013): FEX- Förderung exekutiver Funktionen. ZNL/Wehrfritz, Calbe/Bad Rodach.

Warwitz, Siegbert (2005): Verkehrserziehung vom Kinde aus. Baltmannsweiler. Spiele ab Seite 76.

Zimmer, Renate (2017): Psychomotorik. Entwicklung durch Bewegung fördern. In: Praxis Grundschule, Jg. 40 Heft 1/2017, S. 6-7.

Zimmer, Renate (2014): Handbuch Bewegungserziehung. Herder. Freiburg.

Zimmer, Renate (2014): Bewegungserziehung. In: Braches-Cyrek/Röhner/Hopf/Sünker/Sünker (Hrsg.): Handbuch frühe Kindheit. Leverkusen, S. 681-690.

Internetseiten mit Angeboten zur Bewegungsförderung

Hinweise und Unterrichtsideen zu Bewegungskisten/Material zur Bewegungsförderung (Abruf der unten genannten Seiten 14.6.2020).

Unfallkassen: https://www.dguv-lug.de/primarstufe/bewegte-schule/bewegungskisten-nutzen.

Velofit-Bag: https://www.verkehrswacht-medien-service.de/shop/grundschule/velofit/velofit-bag-fuer-radfahrausbildung.

Velofit Handbuch: https://www.verkehrswacht-medien-service.de/grundschule/velofit-bewegung/velofit-das-handbuch.

Systemische Anregungen und Unterrichtsbeispiele für eine bewegte Schule:

https://www.bewegteschule.de/ Seiten des niedersächsischen Schulministeriums zu Sport und Bewegungsförderung an Schulen.

Schulportal/Schulpreis: https://deutsches-schulportal.de/konzepte/bewegte-schule-konzentration-durch-springen-rennen-kraefte-messen.

Bewegte Schule/Unfallkassen: https://www.dguv-lug.de/primarstufe/bewegte-schule.

Sportunterricht: http://www.sportunterricht.de/ oder www.sportpaedagogik-online.de Zahlreiche Materialen und Links rund um den Sportunterricht.

Sammlung von Bewegungsspielen

Stopp am Straßenrand (Reaktionsspiel)

Spielidee/Ablauf

Auf dem Schulhof wird mit Kreide oder Springseilen ein Fußweg markiert. Die Schüler*innen hüpfen, rennen oder laufen über den imaginären Fußweg. Sie dürfen dabei die Linie nicht überschreiten. Auf das Signal (wahlweise optisch oder akustisch) der Lehrkraft (z. B. Klatschen, Klingel, Glocke oder Stopp-Schild, Handzeichen) halten die Kinder in ihrer Bewegung inne und verharren bewegungslos. Wer beim Laufen und Hüpfen und beim Stopp-Zeichen die Linie überschreitet, scheidet für eine Runde aus.

Bemerkung/Einordnung Mobilitätsbildung

Eine schnelle Reaktion auf ein optisches bzw. akustisches Signal ist auch während der Bewegung im Verkehrsraum nötig, gleichzeitig sind dabei bestimme Flächen nicht zu betreten. Zum Schluss kann besprochen werden, wie man sich auf dem Fußweg verhalten muss, wenn man in Gefahr gerät, vom Fußweg abzukommen.

Klassenstufe: Kita bis 2 Klasse
Spielort: Flur, Schulhof, Sporthalle
Material: Seil oder Kreide, ggf. Stopp-Schild, Klingel oder Gong.

Hindernislaufen und Stopp (Reaktionsspiel)

Spielidee/Ablauf

Im Raum werden Bierdeckel/Bieruntersetzer (alternativ Hütchen, halbe Tennisbälle, Teppichfliesen, Papierstücke oder gefaltete Zeitungen) verteilt. Zu Musik laufen die Kinder durch den Raum, ohne die Bierdeckel (Gegenstände) und andere Mitspieler*innen zu berühren. Wenn die Musik aufhört, müssen alle sofort stoppen und in der Position erstarren, bis die Musik weiter geht. Wer rempelt oder einen Bierdeckel (Hütchen usw.) berührt, muss aussetzen oder eine Extrarunde um das Spielfeld hüpfen o.ä.

Bemerkung/Einordnung Mobilitätsbildung

Das kontrollierte Laufen ohne dabei Material und Mitspieler*innen zu berühren, fördert die motorische Beweglichkeit, die auch beim Bewegen im Straßenverkehr nötig ist. Wie bei allen Stoppspielen ist die Umsetzung eines Signals (hier Stoppen der Musik) in eine Handlung (Anhalten der Bewegung, Erstarren) als Reiz-Reaktionsschema wichtig.

Klassenstufe: **Kita bis 4. Klasse**
Spielort: **Flur, Schulhof, Sporthalle (mit Einschränkungen auch Klassenraum)**
Material: **Bierdeckel oder Hütchen, halbe Tennisbälle, Teppichfliesen, Papierstücke, gefaltete Zeitungen; Musikanlage**

Inselspringen (motorische Schulung, Körperbeherrschung)

Spielidee/Ablauf

Im Raum werden Bierdeckel (=Bieruntersetzer) oder Teppichfliesen (Zeitungsstücke) in dichtem Abstand verteilt. Die Schüler*innen dürfen sich nun (während die Musik läuft) nur von Insel zu Insel bewegen. Dazwischen ist tiefes Wasser. Nur wer mit einem Fuß eine Insel berührt, ist sicher. Wer neben eine Insel springt oder mit beiden Füßen ins Wasser tritt, muss für 1-2 Minuten ausscheiden und währenddessen eine Bewegungsübung machen (z.B. trockene Schwimmübungen auf dem Boden oder Kniebeugen o.ä.). Wenn die Musik stoppt, muss man an der Stelle stehen bleiben (auf einer Insel!) und darf sich nicht bewegen.

Bemerkung/Einordnung Mobilitätsbildung

Das kontrollierte Laufen mit der gezielten Berührung der Inseln zumindest mit einem Fuß fördert die motorische Beweglichkeit. Um nicht mit anderen Kindern zu kollidieren, ist Kommunikation (verbal und non-verbal) nötig, die auch beim Bewegen im Straßenverkehr hilfreich sein kann. Wie bei allen Stoppspielen ist die Umsetzung eines Signals (hier Stoppen der Musik) in eine Handlung (Anhalten der Bewegung, Erstarren) als Reiz-Reaktionsschema wichtig.

Klassenstufe: **1. bis 4. Klasse**
Spielort: **Flur, Sporthalle, Klassenraum (wenn Platz ist...)**
Material: **Bierdeckel, kleine Teppichfliesen, Papierstücke, gefaltete Zeitungen; Musikanlage**

Bachüberquerung (motorische Schulung, Körperbeherrschung)

Spielidee/Ablauf
Zwischen zwei Linien (mit Kreide oder Seil markieren) ist ein breiter Bach. Die Bierdeckel (Pappkarten) werden in einer Schlangenlinie gelegt. Die Kinder dürfen auf der Schlangenlinie laufen, hüpfen, schleichen und so an mehreren Stellen den Bach überqueren. (Achtung Gegenverkehr – oder eine Laufrichtung festlegen). Nun bekommt jedes Kind drei Pappkarten (Bierdeckel). Dies sind „Steine" mit denen der Bach überquert werden muss. Man muss immer die Füße auf Bierdeckeln haben. Wenn man zwei Deckel ausgelegt hat, kann man sich in den Fluss begeben und den dritten Deckel vor sich legen, einen Schritt weiter gehen, den ersten Deckel nehmen und wieder vor sich legen usw. bis zum anderen Ufer. (Differenzierung: Mit nur 2 Deckeln die Überquerung versuchen). Wer mit einem Fuß oder beiden Füßen im Wasser steht, muss zurück zum Start.

Bemerkung/Einordnung Mobilitätsbildung
Geübt werden die Körperbeherrschung bzw. die motorische Koordination.

Klassenstufe: **1. bis 4. Klasse**
Spielort: **Flur, Sporthalle, Schulhof, Klassenraum (wenn Platz ist...)**
Material: **Bierdeckel, Pappkarten/Karteikarten, Seile oder Kreide**

Anschleichen an die Ampel (Körperbeherrschung und Reaktion)

Spielidee/Ablauf
Die Lerngruppe steht auf einer Linie auf dem Schulhof oder in der der Sporthalle. Ein Kind steht auf der anderen Seite der Halle (auf dem Hof) mit dem Rücken zur Gruppe. Das Kind spricht laut und langsam: „Die Ampel ist ... grün ... gelb ... und .... rot". Während das Kind spricht, schleichen sich die Kinder von der Linie aus langsam an das Ampelkind heran. Bei „rot" dreht sich das Kind um und schaut die Gruppe an. Alle müssen bei ROT stoppen, keiner darf sich mehr bewegen. Wer noch wackelt oder sich bewegt, muss zurück bis zur Startlinie. Das erste Kind, das bei der Ampel angekommen ist, ohne dabei ertappt zu werden, ist neue Ampel. (Spiel angelehnt an „Ochs am Berge 1, 2, 3..."). Eine Steigerung der Schwierigkeit (für die Turnhalle) kann durch zusätzliche Geräte auf der Anschleichstrecke (Barren, Bänke, Matten, Kästen usw.) erreicht werden. Die Schüler*innen müssen dann entscheiden, ob sie noch über das Hindernis kommen, bevor sich das Ampelkind umdreht.

Bemerkung/Einordnung Mobilitätsbildung

Geübt werden die Körperbeherrschung bzw. die motorische Koordination, besonders das plötzliche Stoppen. (Kognitive) Flexibilität und Inhibition sind gefordert und werden trainiert. Mit den Kindern muss thematisiert werden, dass man natürlich weiter zur anderen Straßenseite gehen muss, wenn die Ampel bei der echten Straßenüberquerung auf Rot springt.

Klassenstufe: **Kita bis 4. Klasse**
Spielort: **Flur, Sporthalle, Schulhof**
Material: **Startlinie auf dem Boden (Kreide, Seil)**

Zwanzigerfeld (Schulhofhüpfspiel)

Spielidee/Ablauf

Mit Kreide wird ein großes Rechteck aufgemalt und in 20 Felder eingeteilt. In die Felder werden die Zahlen 1 bis 20 eingetragen. Aufeinanderfolgende Zahlen dürfen nicht nebeneinander, aber auch nicht zu weit entfernt voneinander liegen. Die Zahlen müssen nun vorwärts und rückwärts in der richtigen Reihenfolge gehüpft werden. Wer einen Fehler macht, darf weiter hüpfen, muss aber ein Pfand abgeben. Bei mehreren 20er-Feldern nebeneinander können viele Kinder gleichzeitig hüpfen.

1	6.	2	5	14
10	17	13	18	20
7	3	16	4	15
9.	11	8	12	19

Bemerkung/Einordnung Mobilitätsbildung

Förderung der Koordination und motorischen Beweglichkeit. Zusätzlich für den Anfangsunterricht wird das Zählen – vorwärts und rückwärts - geübt.

Klassenstufe: **Kita bis 1. Klasse**
Spielort: **Schulhof**
Material: **Kreide**

Himmel und Hölle
(Schulhofhüpfspiel)

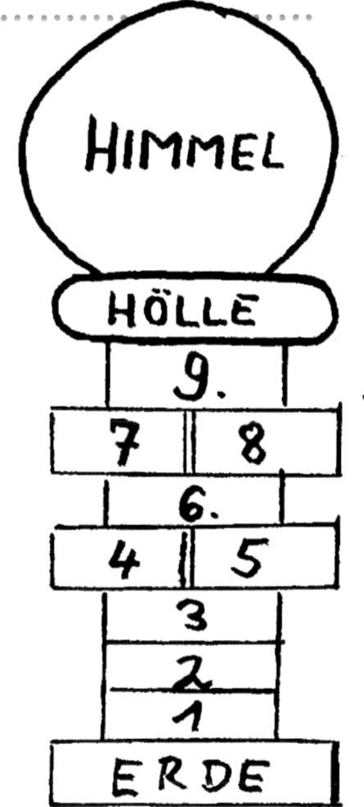

Spielidee/Ablauf
Hüpfspiele für Straße, Gehweg oder Schulhof sind häufig in Vergessenheit geraten. Die Spiele bieten auch Verbindungsmöglichkeiten zum Anfangsunterricht beim Lernen der Zahlen oder der Wochentage. Auf dem Schulhof wird mit Straßenkreide das Himmel und Hölle-Feld aufgezeichnet (siehe Skizze).

Die erste Spielerin stellt sich auf das Feld „Erde" und wirft ein Steinchen in das 1. Feld. Vom Startfeld „Erde" aus wird nun in das Feld 1 gehüpft, der Stein abgeholt und zurück zur „Erde" gesprungen. Um es schwerer zu machen, darf auf dem Rückweg nur rückwärts gehüpft werden. Alternativ darf nur auf einem Bein gehüpft werden. Jetzt geht es weiter mit Feld 2 und so weiter bis zum „Himmel". Die „Hölle" muss natürlich immer übersprungen werden. Wer falsch wirft oder auf die Linien hüpft, scheidet aus. Natürlich kann man die Spielregeln jederzeit verändern und ergänzen.

Alternativ können die Felder in einem etwas anderen Format mit den Wochentagen beschriftet werden. Die Hüpf-Regeln sind dann wie beim Spiel „Himmel und Hölle".

Bemerkung/Einordnung Mobilitätsbildung
Förderung der Koordination und motorischen Beweglichkeit. Zusätzlich für den Anfangsunterricht wird das Zählen (oder die Wochentage) geübt.

Klassenstufe: **Kita bis 2. Klasse**
Spielort: **Schulhof**
Material: **Kreide, Kieselstein.**

Murmelspiele (Straßenspiel, Geschicklichkeit)

Murmelspiele gehören zu den vergessenen Straßenspielen und wurden früher häufig am Rinnstein gespielt. Sie eignen sich auch heute noch für Schulhöfe und ruhige Seitenstraßen.

Spielidee/Ablauf

Anstoßen: Von einer Startlinie aus lässt das erste Kind seine Murmel beliebig weit rollen. Nun muss das zweite Kind versuchen, mit seiner Murmel die des ersten Kindes zu treffen. Gelingt ihm dies, darf er beide Murmeln behalten. Wenn nicht, bleiben beide Murmeln liegen für die nächsten Kinder oder die nächsten Versuche.

Glücksstein: Etwa zwei Meter weit von der Startlinie aus wird ein Stein platziert. Jedes Kind muss nun mit drei Murmeln versuchen, möglichst nahe an den Stein durch Rollen oder Werfen heranzukommen. Derjenige, dessen Murmel schließlich am nächsten liegt, darf alle anderen Murmeln einsammeln.

Bemerkung/Einordnung Mobilitätsbildung

Auge-Hand-Koordination beim Werfen, Geschicklichkeit

Klassenstufe: **2. bis 4. Klasse**
Spielort: **Schulhof**
Material: **Kreide, Murmeln**

Den Dritten abschlagen (Laufspiel, Reaktionsspiel)

Spielidee/Ablauf

Die Spieler*innen stellen sich paarweise hintereinander im Kreis auf. Ein Paar beginnt. Einer der beiden ist Fänger, der andere wird um den Kreis herum gejagt. Erwischt der Fänger das andere Kind, tauschen sie blitzschnell ihre Rollen, der Fänger wird zum Gejagten. Um dem Fänger zu entgehen, kann der Gejagte sich aber jederzeit vor ein Paar im Kreis stellen. In diesem Moment muss das hinten stehende Kind („den Dritten abschlagen") nun schnell loslaufen und wird zum neuen Jäger und muss das andere Kind fangen.

Bemerkung/Einordnung Mobilitätsbildung
Schnelle Reaktionsfähigkeit, koordiniert laufen und stoppen. Inhibition wird stark unterstützt.

Klassenstufe: **2. bis 6. Klasse**
Spielort: **Schulhof, Sporthalle**

Verkehrszeichen-Salat (Reaktion, visuelle Wahrnehmung)

Spielidee/Ablauf
Analog zum Spiel „Obstsalat" bekommen die Kinder verschiedene kleine laminierte Kärtchen mit Verkehrszeichen in die Hand. Jedes Schild ist je nach Gruppengröße drei bis vier Mal vorhanden. Die Gruppe sitzt im Kreis, ein Kind ist in der Mitte und gibt eine Anordnung: „Alle Kinder mit dem Stopp-Zeichen (oder, je nach ausgeteilten Schildern, der Vorfahrtsstraße, dem Zebrareifenschild usw.) wechseln den Platz". Das Kind aus der Kreismitte versucht nun einen frei gewordenen Platz zu ergattern. Das Kind, das keinen Stuhl findet, stellt die nächste Aufgabe. Bei dem Zuruf „Verkehrszeichen-Salat" müssen alle den Platz wechseln. Eine Erweiterungsstufe wäre eine Umschreibung der Schilder mit ähnlichen Eigenschaften: „Alle Kinder wechseln den Platz mit einem runden Schild, einem Schild mit rotem Rand oder einem dreieckigen Verkehrszeichen usw.".

Bemerkung/Einordnung Mobilitätsbildung
Neben der schnellen Reaktion (Aufstehen, Platzwechseln), werden visuelle (und ggf. geometrische) Aspekte der Verkehrszeichen geübt.

Klassenstufe: **2. bis 4. Klasse**
Spielort: **Klassenraum, Sitzkreis mit Stühlen**
Material: **Ausgedruckte und laminierte Verkehrszeichen (im Internet gibt es verschiedene Seiten, auf denen die Verkehrszeichen heruntergeladen werden können, z.B. www.bast.de)**

Die klingende Tür (auditive Wahrnehmung)

Spielidee/Ablauf

Einem Kind werden die Augen verbunden und es wird vorsichtig gedreht. Zwei andere Kinder stellen sich für dieses Spiel einander gegenüber auf und bilden eine Tür, durch die das Kind mit verbundenen Augen finden muss. Als Hilfe machen die beiden Türwächter Geräusche, z.B. mit einer Rassel, Triangel, Klanghölzern oder sie klatschen in die Hände oder rascheln mit einer Tüte. Die Geräusche können lauter und leiser werden, um die Schwierigkeit zu regulieren. Schafft das Kind, ohne anzustoßen, die Tür zu durchlaufen, darf es die nächsten Kinder als klingende Türpfosten und das „blinde Kind“ bestimmen.

Am Ende der Spielsequenz kann man mit den Kindern darüber sprechen, wie wichtig es im Straßenverkehr ist, gut zu hören und auf Geräusche und Signale zu achten. Vielleicht fallen den Kindern dazu Erfahrungen oder Situationen ein, die sie erlebt haben. Außerdem kann darüber nachgedacht werden, wie blinde Menschen sich im Straßenverkehr orientieren können.

Bemerkung/Einordnung Mobilitätsbildung

Schulung der akustischen Wahrnehmung, Richtungshören. Im Straßenverkehr ist das zielgerichtete Hören wichtig, um wahrzunehmen aus welcher Richtung ein Auto kommt. Für Kinder ist die Zuordnung von Geräuschen oft noch schwierig. „Die klingende Tür“ hilft, die auditiven Fähigkeiten zu trainieren.

Klassenstufe:	**Kita bis 2. Klasse**
Spielort:	**Klassenraum, Flur, Sporthalle**
Material:	**Klanghölzer, Triangel, Schlüsselbund, Papier zu Rascheln u.a. Geräuschquellen, Augenbinde**

Lauf durch die klingende Straße (auditive Wahrnehmung)

Spielidee/Ablauf

Die Klasse wird in zwei Gruppen eingeteilt die sich auf einer Straßen (ggf. mit Kreide oder Seil markieren in ca. 1,50 bis 2 Meter Abstand) paarweise gegenüberstehen. Ein Kind geht nun mit verbundenen Augen durch die Straße. Die anderen Kinder an beiden Seiten am Straßenrand weisen dem „blinden Kind“ durch leises Summen oder mit Instrumenten oder anderen Geräuschen den Weg durch die Straße. Am Ende der Straße gibt das Kind die Augenbinde ab und reiht sich an den Straßenrand ein und ein neues Kind bewegt sich blind durch die klingende Straße bis alle (freiwillig) einmal gelaufen sind.

Bemerkung/Einordnung Mobilitätsbildung
Schulung der akustischen Wahrnehmung, Richtungshören. Im Straßenverkehr ist das zielgerichtete Hören wichtig, um wahrzunehmen aus welcher Richtung ein Auto kommt. „Die klingende Straße" hilft, die auditiven Fähigkeiten zu trainieren.

Klassenstufe: **1. bis 3. Klasse**
Spielort: **Flur, Schulhof, Sporthalle**
Material: **Klanghölzer, Triangel, Schlüsselbund, Papier zu Rascheln u.a. Geräuschquellen, Augenbinde**

Woher kommt das Geräusch? (auditive Wahrnehmung)

Spielidee/Ablauf
Die Kinder sitzen auf ihren Plätzen und schließen die Augen oder legen den Kopf in die Armbeuge auf den Tisch. Wenn alle so „schlafen", darf ein Kind (oder die Lehrkraft) durch die Klasse schleichen und mit einem Klangholz (Triangel, Fahrradklingel, Gong...) ein Geräusch machen. Die Kinder müssen mit dem Finger (Augen bleiben zu) die Richtung zeigen, aus der sie das Geräusch hören.

Als Erweiterung des Spiels können verschiedene Geräuschquellen nacheinander eingesetzt werden (Klingel, Hupe, Flöte, Vogelzwitschern, Wassertropfen, Klopfen...). Die Kinder müssen raten, welche Instrumente/Gegenstände das Geräusch erzeugt haben bzw. was zu hören war.

Bemerkung/Einordnung Mobilitätsbildung
Schulung der akustischen Wahrnehmung, Richtungshören. Im Straßenverkehr ist das zielgerichtete Hören wichtig, um wahrzunehmen aus welcher Richtung ein Auto kommt. Für Kinder ist das Richtungshören oft noch schwierig.

Klassenstufe: **Kita bis 2. Klasse**
Spielort: **Klassenraum**
Material: **Klanghölzer, Triangel, Schlüsselbund, Papier zu Rascheln u.a. Geräuschquellen**

Wo steckt der Schatz? (auditive Wahrnehmung)

Spielidee/Ablauf

Die Kinder sitzen eng ohne Lücke im Stuhl- oder im Sitzkreis auf dem Boden. Alle haben die Hände auf dem Rücken. Während das „Schatzsucher-Kind" kurz draußen ist oder die Augen verbunden hat, bekommt ein Kind im Kreis einen Schatz (einen Schlüsselbund oder einen anderen Gegenstand) in die Hand, der beim Weitergeben leise Geräusche machen kann. Das Schatzsucher-Kind muss nun (sehend) in die Kreismitte und beobachten, wo es eine Bewegung sieht oder ein Geräusch hört, denn die Kinder im Kreis müssen den Schatz ständig leise und unauffällig weitergeben, ohne dabei zu sprechen. Vermutet der Schatzsucher den Schatz entdeckt zu haben, zeigt es auf das entsprechende Kind. Das Kind muss den Schatz oder seine leeren Hände zeigen. Hat es den Schatz erwischt, kann es sich in den Kreis setzen und das nächste Kind kommt in der Mitte. Man hat drei Versuche. Nach dem dritten Fehlversuch kommt ein neues Kind in die Mitte.

Bemerkung/Einordnung Mobilitätsbildung

Schulung der akustischen Wahrnehmung und genaues Beobachten. Die Kinder im Kreis müssen motorisch beherrscht und unauffällig den Gegenstand weitergeben können.

Klassenstufe: **Kita bis 4. Klasse**
Spielort: **Klassenraum**
Material: **Klangkugel, Schlüsselbund**

Schnapp dir den Knochen (auditive Wahrnehmung, Reaktion)

Spielidee/Ablauf

Alle Kinder sitzen auf dem Boden im Kreis. Ein Kind sitzt mit verbundenen Augen in der Kreismitte. Dieses Kind spielt den Hund, der im Dunklen einen Knochen (ein Holzstück, einen Löffel oder anderen Gegenstand) bewachen muss. Die Lehrkraft zeigt auf ein Kind, dass sich nun leise anschleichen muss, um den Knochen zu stehlen. Dabei müssen alle sehr leise sein. Hört der Hund in der Mitte ein Geräusch, muss er in diese Richtung zeigen. Ist der Knochendieb damit erwischt worden, muss er zurück in den Kreis und ein anderes Kind wird bestimmt. Schafft es der Dieb den Knochen unbemerkt zu entwenden, darf er oder sie anschließend als Wächter in die Kreismitte.

Bemerkung/Einordnung Mobilitätsbildung
Schulung der akustischen Wahrnehmung, Richtungshören. Körperbeherrschung beim Anschleichen.

Klassenstufe: **Kita bis 3. Klasse**
Spielort: **Klassenraum, Sporthalle**
Material: **Holzstück, Löffel, Schlüsselbund o.ä., Augenbinde**

Wecker suchen (auditive Wahrnehmung)

Spielidee/Ablauf
Ein Kind wird aus der Klasse geschickt. In der Klasse wird ein laut tickender Wecker versteckt (alternativ kann man auch ein Smartphone oder eine kleine Musikbox nehmen, die sehr leise Musik abspielt). Das Kind wird hereingerufen und muss nun den tickenden Wecker (oder die leise spielende Musik) in der Klasse finden. Es können auch zwei oder mehr Kinder auf die Suche geschickt werden.

Bemerkung/Einordnung Mobilitätsbildung
Schulung der akustischen Wahrnehmung, Richtungshören.

Klassenstufe: **Kita bis 3. Klasse**
Spielort: **Klassenraum**
Material: **tickender Wecker (oder Musikbox o.ä.)**

Der Stab, der Stab muss weitergehn... (Koordination, Arbeitsgedächtnis)

Spielidee/Ablauf
Die Kinder stehen eng im Kreis zusammen. Jedes Kind bekommt einen Stab (Bleistift o.ä.) in die rechte Hand. Zuerst wird der Spruch gelernt: „Der Stab, der Stab muss weitergehn, an keiner Stelle darf er stehn. Man gibt den Stab und nimmt zugleich und wird nicht arm und wird nicht reich." Dann wird der Stab im Rhythmus des Verses rechtsherum weitergereicht bzw. von links genommen, von der linken in die rechte Hand gewechselt und dann wieder nach rechts weiter gegeben usw. Wenn alle diese koordinative Herausforderung einigermaßen gemeistert haben, wird auf Zuruf der Spielleiterin die Richtung geändert (nach links weitergeben) oder man dreht sich um 180 Grad mit Blick nach außen und muss (immer mit dem Spruch) den Stab weiter reichen (auf einem Bein balancierend, in der Hocke usw.).

Bemerkung/Einordnung Mobilitätsbildung
Neben der Übung zur Koordination von rechts und links müssen verschiedene gleichzeitig ablaufende Anforderungen (wie auch im Straßenverkehr) verbunden werden. Man muss sich auf den Spruch, die Bewegung, das Greifen und Geben des Stabes parallel konzentrieren.

Klassenstufe: **2. bis 5. Klasse**
Spielort: **Klassenraum, Sporthalle, auch im Freien möglich**
Material: **(Holz)-Stab, Bleistift, Stöckchen**

Ballstraße (motorische Schulung, Bewegungskoordination)

Spielidee/Ablauf
Die Klasse wird in drei Gruppen aufgeteilt. Zwei Gruppen bilden eine Gasse (z.B. Abstand von 2 Meter). Immer zwei Kinder stehen sich gegenüber. Diese Paare bekommen jeweils einen Ball (verschiedene Größen), den sie sich auf dem Boden hin und her zurollen. Die Kinder der dritten Gruppe müssen nun einzeln bzw. nacheinander durch diese Ballstraße laufen, ohne dabei einen der Bälle zu berühren. Die Gruppen tauschen, so dass jeder einmal laufen muss.

Bemerkung/Einordnung Mobilitätsbildung
Bewegungskoordination und Wahrnehmung wird geübt: Wie im Straßenverkehr muss man antizipieren, ob ein Ball kommt, wie schnell sich dieser bewegt, ob man besser bremst und wartet oder schneller läuft usw.

Klassenstufe: **1. bis 4. Klasse**
Spielort: **Klassenraum, Sporthalle, Flur, Schulhof.**
Material: **verschiedene Bälle, verschiedene Größen**

Zublinzeln (Reaktionsspiel)

Spielidee/Ablauf
Die Kinder sitzen in einem Sitzkreis. Hinter jedem Stuhl steht ein weiteres Kind und hält die Hände auf dem Rücken. Ein Stuhl im Kreis bleibt frei. Das Kind hinter diesem leeren Stuhl muss sich nun ein Kind durch unauffälliges Zuzwinkern anlocken. Es schaut sich in Kreis um und zwinkert dann einem bestimmten Mitspieler zu. Dieser muss natürlich aufmerksam sein, um das Zwinkern zu bemerken. Dann läuft der Spieler, dem zugezwinkert wurde, so schnell er kann

von seinem Hintermann weg zu dem Spieler, der ihm zugezwinkert hat und setzt sich vor diesen. Wenn der Hintermann aber aufmerksam war und ihn mit den Händen durch Berühren an der Schulter aufgehalten hat, muss das Kind mit dem freien Stuhl sein Glück an anderer Stelle versuchen.

Bemerkung/Einordnung Mobilitätsbildung
Bewegungskoordination, Wahrnehmung und schnelle Reaktion wird geübt.

Klassenstufe: 1. bis 4. Klasse
Spielort: Klassenraum, Sporthalle
Material: Stuhlkreis (od. Stehkreis in der Sporthalle, beide Spieler stehen)

Forscherlabor: Roboter steuern (taktile Wahrnehmung, Reaktion)

Spielidee/Ablauf
Die Klasse ist im Forscherlabor für Robotertechnik. Heute sollen die Roboter getestet werden. Die Schüler*innen finden sich zu Partnerteams zusammen. Ein Kind ist Roboter, das andere Kind Forscher*in. Später werden die Rollen getauscht.

Der Roboter muss nun durch die Klasse gesteuert werden (oder durch einen Hindernisparcours in der Turnhalle bzw. auf dem Schulhof). Die Steuerung geht (in der ersten Stufe) mit Berührung. Die Erfinderin geht hinter dem Roboter und tippt die Befehle.

- Start (langsam nach vorne laufen) = ein Tipp mit dem Finger zwischen den Schultern.
- Stopp = wieder ein leichter Tipp zwischen den Schultern. Der Roboter hält an.
- Ein Tipp auf die rechte Schulter = der Roboter dreht sich um 90° Grad nach rechts
- Tipp auf die linke Schulter = Drehung nach links.
- Rückwärtsgang: Doppeltipp zwischen den Schultern.
- Weitere oder andere Befehle können verabredet werden.

Stufe 2: Der Roboter wird nun durch Sprache gesteuert und reagiert auf verbale Befehle (los, geradeaus, stopp, drehe rechts, drehe links, gehe rückwärts und weitere nach Absprache).

In beiden Stufen muss der Roboter einen Parcours laufen, ohne mit anderen Teams zu kollidieren. Als weitere Schwierigkeitsstufe müssen die Roboter kleine Aufgaben übernehmen (etwas aufheben, einem anderen Roboter die Hand geben, den Papierkorb transportieren...). Tipp: Wenn sich Kinder nicht merken können, wo rechts ist, wird ein roter Wollfaden (R = rot wie R bei rechts) an das rechte Handgelenk gebunden.

Bemerkung/Einordnung Mobilitätsbildung
Schulung von Links und Rechts. Reaktion auf taktilen oder verbalen Impuls. Impulskontrolle (Inhibition) bei dem Roboterkind, das sich nicht „frei", sondern nur nach Anweisung bewegen darf.

Klassenstufe:	**2. bis 4. Klasse**
Spielort:	**Klassenraum, Sporthalle**
Material:	**Gegenstände/Geräte für Hindernisse (in der Klasse: Stühle, Tische, in der Halle: Turngeräte)**

Der lustige Zoo (schnelle Reaktion, Arbeitsgedächtnis)

Spielidee/Ablauf
Die Spieler*innen bilden einen Kreis. Ein Kind steht in der Kreismitte, zeigt auf einen Spieler im Kreis und gibt ein Kommando. Die Spieler*innen links und rechts neben dem aufgerufenen Kind bilden spontan ein Team. Das 3er-Team muss schnell die zum Kommando gehörenden Bewegungen ausführen (je nach Kommando und Position im 3er Team unterschiedlich!). Macht ein*e Spieler*in einen Fehler, muss er oder sie mit dem Kind in der Kreismitte tauschen. Alternativ kann man anfangs auch feste 3er-Teams bestimmen, damit man sich nicht immer neu orientieren muss. Zu den Kommandos gehören feste (Zoo)-Figuren, die man zu dritt auf Zuruf bilden muss. Je nach Alter und Gruppengröße kann die Anzahl der Figuren gesteigert oder reduziert werden. Man kann sich auch eigene Figuren ausdenken.

Kommandos und Figuren:
Elefant: Mittlerer Spieler formt mit dem Arm einen Rüssel (dabei tröten), eine Hand an die Nase. Die Spieler*innen links und rechts formen jeweils mit den Armen ein Ohr am mittleren Spieler.

Affe: Mittlerer Spieler kratzt sich unter beiden Achseln und macht Affengeräusche, die Spieler*innen „lausen" den Affen und futtern die gefundenen Flöhe.

Känguru: Mittlerer Spieler formt mit den Händen einen Kängurubeutel vor dem Bauch und hüpft. Die Nachbarn versuchen in den Beutel zu greifen (bei älteren

Schüler*innen wird auch gerne die alberne Variante genutzt, dass die äußeren Teamspieler*innen sich in den Beutel mit entsprechenden Geräuschen übergeben).

Hase: Mittlerer Spieler futtert pantomimisch bzw. mit Schmatzgeräuschen eine Möhre, die Nachbarn bilden jeweils ein Hasenohr mit der Hand am Hinterkopf.

Storch: Mittlerer Spieler steht auf einem Bein und bildet mit lang ausgestreckten Armen nach vorne einen Schnabel der auf und zu klappt. Die Nachbarspieler*innen stehen seitlich mit dem Rücken zum Spieler in der Mitte und machen die ausgestreckten Arme als Flügel rauf und runter.

Mixer: (passt nicht in den Zoo, aber macht viel Freude): Mittlerer Spieler hält die Hände seitlich über den Köpfen der Nachbar*innen und diese drehen sich als Rührstäbe um die eigene Achse.

Weitere Figuren und Bewegungen können sich die Schüler*innen selbst ausdenken.

Bemerkung/Einordnung Mobilitätsbildung
Dieses Spiel, das man selbst noch mit Jugendgruppen spielen kann, hat direkt mit einer Vorbereitung auf die Verkehrsteilnahme wenig zu tun. Allerdings werden wichtige exekutive Funktionen spielerisch gefördert (Walk/Evert 2013, S. 79). Die Spieler*innen müssen sich sehr schnell auf ein Kommando einstellen und sehr flexibel eine der vorher geübten Figuren an der entsprechenden Position (links, mitte, rechts) korrekt aus dem Arbeitsgedächtnis abrufen und sofort umsetzen. Die Impulse müssen gut kontrolliert und gesteuert werden. Gleiches gilt im Verkehr: Auch hier muss man Regeln und Verhaltensweisen im Gedächtnis gespeichert haben und auf Zuruf bzw. in den jeweiligen Alltagssituationen flexibel abrufen können.

Klassenstufe: **2. Klasse bis ältere Schüler*innen.**
Spielort: **Klassenraum, Sporthalle.**
Material: -

Fahrradspiel: Im Gleichgewicht stehen bleiben

Spielidee/Ablauf
Die Schüler*innen stellen sich auf dem Schulhof mit Abstand zueinander mit dem Fahrrad auf. Sie versuchen nun - ohne mit den Füßen den Boden zu berühren - möglichst lange mit ihrem Fahrrad auf der Stelle stehen zu bleiben. Tipp:

Am besten auf den Pedalen stehend und nicht hinsetzen, Pedale parallel zum Boden, Lenker zu einer Seite einschlagen, Schulterachse über dem Lenker. Um nicht zu rollen, kann man zusätzlich die Bremsen betätigen. Wer schafft es am längsten auf der Stelle zu stehen, ohne die Füße auf den Boden zu setzen?

Bemerkung/Einordnung Mobilitätsbildung

Bewegungskoordination und Gleichgewicht auf dem Fahrrad sind wichtig für eine sichere Verkehrsteilnahme mit dem Rad. Besonders beim Anfahren sind Kinder noch wackelig auf dem Rad, dies kann durch diese Übung verbessert werden.

Klassenstufe: **2. bis 6. Klasse**
Spielort: **Schulhof**
Material: **Fahrräder, Helm**

Fahrradspiel: Partnerfahren

Spielidee/Ablauf

Die Schüler*innen sind mit dem Fahrrad auf dem Schulhof. Immer zwei Kinder bilden ein Team. Sie sollen eine Strecke auf dem Schulhof zusammenfahren und sich dabei an der Hand fassen (oder an die Schulter fassen). Der Schwierigkeitsgrad kann durch die Streckenführung beeinflusst werden (z.B. leicht: geradeaus fahren; schwierig: Slalom fahren).

Bemerkung/Einordnung Mobilitätsbildung

Bewegungskoordination (lenken und treten) und Gleichgewicht auf dem Fahrrad sind wichtig für eine sichere Verkehrsteilnahme mit dem Rad. Durch die Abstimmung mit dem Partner müssen Geschwindigkeit, Spurhalten, Abstand koordiniert und geübt werden.

Klassenstufe: **3. bis 6. Klasse**
Spielort: **Schulhof**
Material: **Fahrräder, Helm**

Fahrradspiel: Gegen ein Objekt gelehnt anhalten

Spielidee/Ablauf

Die Schüler*innen fahren auf dem Schulhof langsam herum. Zwischendurch sollen sie an einem Objekt auf dem Schulhof anhalten (Wand, Mauer, Spielgerät,

Zaun, Baum, Bank...) und sich dort für kurze Zeit anlehnen, ohne dabei mit den Füßen den Boden zu berühren. Danach fahren sie weiter. Da wahrscheinlich nur eine begrenzte Anzahl von Objekten vorhanden ist, können Gruppen eingeteilt werden, die sich anlehnen sollen oder die Teilnehmer*innen lehnen sich immer an, wenn sie eine frei Stelle finden. Die anderen fahrend währenddessen aufmerksam weiter. Zunächst darf die Art des Anlehnens von den Teilnehmern frei gewählt werden. Zur Steigerung der Schwierigkeit gibt der Übungsleiter den Kontaktpunkt zum Objekt vor: Hand (rechts/links), Fuß (rechts/links) oder nur das Vorderrad.

Bemerkung/Einordnung Mobilitätsbildung
Bewegungskoordination (bremsen, richtiges Ansteuern, anhalten am Objekt) und Gleichgewicht halten beim Anlehnen sind gute Übungen zur Körperbeherrschung und damit zur sicheren Steuerung des Fahrrades.

Klassenstufe: 3. bis 6. Klasse
Spielort: Schulhof
Material: Fahrräder, Helm

Fahrradspiel: Treffen der Polizeieinsatzkräfte (Atomespiel)

Spielidee/Ablauf
Die Schüler*innen fahren alle zugleich auf dem Schulhof langsam herum. Auf Zuruf der Einsatzleitung (Spielleiter*in) sollen sich alle Einsatzkräfte der Fahrradpolizei in Gruppen treffen. Ruft die Einsatzleitung die Zahl „4“ müssen immer vier Kinder als Gruppe zusammenkommen, und zwar so, dass sich ihre Vorderräder fast berühren. Die Kinder steigen ab. Mitspieler*innen, die keine 4er-Gruppe mehr bilden konnten, fahren weiter. Auf Zuruf steigen alle wieder auf und fahren weiter bis zum nächsten Gruppentreffen in anderer Anzahl. Tipp: Kinder können auch mit einem Roller teilnehmen.

Bemerkung/Einordnung Mobilitätsbildung
Allgemeine Förderung der Bewegungskoordination auf dem Rad durch Aufsteigen/Absteigen, Anfahren, sicher durch die Gruppe steuern, Bremsen, richtiges Ansteuern und Anhalten bei den anderen Mitspieler*innen mit dem Vorderrad.

Klassenstufe: 2. bis 6. Klasse
Spielort: Schulhof
Material: Fahrräder, Helm

3.9. Vorschläge für Unterrichtsreihen zur Mobilitätsbildung

Im Folgenden werden einige Unterrichtsreihen exemplarisch vorgeschlagen, die zu verschiedenen Bereichen der Mobilitätsbildung durchgeführt werden können. Einzelne Stunden der Reihen untereinander können selbstverständlich kombiniert oder Stunden weggelassen oder ersetzt werden. In der hinteren Spalte finden sich Hinweise zu den möglichen Arbeitsblättern oder der Verweis auf das entsprechende Kapitel im Praxisbuch Mobilitätsbildung.

Unterrichtsreihe: Schulwege - Klasse 1

Stunde Zeit	Thema der Stunde	Kopiervorlagen, Material und Anregungen in Kapitel...
1 45 Min	So sieht mein Schulweg aus! – Die Schüler*innen zeichnen oder malen ihren Schulweg und besprechen die Ergebnisse. Die Zeichnungen werden ausgestellt.	Kap. 3.2.1 AB 09
2 45 Min	Unser Schulwegtisch – Die Schüler*innen richten einen Ausstellungstisch als „Schulwegtisch" ein und bringen Fundstücke von ihrem Schulweg mit, zusätzlich können Bilder (Fotos) vom Schulweg auf dem Tisch ausgestellt werden.	Kap. 3.1.2
3 45 Min	Mein Schulwegerlebnis – Die Schüler*innen malen (und/oder schreiben) und erzählen von einem Erlebnis auf dem Schulweg.	Kap. 3.1.2 AB 08 / AB 13
4 45 Min	Darauf achten wir auf dem Schulweg! – Mit allen Sinnen im Verkehr: Besprechen von gefährlichen Situationen und Stellen als Vorbereitung für die Aktion „Wir bringen uns nach Hause" in den folgenden Stunden.	Kap. 3.2.2 AB 02 AB 12
5 Mehrere Stunden an versch. Tagen	Wir bringen uns nach Hause – Die Schüler*innen begleiten sich gegenseitig nach Hause und lernen Wege im Ort kennen. Vor der eigenen Haustür wird ein Foto gemacht.	Kap. 3.1.1
6 45 Min	Unsere Wege im Ort – Auswertung der Schulwegeerfahrungen im Gesprächskreis, Aufhängen eines Wohnorte-Plakates mit den Fotos der Kinder vor ihrer Haustür.	Kap. 3.1.1 AB 10 bis AB 14
7 45 Min	Was ziehe ich an, wenn es dunkel ist? – Die Kinder untersuchen ihre Kleidung in Bezug auf die Sichtbarkeit im Dunkeln. Optional: Einsatz von Guck-Kartons mit Sehschlitz und verschiedenen Farbkarten im Inneren des Kartons.	Kap. 3.1.4
8 45 – 60 Min	Wir untersuchen Reflektoren – Die Schüler*innen untersuchen mit Taschenlampe und Lupe die Wirkung von Reflektoren und fertigen eine Sachzeichnung an.	Kap. 3.1.5

9 45-60 Min	Unser eigener Reflektor – Die Schüler*innen erstellen aus reflektierender Folie und Pappe einen eigenen Reflektor für die Schultasche.	Kap. 3.1.5
10 45 Min	Unsere Modeschau mit Reflektoren –Vorführen der gut sichtbaren Kleidung im dunklen Raum und Testen von Kleidung und Reflektoren mit Hilfe von Taschenlampen.	Kap. 3.1.4

Unterrichtsreihe: Wir erkunden unseren Wohnort - Klasse 1 oder 2

1 45 Min	Mein Schulweg – So sieht mein Schulweg aus – Die Schüler*innen zeichnen bzw. malen ihren Schulweg und besprechen die Ergebnisse.	Kap. 3.2.1 AB 09
2 45 Min	Wie wir unterwegs sind – Der Wege-Baum – Es wird besprochen, wie die Kinder täglich zur Schule kommen. Dies wird begleitend zur Unterrichtsreihe im Wege-Baum markiert. Alternativ dazu: Verkehrszähmer-Konzept mit dem Sammeln von Zaubersternen einführen.	Kap. 3.2.4 Kap. 3.5.8 AB 48 Verkehrszähmer-Material
3 45 Min	Wie schwer ist die Schultasche? – Die Schüler*innen bestimmen das Gewicht ihrer eigenen Schultasche. Gemeinsam wird überlegt, wie sich das Gewicht reduzieren lässt.	Kap. 3.1.6

Unterrichtsgänge Stunde 4 bis 6 = optional

4 90 Min	Wir entdecken Zahlen und Ziffern im Schulumfeld – Auf einem Unterrichtsgang werden z.B. die Hausnummern in der Schulumgebung an den Häusern untersucht. Vorher wird in der Klasse das Thema gerade/ungerade Zahlen besprochen. Dokumentation (per Foto) von weiteren Zahlen/Ziffern auf dem Weg.	Kap. 3.2.2 AB 08 AB 10
5 90 Min	Wir untersuchen Pflanzen (Tiere) in der Schulumgebung – Auf einem Unterrichtsgang werden die Pflanzen am Straßenrand im Wohnort untersucht, geordnet, bestimmt und dokumentiert. Optional: Untersuchung von Tieren/Tierspuren im Ort.	Kap. 3.3.4 AB 21 (AB 22)
6 90 Min	Wir machen eine Verkehrszeichen-Safari – Auf einem Unterrichtsgang werden verschiedene Verkehrszeichen gesucht, fotografiert und deren Bedeutung an dieser Stelle geklärt. Optional: Erstellen eines Verkehrszeichen-Memorys	Kap. 3.4.3 AB 33 AB 34 AB 35
7 45 Min	Unser Verkehrszeichenplakat – Fotos der Verkehrsschilder werden auf einem Ortsplan oder auf einem Plakat der Schulumgebung zugeordnet. Am Rand des Plakates wird die Bedeutung des Verkehrszeichens an dieser Stelle erklärt.	Kap. 3.4.3

Unterrichtsreihe: Wir erkunden unseren Wohnort - Klasse 3 bis 5

1 45 Min	So sieht mein Schulweg aus – Die Schüler*innen zeichnen ihren Schulweg, beschriften die Kartenskizzen und besprechen die Ergebnisse (ggf. Vergleich mit einer früher erstellten Kartenskizze aus dem 1. oder 2. Schuljahr).	Kap. 3.2.1 AB 09
2 2 x 45 Min	Schulwege früher – Um etwas über Schulwege früher zu erfahren, wird als Hausaufgabe ein Interview durchgeführt. In der Vorbereitungsstunde wird dies geübt, am nächsten Tag werden die Interviews ausgewertet und die Ergebnisse dokumentiert.	Kap. 3.2.5 AB 15 Siehe auch VRS-Material (Spitta 2019)

3 90 Min oder mehr	Wir untersuchen Wege und Straßen in der Umgebung – Die Schüler*innen untersuchen auf einem Unterrichtsgang durch den Wohnort gefährliche oder problematische Stellen auf den (Schul-) wegen und dokumentieren ihre Entdeckungen. In der Klasse werden die Ergebnisse besprochen und ausgewertet.	Kap. 3.3.3 AB 18 / AB 19 AB 20 Klimabündnis: Kinder-Meilen-Material
4 2 x 45 Min	Schulwege in aller Welt – Mit Hilfe von Filmen und interaktiven Internetseiten beschäftigen sich die Schüler*innen mit den Bedingungen auf Schulwegen in anderen Ländern und vergleichen diese Wege mit ihren eigenen Erfahrungen.	Kap. 3.2.6 AB 16 Material: 199 kleine Helden
5 2 x 45 Min	Wir werden Verkehrsforscher*innen: Verkehrszählung bei der Schule – Die Schüler*innen zählen für 15 Minuten die vorbeifahrenden Verkehrsmittel und bewerten anschließend ihre Ergebnisse. Fächerverbindend zu Mathematik: Darstellung und Auswertung der Erhebung.	Kap. 3.3.1 AB 17
6 45 Min	Optional: Wir führen ein Mobilitätstagebuch – Die eigene Mobilität wird über einen längeren Zeitraum dokumentiert. Einführung des Protokollbogens (Auswertung am Ende der Reihe).	Kap. 3.5.1 AB 37
7 45 Min bis 90 Min	Ampel- oder Verkehrsbeobachtung an der Kreuzung – Im Rahmen eines Unterrichtsganges wird eine (Ampel)-Kreuzung beobachtet und das Verhalten der Verkehrsteilnehmer*innen dort dokumentiert. Anschließend werden die Beobachtungen besprochen und Rückschlüsse für eigenes Verhalten gezogen.	Kap. 3.3.2 AB 18 AB 19
8 90 Min	Verkehrszeichen-Safari – Auf einem Unterrichtsgang werden Verkehrszeichen und ihre Bedeutung an der jeweiligen Stelle geklärt. Die Schilder werden fotografiert und für ein Plakat aufbereitet. Die Fotos der Verkehrszeichen werden auf einem Ortsplan oder auf einem Plakat der Schulumgebung zugeordnet. Am Rand des Plakates wird die Bedeutung des Verkehrszeichens an dieser Stelle erklärt.	Kap. 3.4.3 AB 33 AB 34
9 45 Min	Wir untersuchen wichtige Verkehrsregeln – Arbeitsteilige Erarbeitung wichtiger Verkehrsregeln in Kleingruppenarbeit und Dokumentation im eigenen Forscherheft oder auf einem Plakat.	Kap. 3.4
10 45 Min	Haltestellenerkundung – Die Schüler*innen erkunden im Rahmen eines Unterrichtsganges die nächste Haltestelle von Bus oder Bahn im Umfeld der Schule.	Kap. 3.7.2 AB 66 (AB 67)
11 ca. 90 Min	Angst- und Wohlfühlorte im Stadtteil – Im Rahmen eines vorherigen Gespräches und bei einem anschließenden Unterrichtsgang werden auf Vorschlag der Kinder entsprechende Orte aufgesucht, dokumentiert und diskutiert.	Kap. 3.3.8 AB 25
12 45 Min (evtl. mehr)	Laute und leise Orte – Solche Orte werden in der Schule und in der Schulumgebung aufgesucht und dokumentiert. Optional kann diese Erfahrung durch einen Hörspaziergang ergänzt werden.	Kap. 3.5.3 AB 39 / AB 40 (AB 41, 42)
13 mehrere Stunden	Wir erstellen einen Stadtteilplan aus Kindersicht – Die Schüler*innen erstellen einen Stadtplan, in dem die in der Reihe gemachten Beobachtungen dokumentiert und kommentiert werden. Alternative: Erstellen eines Stadtteilführers aus Kindersicht.	AB 3.3.6 (Kap. 3.3.7, AB 24)

Unterrichtsreihe: Fit als Fußgänger*in - Klasse 2 oder 3

1 2 x 45 Min	Meine Schulweggeschichte – Die Schüler*innen erzählen (und malen bzw. schreiben) eine Geschichte oder ein Erlebnis zu ihrem Schulweg auf und stellen sich diese Texte gegenseitig vor (ggf. unter Einbeziehung vorheriger Schreibkonferenzen).	Kap. 3.2.2 AB 13
2 45 Min	Wie schwer ist meine Schultasche? – Die Schüler*innen bestimmen das Gewicht ihrer eigenen Schultasche. Gemeinsam wird überlegt, wie sich das Gewicht reduzieren lässt.	Kap. 3.1.6
3 45 Min	Wie kann ich im Herbst gut gesehen werden? – Die Schüler*innen untersuchen die Sichtbarkeit heller und dunkler Kleidung und analysieren die Funktionsweise von Reflektoren.	Kap. 3.1.4 Kap. 3.1.5
4 45 Min	Wir untersuchen (Schul-)Wege im Ort – Auf einem Unterrichtsgang untersuchen die Schüler*innen die Qualität ihrer alltäglichen Wege und dokumentieren gefährliche Stellen.	Kap. 3.2.2 AB 08 bis AB 14 Kap. 3.3.2 AB 20 (AB 19)
5 45 Min	Wir untersuchen Verkehrszeichen für Fußgänger – Aus einer Sammlung von für Fußgänger*innen relevanten Verkehrszeichen untersuchen die Schüler*innen arbeitsteilig verschiedene Schilder und stellen sich gegenseitig deren Bedeutung vor.	Kap. 3.4.3 AB 33 AB 34 AB 35
6 90 Min	Wir beobachten andere Verkehrsteilnehmer*innen – Auf einem Unterrichtsgang werden an einer Kreuzung oder an einer Ampel die Verhaltensweisen anderer Verkehrsteilnehmer*innen beobachtet und daraufhin Rückschlüsse für eigenes Verhalten im Verkehr (an dieser Stelle) besprochen.	Kap. 3.3.2 AB 18 AB 19 AB 20
7	Wir nehmen Rücksicht – Weitere Stunden können sich dem Thema Rücksicht und Körpersprache im Straßenverkehr widmen. Begleitend zur Reihe werden Spiele zur motorischen Übung (siehe Kapitel 3.8) erprobt.	Kap. 3.4.1 AB 26 bis AB 30

Unterrichtsreihe: Unterwegs mit Bus und Bahn - Klasse 3 bis 6

1 45 Min	Welche Verkehrsmittel gibt es? Die Schüler*innen besprechen, welche Verkehrsmittel es gibt und mit welchen sie schon Erfahrungen sammeln konnten. In Partnerarbeit erstellen sie ein Cluster, in dem möglichst viele Verkehrsmittel aufgeführt werden.	Kap. 3.5.2
2 45 Min	Wir erstellen Verkehrsmittel-Steckbriefe – Die Schüler*innen erstellen arbeitsteilig zu verschiedenen Verkehrsmitteln Steckbriefe und setzen sich in einer Diskussion mit Vor- und Nachteilen einzelner Verkehrsmittel auseinander.	Kap. 3.5.2 AB 38 (AB 51)
3 45 – 60 Min	Haltestellenerkundung – Im Rahmen eines Unterrichtsganges wird die nächste Haltestelle von Bus oder Bahn im Umfeld der Schule erkundet.	Kap. 3.7.2 AB 66 Siehe auch: VRS-Material (Spitta 2019)

4 2 x 45 Min	Haltestellenfahrplan und Liniennetz untersuchen – Die Schüler*innen untersuchen den Haltestellenfahrplan, lernen diesen zu lesen und untersuchen Liniennetzpläne und Stadtpläne.	Kap. 3.7.2 AB 67 AB 68
5 45 Min	Rechnen mit dem Fahrplan – Die Schüler*innen rechnen Aufgaben zu Bus und Bahn bzw. erfindenden eigene Sachrechenaufgaben rund um das Thema.	Kap. 3.7.1 Kap. 3.7.3 AB 70
6 45 Min	Wir planen die Fahrt mit Bus und Bahn (Planung eines Ausflugs) – Die Schüler*innen ermitteln mit einer App oder im Internet verschiedene Fahrtmöglichkeiten zu möglichen Ausflugszielen von der Schule aus.	Kap. 3.7.3 AB 69 (Kap. 3.7.4, AB 71)
7 45 Min	Fahrkarten und Eintrittspreise – Die Schüler*innen recherchieren günstige Fahrtmöglichkeiten, Ticketpreise und Kosten für den Eintritt im Rahmen der Ausflugsplanung.	Kap. 3.7.1 Kap. 3.7.3
8 45 Min und 1 Schultag/ Vormittag	Wir planen und führen unseren Ausflug mit Bus und Bahn durch – Konkretisierung der Planung, Treffen von Absprachen, Besprechen der Verhaltensweisen unterwegs und Durchführung des Ausflugs. (Ggf. anschließende Dokumentation des Ausflugs mit dem Verfassen von Erlebnisberichten als Schreibanlass).	Kap. 3.7.1
Optional	Wir besuchen die Busschule – Exkursion: Besuch einer Busschule (eines Verkehrsbetriebes)	Kap. 3.7.5
Optional 90 Min	Viel unterwegs im Urlaub und auf Reisen – Die Schüler*innen analysieren kritisch Reisemöglichkeiten und -ziele und die Auswirkung verschiedener Verkehrsmittel auf das Klima.	Kap. 3.5.12 AB 51

Unterrichtsreihe: Rund um das Fahrrad - Klasse 3 bis 6

1 45 Min	Meine Fahrradzeichnung – Die Kinder fertigen eine Fahrradzeichnung aus dem Kopf an und überprüfen anschließend den tatsächlichen technischen Bau des Fahrrades.	Kap. 3.6.1
2 45 Min	Mein Fahrradsteckbrief – Zum eigenen Fahrrad wird ein Steckbrief angefertigt (auch als Hausaufgabe möglich).	Kap. 3.6
3 45 Min	Unsere Fahrradwörter – Die Schüler*innen sammeln Wörter rund um das Themenfeld Fahrrad und erstellen einen Wortspeicher.	Kap. 3.6.2 (AB 52)
4 45 Min	Das verkehrssichere Fahrrad – Die Schüler*innen überprüfen ihre und andere Fahrräder auf Verkehrssicherheit. Dazu setzen sie sich vorher mit den relevanten Bestandteilen eines verkehrssicheren Rades auseinander.	Kap. 3.6.4.3 AB 58
Optional: 45 Min	Fahrräder früher – Die Schüler*innen beschäftigen sich mit Lesetexten, Bildern und Zeichnungen zum Fahrrad früher und ordnen Entwicklungen im Verkehr auf einer Zeitleiste ein.	Kap. 3.6.3 AB 53 AB 54
5 90 Min	Fahrradpflege – Einführung in die Grundsätze der Fahrradpflege. Üben an den eigenen Rädern (Optional: Vorbereitung auf ein Schulfest mit Fahrradpflege-Station).	Kap. 3.6.4.3 AB 55 / AB 56 AB 57

6 2 x 45 Min	Verkehrszeichen für Radfahrer – Die Schüler*innen untersuchen auf einem Unterrichtsgang (zu Fuß) die für das Radfahren wichtigen Verkehrszeichen in der Schulumgebung und besprechen die Bedeutung der Zeichen und Regeln anschließend in der Klasse.	Kap. 3.4.3 AB 34
7 45 Min	Verkehrszeichenquiz – Die Schüler*innen erstellen ein Verkehrseichenquiz und spielen eine Quiz-Show nach.	Kap. 3.4.3 AB 36
8 3 x 45 Min	Wir üben mit dem Fahrrad (oder Roller) – Die Schüler*innen üben auf dem Schulhof die motorische Sicherheit auf dem Rad mit diversen spielerischen Übungen (siehe Spiele auf www.radfahreninderschule.de).	Kap. 3.6.6 Spiele Kap. 3.8
9 mehrere Stunden	Wir üben im Straßenverkehr – In Zusammenarbeit mit der Polizei werden erst im Schonraum, anschließend im Verkehr, Übungen auf dem Rad im Rahmen der Radfahrausbildung durchgeführt.	Kap. 3.6.6
	Optional:	
10 2-3 x45 Min	Unser Fahrradparcours – Die Schüler*innen planen einen Fahrradparcours auf dem Schulhof für sich und andere Klassen. Nach Überprüfung und Verbesserung der selbst entwickelten Stationen fahren die Schüler*innen den Parcours. Alternativ: Die Lehrkraft baut mit Hilfe der Schüler*innen einen Parcours auf, der dann von vielen Klassen an einem Tag benutzt werden kann.	Kap. 3.6.7 AB 60
11 90 Min	Wir untersuchen unsere Fahrradwege im Ort – Im Rahmen eines Unterrichtsgangs werden die Bedingungen für Radfahrende im Stadtteil untersucht, dokumentiert und besprochen.	Kap. 3.6.5 AB 59
12 2 x 45 min	Wir üben Fahrrad-Regeln und -Verbote – Gemeinsames Erarbeiten der theoretischen Lernzielkontrolle und Besprechen der wichtigsten Punkte und Verhaltensweisen.	Kap. 3.6.6 Kap. 3.4
13 90 Min	Unsere Abschlussfahrt mit dem Rad – Abschließend wird (in Kooperation mit der Polizei und den Eltern) eine Übungsstrecke im Verkehr absolviert und ggf. ein Diplom über die Teilnahme an der Radfahrausbildung ausgestellt.	Kap. 3.6.6

Unterrichtsreihe: Umwelt, Klima und Verkehr - Klasse 3 bis 6

1 45 Min	Welche Verkehrsmittel gibt es? – Erstellen von Steckbriefen zu einzelnen Verkehrsmitteln. Die Schüler*innen besprechen Vor- und Nachteile einzelner Verkehrsmittel.	Kap. 3.5.2 AB 38 (AB 51)
2 45 Min	Wir zählen den Verkehr vor der Schule – Durchführung und Auswertung einer Verkehrszählung. Kritische Reflexion der Ergebnisse.	Kap. 3.3.1 AB 17
3 45 Min	Viel unterwegs: Mobilitätstagebuch – Einführen eines Mobilitätstagebuches, das begleitend zur Reihe geführt werden soll.	Kap. 3.5.1 AB 37

4 90 Min	Wir untersuchen Wege im Stadtteil – Die Schüler*innen untersuchen bei einem Unterrichtsgang Straßen und Gehwege kritisch im Hinblick auf eine sichere Verkehrsteilnahme und welchen Platzbedarf einzelne Verkehrsmittel haben. Die Ergebnisse werden in Text und Bild festgehalten und problematische Stellen im Stadtteil ggf. per Brief an die Kommune gemeldet.	Kap. 3.3.2 Kap. 3.3.3 AB 18 AB 19 AB 20
5 45 Min	Laute und leise Orte – Die Schüler*innen suchen in der Schule (und auf einer gemeinsamen Exkursion in der Schulumgebung) laute und leise Ort auf und dokumentieren diese. Die Gefahr von dauerhaftem Lärm und Lärmbelästigung wird besprochen. Lösungsmöglichkeiten werden thematisiert.	Kap. 3.5.3 AB 39 AB 40
6 45-60 Min	Hörspaziergang – Durchführung und Auswertung eines Hörspaziergangs im Schulumfeld.	Kap. 3.5.3 Kap. 3.4.1 /AB 29
	Flächenverbrauch – Vergleich des Flächenverbrauchs verschiedener Verkehrsmittel. Aktion zur Visualisierung von Flächenverbrauch auf dem Schulhof.	Kap. 3.5.4 AB 43 / AB 44 AB 45
8 45 Min oder mehr	Wir untersuchen Geschwindigkeiten – Die Bedeutung von Tempo 30 für die Verkehrssicherheit wird durch die Visualisierung der Bremswege bei Tempo 50 und 30 auf dem Schulhof gezeigt. Optional: Aktion vor der Schule: Mit Hilfe der Polizei werden die Geschwindigkeiten der Pkw gemessen und an die Autofahrer*innen Denk- und Dankzettel verteilt.	Kap. 3.3.5 AB 23
9 90 Min	Klimawandel – Die Schüler*innen erarbeiten mit Hilfe eines Sachtextes Aspekte des Klimawandels. Ggf. wird ein Experiment zum Treibhauseffekt durchgeführt. Gemeinsam werden Überlegungen notiert, wie der Klimawandel gebremst werden kann.	Kap. 3.5.6 AB 46 AB 47 Kap. 3.5.8
10 90 Min	Transportwege von Waren – Die Schüler*innen untersuchen die Transportwege und die ökologischen Fußabdrücke einzelner Lebensmittel. Im Rahmen eines Unterrichtsgangs kann im Supermarkt die Herkunft einzelner Obst und Gemüsesorten ermittelt werden. Beschäftigung mit dem eigenen „ökologischen Fußabdruck" mit einem CO2-Rechner.	Kap. 3.5.11 AB 49 (Kap. 3.5.12)
11 45 – 90 Min	Wie weit ist unsere Kleidung gereist? Die Weltreise der Jeans – Die Schüler*innen ermitteln das Herkunftsland einzelner Kleidungsstücke und schauen auf dem Globus/der Weltkarte, wie weit das Kleidungsstück gereist ist. Zusätzlich informieren sich die Schüler*innen über Arbeitsblätter und Filme über die Problematik der weiten Transportwege und der schlechten sozialen und wirtschaftlichen Bedingungen in den Produktionsländern. Möglichkeiten eines nachhaltigen Umgangs mit Kleidung werden besprochen.	Kap. 3.5.11 AB 50
12 45 Min	Pro und Contra-Diskussion – Im Rahmen einer inszenierten Diskussion werden Argumente zum Mobilitätsverhalten und zur Benutzung von umweltfreundlichen Verkehrsmitteln und dem Pkw ausgetauscht.	Kap. 3.5
13 ca. 90 Min	Vorbereitung einer Ausstellung und Präsentation – Die Ergebnisse und Erkenntnisse der Reihe werden auf Plakaten oder mittels kurzer Erklärvideos festgehalten. Ergänzt werden diese Informationen durch Kurzvorträge (Videos) einzelner Kinder oder durch einen von den Schüler*innen erstellten Ratgeber (auf der Homepage der Schule) mit Tipps zur Verkehrsmittelwahl.	

Das Zukunftsnetz Mobilität NRW – Mobilität für Menschen

https://www.zukunftsnetz-mobilitaet.nrw.de

Nachhaltige Mobilitätsentwicklung ist ein Kernfaktor für lebenswerte, klimafreundliche Städte und Gemeinden. Um die Kommunen in Nordrhein-Westfalen bei der Entwicklung nachhaltiger Mobilitätsangebote zu unterstützen, gibt es das Zukunftsnetz Mobilität NRW. Das kommunale Unterstützungsnetzwerk berät, vernetzt und qualifiziert seine Mitglieder individuell und ganzheitlich. Alle Angebote basieren auf dem strategischen Ansatz des kommunalen Mobilitätsmanagements – dem fachübergreifenden Handeln und Entscheiden in der Verwaltung. Denn vernetzte Mobilität erfordert vernetzte Arbeit.

Drei regionale Koordinierungsstellen gewährleisten eine enge lokale Betreuung. Als Dienstleister vor Ort unterstützen sie die Mitgliedskommunen mit ihrem Wissen um lokale Gegebenheiten sowie ihrer Expertise in allen Fragen des kommunalen Mobilitätsmanagements und stoßen Projekte an. Als Teil der regionalen Verkehrsbünde Verkehrsverbund Rhein-Sieg, Verkehrsverbund Rhein-Ruhr und Nahverkehr Westfalen-Lippe können sie Synergieeffekte nutzen und die regionale Bindung stärken. Der Ursprung des „Zukunftsnetz Mobilität NRW“ und Sitz der Geschäftsstelle liegt beim Verkehrsverbund Rhein-Sieg (VRS) in Köln. Dort widmet man sich schon mehr als 20 Jahre der Mobilitätsbildung und Verkehrserziehung von Kindern und Jugendlichen.

Schulisches Mobilitätsmanagement

Ein Bestandteil des kommunalen Mobilitätsmanagements ist das schulische Mobilitätsmanagement. Bildungseinrichtungen kommt dabei eine zentrale Rolle zu. Kindergärten, Grundschulen und weiterführende Schulen sind die wesentlichen Verkehrserzeuger im kommunalen Raum – und gleichzeitig die wichtigsten Vermittlungs- und Lernorte rund um Mobilitätsbildung und Verkehrserziehung. Durch Lernprogramme und praktische Maßnahmen können Kinder früh lernen, dass sie vielfältige Möglichkeiten der Mobilität haben. Das wirkt sich auch darauf aus, wie sie sich später als Erwachsene fortbewegen.

Mehr als reine Wissensvermittlung

Das Schulische Mobilitätsmanagement geht über die reine Wissensvermittlung und damit den Lehrauftrag zur sicheren, selbständigen und verantwortungsvollen Verkehrsteilnahme hinaus. Es nimmt Schüler als Experten bei der Planung und Ausgestaltung ihres eigenen Wohnumfelds und ihrer Schulwege ernst. Schulisches Mobilitätsmanagement nimmt nicht nur die Mobilität der Schüler in den Blick, sondern auch die der Lehrkräfte. Es knüpft an die traditionelle Verkehrserziehung an und bringt diese in eine zeitgemäße Form, die auch neueren Anforderungen wie der Bildung für eine nachhaltige Entwicklung (BNE) gerecht wird.

Verantwortung macht Spaß und bringt Eigenständigkeit

Das Ziel ist es, Kinder und Jugendliche zu befähigen, verantwortliche Entscheidungen in Sachen Mobilität zu treffen. Dafür vermittelt ihnen schulisches Mobilitätsmanagement wichtiges Know-how. Die Kinder sollen Spaß an umweltfreundlicher Mobilität entdecken, ihre Verantwortung bei der Verkehrsmittelwahl erkennen und ihre Mitgestaltungsmöglichkeiten für ein nachhaltiges Mobilitätssystem nutzen. Die Langzeitwirkungen sind nicht zu unterschätzen: So leisten Kinder einen Beitrag zu einer zukunftsfähigen, sozialen, wirtschaftlichen und ökologischen Entwicklung unserer Gesellschaft.

Wer sich als Kommune für die Mitgliedschaft im Zukunftsnetz Mobilität NRW qualifiziert, kann von vielen Angeboten profitieren. Im Bereich des schulischen Mobilitätsmanagements sind das:

- **„Radfahren in der Schule": Praxisorientierte Lehrerfortbildung und Online-Portal für Grundschulen und weiterführende Schulen**
  Die eintägige Fortbildung und das dazugehörige Online-Portal (www.radfahreninderschule.de) vermitteln Lehrkräften praktisches und theoretisches Wissen für kindgerechtes Radfahrtraining in der Schule. Ziel ist es, die Sicherheit beim und den Spaß am Fahrradfahren zu steigern.
- **Der Verkehrszähmer-Leitfaden: Ein Programm zur Mobilitätsbildung an Grundschulen**
  Das Verkehrszähmer-Programm ist ein ganzheitliches Konzept, das Kinder motiviert und dabei unterstützt, ihren Schulweg eigenverantwortlich und sicher zu bewältigen. Für Lehrer bieten wir einen ausführlichen Leitfaden und einen einführenden Workshop an.

- **Schüler- und Lehrerheft „Bus & Bahn-Detektive": VRS-Unterrichtsmaterial zu nachhaltiger Mobilität**
  Die „Bus & Bahn-Detektive" wurden für den Unterricht in der 3. und 4. Klasse konzipiert und führen Kinder fantasievoll an den öffentlichen Nahverkehr und andere Verkehrsmittel heran.
- **Die Mobilitätsfibel: Straßenverkehr für Schulanfänger**
  Die gemeinsame Mobilitätsfibel von Verkehrsclub Deutschland e. V. (VCD) und Verkehrsverbund Rhein-Sieg bietet Eltern die wichtigsten Informationen zur kindgerechten Mobilität.
- **Mobilitätstage in den Zentren für schulpraktische Lehrerausbildung**
  Verkehrserziehung und Mobilitätsbildung sind immer noch kein Bestandteil der Lehrenden-Ausbildung. Das Zukunftsnetz Mobilität NRW unterstützt die Zentren für schulpraktische Lehrerausbildung (ZfsL) bei der Gestaltung von Mobilitätstagen für ihre Lehramtsanwärterinnen und -anwärter.
- **Kommunaler Arbeitskreis zum schulischen Mobilitätsmanagement**
  Wir unterstützen bei der Einrichtung von fest etablierten Arbeitskreisen zum schulischen Mobilitätsmanagement. Neben Verwaltungsmitarbeitern zählen hierzu auch Schulvertreter und andere externe Partner.

Auf Bundesebene ist die „Deutsche Plattform für Mobilitätsmanagement e.V". DEPOMM der Ansprechpartner im Bereich des schulischen Mobilitätsmanagements. Sie hat laut Satzung die Aufgabe, in Deutschland das Mobilitätsmanagement voranzubringen, um die nachhaltige Mobilitätsentwicklung zu fördern.

Bei der jährlich stattfindenden Deutschen Konferenz für Mobilitätsmanagement (DECOMM) ist das Thema schulisches Mobilitätsmanagement ein fester Punkt. Zudem findet über die DEPOMM der bundesweite Erfahrungsaustausch der verschiedensten Institutionen, die sich mit dem Thema beschäftigen, statt.

https://depomm-ev.de

VCD Angebote zur Mobilitätsbildung

vom Kindergarten bis zur weiterführenden Schule

www.vcd.org

Übersicht

- **VCD Kita Praxishandbuch (3- bis 6-Jährige)**
- **Kooperation mit DVR-Programm „Kind und Verkehr" (3- bis 6-Jährige)**
- **Zu Fuß zur Schule und zum Kindergarten (3- bis 12-Jährige)**
- **VCD Laufbus (3- bis 8-Jährige)**
- **VCD Mobilitätsfibel (6- bis 8-Jährige)**
- **FahrRad! Fürs Klima auf Tour (10- bis 18-Jährige)**

50 Spiele für mobile Kinder – Praxisnahe Anregungen für eine nachhaltige Mobilitätsbildung im Elementarbereich

50 speziell für den Kindergarten entwickelte und zusammengestellte Spiel- und Lernideen, um schon die Kleinsten in ihrer Bewegungsfreude zu fördern und sie bei einer aktiven Mobilität zu unterstützen. Das Handbuch gibt Erzieherinnen und Erziehern, aber auch interessierten Eltern, praxisnahe Anregungen und macht ihnen Mut, Mobilitätsbildung in die tägliche pädagogische Arbeit zu integrieren. Die Strukturierung des Buches in unterschiedliche Lernbereiche orientiert sich an den Bildungsplänen der Bundesländer. Ein übersichtliches „Schnell – Suchsystem" lädt dazu ein, die Ideen sofort in die Praxis umzusetzen. Die Deutsche Akademie für Kinder- und Jugendliteratur hat das Buch „50 Spiele für mobile Kinder" im November 2017 als Klima-Buchtipp empfohlen

Information unter:
https://www.vcd.org/themen/mobilitaetsbildung/vcd-kita-praxishandbuch/

DVR-Programm Kind und Verkehr

Der VCD unterstützt Eltern von Kindergarten- und Vorschulkindern im Rahmen des Programmes des deutschen Verkehrssicherheitsrates „Kind und Verkehr“ als einer von sechs Umsetzerverbänden und bietet interaktive Elternabende in Kindergärten und Kindertagesstätten an.

Information unter:
www.vcd.org/themen/verkehrssicherheit/kindundverkehr/

Zu Fuß zur Schule und zum Kindergarten

Eine Mitmachaktion für Kindergärten und Grundschulen,
bei der das Deutsche Kinderhilfswerk und der VCD mit vielfältigen
Aktionsideen und Materialien unterstützen.

- Kosten: kostenlos
- Turnus: jährlich
- Anmeldung: ab März
- Zeitraum: April bis September

Information und Anmeldung unter: www.zu-fuss-zur-schule.de

Schulwegplanung und Organisation eines Laufbusses

Ziel ist, dass Kinder gemeinsam ihren Schulweg zu Fuß zurücklegen. Durch die Bildung des Laufbusses können sich Eltern abwechseln und müssen ihre Kinder nicht jeden Tag bringen und holen. Die Strecke muss natürlich sicher und für alle gut erreichbar sein.

Wenn die Route steht, werden zentrale »Haltestellen« vereinbart, an denen Kinder dazukommen oder sich verabschieden können. So gelangen die Kids zu Fuß sicher zur Schule.

Weitere Infos: www.vcd.org/vcd_laufbus.html

FahrRad! Für's Klima auf Tour

Eine Mitmachaktion für Jugendgruppen. Nicht nur reden, sondern selbst etwas tun: Radeln für den Klimaschutz – für Jugendliche im Alter von 12 bis 18 Jahren. Wer Rad fährt, statt sich mit dem Auto bringen zu lassen, spart jede Menge CO_2. Also rauf aufs Rad, Fahrradkilometer sammeln, Klima retten und tolle Preise gewinnen!

- Turnus: jährlich
- Anmeldung: ab Februar
- Zeitraum: März bis Ende August

Information und Anmeldung unter: www.klima-tour.de

4. Anhang

4.1. Literatur

Weitere Literatur- und Internethinweise finden sich bei den Praxisbeispielen in Kapitel 3.

Abeling, Insa/Städtler, Hermann (2008): Bewegte Schule – mehr Bewegung in die Köpfe. In: Die Grundschulzeitschrift, Heft 212/213, S. 42-43.

ADAC (2020): Tempolimit auf Autobahnen. Informationen auf der ADAC-Homepage vom 9.3.2020. URL: https://www.adac.de/verkehr/standpunkte-studien/positionen/tempolimit-autobahn-deutschland/ (Abruf 27.2.2020).

ADAC (2015): Tempo 30 – Pro & Contra. München.

ADAC (2000): Schulverkehrserziehung auf dem Weg in die Zukunft. Dokumentation ADAC Symposium 1998, München.

Adamina, Marco /Hemmer, Michael / Schubert, J. (Hrsg.) (2016): Die geographische Perspektive konkret. Begleitband 3 zum Perspektivrahmen Sachunterricht, Bad Heilbrunn.

Baker-Price, Angela (2015[3]): Verkehrszähmer Leitfaden. Herausgegeben vom Zukunftsnetz Mobilität NRW/VRS. Köln.

Basner, Burkhard/De Marées, Horst (1993): Fahrrad- und Straßenverkehrstüchtigkeit von Grundschülern. GUVV. Münster.

BAST (2019): Schulwegpläne leichtgemacht – Der Leitfaden. (Erstellt von J. und T. Leven für die Bundesanstalt für Straßenwesen = BAST). 3. aktualisierte Auflage. Bergisch Gladbach.

Berg-Laase, Günther et al. (1995): Verkehr und Wohnumfeld im Alltag von Kindern. Eine sozialökologische Studie zur Aneignung städtischer Umwelt. Pfaffenweiler.

Blaseio, Beate (2014): Mobilitätserziehung in Lehrplänen und aktuellen Schulbüchern des Sachunterrichts. In: Otten, M/Wittkowske, St. (Hrsg.): Mobilität für die Zukunft. Interdisziplinäre und (fach-)didaktische Herausforderungen. Bielefeld, S. 83-90.

Bleyer, Renate/Bleyer, Gunter (2010): Wir sind mobil im VRS. VRS Unterrichtsmaterial Sek. 1. Köln.

Bleyer, Gunter (1997): „Neue Wege der Mobilitätserziehung", in: VCD: Symposium „Kinder im Verkehr", Hamburg, S. 19-24.

Bleyer, Gunter (1996): Umweltbewußte Mobilität. Thesen zur Weiterentwicklung der Verkehrserziehung in der Schule. In: Zeitschrift für Verkehrserziehung 3/96, S. 10ff.

Bleyer, Gunter (1996): Kind und Umwelt im Verkehr. Projekttage in der Grundschule. Amt für Schule. Hamburg.

Bleyer, Gunter (1995): „Wir fahren mit dem HVV". Ein neues Schülerbuch für die Klassen 4 - 6. In: Zeitschrift für Verkehrserziehung, Jg. 45 / 2, S. 7-10.

Bleyer, Gunter (1993): Kinder benutzen Bus und Bahn. In: Grundschule Jg. 25 / 6, S. 51.

Bleyer, Gunter (1992): Aktionswoche „Autofreie Schule". Hintergründe, Zielsetzung, Ablauf, Auswertung. In: Grundschule Jg. 24 H. 2, S. 60-62.

BMVI (2019): Mobilität in Deutschland - MiD 2017, Ergebnisbericht. Bundesministerium für Verkehr und digitale Infrastruktur/infas. Bonn.

BMVI/KBA (2019): Verkehr in Zahlen 2019/2020. Bundesministerium für Verkehr und digitale Infrastruktur und Kraftfahrtbundesamt. Flensburg.

BMZ/KMK (2007): Orientierungsrahmen für den Lernbereich Globale Entwicklung. Bonn.

BP Oil GmbH (1994): Die Teddypolizei. Hamburg.

Briese, Volker (1994): Radwege: Automobilverbände bestimmen Fahrradpolitik. In: Radfahren 2/94, S. 96-98.

Briese, Volker (1991): Alternatives Verkehrslernen statt Unfallverhütungstraining in der automobilen Risikogesellschaft. In: Koch (Hrsg.): Die neue Verkehrserziehung. Modelle, Konzeptionen, Theorien. München, S. 34-52.

Briese, Volker (1990): Verkehrserziehung als Element des Sachunterrichts in der Primarstufe. In: Zeitschrift für Verkehrserziehung Jg. 40, H. 3, S. 9-13.

Briese, Volker (1988): Werden „Meister auf zwei Rädern" auch Meister im Straßenverkehr? ADAC-Fahrradturniere allenfalls unbedeutend. In: Zeitschrift für Verkehrserziehung, Jg. 38, H. 3, S. 81-83.

Briese, Volker/Wittekind, Helmut (1985): Verkehr, Umwelt, Fahrrad. Grundlagen für eine Verkehrspädagogik als ökonomisch-politische Umwelterziehung. Dortmund.

Briese, Volker (1985): Prinzipielle Verkehrsberuhigung. Aufgabe einer Verkehrspädagogik als ökonomisch-politische Umwelterziehung. In: Zeitschrift für Verkehrserziehung Jg. 35, H. 3, S. 60-63.

Böll-Stiftung/VCD (2019): Mobilitätsatlas. Daten und Fakten für die Verkehrswende. Berlin.

BZgA (2013): Unterricht in Bewegung. Materialien für die Grundschule (1.-4. Klasse). Reihe Gesundheit und Schule der Bundeszentrale für gesundheitliche Aufklärung. Köln.

Curdt, Erwin/Roselieb, Horst/Wiesmüller, Christian (Hg.) (2009): Mobilität bewegt Schule. Das niedersächsische Curriculum Mobilität an schulischen und außerschulischen Lernorten. Bielefeld 2009.

Curdt, Erwin (2009): Von der Verkehrserziehung zum Curriculum Mobilität. Stationen und Stagnationen eines progressiven Projekts. In: Curdt/Roselieb/Wiesmüller (Hg.): Mobilität bewegt Schule. Das niedersächsische Curriculum Mobilität an schulischen und außerschulischen Lernorten. Bielefeld 2009, S. 101-122.

Curdt, Erwin/Lindenberg, Bodo/Ulbrich, Klaus Peter (2009): Das niedersächsische Curriculum Mobilität. Ein wegweisendes Bildungskonzept für die Schule. In: Curdt/Roselieb/Wiesmüller (Hg.): Mobilität bewegt Schule. Das niedersächsische Curriculum Mobilität an schulischen und außerschulischen Lernorten. Bielefeld 2009, S. 85-99.

Deetjen, Gottfried (1997): Verkehrspädagogik als Motivator für intelligente Mobilität. In: Zeitschrift für Verkehrserziehung, 47/97, S. 27-30.

Deetjen, Gottfried (1994): Verkehrspädagogische Überlegungen zu einem gesundheitsfördernden Mobilitätsverhalten. In: Lauterbach et al. (Hrsg.): Curriculum Sachunterricht. Probleme und Perspektiven des Sachunterrichts, Band 5, IPN/GDSU. Kiel, S. 142-148.

Dekra (2019): Verkehrssicherheitsreport 2019. Kinder im Straßenverkehr. Schritte zur Realisierung der Vision Zero. Stuttgart.

Destatis (2019a): Verkehrsunfälle. Kinderunfälle im Straßenverkehr 2018. Statistisches Bundesamt. Wiesbaden.

Destatis (2019b): Verkehrsunfälle. Unfälle von 15- bis 17-Jährigen im Straßenverkehr 2018. Statistisches Bundesamt. Wiesbaden.

Destatis (2019c): Verkehrsunfälle. Zahlenreihen 2018. Statistisches Bundesamt. Wiesbaden.

Deutsche Verkehrswacht (2004): Verkehrssicherheit als Programm. Bonn.

Deutsche Verkehrswacht (1994): Verkehrssicherheit als Programm. Deutsche Verkehrswacht feierte ihren 70. Geburtstag. In: Verkehrsnachrichten 12/1994, S.11-12.

Die Fußgänger-Profis (2018): Unterrichtsmaterialien zur Mobilitätsbildung in den Jahrgängen 1 bis 3 der Grundschule. Niedersachsen (Ministerien Wirtschaft/Verkehr, Kultus, Inneres). Hannover.

Dollase, Rainer (2012): Umwelterziehung und Entwicklungspsychologie – Was brauchen Kinder wirklich? In: Jung/Molitor/Schilling (Hrsg.): Auf dem Weg zum guten Leben. Eberswalder Beiträge zu Bildung und Nachhaltigkeit, Bd. 2, Opladen/Berlin/Toronto, S. 19-30.

DVR (2019): Unfallgeschehen für ausgewählte Altersgruppen. Kinder unter 15 Jahren. URL: https://www.dvr.de/unfallstatistik/de/kinder/ (Abruf 20.3.2020)

DVR (Hrsg.) (1993): Handbuch: Schulverkehrserziehung. Bonn o.J. (ca. 1993).

DVR / DVW / ADAC (1973): Verkehrserziehung in der Schule. Kommentar zur Empfehlung der Kultusministerkonferenz vom 7. Juli 1972. o.O. 1973.

Eubel, Klaus-Dieter (1991): Verkehr und Erziehung als Problem. Die Entwicklung der (auto-) mobilen Gesellschaft und die Folgen für die Verkehrserziehung der Zukunft. In: Koch (Hrsg.): Die neue Verkehrserziehung. München, S. 54-74.

Europäische Kommission (2002): Auf die Plätze, Kinder – los. Luxemburg. (Bezug: env-pubs@cec.eu.int).

Fack, Dietmar (1991): Der Ertrag der Technikgeschichte des Straßenverkehrs für eine zukunftsorientierte Verkehrspädagogik. In: Koch (Hrsg.): Die neue Verkehrserziehung. München, S. 85-107.

Fairkehr (2005): Lack geht vor - Kinder haften. In: fairkehr Heft 1/2005.

Fairkehr (1997): Kinder im Verkehr. Fairkehr spezial. Bonn.

Finger, Jonas et al. (2018): Körperliche Aktivität von Kindern und Jugendlichen in Deutschland – Querschnittergebnisse aus KiGGS Welle 2 und Trends. In: Journal of Health Monitoring, 2018 3(1) DOI 10.17886/RKI-GBE-2018-006.2, Robert Koch-Institut, Berlin, S. 24-31.

Flade, Antje (2009): Unterwegs zur Schule. In: Die Grundschulzeitschrift, Heft 224, S. 36-39.

Flade, Antje (Hrsg.) (1994): Mobilitätsverhalten: Bedingungen und Veränderungsmöglichkeiten aus umweltpsychologischer Sicht. Weinheim.

Flade, Antje (1994): Effekte des Straßenverkehrs auf das Wohnen. In: Dies. (Hrsg.): Mobilitätsverhalten. Weinheim, S. 155-169.

Fölling-Albers, Maria (1992): Schulkinder heute. Auswirkungen veränderter Kindheit auf Unterricht und Schulleben. Weinheim/Basel.

Funk, Walter et al (2013): Verkehrserziehung in Kindergärten und Grundschulen. Berichte der Bundesanstalt für Straßenwesen, Heft M 238. Bergisch-Gladbach.

Fries, Stefan (2002): Kinder und ihre Freizeit. In: Kindheit 2001, Das LBS-Kinderbarometer. Was Kinder wünschen, hoffen und befürchten. Opladen, S. 169-192.

Gärtner, Helmut/Hellberg-Rode, Gesine (Hrsg.) (2001): Umweltbildung und nachhaltige Entwicklung. Bd. 1 und 2. Baltmannsweiler.

GDSU (2013): Perspektivrahmen Sachunterricht. Vollständig überarbeitete und erweiterte Auflage. Bad Heilbrunn.

Gläser, Eva (2012): Was sind Regeln? Was sind Gesetze? In: Grundschule Sachunterricht, H. 55, S. 31-33.

Gloning, Hermann / Böse, Stephan (Hrsg.) (1995): Gesundheitsrisiko Auto. Frankfurt a.M. (= Umwelt und Gesundheit, Band 5).

Gorbahn, Katja/Heymann, Matthias (2004): Das Auto verändert die Stadt. In: Grundschule 7-8, S. 42-45.

Greenpeace/Wuppertal Institut (2017): Verkehrswende für Deutschland. Der Weg zu CO_2-freier Mobilität bis 2035. Langfassung. Hamburg.

Gröger, Dörte/ Schauenberg, Eva-Maria (2014): Rund um den Bus – Perspektiven in Vernetzung. In: Goll, Thomas/Schauenberg, Eva-Maria (Hrsg.): „Mobilität- Verkehr" als Thema des Sachunterrichts. Baltmannsweiler, S. 107-127.

Gudjons, Herbert (1993): Handlungsorientiert lehren und lernen. Bad Heilbrunn.

Guski, Rainer (2002): Lärmwirkungsforschung zu Beginn des 21. Jahrhunderts. In: UVP-report Nr. 5/2002, S. 173-181.

Haan, Gerhard de (2009): Bildung für nachhaltige Entwicklung für die Grundschule. Hrsg. Vom Bundesministerium für Umwelt, Naturschutz und Reaktorsicherheit (BMU). Berlin.

Haan, Gerhard de/Kuckartz, Udo (Hrsg.) (1998): Umweltbildung und Umweltbewußtsein. Forschungsperspektiven im Kontext nachhaltiger Entwicklung. Schriftenreihe Ökologie und Erziehungswissenschaft, Band 1, Opladen.

Hablesreiter, Martin (2007): Interview mit Hermann Knoflacher: „Das Auto macht uns total verrückt". In: Die Zeit, Nr. 38, 13.9.2007, Hamburg.

Hänsel, Dagmar (Hrsg.) (1986): Projektbuch Grundschule. Weinheim/Basel.

Hass-Klau, Carmen (1990): The pedestrian and city traffic. London.

Hattie, John/Zierer, Klaus (2018): Visible Learning. Auf den Punkt gebracht. Baltmannsweiler.

Hauenschild, Katrin (20174): Bildung für nachhaltige Entwicklung. In: Hartinger, A./Lange-Schubert, K. (Hrsg.): Sachunterricht – Didaktik für die Grundschule. Berlin, S. 138-148.

Hauenschild, Katrin/Bolscho, Dietmar (2015): Bildung für nachhaltige Entwicklung. In: Kahlert et al (Hrsg.): Handbuch Didaktik des Sachunterrichts. 2. Auflage. Bad Heilbrunn, S. 194-199.

HdkF (2018): Tür auf! Mein Einstieg in Bildung für nachhaltige Entwicklung. Haus der kleinen Forscher. Berlin.

Hellberg-Rode, Gesine (2001): Nachhaltige Entwicklung als Leitidee der Agenda 21. In: Gärtner/Hellberg-Rode (Hrsg.): Umweltbildung und nachhaltige Entwicklung. Bd. 1. Baltmannsweiler; S. 1-5.

Hellmann, Andreas (1995): Asthma aus dem Auspuff. In: Gloning/Böse (Hrsg.): Gesundheitsrisiko Auto. Frankfurt a.M., S. 17-76.

Herzog-Schlagk, Bernd (1991): Verkehrte Kinder? FUSS e.V. und Umkehr e.V. Berlin.

Hilgers, Micha (1992): Total abgefahren. Psychoanalyse des Autofahrens. Freiburg.

Hochstetter, Dorothee (2005): Motorisierung und „Volksgemeinschaft". Das Nationalsozialistische Kraftfahrkorps (NSKK) 1931-1945. In: Studien zur Zeitgeschichte 68, München.

Hopf, Arnulf (1989): Außenflächen, Straßen und Verkehr in der Wohnumwelt von Kindern. In: Fölling-Albers, Maria (Hrsg.): Veränderte Kindheit - veränderte Grundschule. Frankfurt a.M., S. 85-93.

Hüttenmoser, Marco (1994): Auswirkungen des Straßenverkehrs auf die Kinder und den Alltag junger Familien. In: Flade, Antje (Hrsg.): Mobilitätsverhalten. Weinheim; S. 171-181.

Ifeu/VCD (2005): Beratungsleitfaden „Nachhaltige Mobilität" für allgemeinbildende Schulen. Heidelberg.

IPCC (2015): Climate Change 2014: Synthesis Report. Contribution of Working Groups I, II and III to the Fifth Assessment Report of the Intergovernmental Panel on Climate Change [Core Writing Team, R.K. Pachauri and L.A. Meyer (eds.)]. Geneva/Genf.

Jacob, Joachim (1982): Ansätze einer stadtteilorientierten und umweltbezogenen Verkehrserziehung. In: Zeitschrift für Verkehrserziehung, Jg. 32, H. 2, S. 33-39.

Jörns, Klaus-Peter (1992): Krieg auf unseren Straßen. Die Menschenopfer der automobilen Gesellschaft. Gütersloh.

Kahlert, Joachim (1998): Gefahren erkennen – Risiken abwägen – Selbstständigkeit gewinnen. In: Sache-Wort-Zahl, Jg. 26, Heft 16; S. 4-12.

Kaiser, Astrid/Carle, Ursula (Hrsg.) (1998): Rechte der Kinder. Baltmannsweiler.

Kaiser, Astrid (1998): Praxisbuch handelnder Sachunterricht Band 2.Baltmannsweiler.

Kaiser, Astrid (2005): Geleitwort. In: Spitta: Praxisbuch Mobilitätserziehung. Baltmannsweiler, S. 1.

Kesselring, Sven (2009): Die mobile Risikogesellschaft. In: Curdt/Roselieb/Wiesmüller (Hg.): Mobilität bewegt Schule. Das niedersächsische Curriculum Mobilität an schulischen und außerschulischen Lernorten. Bielefeld 2009, S. 11-34.

Klafki, Wolfgang (1992): Allgemeinbildung in der Grundschule und der Bildungsauftrag des Sachunterrichts. In: Lauterbach et al. (Hrsg.): Brennpunkte des Sachunterrichts. Kiel, S. 11-31.

Klenke, Dietmar (1995): „Freier Stau für freie Bürger". Die Geschichte der bundesdeutschen Verkehrspolitik. Darmstadt.

Klimabündnis: (2017): Kleine Klimaschützer unterwegs. Begleitheft für LehrerInnen und ErzieherInnen. Frankfurt a.M.

KMK (2013): Verbraucherbildung an Schulen. (Beschluss der Kultusministerkonferenz vom 12.09.2013). https://www.kmk.org/fileadmin/pdf/PresseUndAktuelles/2013/Verbraucherbildung.pdf (20.5.2020).

KMK 2012 (2012): Empfehlung zur Mobilitäts- und Verkehrserziehung in der Schule (Beschluss der KMK vom 07.07.1972 i.d.F. vom 10.05.2012). Sekretariat der Ständigen Konferenz der Kultusminister der Länder in der Bundesrepublik Deutschland. Abgerufen unter https://www.kmk.org/themen/allgemeinbildende-schulen/weitere-unterrichtsinhalte/verkehrserziehung.html (28.3.2020).

KMK 1994 (1995): Empfehlungen zur Verkehrserziehung in der Schule. Beschluß der Kultusministerkonferenz vom 17.6.1994. In: Zeitschrift für Verkehrserziehung 45 (1995) 1, S. 4-6.

KMK 1972 (1973): Empfehlung zur Verkehrserziehung in der Schule. Beschluß der KMK vom 7. Juli 1972. In: KMK, Ständige Konferenz der Kultusminister der Länder. Kulturpolitik der Länder 1971-1972. Bonn 1973, S. 297-301.

Knoflacher, Hermann (2001): Stehzeuge – Fahrzeuge: Der Stau ist kein Verkehrsproblem. Wien/Köln/Weimar.

Koch, Hubert/Walter, Karlheinz (1978): Verkehrserziehung von den Anfängen bis heute. In: Böcher/Koch/Walter: Verkehrserziehung - Alibi oder pädagogische Chance? Bonn, S. 13-69.

Koch, Hubert (Hrsg.) (1991): Die neue Verkehrserziehung. Modelle, Konzeptionen, Theorien. München.

Kühne, Melanie (2009): Unfallversicherungsschutz für Kinder. In: Die Grundschulzeitschrift, H. 224, S. 32.

Land Brandenburg (2007): Auswirkungen eines allgemeinen Tempolimits auf Autobahnen im Land Brandenburg. Landesbetrieb Straßenwesen. Potsdam.

LBS (2006): LBS-Kinderbarometer. Wohnen in NRW. Stimmungen, Meinungen, Trends von Kindern. Münster.

Lehrpläne für die Grundschule NRW (2008): Ministerium für Schule (MSB). Schriftenreihe Schule in NRW. Frechen.

Limbourg, Maria (2010): Kinder im Straßenverkehr. Prävention in NRW. Unfallkasse NRW. Düsseldorf.

Limbourg, Maria (2009): Lernort Schulweg. In: Grundschulzeitschrift, Heft 224, S. 26-30.

Limbourg, Maria (2003): Kinder sicher unterwegs. In: Siller, Rolf (Hrsg.): Kinder unterwegs – Schule macht mobil. Verkehrs- und Mobilitätserziehung in der Schule. Donauwörth, S. 28-37.

Limbourg, Maria (2002a): Kinder unterwegs im Verkehr. Risiken und Gefahren auf Kinderwegen. In: Sache-Wort-Zahl 30/ 47, S. 9-16.

Limbourg, Maria (2002b): Neue Ansätze der Verkehrs-/Mobilitätserziehung in Deutschland. Vortrag bei der Tagung „Kinder im Verkehr" der Stiftung Schadensbekämpfung der Winterthur Versicherungen am 15.11 2002 in Winterthur. Essen 2002. (Download www.uni-essen.de/traffic_education).

Limbourg, Maria (2001): Mobilitäts-/Verkehrserziehung als Aufgabe der Grundschule, In: Sache-Wort-Zahl, Jg. 29, H. 38, S. 4-17.

Limbourg, Maria (2000): Ziele, Aufgaben und Methoden einer zukunftsorientierten Verkehrserziehung. In: ADAC: Schulverkehrserziehung auf dem Weg in die Zukunft. Dokumentation ADAC Symposium 1998, München, S. 38-56.

Limbourg, Maria (1996): Verkehrserziehung als Gesundheitserziehung. In: Zeitschrift für Verkehrserziehung H. 3, S. 7-8.

Limbourg, Maria (1994): Kinder im Straßenverkehr. GUVV Westfalen-Lippe, Münster.

Ministerrat der DDR (1988): Lehrpläne Klasse 1. Ministerium für Volksbildung. Berlin.

Mitscherlich, Alexander (1965): Die Unwirtlichkeit unserer Städte. Anstiftung zum Unfrieden. Frankfurt a.M.

Monheim, Heiner/ Monheim-Dandorfer, Rita (1990): Straßen für alle. Analysen und Konzepte zum Stadtverkehr der Zukunft. Hamburg.

Morgenstern, V. et al. (2008): Atopic Diseases, Allergic Sensitation, and Exposure to Traffic-Related Air Pollution in Children. In: American Journal of Respiratory and Critical Care Medicine, Jun 15; 177 (12). Stanford: HW-Press, S. 1331–1337.

MBWSV (2015): Mehr Freiraum für Kinder. Ideen und Anregungen für sichere und kinderfreundliche Straßen und Wege. Ministerium für Bauen, Wohnen, Stadtentwicklung und Verkehr NRW. Düsseldorf.

MSB NRW (2019): Leitlinie Bildung für nachhaltige Entwicklung. Hrsg. vom Ministerium für Schule und Bildung NRW, Heft 9052, Düsseldorf.

MSW NRW (2009): Verkehrserziehung und Mobilitätsbildung in der Schule. Runderlass des Ministeriums für Schule und Weiterbildung NRW vom 14.12.2009 (BASS 15-02 Nr. 5.) Düsseldorf.

Muchow, Martha/Muchow, H. (1998): Der Lebensraum des Großstadtkindes. (Reprint) (erste Ausgabe 1935), Bensheim.

Nationale Plattform BNE/BMBF (2017): Nationaler Aktionsplan Bildung für nachhaltige Entwicklung. Der deutsche Beitrag zum UNESCO-Weltaktionsprogramm. Nationale Plattform Bildung für nachhaltige Entwicklung/Bundesministerium für Bildung und Forschung. Frankfurt a.M.

Nicolai, Thomas (1995): Die Münchener Allergie- und Asthmastudie: Einflüsse von Verkehr und Umwelt auf die Gesundheit von Kindern. In: Gloning/Böse (Hrsg.): Gesundheitsrisiko Auto. Frankfurt a.M., S. 95-101.

OECD (2004): Keeping Children Safe in Traffic. Paris.

Otten, Michael / Wittkowske, Steffen (Hg.) (2014): Mobilität für die Zukunft. Interdisziplinäre und (fach-)didaktische Herausforderungen. Bielefeld.

Perry, Philippa (2020): Das Buch, von dem du wünschst, deine Eltern hätten es gelesen (und deine Kinder werden froh sein, wenn du es gelesen hast). Berlin.

Petillon, Hanns (2015): 1000 Spiele für die Grundschule. Von Adlerauge bis Zauberbaum. 4. Auflage. Weinheim.

Pilz, Cosima (1995): Von der Verkehrserziehung zum Mobilitätsunterricht. In: Verkehrszeichen 1/95, S. 11-14.

Plöger, Sven (2020): Zieht euch warm an, es wird heiß. Wie wir noch verhindern können, dass unser Wetter immer extremer wird. Frankfurt a.M.

Pohlmann, Barbara / Quandt, Rolf (1992): Kinder wünschen sich einen fahrradfreundlichen Stadtteil. Eine projektorientierte Unterrichtseinheit. In: Grundschule Jg. 24, H. 2, S. 66-68.

Rahmenvorgaben NRW (2003): Verkehrs- und Mobilitätserziehung in der Schule. Schriftenreihe Schule in NRW, Nr. 5010. Frechen.

Reeken, Dietmar von (2001): Politisches Lernen im Sachunterricht. Baltmannsweiler.

Reeken, Dietmar von (1998): Von der Gefahrenabwehr zum Risikobewusstsein. Mobilitätsbildung statt Verkehrserziehung. In: Sache-Wort-Zahl 26 (1998) 16, S. 36-40.

Riedler, Alois (1914): Abseits vom Gänsemarsch. Autofahrten zwischen Karpathen und Pyrenäen. Berlin.

Sachs, Wolfgang (1982): Kindheit in der Auto-Gesellschaft. In: Psychologie heute 9 / 2, S. 38-41.

Schlag, Bernhard (1989): Neue Orientierungen.
In: Zeitschrift für Verkehrserziehung Jg. 39, H. 4, S. 30-34.

Schomaker, Claudia/Pech Detlef/Lux, Janina/Murmann, Lydia/Spitta, Philipp/Wagner, Thorsten (2009): Lernlandschaft Sachunterricht. Wetter und Klima. Teile: 1) Aufgabenbibliothek, 2) Lexikonkartei, 3) Logbuch, 4) Handreichung für Lehrerinnen und Lehrer. Seelze.

Schreier, Helmut (1991): Umweltethik. Zur Bestimmung von Unterrichtszielen angesichts der ethischen Diskussion: Was soll, was kann der nachwachsenden Generation vermittelt werden? In: Gesing/Lob (Hrsg.): Umwelterziehung in der Primarstufe. Heinsberg, S. 64-89.

Schröder, Richard (1995): Kinder reden mit! Beteiligung an Politik, Stadtplanung und -gestaltung. Weinheim/Basel.

Siller, Rolf (2009): Mit dem Bus zur Schule – (k)ein Kinderspiel?
In die Grundschulzeitschrift, Heft 224, S. 54-57.

Siller, Rolf (Hrsg.) (2003): Kinder unterwegs – Schule macht mobil. Verkehrs- und Mobilitätserziehung in der Schule. Donauwörth.

Spatz, Johannes (1995): Autos zu Pflugscharen. Gesundheit und Verkehr in Berlin. In: Gloning/Böse (Hrsg.): Gesundheitsrisiko Auto. Frankfurt a.M., S. 141-152.

Spitta, Philipp (2019a): Bus und Bahn Detektive. Begleitheft für Lehrerinnen und Lehrer. Unterrichtsmaterial für die Klasse 3 und 4 an Grundschulen. Überarbeitete Neuauflage. Verkehrsverbund Rhein-Sieg, Köln.

Spitta, Philipp (2019b): Bus und Bahn-Detektive. Forscherheft für Schülerinnen und Schüler. Überarbeitete Neuauflage. Verkehrsverbund Rhein-Sieg. Köln.

Spitta, Philipp (2017[4]): Mobilitätsbildung. In: Hartinger, A./Lange-Schubert, K. (Hrsg.): Sachunterricht – Didaktik für die Grundschule. Berlin, S. 157-166.

Spitta, Philipp (2016a): Wie wohnen wir? Wohnen und Wohnumfeld erkunden, beschreiben und dokumentieren. In: Adamina/Hemmer/Schubert (Hrsg.): Die geographische Perspektive konkret. Begleitband 3 zum Perspektivrahmen Sachunterricht. Bad Heilbrunn, S. 49-61.

Spitta, Philipp (2016b): Immer unterwegs – Mobilität von Menschen und Waren untersuchen. In: Adamina, M. /Hemmer, M. / Schubert, J. (Hrsg.): Die geographische Perspektive konkret. Begleitband 3 zum Perspektivrahmen Sachunterricht, Bad Heilbrunn, S. 62-75.

Spitta, Philipp (2016c): Mit Schülerinnen und Schülern Stadtteilpläne und (Schatz-)Karten erstellen. In: Adamina/Hemmer/Schubert (Hrsg.): Die geographische Perspektive konkret. Begleitband 3 zum Perspektivrahmen Sachunterricht. Bad Heilbrunn, S. 187-200.

Spitta, Philipp (2015a): Mobilitätsbildung. In: Kahlert, J. et al: Handbuch Didaktik des Sachunterrichts. 2. Auflage Utb/Klinkhardt: Bad Heilbrunn, S. 199-203.

Spitta, Philipp (2015b): Wir werden Bus-Profis. Clever einsteigen und immer gut fahren. Unterrichtsmaterial Verkehrsverbund Rhein Ruhr (VRR) (Text und Konzeption). Gelsenkirchen.

Spitta, Philipp (2015c): Unterwegs mit Navi, GPS und Karte im Unterricht – technisches mit dem geografischen Lernen verbinden. In: Grundschulunterricht Sachunterricht, H. 1/2015, S. 8-12.

Spitta, Philipp (2014a): Regeln im Straßenverkehr – beobachten, hinterfragen, beachten. In: Sache-Wort-Zahl, Jg. 42, Heft 140, S. 30-40.

Spitta, Philipp (2014b): Draußentage. Unterwegs im Wald mit einer Klasse einer städtischen Grundschule. In: Fragen und Versuche. Zeitschrift der Freinet-Kooperative, Heft 147/2014, S. 38-47.

Spitta, Philipp (2013a): Kinder und Mobilität – Mobilitätsbildung im Sachunterricht. In: Gläser, E./Schönknecht, G. (Hrsg.): Sachunterricht in der Grundschule. Grundschulverband Band 136. Frankfurt a.M.; S. 93-103.

Spitta, Philipp (2013b): Mobile Kinder. Mobilitätsbildung nachhaltig und handlungsorientiert. Vogel Verlag, München.

Spitta, Philipp (2013c): Mobil auf dem Fahrrad. In: Grundschule Sachunterricht, Jg. 13, Heft 58, S. 5-10.

Spitta, Philipp (2013d): Von der Verkehrserziehung zur Mobilitätsbildung. In: Grundschule Sachunterricht, Jg. 13, Heft 58, S. 11.

Spitta, Philipp (2013e): Das Thema Mobilität in der Grundschule. In: Praxis Grundschule, Jg. 36, H. 4, S. 4-6.

Spitta, Philipp (2013f): Stolpersteine. In: Praxis Grundschule, Jg. 36, H. 4, S. 7.

Spitta, Philipp (2013g): Schulwege- und Stadtteilerkundung. In: Praxis Grundschule, Jg. 36, H. 4, S. 8-13.

Spitta, Philipp (2013h): Unterwegs mit Fahrrad, Bus, Bahn oder Auto. In: Praxis Grundschule, Jg. 36, H. 4, S. 14-20.

Spitta, Philipp (2013i): Straßenverkehr und Kommunikation. In: Praxis Grundschule, Jg. 36, H. 4, S. 22-26.

Spitta, Philipp (2013j): Mit dem Straßenverkehr muss man rechnen... Sachrechnen im Rahmen der Mobilitätsbildung. In: Praxis Grundschule, Jg. 36, H. 4, S. 28-36.

Spitta, Philipp (2013k): Mobilität als Thema in der Grundschule. In: Sache-Wort-Zahl, Jg. 41, Heft 137, S. 4-9.

Spitta, Philipp (2013l): Kinder, Eltern und Lehrkräfte auf dem Weg zum sicheren Schulweg. In: Sache-Wort-Zahl, Jg. 41, Heft 137, S. 10-19.

Spitta, Philipp (2013m): Kinder unterwegs mit Bus und Bahn – Rechnen mit Fahrplan und Fahrpreisen. In: Sache-Wort-Zahl, Jg. 41, Heft 137, S. 47-52.

Spitta, Philipp/ Hallmann, Sylke (2013): Wie Kinder wohnen (wollen). Unterrichtsmaterial „Wohnen". Hrsg. von der LBS-Initiative Junge Familie/proKids. Begleitmaterial zum LBS-Kinderbarometer. Münster.

Spitta, Philipp (2012a): Bus und Bahn Detektive. Begleitheft für Lehrerinnen und Lehrer. Unterrichtsmaterial für die Klasse 3 und 4 an Grundschulen. Verkehrsverbund Rhein-Sieg. Köln.

Spitta, Philipp (2012b): Bus und Bahn Detektive. Forscherheft für Schülerinnen und Schüler. Verkehrsverbund Rhein-Sieg. Köln.

Spitta, Philipp (2012c): Abenteuer-Reise.
In: Zeitschrift für Verkehrserziehung. Jg. 62, Heft 3, Vogel Verlag München, S. 18-23.

Spitta, Philipp/Wittkowske, Steffen (2009): Mobilität und Schulwegsicherheit.
In: Grundschulunterricht Sachunterricht, Jg. 56, H. 1, S. 4-7.

Spitta, Philipp (2009a): Die Welt vor der Haustür entdecken. Mobilität umweltgerecht erfahren: Neue Wege in der Verkehrserziehung. In: Grundschulmagazin, Jg. 77, H. 3, S. 27-32.

Spitta, Philipp (2009b): Gesundheitsgefahren im Straßenverkehr.
In: Die Grundschulzeitschrift. Jg. 23, H. 224, S. 46-49.

Spitta, Philipp (2007): Auf neuen Wegen lernen – Mobilitätsbildung im Anfangsunterricht.
In: Gläser, E. (Hrsg.): Sachunterricht im Anfangsunterricht. Baltmannsweiler, S. 125-139.

Spitta, Philipp (2005a): Praxisbuch Mobilitätserziehung. Unterrichtsideen, Projekte und Material für die Grundschule. Baltmannsweiler.

Spitta, Philipp (2005b): Unterrichtsmaterial: Wohnen. LBS/proKids, Herten/Münster 2005.

Spitta, Philipp (2004): Orientierung im Wohnumfeld – Erfahrungen im Raum.
In: Kaiser/Pech (Hrsg.): Basiswissen Sachunterricht. Band 5: Unterrichtsplanung und Methoden. Baltmannsweiler, S. 151-155.

Spitta, Philipp (2002a): Laufend lernen: Der Schulweg in der 1. Klasse.
In: Sache-Wort-Zahl, Jg. 30, H. 47, S. 17-22.

Spitta, Philipp (2002b): Mein super tolles Rad – Gebrauchen und Beherrschen von Fahrzeugen am Beispiel Fahrrad. In: Sache-Wort-Zahl, Heft 50: Fahrzeuge Jg. 30 (2002) 50, S. 16-23.

Spitta, Philipp (2002c): Die Welt vor der Haustür entdecken und gestalten – Erkundung, Planungsbeteiligung und Agenda 21. In: Engelhardt/Stoltenberg (Hrsg.): Die Welt zur Heimat machen? Bad Heilbrunn 2002, S. 185-197.

Spitta, Philipp (2001): Mobilität, Straßenverkehr und Partizipation.
In: Gärtner/Hellberg-Rode (Hrsg.): Umweltbildung und nachhaltige Entwicklung.
Bd. 2 Praxisbeispiele. Baltmannsweiler 2001, S. 109-126.

Spitta, Philipp (1998): An den Rand gedrängt: Kinderrechte im Straßenverkehr.
In: Kaiser/Carle (Hrsg.): Rechte der Kinder. Baltmannsweiler, S. 101-111.

Spitta, Philipp (1997): Vorfahrt für Kinder! Mobilitätserziehung in Grundschule und Hort. Bonn.

Spitta, Philipp (1995): Kinder im Verkehr. Neue Konzepte der Verkehrserziehung in der Primarstufe. Schriftenreihe der BGW, Hamburg.

Steins, Gisela (2009): Mit anderen unterwegs sein. In: Die Grundschulzeitschrift, Heft 224, S. 58-61

Stöppler, Reinhilde (2015): Menschen mit (Mobilitäts-) Behinderung. Teilhabe und Verkehrssicherheit. Schriftenreihe Verkehrssicherheit Bd. 18, Deutscher Verkehrssicherheitsrat. Bonn.

Stuber-Bartmann, Sabine (2018): Besser lernen. Ein Praxisbuch zur Förderung von Selbstregulation und exekutiven Funktionen in der Grundschule. München.

StVO (2020): Straßenverkehrs-Ordnung vom 6.3.2013. (BGBl. I, S. 367) mit den Änderungen vom 20.4.2020 (BGBl. Teil 1, Nr. 19, S. 814ff.) BMJV, Bonn/Berlin.

UBA (2020): Klimaschutz durch Tempolimit. Wirkung eines generellen Tempolimits auf Bundesautobahnen auf die Treibhausgasemissionen. Dessau.

UBA (2019a): Die vergangenen fünf Jahre waren weltweit die wärmsten. Informationen auf der Homepage des Umweltbundesamtes vom 9.4.2019. https://www.umweltbundesamt.de/themen/die-vergangenen-fuenf-jahre-waren-weltweit-die (Abruf 2.4.2020)

UBA (2019b): Position: WHO-Leitlinien für Umgebungslärm für die Europäische Region. Umweltbundesamt. Dessau.

UBA (2016): Wirkung von Tempo 30 an Hauptverkehrsstraßen. Dessau.

UBA (2013): Globale Erwärmung im letzten Jahrzehnt? Hintergrund Bundesumweltamt. Dessau.

UNESCO (2014): Roadmap zur Umsetzung des Weltprogramms BNE. Bonn.

Verkehrsfibel (2019): Käpt'n Blaubär. Fantastische Verkehrsfibel. Zeitgeist Media. Düsseldorf.

VCD (2019): Mit Füßen und Pedalen. Hol dir deine Stadt zurück. Berlin.

VCD (2018): Mobilitätsfibel. Berlin. PDF unter https://www.vcd.org/themen/mobilitaetsbildung/vcd-mobilitaetsfibel/ (Abruf 15.4.2020)

VCD (2017): Spiele für mobile Kinder. Praxisnahe Anregungen für eine nachhaltige Mobilitätsbildung im Elementarbereich. Baltmannsweiler.

VCD/Klimabündnis (2002): Dreimal um die ganze Welt. Abschlussdokumentation zur Kampagne „Auf Kinderfüßen durch die Welt". Bonn/Frankfurt a.M.

VCD (2012): VCD Position: Tempo 30. Berlin.

VCD (1997): Symposium Kinder im Verkehr des VCD und IfL. Tagungsreader. Bonn/Hamburg.

Vonolfen, Wilhelm (1954): Der Verkehrsunterricht. Handbuch für Erzieher. Dortmund 1954.

Vonolfen, Wilhelm (1932): Vom Geiste der Verkehrserziehung. In: Verkehrswarte 5, S. 191-194.

VRR (2015): Wir werden Bus-Profis. Clever einsteigen und immer gut fahren. Unterrichtsmaterial und Lehrerbegleitheft Verkehrsverbund Rhein Ruhr (VRR) (Text und Konzeption Philipp Spitta). Gelsenkirchen.

VVOWL (2019): Schule macht mobil. Mobilitätsbildung in der Schule. Unterrichtsmaterialien für die Jahrgangsstufen 5 und 6 in Ostwestfalen-Lippe. (Verkehrsverbund OWL) Bielefeld.

Walk, Laura/ Evers, Wiebke (2013): FEX- Förderung exekutiver Funktionen. ZNL/Wehrfritz, Calbe/Bad Rodach.

Warwitz, Siegbert (2005): Verkehrserziehung vom Kinde aus. (5. Aufl.), Baltmannsweiler.

Welthungerhilfe (2019): Klimawandel macht Hunger. Brennpunkt Heft 1, Informationsblatt der Welthungerhilfe, Bonn.

WHO (2018): Global status report on road safety 2018. summary. World Health Organization, (WHO/NMH/NVI/18.20) Genf/Geneva.

Willmeroth, Sabine/Rösgen, Anja/Moll, Brigitte (2001): Verkehrserziehung. Eine Werkstatt. Mülheim a.d.Ruhr.

Wittkowske, Steffen (1997): Verkehrserziehung. Alibi oder Chance für die Grundschule? Grundschulunterricht, Jg. 44, H. 10, S. 3-5.

Wulfmeyer, Meike (Hrsg.) (2020): Bildung für nachhaltige Entwicklung im Sachunterricht. Grundlagen und Praxisbeispiele. Basiswissen Grundschule, Bd. 43. Baltmannsweiler.

Zeiher, Helga (1990): Organisation des Lebensraumes bei Großstadtkindern - Einheitlichkeit oder Vereinzelung? In: Bertels/Herlyn (Hrsg.): Lebenslauf und Raumerfahrung. Opladen, S. 35ff.

Zeiher, Helga (1983): Die vielen Räume der Kinder. Zum Wandel räumlicher Lebensbedingungen seit 1945. In: Preuss-Lausitz (Hrsg.): Kriegskinder, Konsumkinder, Krisenkinder. Weinheim/Basel, S. 176-195.

Zimmer, Renate (2017): Psychomotorik. Entwicklung durch Bewegung fördern. In: Praxis Grundschule, Jg. 40 Heft 1/2017, S. 6-7.

Zimmer, Renate (2014): Bewegungserziehung. In: Braches-Cyrek/Röhner/Hopf/Sünker/Sünker (Hrsg.): Handbuch frühe Kindheit. Leverkusen, S. 681-690.

Zukunftsnetz Mobilität NRW (o.J.): Geh-Spaß statt Elterntaxi. Ein Programm zur Förderung der sicheren und selbstständigen Mobilität von Kindern. Broschüre Zukunftsnetz Mobilität NRW, Köln. Abruf unter https://zukunftsnetz-mobilitaet.nrw.de/sites/default/files/geh-spass_statt_elterntaxi_neu.pdf (17.4.2020).

ZVE (2020): Achtjähriges Kind kann im Straßenverkehr haften. In: Zeitschrift für Verkehrserziehung, Jg. 70, Heft 1/2020, S. 34.

Fachzeitschriften mit Themenschwerpunkten zu Mobilität und Verkehr:

Grundschulmagazin: Schwerpunkt: Mobilität. Heft 3 (2009). Oldenbourg.

Grundschule Sachunterricht: Im Verkehr. Heft 5 (2000). Friedrich.

Grundschule Sachunterricht: Fahrräder. Heft 58 (2013). Friedrich.

Grundschulunterricht Sachunterricht: Schulwege. Heft 1 (2009). Oldenbourg.

Grundschulunterricht Sachunterricht: Mobilität(en). Heft 1 (2015). Oldenbourg.

Grundschulzeitschrift: Schulwege. Heft 224 (2009). Friedrich.

Praxis Grundschule: Kinder im Verkehr. Lernbereich Mobilität, Jg. 36 (2013), H. 4. Westermann.

Sache-Wort-Zahl: Verkehr. Jg. 29 (2001) Heft 38. Aulis.

Sache-Wort-Zahl: Wege/Schulwege. Jg. 30 (2002) Heft 47. Aulis.

Sache-Wort-Zahl: Fahrzeuge. Jg. 30 (2002) Heft 50. Aulis.

Sache-Wort-Zahl: Unterwegs. Jg. 41 (2013), Heft 137. Aulis.

Weltwissen Sachunterricht: Die Welt in Bewegung. Perspektivenübergreifendes Lernen: Mobilität, Heft 2 (2009). Westermann.

Weltwissen Sachunterricht: Was mein Rad alles kann. Technisches Lernen: Das Fahrrad. Heft 1 (2014). Westermann.

Zeitschrift für Verkehrserziehung: Erscheint 4 x im Jahr. Vogel-Verlag.

4.2 Verzeichnis der Abkürzungen

AB	Arbeitsblatt
Abb.	Abbildung
ADAC	Allgemeiner Deutscher Automobilclub
ADFC	Allgemeiner Deutscher Fahrradclub
AG	Arbeitsgemeinschaft
BAST	Bundesanstalt für Straßenwesen
Bd.	Band
Bf/Hbf	Bahnhof/Hauptbahnhof
BNE	Bildung für nachhaltige Entwicklung
BUND	Bund für Umwelt und Naturschutz
BZgA	Bundeszentrale für gesundheitliche Aufklärung
CO_2	Kohlenstoffdioxid
DIN	Deutsche Industrie Norm (z.B. für Papier)
DKSB	Deutscher Kinderschutzbund
DUH	Deutsche Umwelthilfe e.V.
DVR	Deutscher Verkehrssicherheitsrat
DVW	Deutsche Verkehrswacht
EMW	Europäische Mobilitätswoche

EU	Europäische Union
GDSU	Gesellschaft für die Didaktik des Sachunterrichts
GUVV	Gemeindeunfallversicherungsverband/Unfallkasse
HdkF	Stiftung: Haus der kleinen Forscher
Hrsg./Hg.	Herausgeber/in
ICE	Intercity Express
Ifeu	Institut für Energie und Umwelt, Heidelberg
KJHG	Kinder- und Jugendhilfegesetz
KBA	Kraftfahrtbundesamt
KMK	Kultusministerkonferenz
LBS	Landesbausparkasse
Lkw	Lastkraftwagen
OECD	Organisation for Economic Cooperation and Development
OLG	Oberlandesgericht
ÖPNV	Öffentlicher Personennahverkehr
ÖV	Öffentlicher Verkehr
PDF	Portable Document Format (Adobe)
PISA	Programme for International Student Assessment
Pkw	Personenkraftwagen
Nabu	Naturschutzbund
MB	Mobilitätsbildung
MIV	Motorisierter Individualverkehr
MSB	Ministerium für Schule und Bildung (NRW)
NRW	Nordrhein-Westfalen
NS	Nationalsozialismus
NSKK	Nationalsozialistisches Kraftfahrerkorps
SDG	Sustainable Development Goals
StVO	Straßenverkehrsordnung (Stand 2020)
StVZO	Straßenverkehrs-Zulassungsordnung
UBA	Umweltbundesamt
UK	Unfallkasse
UN	United Nations (Vereinte Nationen)
UNICEF	United Nations International Children's Emergency Fund
VCD	Verkehrsclub Deutschland
VCÖ	Verkehrsclub Österreich
VCS	Verkehrsclub Schweiz
VE	Verkehrserziehung
VDV	Verband Deutscher Verkehrsbetriebe
Vgl.	vergleiche
VRR	Verkehrsverbund Rhein-Ruhr (Ruhrgebiet, Düsseldorf, Niederrhein)
VRS	Verkehrsverbund Rhein-Sieg (Region Köln, Bonn, Rheinland)
VW	Volkswagen
VZ	Verkehrszeichen
WHO	World Health Organization
ZfsL	Zentrum für schulpraktische Lehrerausbildung (in NRW)
ZfVE/ZVE	Zeitschrift für Verkehrserziehung

4.3 **Bildnachweise** (Fotos, Zeichnungen, Bilder)

Titelbild: Marianne Steiner
Bild 1 Spitta
Bild 2 Spitta
Bild 3 Spitta
Bild 4 Grundschule an der Langforthstr.
Bild 5 Spitta
Bild 6 Spitta
Bild 7 Rolf Unterberg, Bundesarchiv B 145 Bild-F010106-0005, entnommen Wikipedia: Kinder bei der Verkehrserziehung durch die Polizei. CC-Lizenz: https://de.wikipedia.org/wiki/Verkehrserziehung#/media/Datei:Bundesarchiv_B_145_Bild-F010106-0005,_Kinder_bei_Verkehrserziehung_durch_Polizei.jpg (Abruf 4.4.2020)
Bild 8 Spitta
Bild 9 Buchtitel, eingescannt
Bild 10 Buchtitel, eingescannt
Bild 11 Spitta
Bild 12 Spitta
Bild 13 pixabay.com
Bild 14 Spitta
Bild 15 Spitta
Bild 16 Spitta
Bild 17 Spitta
Bild 18 Spitta
Bild 19 Spitta
Bild 20 DVR-Medienarchiv, Bonn
Bild 21 www.bast.de
Bild 22 VCD/Katja Täubert, Seite eingescannt
Bild 23 Verkehrsschild: Winterthur Versicherung, Logo VCD-Kampagne
Bild 24 Spitta
Bild 25 DVR Medienarchiv, Bonn
Bild 26 Spitta
Bild 27 Buchtitel, eingescannt
Bild 28 Bäcker, Anja
Bild 29 Spitta
Bild 30 Spitta
Bild 31 Spitta
Bild 32 Spitta

Kapitel 3.1

Bild 33 Spitta
Bild 34 Spitta
Bild 35 Spitta
Bild 36 Spitta
Bild 37 Spitta
Bild 39 Spitta, Plan erstellt von Katharina Fricke
Bild 40 Foto KQ SU Arnsberg
Bild 41 Spitta
Bild 42 Spitta
Bild 43 Buchtitel, eingescannt
Bild 44 Buchtitel, eingescannt
Bild 45 Spitta
Bild 46 Spitta
Bild 47 Foto KQ SU Arnsberg
Bild 48 Foto KQ SU Arnsberg
Bild 49 Spitta
Bild 50 Spitta
Bild 51 Spitta

Kapitel 3.2

Bild 52 Spitta
Bild 53 VCD-Klimakampagne
Bild 54 Spitta (Bild von Till)
Bild 55 Spitta (Bild von NN)
Bild 56 Spitta (Bild von Selma)
Bild 57 Spitta
Bild 58 Spitta
Bild 59 Spitta
Bild 60 Buchtitel, eingescannt
Bild 61 Zeichnung R. Pfeffer aus Verkehrszähmer, S. 41 (L5)
Bild 62 AB Zaubersterne aus Verkehsrzähmer, S. 41 (L6)
Bild 63 Postkarte Stadtarchiv Herne, Bildersammlung für Schulen
Bild 64 DVD-Titel, eingescannt

Kapitel 3.3

Bild 65 Wascheid, Y.
Bild 66 GS Langforthstr.
Bild 67 GS Langforthstr.
Bild 68 Spitta
Bild 69 Spitta
Bild 70 Spitta
Bild 71 Bäcker, Anja
Bild 72 Spitta
Bild 73a Spitta
Bild 73b Spitta
Bild 73c Spitta
Bild 74 Spitta
Bild 75a Spitta
Bild 75b Spitta
Bild 76 GS Langforthstr.
Bild 77 VCD-Bochum
Bild 78 Spitta
Bild 79 VCD-Bochum
Bild 80 GS Langforthstr.
Bild 81 Spitta
Bild 82 Spitta
Bild 83 Spitta
Bild 85 Spitta
Bild 86 Spitta
Bild 87a Spitta, Text von H. Tschöke
Bild 87b Spitta, Text von J. Maschlanka
Bild 88 Stadtland, Helke
Bild 89 Stadtland, Helke
Bild 90 Stadtland, Helke
Bild 91 Wiesner, Sylvia

Kap. 3.4

Bild 92 Spitta
Bild 93 Spitta
Bild 94 Spitta
Bild 95 Spitta
Bild 96 Spitta
Bild 97 Spitta
Bild 98 Spitta
Bild 99 Spitta
Bild 100 Spitta
Bild 101 Spitta
Bild AB 3.4.1 Spitta

Kap. 3.5

Bild 102 Spitta
Bild 103 Spitta
Bild 104 Spitta
Bild 105 Spitta
Bild 106 Spitta
Bild 107 Spitta
Bild 108 Spitta
Bild 109 Spitta
Bild 110 Spitta
Bild 111 Sinnbild aus der StVO 2020 (BAST)
Bild 112 Spitta
Bild 113 Spitta
Bild 114a Screenshot EMW
Bild 114b Spitta
Bild 115 GS Langforthstr.
Bild 116 Spitta
Bild 117 Spitta
Bild 118 Screenshoot Titelbild (www.kinder-meilen.de)
Bild 119 VCD
Bild 120 Scan Kindermeilen-Material
Bild 121 Scan Kindermeilen-Material
Bild 122 GS Langforthstr.
Bild 123 GS Langforthstr.
Bild 124 GS Langforthstr.
Bild 125 Spitta
Bild 126 Spitta
Bild 127 Spitta
Bild 128 Spitta
Bild 129 Spitta
Bild 130 Spitta
Bild 131 Kopie Wäschezettel
Bild 132 Spitta, Levin
Bild 133a/b Screenshot Ergebnisse Fußabdruck (www.fussabdruck.de)

Kap. 3.6

Bild 134 Spitta
Bild 135a/b Kinderzeichnungen
Bild 136 Spitta
Bild 137 Spitta
Bild 138 Zeichnung Spitta
Bild 139 Spitta
Bild 140 Spitta
Bild 141 pixabay.com

Bild 142 Spitta
Bild 143 Spitta
Bild 144 leitra.dk
Bild 145 www.bast.de Sinnbild zur StVO
Bild 146 Spitta
Bild 147 Spitta
Bild 148 DVR-Medienarchiv Bonn
Bild 149 Spitta
Bild 150 Spitta
Bild 151 Spitta
Bild 152 Spitta
Bild 153 Spitta
Bild 154 Spitta
Bild 155 Spitta
Bild 156 Spitta
Bild 157 Spitta
Bild 158 Spitta
Bild 158b Logo FahrRad Klimatour, VCD
Bild 159 Spitta
Bild 160 Spitta
Bild 161a Eingescannt Fahrradpass
Bild 161b Screenshot Verkehrswacht
Bild 162 Spitta
Bild 163 Screenshot https://www.die-radfahrausbildung.de/
Bild 164 Screenshot https://www.verkehrswacht-medien-service.de/grundschule/die-radfahrausbildung/die-radfahrausbildung-arbeitsheft-portal-fuer-klasse-3-4/
Bild 165 Testbogen 2019 Radfahrausbildung eingescannt (Ausschnitt)
Bild 166 Spitta
Bild 167a Abbildung eingescannt aus Willmeroth u.a. 2001, S. 42
Bild 167b Testbogen Verkehrswacht 2019 Radfahrausbildung eingescannt (Ausschnitt), Aufgabe 14
Bild 168 Spitta
Bild 170 Übungsbogen 2019 Radfahrausbildung eingescannt (Ausschnitt)
Bild 171 Screenshot www.radfahreninderschule.de
Bild 172 Spitta
Bild 173 Spitta
Bild 174 pixabay.com
Bild 175 Spitta
Bild 176 Spitta

Kapitel 3.7

Bild 177 Spitta
Bild 178 Spitta
Bild 179 Spitta
Bild 180 Spitta
Bild 181 Spitta
Bild 182 Spitta
Bild 183 Spitta
Bild 184a Zeichnung Spitta
Bild 184b Spitta
Bild 185 Haltestellenfahrplan als PDF Bogestra (Stand Mai 2020)
Bild 186 Ausschnitt Liniennetzplan Köln (KVB)
Bild 187 Spitta
Bild 188 Entnommen aus VRS Bus- & Bahn-Detektive 2019
Bild 189 Spitta
Bild 190 Spitta
Bild 191 Titelbild VRR-Material, Screenshot
Bild 192 eingescannt, VRR Material 2015, S. 15
Bild 193 Spitta
Bild 194 Spitta
Bild 195 Spitta
Bild 196 Titelbild VRS-Material, Screenshot
Bild 197 Titelbild VVOWL-Material
Bild 198 Spitta
Bild 199 Spitta

Kapitel 3.8.

Bild 200 Spitta
Bild 201 Spitta

Bilder und Zeichnungen auf Arbeitsblättern/ Kopiervorlagen
Gestaltung/Layout Arbeitsblätter/ Kopiervorlagen Marianne Steiner
AB 16, 17, 18, 20: Zeichnungen: Ph. Spitta
AB 23: Bild Tempo 30 VCD
AB 29: Foto Spitta
AB 30. Zeichnung: Ph. Spitta
AB 34/35: Verkehrszeichen. BAST https://www.bast.de/BASt_2017/DE/Verkehrstechnik/Fachthemen/v1-verkehrszeichen/vz-download.html (Abruf 7.8.2020)
AB 43: Zeichnung: Ph. Spitta

AB 44a: pixabay.com
AB 46, 47: Zeichnungen: Ph. Spitta
AB 48: Zeichnung: Ph. Spitta
AB 53, 54: Zeichnung: Ph. Spitta
AB 56, 57, 61: Zeichnungen: Ph. Spitta
AB 67: Foto Spitta, Fahrplan Bogestra/VRR Mai 2020
AB 68a: Foto Spitta, Ausschnitt Haltestellenfahrplan Bogestra, (siehe AB 67)
AB 68b: Screenshot Liniennetzplan Köln KVB/VRS (April 2020)
AB 72, Kap. 3.7.6 aus: https://blog.mercedes-benz-passion.com (Abruf 6.7.2020).

4.4 Verzeichnis der Abbildungen und Grafiken

Gestaltung Grafiken bzw. Abbildungen 1, 3, 7, 11 und 19 bis 30: Marianne Steiner
Abb. 1: Abwärtstrend oder Verbesserung auf dem Schulweg (vgl. Zukunftsnetz Mobilität NRW o.J., S.1) Bild links: Spitta, Bild rechts: Adobe Stock, Irina Schmidt
Abb. 2: Unfallstatistik 1950-1978 (Hass-Klau 1990, S. 185 und Destatis 2020, Lange Reihen mit Jahresergebnissen zu Straßenverkehrsunfällen, www.destatis.de, Destatis 2019, S. 38f.).
Abb. 3: Autos statt Kinder (Quellen: BMVI/KBA 2019, S. 326, und KBA/Statistik www.kba.de Destatis 2019c, S. 17-18 ab 1990 mit den neuen Bundesländern).
Abb. 4: Getötete und Verletzte im Straßenverkehr unter 15 Jahren: Grafik vom Verkehrssicherheitsrat DVR (2019) https://www.dvr.de/unfallstatistik/de/kinder/ (20.5.2020).
Abb. 5: Im Verkehr getötete Kinder 1954 - 2017. Quelle: Dekra 2019, S. 22 (mit freundlicher Genehmigung der Dekra vom Juni 2020).
Abb. 6: Unfälle mit Kindern im europäischen Vergleich. Quelle: Dekra 2019, S. 21 (mit freundlicher Genehmigung der Dekra vom Juni 2020).
Abb. 7: CO2 Ausstoß im Verkehrssektor. Quelle: UBA 2018: Grafiken und Tabellen zur Klimabilanz 2018 https://www.umweltbundesamt.de/galerie/grafiken-tabellen-zur-klimabilanz-2018 (12.5.2020).
Abb. 8: Dimensionen von BNE nach Hauenschild 2017, S. 139.
Abb. 9: Die 17 Sustainable Development Goals der UN. Quelle: www.sdg-portal.de (16.5.2020).
Abb. 10: Logo des Curriculum Mobilität. Aus: Curdt/Lindberg/Ulbrich 2009, S. 85.
Abb. 11: Die zwei Säulen der Mobilitätsbildung
Abb. 12: BNE-Dimensionen. Aus: Die Fußgänger-Profis (2018), S. 83.
Abb. 13a-c: Ergebnisse einer Verkehrszählung mit Schüler*innen, Erhoben 2004, Spitta.
Abb. 14: Verkehrszeichen: VZ 325.1 „Spielstraße“ (BAST).
Abb. 15: Verkehrszeichen: VZ 274.1 „Tempo 30-Zone“ (BAST).
Abb. 16: Anhaltewege bei Tempo 50 und Tempo 30 (Grafik aus: VCD 2012, S. 3).
Abb. 17: Regeln Spielstraße (Quelle: Broschüre MBWSV 2015, S. 19).
Abb. 18: VZ 240 (BAST).
Abb. 19: Anteile von CO2 Emissionen 2019 nach UBA (1000-Tonnen CO2-äquivalent) Quelle: UBA 2020 https://www.umweltbundesamt.de/galerie/entwicklung-der-treibhausgasemissionen-in-2019 .
Abb. 20: Tägliche Betriebszeit eines Pkw Quelle: BMVI (2019) MiD 2017.
Abb. 21: Modal Split. Quelle: BMVI (2019) MiD 2017, S. 45.
Abb. 22: Länge von Wegen. Quelle: Greenpeace/Wuppertal-Institut (2017), S. 34.
Abb. 23: Spezifische CO2 Emissionen in Gramm pro Personenkilometer (Pkm). (Berechnet für die durchschnittliche Auslastung der jew. Verkehrsmittel, z.B. bei einem Pkw mit 1,5 Personen). Quelle: Greenpeace/Wuppertal-Institut (2017), S. 45.
Abb. 24: Verkehrstote nicht nur durch Unfälle. Quelle: Böll-St./VCD (2019) Mobilitätsatlas S. 28.

4.5 Verzeichnis der Kästen

4.6 Vita

Philipp Spitta, 1966 geboren in Hannover. Lebt heute im Ruhrgebiet, verheiratet, zwei Kinder. Nach dem Abitur 1986 an der FWS Hannover-Maschsee, Zivildienst in Hamburg in einer sonderpädagogischen Einrichtung. Ab 1988 Studium des Lehramtes Primarstufe an der Universität Bielefeld mit den Fächern Sachunterricht, Deutsch und Mathematik sowie Geschichtswissenschaften.

Während des Studiums diverse Tätigkeiten als studentische und wissenschaftliche Hilfskraft. Aktiv in der Studierendenvertretung (Fachschaften Geschichte und Primarstufe, Asta). Mitglied der Bielefelder Verkehrsgruppe (beim Asta Ökologiereferat), in dieser Funktion an der Einführung des Semestertickets an der Universität Bielefeld und der Verbesserung der Fahrrad- und ÖPNV-Anbindung der Hochschule beteiligt. 1993 Verleihung des Umweltpreises der Stadt Bielefeld für diese Aktivitäten an die Uni-Verkehrsgruppe.

1994 1. Staatsprüfung mit der Examensarbeit „Kinder im Verkehr - Neue Konzepte der Verkehrserziehung in der Primarstufe". Dafür 1995 Verleihung des 1. BGW-Förderpreises der Berufsgenossenschaft Gesundheitsdienste und Wohlfahrtspflege in Hamburg. Veröffentlichung der Arbeit in der Schriftenreihe der Berufsgenossenschaft (Spitta 1995).

VCD-Mitglied seit 1990, aktiv im Kreisverband Bielefeld/OWL von 1990 bis 1997, ab 1997 in Bochum, unter anderem als Pressesprecher und Koordinator für Kampagnen-Organisation. Auf Bundesebene Mitglied des VCD-Arbeitskreises „Kinder und Verkehr". Begleitung und Durchführung der Kampagnen „Platz da!", VCD-Kinderverkehrsgutachten (1996), Tempo 30 (1998) und Kindermeilenkampagne (2002) in Zusammenarbeit mit dem Klimabündnis (VCD/Klimabündnis 2002).

1994 bis 1996 Lehramtsanwärter an der Hafenschule in Minden/Westfalen am Studienseminar in Minden.

1997 Umzug nach Bochum. Ab Sommer 1997 im Schuldienst des Landes NRW an der Grundschule an der Langforthstraße in Herne als Klassenlehrer bis 2009. Später Schulwechsel an die Grundschule Jürgens Hof und ab 2015 an die Grundschule Berliner Platz (ab 2018 unter dem Namen GS Kunterbunt) in Herne.

Lehrbeauftragter der Universität Oldenburg und der Bergischen Universität Wuppertal (FB Geographie). Durchführung von Blockseminaren für Lehramtsstudierende zu den Themen Mobilitätsbildung, Sachunterricht, naturwissenschaftliches Lernen und Geographie. Koordinator der Sachunterrichtsfortbildungen bei der Bezirksregierung Arnsberg und Moderator in der staatlichen Lehrerfortbildung (Kompetenzteam) zu verschiedenen Sachunterrichtsthemen.

Schulfachlicher Berater für Verkehrserziehung/Mobilitätsbildung beim Schulamt für die Stadt Herne. Vorträge im Auftrag des Zukunftsnetzes Mobilität in NRW. Veröffentlichungen für den VCD, die GDSU und Fachzeitschriften (u.a. Spitta 1997, 2005a, 2013a, 2013b, 2013e, 2013k, 2017). Erstellung von Unterrichtsmaterial für Grundschulkinder und Handreichungen für Lehrkräfte für die Verkehrsverbünde Rhein-Sieg (VRS, Köln) (Spitta 2012 und 2019) und Rhein-Ruhr (VRR, Gelsenkirchen) (VRR 2015).

Seit 2009 Abordnung an das Zentrum für schulpraktische Lehrerausbildung (ZfsL) Bochum als Fachleiter für das Fach Sachunterricht und für das Kernseminar (überfachliche Ausbildungselemente und Coaching). Ausbildung zum Coach für personenorientierte Beratung mit Coachingelementen im Rahmen der Lehrerausbildung NRW (2018); Ausbildung zum Thema Holz und Technik (TeachWood) der ProWood-Stiftung an der Uni Münster (2018). Mitglied in der Freinet-Kooperative und der Gewerkschaft Erziehung und Wissenschaft. Mitglied in der Gesellschaft für die Didaktik des Sachunterrichts (GDSU) seit 1992. Mitwirkung in der Kommission zum GDSU-Perspektivrahmen (GDSU 2013) für den Bereich Mobilität.

Kontakt:
kontakt@philipp-spitta.de
ZfsL Bochum, Seminar G
Lennershofstr. 50
44801 Bochum

oder
GS Kunterbunt
Neustr. 16, 44623 Herne
https://gs-kunterbunt.herne.de/

Infos zu Veröffentlichungen und weiteres Material sowie Arbeitsblätter zum Buch unter **www.philipp-spitta.de**